AF278510

Luis A. Ortiz López y Manel Lacorte (eds.):
Contactos y contextos lingüísticos
El español en los Estados Unidos y en contacto con otras lenguas

LINGÜÍSTICA IBEROAMERICANA
Vol. 27

DIRECTORES: Concepción Company Company
María Teresa Fuentes Morán
Eberhard Gärtner
Emma Martinell
Hiroto Ueda
Reinhold Werner
Gerd Wotjak

Luis A. Ortiz López
y
Manel Lacorte (eds.):

Contactos y contextos lingüísticos

El español en los Estados Unidos
y en contacto con otras lenguas

Iberoamericana · Vervuert · 2012

Bibliographic information published by Die Deutsche Bibliothek
Die Deutsche Bibliothek lists this publication in the Deutsche Nationalbibliografie; detailed bibliographic data are available on the Internet at http://dnb.ddb.de

Reservados todos los derechos
© Iberoamericana, reimpresión 2012
Amor de Dios, 1 - E-28014 Madrid
Tel. +34 91 429 35 22
Fax +34 91 429 53 97

© Vervuert Verlag, reimpresión 2012
Wielandstr. 40 - D-60318 Frankfurt am Main
Tel. +49 69 597 46 17
Fax +49 69 597 87 43

ISBN 978-84-8489-197-0 (Iberoamericana)
ISBN 3-86527-206-1 (Vervuert)
Depósito legal: SE-3677-2009
Diseño de la portada: Marcelo Alfaro

The paper on which this book is printed meets the requirements of ISO 9706

Printed in Spain

Printed by Publidisa

ÍNDICE

Perspectivas lingüísticas

Perspectivas socioculturales e históricas

Perspectivas pedagógicas

Agradecimientos

Este volumen surge como resultado del *XIX Congreso Internacional de Español en los EEUU y el Español en Contacto con Otras lenguas en el Mundo Iberoamericano,* celebrado en Puerto Rico en abril de 2002. No obstante, todos los trabajos seleccionados para este volumen fueron revisados y actualizados por lo/as autore/as y lo/as editore/as antes de su inclusión final en el texto que hacemos público. Por lo tanto, agradecemos, en primer lugar, a todo/as lo/as conferenciantes que participaron en el Congreso y, muy particularmente, a lo/as autore/as de los artículos incluidos en este volumen. Queremos destacar, además, la participación de lo/as plenaristas de este Congreso, el Dr. Humberto López Morales, Secretario de la Asociación de Academias de Hispanoamérica, el Dr. John Lipski, profesor de Penn State University, el Dr. Garland Bills, profesor emérito de University of New Mexico, y la Dra. Amparo Morales, profesora retirada de la Universidad de Puerto Rico.

De manera particular, destacamos la colaboración y el entusiasmo que nos brindaron en todo momento lo/as colegas de la Universidad de Puerto Rico y de otras instituciones universitarias del país y del exterior, en particular el Comité Organizador y el Comité Ejecutivo del Congreso. Asimismo, reconocemos el auspicio y el apoyo económico que nos extendió la Universidad de Puerto Rico, en especial la Oficina del Presidente, Lic. Antonio García Padilla, la rectora, Dra. Gladys Escalona de Motta, el Decanato de Estudios Graduados e Investigación, el Decanato de Asuntos Académicos, la Facultad de Humanidades y el Programa Graduado de Lingüística para la celebración del Congreso. Nuestras muestras de gratitud van también al Departamento de Educación de Puerto Rico por patrocinar el evento académico entre lo/as maestro/as del sistema de educación pública, y al Senado de Puerto Rico por la recepción y la ayuda económica que nos concedió ese cuerpo legislativo.

Sobre todo, por todo, a la Editorial Vervuert e Iberoamericana, especialmente, a su presidente Klaus Dieter Vervuert y a su equipo de trabajo, en particular a Kerstin Schwartz, por acoger nuestro volumen como parte de la colección *Lingüística Iberoamericana,* y por la excelente labor editorial que ha realizado; al corrector de la serie, por leer y comentar cada uno de los trabajos, y a lo/as estudiantes asistentes de investigación del Programa Graduado de Lingüística de la Universidad de Puerto Rico, por la ayuda brindada durante la edición de este número. En fin, a todo/as lo/as colaboradore/as anónimo/as −colegas, estudiantes, amigo/as y familiares − les damos las gracias por el regalo de solidaridad.

San Juan, Puerto Rico, Washington, DC, febrero de 2005
Luis Ortiz López, Manel Lacorte

INTRODUCCIÓN

¿Juntos y revueltos, hablamos?: Nuevas perspectivas y debates sobre el contacto de lenguas en contextos diversos

Luis A. Ortiz López, Universidad de Puerto Rico
Manel Lacorte, University of Maryland

Hoy es bastante común la convivencia de lenguas en un mismo territorio, aunque los resultados de ese contacto no siempre presentan características homólogas en todas las *comunidades de habla*[1]. En estos escenarios de contacto, las necesidades de comunicación exigen, por un lado, la elisión de las barreras entre las lenguas y, por otro, la creatividad lingüística entre los miembros de tales comunidades. Éstas se han convertido en foco de muchas investigaciones lingüísticas, mediante las cuales se procura examinar la creatividad de los hablantes, los procesos y las reglas que condicionan esos modos de hablar y las actitudes y creencias, cuyos efectos se reflejan en diversos grados en las lenguas inmersas en el contacto.

A pesar de que los estudios sobre el contacto de lenguas adquieren protagonismo en las últimas décadas del siglo XX, y hoy representan uno de los rostros más destacados de la lingüística del siglo XXI, hay constancia del interés en la mezcla de lenguas desde el siglo XIX. Schuchardt (1884), considerado uno de los primeros criollistas y pionero en el estudio del contacto de lenguas, indagó tan temprano como en 1884 en la mezcla de estructuras y en los cambios inducidos por el contacto lingüístico (Winford 2003: 7). Sin embargo, no fue hasta la valiosa publicación de Weinreich (1953) que el tema de los contactos lingüísticos adquiere importancia capital. Weinreich fue el responsable de estructurar un modelo coherente para el estudio de los contactos, en el cual incorporó tanto la perspectiva lingüística como sociocultural a la mezcla de lenguas, abriendo el camino para lo que más tarde se nombraría sociolingüística americana (Clyne 1987). Después de tres décadas de investigación sobre el tema, a la luz del trabajo de Weinreich, comienza una nueva etapa en los estudios de contacto. Thomason y Kaufman lanzan en 1988 uno de los libros más comentados y citados en los estudios de lenguas en contacto. A partir de su publicación, esta obra se convierte en el modelo conceptual para la investigación del contacto lingüístico y, de paso, abre el escenario para la reflexión e incorporación de nuevas perspectivas, entre ellas, los acercamientos universalistas en la adquisición (Bickerton 1981, 1984; Howell, Fish y Keith-Luca 2000, entre muchos otros), la perspectiva del superestrato (Chaudenson 1993) y del sustrato (Holm 1988, 2004), la criollización como modelo de la adquisición (DeGraff 1996, 1999a, 1999b),

---

[1] El concepto comunidad de habla ha generado cierto debate y no ha habido acuerdos definitivos en cuanto a su definición Sin embargo, la mayoría de los investigadores reconoce que se trata de una comunidad de individuos que comparten un mismo conjunto de reglas y de actitudes lingüísticas (Hymes 1972, 1974; Labov 1972; Zentella 1990).

dentro del estudio de los contactos de lenguas. Winford (2003) presenta claramente estas perspectivas dentro de los estudios de contacto de lenguas.

La investigación en el campo ha demostrado que el contacto entre grupos lingüísticos de orígenes diferentes puede conllevar comportamientos (socio)lingüísticos bastante diversos entre sí, condicionados por factores internos (lingüísticos) y externos (sociohistóricos). La tipología lingüística, las necesidades semánticas y pragmáticas y las universales del lenguaje, por un lado, y la intensidad del contacto, el prestigio o desprestigio de las lenguas, el uso que se hace de ambos sistemas y las actitudes y creencias lingüísticas que manifiestan los hablantes, por el otro, contribuyen de manera decisiva en el resultado lingüístico. De ahí que el contacto de lenguas, tenga resultados muy diversos, en un extremo, sociedades bilingües o multilingües, en las que los integrantes adquieren como lenguas nativas o maternas (L1) o segundas lenguas (L2) completas (en las que se incorporan préstamos léxicos de ambas lenguas), las variedades en contacto y, en el otro extremo, modalidades nuevas, conocidas como *pidgins* y *criollas*. Los *pidgins* se han concebido tradicionalmente como el resultado de la puesta en práctica de un código "simplificado", usado para facilitar la comunicación básica en situaciones de emergencia entre grupos de personas que no comparten una lengua mutuamente conocida. Estas circunstancias, enmarcadas dentro de condiciones socioeconómicas adversas, por ejemplo la esclavitud durante el período colonial, contribuyeron a crear una variedad "reducida" de una lengua natural, carente de toda inflexión, conjugación, concordancia y complejidad sintáctica, que puede ocasionar una incomprensión mutua absoluta entre el *pidgin* y el idioma completo (Hymes 1971; Romaine 1988). En cambio, las lenguas criollas se han interpretado como casos más drásticos del contacto lingüístico, pues representan lenguas maternas para los descendientes de aquéllos que manejaban el *pidgin*. Esta modalidad es el resultado de la transformación de aquel lenguaje "reducido" o "simplificado", hablado como L2, en una lengua "completa", mediante la expansión de la sintaxis, la invención de nuevas combinaciones léxicas y la coherencia de aquellos elementos sueltos y supuestamente caóticos del *pidgin*. De dicha manera, esta modalidad se constituye en una lengua *nueva*, similar en complejidad a cualquier otra variedad (De Camp 1971: 16). A pesar de que los *pidgins* y los *criollos* se han considerado lenguas nuevas, la tradición ha insistido en interpretarlos, por un lado, como procesos de simplificación o reducción y, por el otro, como calcos y transferencias de las lenguas del superestrato (Lefevbre 1998: 4). No obstante, la investigación más reciente (p.ej. DeGraff 1999a, 1999b) cuestiona tales posturas. Asimismo, reconocen que estamos frente a lenguas naturales que evidencian procesos de adquisición lingüística similares a los de otras lenguas, en este caso como resultado del contacto.

Entre el bilingüismo y estas llamadas lenguas nuevas surgen también procesos de adquisición intermedios, como es el aprendizaje incompleto de la segunda lengua (L2), fosilizada como la variedad propia de esa comunidad, y llamada *sistema aproximativo* (Nemser 1971), o más comúnmente, *interlengua* (Selinker 1972, 1992). Esta *interlengua* se ha concebido como estados intermedios entre las dos lenguas, o adquisición parcial de L2, que, por ausencia de exposición sistemática a una variedad formal y completa, llega a convertirse en la modalidad definitiva de los miembros de una comunidad de habla.

Como en el caso de los *pidgins*, la *interlengua* se caracteriza por fenómenos de generalización y "simplificación" o reducción en todos los niveles lingüísticos, por ejemplo, formas verbales invariables en infinitivo, orden fijo de palabras, reducción en las marcas morfológicas, entre otros, así como diversos recursos universales de los cuales disponen los idiomas para mantener la comunicación. Recientemente, Holm (2004) ha reconocido también la existencia de variedades *semicriollas o reestructuradas parcialmente*. Se trata de lenguas que, aunque poseen conjuntamente rasgos criollos, provenientes de las lenguas criollas con las que estuvo en contacto, y rasgos no criollos del superestrato, no llegan a convertirse en *criollos* plenos, en etapa basilectal. Este proceso parece haber ocurrido en el portugués popular de Brasil, en el español afrocaribeño de antaño (Green 1997; Holm, Lorenzinoy De Mello 1999; Ortiz López 1998) y en el Black English (Holm 2004), entre otros casos.

Todos estos procesos presentan, como denominador común, cambios graduales en los sistemas lingüísticos envueltos, ya sea como L1 o L2. En fin, estamos ante mecanismos internos (lingüísticos) y externos (extralingüísticos) que intervienen en las diversas etapas del proceso de adquisición en situaciones de contacto de lenguas. La búsqueda sistemática de estas estrategias internas y externas que siguen los hablantes es el reto que impone la investigación de lenguas en contacto en su etapa más reciente. Este volumen se inserta en las nuevas rutas de dicha discusión.

Ha sido en escenarios de contacto de lenguas en donde la sociolingüística ha enfocado, además de las fuerzas sociales que condicionan la estructura de la lengua y su uso, la variación lingüística motivada por elementos internos del sistema. Los estudios sociolingüísticos, centrados en los cambios lingüísticos, en principio, plantean la necesidad de identificar los factores lingüísticos que contribuyen al cambio fonológico, sintáctico y/o léxico, así como la necesidad de evaluar las variables sociales que lo motivan. Para la sociolingüística es fundamental comprender el desarrollo de un cambio lingüístico dentro de la estructura social de la comunidad de habla donde se produce. Por ello, es imperativo investigar las causas que lo motivan; conocer la estructura social en donde se origina; cómo se extiende a otros grupos sociales, y qué grupos presenta mayor resistencia a éste (Labov 1994: 3). Asimismo, se requiere investigar las rutas, los mecanismos y las causas que propician el cambio lingüístico. En estas comunidades de contacto de lenguas se han puesto a prueba muchas de las hipótesis en torno al cambio lingüístico. Parece que estos ambientes sociolingüísticos de contacto son muy favorables a la creatividad, ya sea mediante los préstamos léxicos, las transferencias lingüísticas de un sistema a otro, las innovaciones lingüísticas, entre otros. Ello ha contribuido a investigar teóricamente la posibilidad de que puedan existir procesos lingüísticos universales, influencias directas o indirectas de la lengua materna o la lengua dominante en el aprendizaje o desarrollo de L2, o mecanismos independientes de los sistemas lingüísticos en contacto.

En las últimas décadas del siglo pasado, los procesos lingüísticos por los que atravesaban las variedades en contacto, incluyendo los *pidgins* y los *criollos*, se interpretaron como casos de *simplificación o reducción, generalización, transferencia, análisis y convergencia* (Silva-Corvalán 1994; Thomason y Kaufman 1988). Para el caso del español en contacto con el inglés, tomando como muestra el español de Los Ángeles,

Silva-Corvalán (1994: 135) encontró que "the permeability of a grammar to foreign influence [depends]...on the existente of superficially parallel structures...", interpretación que coincide con Weinreich (1953) y Thomason y Kaufman (1988). Para Silva-Corvalán (1994: 214) el contacto de lenguas tiene como efecto acelerar procesos que ya están presentes en la lengua. Dentro de estos estudios, la *simplificación* se conceptualizó como el resultado de un proceso lingüístico complejo que puede conllevar etapas de reducción y eliminación de formas lingüísticas, funcionales o formales, y de reglas, procesos de nivelación de estilos o registros y, que a su vez, puede producir la *generalización* o *expansión* de usos a nuevos contextos, y hasta casos extremos de "*overgeneralization*" o "generalización extrema" que implicarían un uso más extensivo de una forma que el esperado en situaciones normales, afectando aquellos contextos donde la nueva estructura no existe (Silva-Corvalán 1994: 5). Siguiendo este modelo, muchos fenómenos lingüísticos de la competencia bilingüe de hispanos en los EE.UU. (Silva-Corvalán 1994, 2001), del francés en Canadá (Mougeon y Beniak 1991: 91), y de otras variedades en contacto, se interpretaron como casos de simplificación lingüística, ya que la complejidad que representaba manejar la estructura, el léxico y la semántica de dos sistemas tenía como resultado simplificar uno de los dos: L2. Estos procesos también se reproducen en la adquisición lingüística infantil, en el aprendizaje de L2, en los *pidgins* y en los criollos (Silva-Corvalán 1994: 207).

No obstante, estas interpretaciones pasan en estos momentos por una reflexión crítica. Se ha insistido que la simplificación se ha aplicado a aquellos contextos en los que los hablantes optan por unas formas, muchas veces más innovadoras y menos marcadas, frente a las conservadoras y "complejas". Estas últimas se presentan casi siempre validadas, o como paradigma, por los investigadores, y en los criollos, por hablantes de las lenguas del superestrato. Los dialectos o los sociolectos se comparan con la variedad más conservadora o estándar, mientras que las variedades criollas se contrastan con las modalidades del superestrato. En ambas situaciones, los juicios provienen generalmente de hablantes conservadores de la lengua en cuestión, aficionados e investigadores, para quienes tales formas supuestamente 'simplificadas' representan la reducción del inventario de posibilidades que le ofrece el sistema. Como ha señalado Poplack (1997: 306), en su estudio sobre el subjuntivo en el francés de Canadá: "We submit that claims regarding loss or simplification of the French subjunctive derive from notions of the "standard" and/or of an earlier stage of the language that are highly idealized". Empero, esta tendencia ha ido cambiando, aunque más aceleradamente entre los investigadores de las lenguas criollas (Alleyne 1981; DeGraff 1996, 1999a, 1999b). Estas interpretaciones no tienen hoy la misma relevancia, pues, cuando se han comparado los criollos con las lenguas del sustrato, no se han detectado las supuestas simplificaciones (Brousseau, Filipovich y Lefebvre, 1998). Las propuestas del sustrato (Alleyne 1981; Holm 1988, 2004) parece que explican mejor las diferencias entre las lenguas lexificadoras o del superestrato y las variedades nuevas. En cambio, como ha señalado Lipski (1996), la ausencia de estudios comparativos entre las variedades monolingües y las bilingües, como resultado del contacto de lenguas, impide llegar a conclusiones sobre el comportamiento de estas últimas en relación con las lenguas maternas. Toribio (2004) considera que se trata de una tendencia del hablante bilingüe a la "búsqueda de paralelos" entre ambos sistemas en contacto, es decir, de un acomodo de aquellas construcciones y usos del español que coinciden o se parecen a los del inglés.

Como vemos, la "simplificación" se ha convertido en un concepto polémico en sí mismo, entre otras razones, por las interpretaciones valorativas que enmarca y por la carga ideológica que posee (DeGraff 1999a, 1999b). Otheguy, en este mismo volumen, introduce el concepto de la *adaptación lingüística* en lugar de la simplificación, ya que, según él, "en el caso de las lenguas en contacto, se conjugan altos índices de ahorro cognitivo, con cuotas muy bajas de pérdida comunicativa". Para Otheguy: "Los cambios introducidos en el español popular de NYC reducen la inversión y gasto de esfuerzo, sin que por esto haya casi ninguna mengua estructural". Además, se ha probado que detrás de lo que se ha bautizado como "simplificación" hay tendencias universales naturales o universales lingüísticos que siguen los hablantes, independientemente de las lenguas y los escenarios envueltos, que les permiten asegurar la efectividad de la comunicación. Bickerton (1984: 173-188) había apuntado al hecho de que la "simplicidad" en los criollos obedecía a procesos inherentes del aprendizaje de L2, los cuales también se reproducen en la *interlengua*, en el *pidgin* y en otros escenarios de L2 como propiedades universales de adquisición. Por lo tanto, se hace urgente la incorporación de estos acercamientos al estudio del contacto de lenguas. Las investigaciones en esta dirección comienzan a dar frutos (p.e. Sánchez 2003).

Asimismo, como parte de las fuerzas que produce la convivencia de lenguas se ha venido insistiendo en las interferencias o transferencias lingüísticas, es decir, la incorporación de formas de una lengua en otra (Weinreich 1953). Para Thomason y Kaufman (1988) el contexto social determinaba mejor la dirección y el grado de interferencia, en todos los niveles lingüísticos, que la estructura de las lenguas en contacto. Ante esta supremacía del escenario social, las investigaciones sobre contacto de lenguas más actualizadas, en especial de adquisición de L2 (Sánchez 2003; Toribio 2004) comienzan a valorar con más fuerza los factores intralingüísticos. Ya en aquellos primeros estudios se reconocía que, a pesar de que en situaciones de contacto intenso y de presión cultural, los hablantes, tendían a "simplificar" y hasta generalizar reglas gramaticales; no introducían elementos que causaran cambios drásticos en la estructura de la lengua (Silva-Corvalán 1990: 164). Esta postura ha sido defendida en comunidades de habla bilingües, con lenguas tipológicamente parecidas, por ejemplo, entre los hispanos en los EE.UU. (Silva-Corvalán 1994, 2001), y con lenguas tipológicamente distintas, como los indígenas en la zona andina (Klee 1996; Sánchez 2003), haitianos en Cuba (Ortiz López 1999b) y haitianos en la frontera dominico-haitiana (Díaz 2002; Ortiz López 2001, 2004). El reto de la investigación lingüística en estos momentos es indagar en los tipos de cambios que experimentan los diversos grupos de hablantes en contacto y en la interpretación de éstos dentro de un modelo (socio) lingüístico abarcador.

Al mismo tiempo, se ha dicho que el contacto podría generar la convergencia de lenguas, o la puesta en acción de dos o más gramáticas en la actuación lingüística. Empero, la línea que separa estos procesos de convergencia y los de simplificación no siempre resulta fácil de detectar. Para poder probar deslindar ambos mecanismos, habría que asegurarse, por un lado, de que no estamos frente a tendencias naturales de la lengua y, por otro, de que nos encontramos ante fenómenos nuevos dentro del sistema, con lo difícil que resulta probar la innovación lingüística, como resultado del contacto de lenguas. He aquí la dificultad de vincular directamente, por ejemplo, muchas estructuras en gerundio, la doble negación, la duplicación de clíticos como casos de interferencia, transferencia o convergencia con el inglés, las lenguas africanas y el quechua, respectivamente. Sin embargo, los estudios de adquisición comparativos, con niños y adultos bilingües (Ortiz López 2004; Sánchez 2003; Toribio, Zapata y Sánchez 2004) comienzan a dictar pautas en esta dirección.

Como parte de la investigación de contacto de lenguas se ha propuesto que estos escenarios impulsan en los hablantes la creación y el uso de formas perifrásticas, analíticas, en lugar de las estructuras sintéticas, como sería, por ejemplo, un mayor uso de las formas del futuro y el progresivo perifrásticos (Klein 1980, 1985; Silva-Corvalán 1994). Como se desprende de los resultados de muchas de las investigaciones recientes, estos procesos también se reproducen en modalidades monolingües como parte natural de la variación dialectal que encarnan los sistemas. Más que procesos de convergencia lingüística (Klein 1980; Silva-Corvalán 1994, 2001) éstos reflejan mecanismos de cambios internos comunes a los que están ocurriendo en variedades monolingües (Torres Cacoullos 2000). En este sentido, uno de los fenómenos más polémico y, a su vez, estudiado ha sido el progresivo en español, o mejor dicho, las construcciones aux + –ndo en español. Sobre el incremento en el uso de esta estructura, con verbos de movimiento y en contextos habituales, y su posible vínculo con el inglés, Torres Cacoullos concluye que "...we see the same processes that have been operating in diachronic developments, frequency increases and semantic reduction" (2000: 229). Y, más recientemente, Ortiz López (2004) y González (tesis de MA en progreso) han encontrado que los usos sincrónicos del morfema -ndo, tanto simple como perifrástico, tienden a responder a motivaciones internas, es decir, propias del sistema, y no meramente a influencias de alguna lengua extranjera como resultado del contacto entre ambas, como pensaron Klein (1980) Silva-Corvalán (1994). Entre las motivaciones propias de la lengua se ven favorecidas aquellas estructuras de actividad, esto es, formas *atélicas* y *durativas*. E incluso, las formas *estativas* de conocimiento presentan una mayor compatibilidad con el -ndo que las propias formas *semelfácticas*, en tanto son eventos pensados como un proceso y no el resultado de ese proceso mismo. Así pues, estas formas de conocimiento han venido a gramaticalizarse como estructuras dinámicas, a saber, comparten el rasgo de agentividad, tan común en estos predicados, lo que presupone en los lenguajes naturales una extensión del proceso a expensas del estado en algunos casos de estructuras o predicados *estativos*. De esta manera las consideraciones internas de la lengua explicarían por qué algunas estructuras del paradigma verbal, en nuestro caso las formas simples (sintéticas), son sustituidas por otras (estructuras analíticas *aux + -ndo*), ya sea a través de un proceso de variación sintáctica, mediante el cual una de las opciones o variantes es favorecida frente a las otras, o por qué algunos valores se han gramaticalizado durante el tiempo, esto es, diacrónicamente, como defiende Torres Cacoullos (2000), lo que permite que diversas formas lleven a cabo funciones gramaticales similares (Sedano 1999).

Por último, la adquisición del lenguaje, en particular L2, ha adquirido un espacio destacado en los estudios de contacto de lenguas. Dentro de los estudios de adquisición se ha desarrollado una discusión profunda en torno al papel que desempeñan los principios innatos o el acceso a la GU (Chomsky 1986, 1995), por un lado, y los estímulos externos en el proceso de adquisición de la lengua. En el caso de adultos que adquieren una L2, se debate si éstos tienen acceso a una gramática universal (GU), y a principios y parámetros universales como tienen los hablantes que adquieren su primera lengua (Chomsky 1986) o, en cambio, se trata de dos procesos de adquisición independientes. Respecto a estos hablantes, la discusión se ha centrado en dos interpretaciones fundamentales del papel que desempeña la GU en la adquisición de las categorías funcionales y las formales: (1) "acceso directo" a la GU, o sea, la transferencias de los parámetros de L1, incluyendo las categorías funcionales, se fijan en la gramática de la *interlengua* (L2) (Eubank 1993/1994; Schwartz y Sprouse 1996; Vainikka y Young-Scholten 1996), y (2) el "acceso parcial" indirecto a la GU, en la que L1 participa como intermediario en la fijación de parámetros de L2 (Beck 1998; Hawkins y Chan 1997). Los defensores del acceso directo a la GU defienden que los hablantes de L2 conocen las propiedades abstractas de la lengua, entre ellas las categorías funcionales y los resultados sintácticos que tienen, pero desconocen cómo se marcan morfofonológicamente tales propiedades (Gavruseva y Lardiere 1996). Mientras que los propulsores del acceso parcial ven en los datos de la *interlengua* de los adultos, por ejemplo ausencias de rasgos funcionales y formales, como resultado de una GU incompleta (Beck 1998), no disponible en hablantes de L2 después del período crítico (Hawkins y Chan 1997). Estos hablantes de L2 pueden hacer uso de la morfología de la lengua meta con las especificaciones de su L1. Como puede apreciarse ambas posturas presentan hipótesis diferentes respecto a la adquisicion de L2, es decir, a los procesos morfosintácticos y semánticos que siguen estos hablantes. Más allá de los puntos de vista en desacuerdo, la discusión en torno a las similitudes y diferencias en la adquisición de L1 y L2 ha tenido implicaciones para la teoría de contacto de lenguas en general, en específico para el bilingüismo, la *interlengua*, la *pidginización*, la *criollización*, la reestructuración parcial y la variación lingüística. De ahí que en investigaciones recientes se haya apuntado hacia la criollización como fenómeno de adquisición. Tales estudios defienden que aquellos mecanismos que se han producido en procesos de pidginización y/o criollización se repiten durante la adquisición lingüística (DeGraff 1996, 1999a, 1999b, en prensa; Lumsden 1999). Es decir, la *pidginización* y/o *criollización* comienza a servir de modelo para otros escenarios de contactos lingüísticos que trascienden aquellos ambientes de plantaciones y de esclavitud, originados principalmente durante el período colonial. Estos mecanismos de adquisición tienden a reproducirse, por ejemplo, en escenarios de intercambio étnico, entre inmigrantes, entre alumnos de L2, y también durante procesos naturales de aprendizaje de variedades como L2 (Blackshire-Belay 1991). Parece demostrarse que los resultados del aprendizaje natural de variedades de L2 y los procesos de *pidginización* y *criollización* guardan estrecha relación, pues, en ambos procesos se evidencian tendencias universales, o estados comunes (Bates y Goodman 1990). Si aceptamos que la adquisición de la gramática de una lengua, ya sea L1 o L2, depende del desarrollo del lexicón, entonces, es natural que durante la adquisición de la lengua materna, como también de segundas lenguas, en su diversos estados, entre ellos el *pidgin*, la *interlengua*, la reestructuración parcial o el bilingüismo, en sus múltiples manifestaciones, se produzcan procesos o esfuerzos comunes y tendencias universales de adquisición. Se ha evidenciado que durante las etapas de *pidginización* y/o *criollización*, particular, pero no exclusivamente de base iberorromance, los procesos de flexión de TMA sufrieron desgastes y hasta pérdidas, como se documenta en las hablas bozales (Lipski 1993; Ortiz López 1998), los cuales no son ajenos a las estrategias que siguen adultos durante la adquisición de una segunda lengua. Como señala DeGraff (1999b, en prensa) la reducción de inflexión parece más dramática en la adquisición de L2, en ambientes de contactos lingüísticos no amigables y bajo presión, y con un limitado acceso a la lengua nativa.

A pesar de los avances que se han obtenido a través de los trabajos en los que se han enmarcado estos planteamientos teóricos, las consecuencias sociolingüísticas del contacto de lenguas son múltiples, y aún se espera por hallazgos de otras comunidades de habla para responder a las interrogantes que exigen los nuevos modelos teóricos. Hasta el momento, la investigación demuestra que son muchos los factores lingüísticos y extralingüísticos que condicionan el cambio lingüístico, entre los que se destacan la tipología lingüística, las necesidades semánticas/pragmáticas de los hablantes, los universales del lenguaje, la intensidad del contacto lingüístico entre la lengua del superestrato y la del sustrato, la presencia o ausencia de una lengua modélica o ejemplar en el proceso de adquisición lingüística, el nivel y el tipo de uso de las lenguas en cuestión, las creencias y actitudes que manifiestan los hablantes hacia las lenguas afectadas.

El español en los EE.UU. ha sido una de las variedades en las que se han puesto a prueba muchas de estos planteamientos (socio)lingüísticos dentro del contacto de lenguas. La investigación del español en los EE.UU. cuenta con una larga tradición que se remonta a principios del siglo pasado. El trabajo pionero de Espinosa (1909) en torno al español de Nuevo México inicia formalmente la investigación del español en los EE.UU. Con el aumento poblacional de las comunidades latinas en los EE.UU. y con la presencia del español entre los integrantes de estas comunidades, surge un marcado interés en investigar desde múltiples perspectivas el contacto entre el español y el inglés entre estos grupos. En concreto, los datos más recientes de la Oficina del Censo nos indican que los hispanos constituyen, desde mediados de 2002, la primera minoría del país, con cerca de cuarenta millones de residentes censados, casi el triple con respecto a los datos de 1980. De éstos, un 37% ha nacido en los EE.UU. y el restante 63% procede de otros países. Las preguntas del Censo actual nos facilitan, además, datos con respecto a la diversidad de orígenes de los hispanos (mexicanos, puertorriqueños, cubanos, dominicanos, centroamericanos, colombianos, etc.), distribución geográfica (predominio de comunidades hispanas ubicadas en grandes ciudades, pero con una mayor tendencia a establecerse en otros espacios suburbanos o rurales) y características raciales (casi la mitad de hispanos se declara de raza blanca, mientras que cerca de dos millones se definen como negros)[2].

Han sido muchas las publicaciones que han abordado el contacto entre el español y el inglés desde varias perspectivas teóricas (Amastae y Elías-Olivares 1982; Bergen

---

[2] Jennifer Leeman (2004) plantea un interesante análisis de la estructura y contenido de las preguntas del Censo en relación con determinadas prácticas y políticas institucionales, y que en algunos casos podrían sugerir una división entre visiones más o menos homogéneas de la identidad cultural y nacional de EE.UU.

1990; Coulmas 1990; Elías-Olivares 1983; Elías-Olivares *et al*. 1985; Lipski 2000; Roca 2000; Roca y Lipski 1993; Sánchez 1983; Torres 1997; Wheritt y García 1989; Zentella 1997, entre otros). También contamos con otras ediciones importantes en los cuales se incluyen otras variedades en contacto con el español (Roca y Jensen 1996; Silva-Corvalán 1995; Zimmermann 1995). A medida que estas áreas de investigación consolidan nuestro conocimiento sobre el español en contacto con el inglés y otras lenguas, se aprecia, asimismo, un mayor interés por cuestiones de carácter más crítico. Aparte de algunos trabajos recientes sobre la presión política y comercial por parte de agentes externos sobre el hablante o "usuario" global del español (Del Valle y Gabriel-Stheeman 2002; Del Valle 2004; Lacorte en prensa), la mayoría de los estudios críticos se ha centrado en la situación del español en Estados Unidos. Entre ellos, predominan los que analizan la posible pérdida del español en las comunidades hispanas de EE.UU. por diversas razones históricas, políticas y socioeconómicas (Bills en este volumen; García *et al*. 2001; Hernández Chávez 2002; Hudson *et al*. 1995; Silva-Corvalán 1997). Otros trabajos examinan las actitudes hacia el español por parte no sólo de la mayoría hispanohablante, sino también entre los grupos que conforman la comunidad hispana (Bills 2002; Lipski 2000b; Toribio 2000; Zentella 2000). Por último, el análisis crítico también se plantea la tendencia a seleccionar y promover determinadas variedades estándar del español para su enseñanza en uno u otro contexto académico (Fairclough en este volumen; Martínez 2003; Villa 1996, 2002).

Junto con este tipo de reflexiones críticas, otra consecuencia positiva de la investigación sobre el español en EE.UU. radica en la publicación de textos que facilitan una correcta aplicación de los elementos lingüísticos, culturales e institucionales característicos de las comunidades hispanohablantes. Así, en 1993 aparece *Language and Culture in Learning: Teaching Spanish to Native Speakers of Spanish*, volumen editado por B. Merino, H. Trueba y F. Samaniego en que se combinan análisis sociolingüísticos y de adquisición con cuestiones curriculares. Este mismo equilibrio se mantuvo en *La enseñanza del español a hispanohablantes: Praxis y teoría*, editado por M. C. Colombi y F. Samaniego en 1997, y en un volumen mucho más reciente, *Mi Lengua. Spanish as a Heritage Language in the United States. Research and Practice*, coordinado también por M. C. Colombi en colaboración con Ana Roca. Una interesante característica común de estos trabajos reside en la alternancia de autores jóvenes con otros de reconocido prestigio y la variedad de enfoques teóricos y metodológicos que todos ellos aportan, en contraste con otros colectivos académicos interesados igualmente por el español, pero desde perspectivas mucho más definidas por posiciones teóricas específicas.

A estos esfuerzos precedentes unimos este volumen. Los trabajos que incluimos en este texto se enmarcan dentro del estudio de lenguas en contacto en escenarios con diversos grados de bilingüismo, con especial atención al español en los Estados Unidos. Los/as autores/as se insertan en este debate y proponen posibles respuestas a preguntas sobre el contacto lingüístico, algunas de las cuales han quedado sugeridas en estas páginas. Hemos estructurado este volumen en varios apartados según criterios de contenido.

El primer apartado titulado *Contactos y contextos lingüísticos: El español en el mundo, en E.EUU. y en Puerto Rico*, responde a las tres plenarias del congreso, mediante las cuales los autores se enfrenta al contacto lingüístico desde perspectivas y escenarios diversos. John Lipski aborda amplia y detalladamente un sinnúmero de situaciones de contactos lingüísticos en comunidades hispanas vivas o desaparecidas en el mundo, así como las repercusiones lingüísticas que han ocasionado tales contactos. Garland Bills, por su parte, se circunscribe al tema del español en los EE.UU., y analiza aquellos factores externos e internos que contribuyen a la pérdida del español entre las comunidades hispanas en los EE.UU. Finalmente, Amparo Morales se enfrenta a un escenario hispánico con cien años de convivencia lingüística con el inglés. Éste es el caso de Puerto Rico, territorio invadido por los EE.UU. en 1898 y que aún mantiene un alto porcentaje de monolingüismo en español, aunque avanza el bilingüismo en algunos dominios de la sociedad puertorriqueña y entre ciertos miembros de la comunidad.

La segunda sección atañe al *Español del Caribe en los Estados Unidos*, en especial a las variedades dominicana, puertorriqueña y cubana. Almeida Jacqueline Toribio propone el análisis del repertorio lingüístico del hablante dominicano en relación con el contexto sociocultural que define los distintos componentes de su identidad. Nydia Flores retoma el tema de los pronombres de sujeto a fin de examinar otros factores, entre ellos pragmáticos, que pudieran estar condicionando la redundancia pronominal adyacente, llamados *claustros* o *parejas*. Por su parte, Felice A. Coles examina la afinidad dialectal entre el español de los isleños, comunidad hispanohablante en el suroeste de Luisiana, y el de los cubanos de Cuba, motivada por su origen común en las Islas Canarias.

En el tercer apartado se incluyen nuevas *Perspectivas lingüísticas* sobre diversos aspectos del contacto, entre los que sobresalen los procesos de simplificación, de interferencia y convergencia en escenarios bilingües, la adquisición de lengua, el cambio y la variación lingüística, la alternancia de códigos o *code-switching*. Encabeza este apartado el trabajo de Ricardo Otheguy, quien cuestiona, una vez más, la supuesta *simplificación* del español en los EE.UU., en este caso, con el tema de la desactivación de la categoría de género en los anglicismos entre hispanos en la ciudad de Nueva York. Marta Fairclough se enfrenta a un tema muy polémico en cuanto a la enseñanza del español a estudiantes universitarios de ascendencia hispana: la adquisición de la variedad estándar entre hispanos en los EE.UU. Cecilia Montes-Alcalá retoma el tema del *code-switching*, pero esta vez desde un nuevo escenario lingüístico: el internet. Luz Marcela Hurtado explora nuevos factores lingüísticos, como la referencia específica, el tiempo, el modo y el aspecto (TMA), en la variación de sujeto pronominal entre dos modalidades del español colombiano en la ciudad de Miami. Respecto a la variedad colombiana, Angela Bartens investiga la interferencia lingüística, provocada por el contacto con el inglés, en las Islas San Andrés, Colombia. Liliana Sánchez, José Camacho y Thomas M. Stephens abordan el efecto que las diferencias sintácticas entre la lengua materna (quechua) y la segunda (español) puede ejercer en la adquisición de la segunda en niños de 9-10 años de edad. Emily Krasinski, por su parte, investiga la adquisición de *ser* y *estar* en un escenario con niños bilingües inglés-español. Michael D. Pasquale analiza el contacto fonético entre quechua y español, en concreto el efecto del español en la pronunciación de las consonantes sordas /p, t, k/ por hablantes cuya primera lengua es quechua. Finalmente, Isabel Álvarez estudia una serie de préstamos léxicos y semánticos en la prensa asturiana para apoyar la hipótesis de la supremacía de uso general sobre la traducción periodística en este tipo de anglicismos.

El cuarto tema del libro lleva como título *Perspectivas socioculturales e históricas*, e incluye trabajos sobre el papel que ha desempeñado la prensa, la iglesia, la escuela y la comunidad en el español de diversas comunidades, así como el uso que hacen los miembros de tales comunidades. En un trabajo de corte diacrónico, Arturo Fernández-Gibert rebusca el papel que desempeñó la prensa con respecto al español de Nuevo México en unos años de inestabilidad y profundos cambios políticos. Antonio Medina y Alma Simounet examinan la función de la iglesia, católica en EE.UU. y protestante en Santa Cruz, respectivamente, en el mantenimiento del español en estas comunidades. Ysaura Bernal-Enríquez, retoma el tema de la pérdida del español en Nuevo México, y examina la correlación que existe entre habilidad y uso de lengua y ciertos factores sociohistóricos. En una línea de análisis similar, Patricia MacGregor-Mendoza investiga el uso y la habilidad lingüística de tres generaciones de hablantes hispanos en la frontera entre Nuevo México y México. Para terminar esta sección, Daniel Villa incorpora la perspectiva crítica que mencionábamos anteriormente con el fin de evaluar la posición que la profesión, académica e investigadora, debería mantener hacia el español de EE.UU. y sus variedades.

En la última parte de este volumen presentamos varias *Perspectivas pedagógicas* sobre el español en los Estados Unidos con diversas aproximaciones y sugerencias para la aplicación en el aula. En primer lugar, Kristi Hislope examina la producción escrita del presente de subjuntivo del español por parte de estudiantes de herencia mediante instrumentos pedagógicos que combinan la atención a la forma y al significado lingüísticos. A continuación, Ana María Schwartz mantiene el énfasis en la escritura, en concreto con las diversas estrategias empleadas por estudiantes de herencia con un mayor conocimiento del inglés al escribir en español. Los dos trabajos siguientes se plantean la relación entre cuestiones académicas y socioculturales en la enseñanza de español a hispanos en los Estados Unidos. Edwin Lamboy parte del modelo sociocultural vygotskiano para analizar la interacción oral entre participantes con diversos puestos dentro de la jerarquía académica. Por su parte, Evelyn Canabal y Manel Lacorte proponen una visión más general de la interacción en aulas con estudiantes de herencia, a fin de revisar otras importantes cuestiones de carácter académico, institucional y afectivo.

Podemos concluir que al trasluz de los retos que se le han planteado en años recientes a los privilegios del estándar como punto de análisis exclusivo y, en muchas ocasiones estigmatizador, en los estudios en torno a los contactos lingüísticos, las propuestas de esta entrega de investigaciones, que en este volumen recogemos, presuponen la invitación a miradas alternas que se sostengan sobre consideraciones inclusivas y liberadas de prejuicios añejos. Como se desprende de estos trabajos, juntos y revueltos hemos abierto el diálogo interdisciplinario para comprender más ampliamente las múltiples facetas del contacto lingüístico. Hoy estamos frente a una nueva etapa en los estudios de contacto de lenguas, y con este volumen unimos esfuerzos en esa dirección.

Bibliografía

Alleyne, M. C. (1981). *Comparative Afro-American : An historical-comparative study of English-based Afro-American dialects of the New World.* Ann Arbor, MI: Karoma.

Amastae, J. y Elías-Olivares, L. (eds.). (1982). *Spanish in the United Status: Sociolinguistic aspects.* Cambridge: Cambridge University Press.

Bates, E. y Goodman, J. C. (1990). On the emergence of grammar from the lexicon. En B. MacWhinney, (ed.), *The emergence of language* (pp. 29-79). Mahwah, NJ: Lawrence Erlbaum Associates.

Beck, M. L. (1998). L2 acquisition and obligatory head movement: English-speaking learners of German and the local impairment hypothesis. *Studies in Second Language Acquisition,* 20, 311-348.

Bergen, J. (Ed.). (1990). *Spanish in the United States: Sociolinguistic issues.* Washington, D.C,: Georgetown University Press.

Bickerton, D. (1981). *Roots of language.* Ann Arbor, MI: Karoma.

Bickerton, D. (1984). The language bioprogram hypothesis. *The Behavioral and Brain Sciences,* 7, 173-221.

Bills, G. (2002). Las comunidades lingüísticas y el mantenimiento del español en los Estados Unidos. Ponencia presentada en el XIX Congreso del Español en los EEUU y el Español en Contacto con Otras Lenguas en el Mundo Iberoamericano, 18-20 abril.

Bills, G. (2005). Las comunidades lingüísticas y el mantenimiento del español en los Estados Unidos. En este volumen.

Blackshire-Belay, C. (1991). *Language contact: Verb morphology in German of foreign workers.* Tubingen: Gunter Narr Verlag.

Bley-Vroman, R. (1990). The logical problem of foreign language learning. *Linguistic Analysis,* 20, 3-49.

Brousseau, A. M., Filipovich S. y Lefebvre C. (1989). Morphological processes in Haitian Creole: The question of substratum and simplification. *Journal of Pidgin and Creole Languages,* 4, 1-36.

Chaudenson, R. (1993). De l'hypothèse aux exemples. Un cas de créolisation: Selon la formulation des systèmes de démostratifs créoles, *Études creoles,* 16, 17-38.

Chomsky, N. (1986). *Knowledge of language.* Nueva York: Praeger.

Chomsky, N. (1995). *The minimalist program.* Cambridge, Massachusetts: MIT Press.

Clyne, M. G. (1987). History of research on language contact. En H. von Ulrich Ammon, N. Dittmar y K. J. Mattheier (eds.), *Sociolinguistik 1* (452-459). Berlin: Walter de Gruyter.

Colombi, M. y Alarcón, F. (Eds.). *La enseñanza del español a hispanohablantes.* Boston, MA, Houghton Mifflin.

Coulmas, F. (Ed.). (1990). Spanish in the USA: New quandaries and prospects. *International Journal of Hispanic Policy,* 1989-1990, 54-56.

DeGraff, M. (1996). UG and acquisition in pidginization and creolization. En S. Epstein, S. Flynn, y G. Matohardjone (eds.), Second language acquisition: Theoretical and experimental issues in contemporary research. *Behavioral and Brain Sciences,* 19, 724.

DeGraff, M. (1999a). *Creation and language change. Creolization, diachrony, and development.* Cambridge: The MIT Press.

DeGraff, M. (1999b). Creolization, language change, and language acquisition: A prolegomenon. En M. DeGraff, (ed.), *Language creation and language change. Creolization, diachrony, and development* (pp. 1-46). Cambridge: The MIT Press.

DeGraff, M. (en prensa). Morphology and word order in creolization and beyond. En G. Clinque y R. Kayne (eds.), *The Handbook of Comparative Syntax*. Oxford University Press.

De Camp, D. (1971). The development of "pidgin" and Creole studies. En A. Valdman (ed.), *Pidgin and Creole linguistics* (pp. 3-20). Bloomington: Indiana University Press.

Del Valle, J. (2004). El español como recurso económico: ¿para quién?. Ponencia presentada en el Segundo Simposio de Lingüística Hispánica, Southampton, UK, 14-16 abril.

Del Valle, J. y . L. Gabriel-Stheeman (2002). "Codo con codo". Hispanic community and the language spectacle. En J. del Valle y L. Gabriel-Stheeman (eds.), *The battle over Spanish between 1800 and 2000* (pp. 195-216). Londres: Routledge.

Díaz, N. (2002). La diáspora haitiana: desde la periferia hacia la periferia. En N. Díaz, R. Ludwig y S. Pfander (eds.), *Contacto en "Hispaniola"* (pp. 279-326). Frankfurt am Main/Madrid: Vervuert/Iberoamericana.

Díaz, N., Ludwig R. y Pfander, S. (Eds.). (2002). *En La Romania americana. Procesos lingüísticos en situaciones de contacto.* Frankfurt am Main/Madrid: Vervuert/Iberoamericana.

Elías-Olivares, L. (Ed.). (1983). *Spanish in the U.S. setting: Beyond the southwest.* Rosslyn, VA: National Clearinghouse for Bilingual Education.

Elías-Olivares, L., Leone E., Cisneros R. y Gutiérrez J. (eds.). (1985). *Spanish language use and public life in the USA*. The Hague: Mouton.

Epstein, S., Flynn S. y Matohardjone G. (1996). Second language acquisition. Theoretical and experimental issues in contemporary research. *Behavioral and Brain Sciences*, 19, 677-758.

Espinosa, A. (1909). Studies in New Mexico Spanish, Part I: Phonology. *Bulletin of the University of New Mexico*, 1, 47-162. También traducida como Estudios sobre el español de Nuevo Méjico. Biblioteca de Dialectología Hispanoamericana (1930), 19-313.

Eubank, L. (1993/1994). On the transfer of parametric values in L2 development. *Language Acquisition*, 3, 183-208.

García, O., Morín, J. y Rivera, K. (2001). How threatened is the Spanish of New York Puerto Ricans?. En J. Fishman (ed.), *Can threatened languages be saved?* (pp. 44-73). Clevedon, UK, Multilingual Matters.

Gavruseva, E. y Lardiere D. (1996). The emergent of extended phrase structure in child L2 acquisition. En A. Stringfellow, Cahana-Amitay, D. E. Hughes y A. Zukowski (eds.), *BUCLD 20 Proceedings* (pp. 223-236).

González, Melvin (en progreso). Variación sintáctica y lenguas en contacto: un estudio del morfema -ndo y sus rasgos semánticos subcategóricos. Tesis de MA en progreso. Universidad de Puerto Rico.

Green, K. (1997). *Non-standard Dominican Spanish: evidence of partial restructuring.* Ann Arbor: University Microfilm International.

Hawkins, R. y C. Chan (1997). The partial availability of universal grammar in second language acquisition: The "failed functional features hypothesis". *Second Language Research*, 13, 3, 187-226.

Hernández Chávez, E. (2002). La lucha para el mantenimiento del español frente a la hegemonía del inglés. En M. Lacorte y T. Cabal Krastel (eds.), *Romance languages and linguistic communities* (pp. 235-241). College Park, MD, Latin American Studies Center, University of Maryland.

Holm, J. (1988/89). *Pidgins and Creoles (Tomos 1-2)*. Cambridge: Cambridge University Press.

Holm, J. (2004). *Language in contact. The partial restructuring of vernaculars.* Cambridge:

Cambridge University Press.

Holm, J., Lorenzino, G. y de Mello, H. (1999). Diferentes grados de reestructuración en dos lenguas vernáculas: El español caribeño y el portugués brasileño. En L. Ortiz López (ed.). El *Caribe hispánico: Perspectivas lingüísticas actuales. Homenaje a Manuel Álvarez Nazario*. Frankfurt am Main/Madrid: Editorial Vervuert/Iberoamericana.

Holm, J., Lorenzino G. y de Mello H. (2002). *Languages in contact. The partial restructuring of vernaculars*. Cambridge: Cambridge University Press.

Howell, C., Fish S. y Keith-Luca, T. (Eds.). (2000). *Proceedings of the 24th Boston University Conference on Language Development*. Sommerville, Massachusetts: Cascadilla Press.

Hudson, A., Hernández Chávez, E. y G. Bills. (1995). The many faces of language maintenance. En C. Silva-Corvalán (ed.), *Spanish in four continents* (pp. 165-183). Washington, DC, Georgetown University Press.

Hymes, D. (Ed.) (1971). *Pidginization and creolization of languages*. London: Cambridge University Press.

Hymes, D. (1972). Models of the interaction of language and social life. En J. J. Gumperz y D. Hymes (eds.), *Directions in sociolinguistics: The ethnography of communication* (pp. 35-71). New York: Holt, Rinehart and Winston.

Hymes, D. (1974). *Foundations in sociolinguistics: An ethnographic approach*. Philadelphia: University of Pennsylvania Press.

Klee, C. A. (1996). The Spanish of the Peruvian Andes: The influence of Quechua on Spanish language structure. En J. B. Jensen y A. Roca (eds.), *Spanish in contact: Studies in bilingualism*, (pp. 73-91). Somerville, MA: Cascadilla Press.

Klein, F. (1980). A quantitative study of syntactic and pragmatic indicators of change in the Spanish of bilinguals in the United States. En W. Labov (ed.), *Location language in time and space* (pp. 69-82). Nueva York: Academic Press.

Klein, F. (1985). La cuestión del anglicismo: Apriorismos y métodos. *Thesaurus*, 40, 533-548.

Labov, W. (1972). *Sociolinguistic patterns*. Philadelphia: University of Pennsylvania Press.

Labov, W. (1994). *Principles of linguistic change: Internal factors*. Oxford/Cambridge: Blackwell.

Lacorte, M. (En prensa). Política y lenguaje en el español de Estados Unidos: ¿Globalidad o falta de realidad? En R. Teborg y L. García Landa (eds). *Los retos de la política del lenguaje en el siglo XXI*. México, DF: Universidad Nacional Autónoma de México.

Leeman, J. (2004). Racializing language: A history of linguistic ideologies in the US Census *Journal of Language and Politics* 3, 3, 507–534.

Lefebvre, C. (1998). *Creole genesis and the acquisition of grammar: The case of Haitian Creole*. Cambridge: Cambridge University Press.

Lipski, J. (1993). *On the non-Creole basis of Afro-Caribbean Spanish*, (Research paper #24). Latin American Institute: University of New Mexico.

Lipski, J. (1996). Review of language contact and change, de Carmen Silva Corvalán. *Language,* 72, 146-150.

Lipski, J. (2000a). Back to zero or ahead to 2001? Issues and challenges in U.S. Spanish research. En A. Roca (ed.), *Research on Spanish in the United States. Linguistic Issues and challenges* (pp. 1-41). Sommerville, Massachusetts: Cascadilla Press.

Lipski, J. (2000b). The linguistic situation of Central Americans. En S. McKay y S. Wong (eds.), *New immigrants in the United States: Readings for second language acquisition* (pp. 189-215). Cambridge: Cambridge University Press.

Lumsden, J. S. (1999). Language acquisition and creolization. En M. De Graff (ed.), *Language creation and language change. Creolization, diachrony, and development*. Cambridge: The MIT Press.

Martínez, G. (2003). Classroom based dialect awareness in heritage language instruction: A critical applied linguistic approach. *Heritage Language Journal* 1 (1). Disponible en: <http://www.international.ucla.edu/lrc/hlj/article.asp?parentid=3621>, (10 de mayo, 2004).

Merino, B., H. Trueba y F. Samaniego (eds.) (1993). *Language and culture in learning: Teaching Spanish to native speakers of Spanish*. Washington, DC: Falmer Press/Taylor & Francis.

Mougeon, R., y Beniak, E. (1991). *Linguistic consequences of language contact and restriction: The case of French in Ontario, Canada*. Oxford University Press.

Nemser, W. (1971). Approximative system of foreign language learners. *IRAL*, 9, 114-24.

Ortiz López, L. A. (1998). *Huellas etno-sociolingüísticas bozales y afrocubanas*. Frankfurt am Main/Madrid: Vervuert/Iberoamericana.

Ortiz López, L. A. (ed.). (1999a). *El Caribe hispánico: Perspectivas lingüísticas actuales. Homenaje a M. Álvarez Nazario*. Frankfurt am Main/Madrid: Vervuert/ Iberoamericana.

Ortiz López, L. A. (1999b). La variante hispánica haitianizada en Cuba: Otro rostro del contacto lingüístico en el Caribe. En A. Morales, J. Cardona, E. Forastieri y H. López Morales. (eds.), *Estudios de lingüística hispánica. Homenaje a María Vaquero* (pp. 423-456). Editorial Universidad de Puerto Rico.

Ortiz López, L. A. (1999c). El español haitiano en Cuba y su relación con el habla bozal. *Actas del 2do Coloquio Internacional de Lenguas Criollas de base Española y Portuguesa* (pp. 145-176) Frankfurt/Madrid: Vervuert/Iberoamericana.

Ortiz López, L. A. (2001). Contacto lingüístico en la frontera dominico-haitiana: hallazgos preliminares de un proyecto en marcha. *Anuario*, 1, (Centro de Altos Estudios Humanísticos y del Idioma Español, República Dominicana), 327-356.

Ortiz López, L. A. (15-17 octubre de 2004). *"No llevando nada, deja todo allá": Usos del gerundio en la frontera Domínico-haitiana*. Trabajo presentado en The Eight Hispanic Linguistics Symposium Together With the Seventh Conference on the Acquisition of Spanish and Portuguese as First and Second Languages, University of Minnesota.

Poplack, S. (1997). The sociolinguistic dynamics of apparent convergence. En G. Guy *et al*. (eds.), *Towards a social sciences of language: Papers in honor of William Labov, 2: Social interaction and discourse structures* (pp. 285-309). Amsterdam: John Benjamins.

Romaine, S. (1988). *Pidgin & Creole languages*. Londres/Nueva York: Longman.

Roca, A. (ed.) (2000). *Research on Spanish in the United States. Linguistic issues and challenges*. Sommerville, Massachusetts: Cascadilla Press.

Roca, A. y Jensen, J. B. (eds.) (1996). *Spanish in contact: Studies in bilingualism*. Sommerville, Massachusetts: Cascadilla Press.

Roca, A., y Lipski, J. (eds.). (1993). *Spanish in the United States: Linguistic contact and diversity*. Berlin: Mouton de Gruyter.

Sánchez, L. (2003). *Quechua-Spanish Bilingualism. Interference and convergence in functional categories*. Amsterdam/Philadelphia: John Benjamins Publishing Company.

Sánchez, R. (1983). *Chicano discourse: Socio-historic perspective*. Rowley, MA: Newbury House.

Schuchardt, H. (1884). *Slawo-deutsches und Slawo-italienishes*. Graz: Leuschner and Lubersky.

Schwartz, B. y Sprouse, R. (1996). L2 cognitive sates and the full transfer/full access model. *Second Language Research*, 12, 40-72.

Sedano, M. (1999). ¿Qué verbos pueden usarse en gerundio dentro de las perífrasis progresivas con el auxiliar estar? En A. Morales, J. Cardona, E. Forastieri y H. López Morales. (eds.), *Estudios de lingüística hispánica. Homenaje a María Vaquero* (pp. 428- 456). Editorial Universidad de Puerto Rico.

Selinker, L. (1972). Interlanguage. *IRAL*, 10, 209-31.

Selinker, L. (1992). *Rediscovering Interlanguage*. Nueva York: Longman.

Silva-Corvalán, C. (1990). Current issues in studies in language contact. *Hispania*, 73,162-177.

Silva-Corvalán, C. (1994). *Language contact and change. Spanish in Los Angeles*. Oxford: Clarendon Press.

Silva-Corvalán, C. (ed.). (1995). *Spanish in the four continents. Studies in language contact and bilingualism*. Washington: Georgetown University Press.

Silva-Corvalán, C. (1997). El español hablado en Los Ángeles: Aspectos sociolingüísticos. En M. Colombi y F. Alarcón (eds.), *La enseñanza del español a hispanohablantes* (pp. 140-156). Boston, MA, Houghton Mifflin.

Silva-Corvalán, C. (2001). *Sociolingüística y pragmática del español*. Washington: Georgetown University Press.

Thomason, S. G. y Kaufman, T. (1988). *Language contact, creolization and genetic linguistics*. Berkely: University of California Press.

Toribio, A. J. (2000). Nosotros somos dominicanos: Language and self-definition among Dominicans. En A. Roca (ed.), *Research on Spanish in the United States: Linguistic issues and challenges* (pp. 252-270). Somerville, MA: Cascadilla Press.

Toribio, A. J. (2004). Convergence as an optimization strategy in bilingual speech: Evidence from code-switching. *Bilingualism: Language and Cognition*, 7, 1-9.

Toribio, J, Zapata G. y Sánchez, L. (15-17 octubre de 2004). *Subjects and interpretable features at the interface: Syntactic attrition in Spanish*. Trabajo presentado en The Eight Hispanic Linguistics Symposium Together With the Seventh Conference on the Acquisition of Spanish and Portuguese as First and Second Languages, University of Minnesota.

Torres, L. (1997). *Puerto Rican discourse: A sociolinguistic study of New York suburb*. Mahwah, NJ: Lawrence Erlbaum.

Torres-Cacoullos, R. (2000). *Grammaticization, synchronic variation, and language contact. A study of Spanish progressive –ndo constructions*. Amsterdam/Philadelphia: John Benjamins Publishing Company.

Vainnika, A. y Young-Scholten, M. (1996). Gradual development of L2 phrase structure. *Second Language Research*, 1, 7-39.

Villa, D. (1996). Choosing a "standard" variety of Spanish for the instruction of native Spanish speakers in the U.S. *Foreign Language Annals*, 29, 2, 191-200.

Villa, D. (2002). The sanitizing of U.S. Spanish in academia. *Foreign Language Annals*, 35, 2, 222-230.

Weinreich, U. (1953). *Language in contact: Findings and problems. New York: Linguistic Circle of New York*. (Reimpreso en 1968, The Hague: Mouton).

Wherritt, I., y García, O. (eds.). (1989). U.S. Spanish: The language of the Latinos. *International Journal of the Sociology of Language*, 79.

Winford, D. (2003). *An introduction to contact linguistics*. Oxford: Blackwell Publishing.

Zentella, A. C. (1990). El impacto de la realidad socio-económica en las comunidades hispanohablantes de los Estados Unidos: Reto a la teoría y metodología lingüística. En J. J. Bergen (ed.), *Spanish in the United States: Sociolinguistic issues* (pp. 152-156). Washington, DC: Georgetown University Press.

Zentella, A. C. (1997). *Growing up bilingual: Puerto Rican children in New York*. Malden, MA: Blackwell.

Zentella, A. (2000). Puerto Ricans in the US: Confronting the linguistic repercussions of colonialism. En S. McKay y S. Wong (eds.), *New immigrants in the United States: Readings for second language acquisition* (pp. 137-164). Cambridge: Cambridge University Press.

Zimmermann, K. (ed.). (1995). *Lenguas en contacto en Hispanoamérica.* Frankfurt am Main/Madrid: Vervuert/Iberoamericana.

Contactos y contextos lingüísticos:
El español en el mundo, EE.UU. y Puerto Rico

El español en el mundo:
Frutos del último siglo de contactos lingüísticos

John M. Lipski
Pennsylvania State University

Abstract

During the period of worldwide expansion of Spanish – above all the 16th through 18th centuries – language contacts represented the principal factors leading to dialect diversification. In view of the importance that accrues to these major periods of modernization and dialect diversification of Spanish, language contacts occurring over the past century and a half have received short shrift in dialectology: Spanish territorial expansion had essentially ceased, regionalist folk literature had already presented the major dialect features of Spain and Spanish America, and the more recent linguistic changes were stratified socially rather than geographically. Spanish has continued to be enriched by ongoing contacts with an ever-widening series of languages and speech communities, and in many Spanish-speaking countries this sustained multilingualism deserves careful attention. In some of these cases, the language contacts have not left permanent traces in regional Spanish, with the exception of occasional lexical borrowings, but taken together, the full range of bilingual contact phenomena has exerted a definitive influence on the dialect diversification of Spanish throughout the world. The present study directs attention to a select but representative group of language contact situations currently found in Spanish-speaking countries or recently disappeared, together with the possible linguistic repercussions.

La lengua española en África subsahariana

Hoy en día el español sólo se habla en un pequeño rincón del África subsahariana, la República de Guinea Ecuatorial, ex Guinea Española, un país compuesto de varios segmentos geográficamente inconexos: la isla de Bioko, antes llamada Fernando Poo, Río Muni –un enclave entre Gabón y Camerún–; la remota isla de Annobón, situada más allá de la república insular de São Tomé y Príncipe; las pequeñas islas de Corisco, Elobey Grande y Elobey Chico, situadas cerca de la costa de Río Muni. La isla de Fernando Poo fue descubierta por un navegante portugués del mismo nombre entre los años 1469 y 1471, y fue ocupada posteriormente por los portugueses. Fernando Poo pasó a manos españolas en 1778, pero la ocupación española efectiva no comenzó hasta mucho después; entre tanto, los ingleses obtuvieron permiso para utilizar la isla de Fernando Poo como sede de un tribunal mixto antiesclavista en el siglo XIX. Los españoles comenzaron a asentarse en Fernando Poo a partir de 1858 y la colonización avanzó a pasos agigantados en comparación con los demás territorios africanos y americanos. Después de poco tiempo se formó una aristocracia de plantadores de cacao, de origen valenciano, que luego se convirtió en principal sostén económico de la colonia. En Río Muni la colonización española fue aún más tardía, puesto que fue necesario ajustar varias reivindicaciones territoriales con Francia, cuya última resolución se retrasó hasta 1900. A partir de esta fecha, España comenzó la colonización del territorio continental, pero los asentamientos se limitaban a una estrecha franja de la costa, dejando sin explorar todo el interior de Río Muni. Sólo después de 1923 fue llevada a cabo la exploración del interior y hasta hoy en día existen incógnitas en cuanto a los recursos naturales y humanos del interior de Río Muni.

La etnografía guineana es muy rica, tanto en la región insular como en Río Muni. Las principales agrupaciones étnicas y lingüísticas son las siguientes: los bubis, nativos de Fernando Poo, cuyo número fue reducido drásticamente durante las expulsiones masivas decretadas por el gobierno anterior. Los bubis fueron excluidos del primer gobierno poscolonial, pero hoy gozan de cierta representación de acuerdo con su peso demográfico. Los fang, originalmente del interior de Río Muni y Gabón, han llegado a ser el grupo dominante en la vida guineana, tanto en Fernando Poo como en el continente. A causa de su participación en movimientos independentistas y de resistencia, los fang eran marginados por la administración colonial y pocos fang trabajaban en Fernando Poo. Después de la independencia de Guinea Ecuatorial, los fang han llegado a ocupar puestos de importancia tanto en la isla como en el continente, y representan la agrupación de más potencia en el gobierno y en las fuerzas armadas. Los dos presidentes de la Guinea Ecuatorial poscolonial son fang. En la costa de Río Muni se encuentran los grupos *playeros*: benga, bujeba, combe/ndowé, bisio, bureka, etc. Hasta ahora estas agrupaciones étnicas han tenido poca participación en la vida nacional, pero en la actualidad estos grupos están en vías de superación cultural y económica. Los annoboneses habitan el remoto territorio de Annobón (también hay una colonia grande en Malabo) y sus habitantes hablan como lengua nativa un criollo de base portuguesa denominado *fa d'ambú*; esta lengua se parece al criollo hablado en São Tomé y existe un alto grado de comprensión mutua entre estos idiomas.

A pesar de que el castellano es el idioma nacional de Guinea Ecuatorial, cada etnia mantiene su lengua autóctona, que constituye la primera lengua de los guineanos que pertenecen a dicho grupo. Los idiomas bubi, fang y las lenguas playeras pertenecen a la macrofamilia bantú, pero a excepción de algunos dialectos playeros no son mutuamente comprensibles. Sólo los annoboneses hablan una lengua de raíces extra-africanas, aunque el origen portugués del *fa d'ambú* ha sido parcialmente obturado por la fuerte influencia africana, no sólo en la fonética sino también en su composición morfológica y sintáctica. Las lenguas autóctonas de Guinea Ecuatorial comparten algunas características que las separan del español y que tal vez han influido en el desarrollo del idioma español en territorio guineano. Ninguna de las lenguas guineanas emplea un sistema de sufijos para flexión nominal, verbal u otros procesos morfológicos. El *fa d'ambú* carece de cualquier sistema flexional mientras que las lenguas africanas emplean un régimen de prefijación para efectuar la diferenciación morfológica. El español guineano hablado como segunda lengua se caracteriza en general por la debilitación del sistema morfológico del español sin implicar su desintegración total.

A pesar de la difusión de la lengua española por el territorio guineano, pocos nativos de Guinea Ecuatorial la hablan como lengua nativa o por lo menos como lengua principal del hogar. En todas partes del país, las lenguas autóctonas predominan en las comunicaciones intraétnicas y a veces aun al tratar con otros grupos africanos, y el español se reserva para las comunicaciones interétnicas y para tratar con extranjeros. Esto le da cierto carácter artificial al español guineano, que sin embargo no le resta legitimidad como lengua nacional, siendo de hecho el único medio de unificación lingüística, puesto que las diferencias entre las agrupaciones étnicas son prácticamente insuperables en lo que concierne a la política lingüística. El español está en vías de sustituir al *pichinglis* en Bioko, e incluso se oye con frecuencia creciente en Bata y en Annobón. En Malabo igual que en casi toda la isla de Bioko, las personas criadas en la isla saben algo del idioma español, aunque no todos lo dominen por completo. Entre las personas mayores pueden figurar individuos cuyos conocimientos del español son mínimos, sobre todo si han permanecido fuera de los núcleos urbanos y no han sostenido contactos con los españoles residentes por motivos de trabajo, comercio o formación escolar.

Castillo Barril (1964, 1969) reconoce que el español hablado como lengua nativa nunca llegó a formar un dialecto distinto en Guinea, pero afirma que cada comunidad de habla indígena aporta sus propios rasgos al aprender el castellano. A continuación, pasa a describir las variedades del español habladas por cada una de las etnias guineanas. A la interferencia de la lengua bubi le atribuye una pronunciación aspirada de /x/, la reducción de /r/ y la eliminación de /rr/, la realización de /d/ como [r], y la ocasional realización de /k/ como [x]. El annobonés, según Castillo Barril, no realiza las vibrantes de ninguna manera, reemplazándolas con la única líquida annobonesa, la [l]; este dialecto es yeísta, tiende a colocar el acento de intensidad sobre la última sílaba, y emplea mucha nasalización. El hablante del fang reduce los diptongos del castellano (*bueno > bono*) y también nasaliza sus articulaciones, características que el autor atribuye a la castellanización relativamente reciente de este pueblo. Los playeros tienden a convertir la /k/ en [x], mientras que los hablantes del inglés pidgin mezclan el español y el pidgin de una manera que escandaliza al escritor peninsular. Los jóvenes tienen poco dominio del léxico español, confunden los géneros gramaticales, colocan mal los artículos, desconocen el empleo correcto de los verbos reflexivos, y recurren a giros sintácticos producto de la traducción de modismos de las lenguas nativas.

En el período contemporáneo, el lingüista Granda (1984a) comenta la pronunciación del español por parte de hablantes del fang, lengua de la agrupación bantú que predomina en el enclave continental de Río Muni y que caracteriza las esferas administrativas y militares de los gobiernos poscoloniales de Guinea Ecuatorial. Granda atribuye la resistencia de la /s/ final de sílaba en el español fang, así como la poca neutralización de /l/ y /r/ implosivas, a la estructura silábica del fang, que frente a otros idiomas bantúes permite una amplia gama de consonantes en la coda silábica. A la misma vez atribuye a la interferencia del fang la neutralización de /r/-/rr/ y la realización de la /d/ intervocálica como [r]. También describe un fenómeno frecuente en el español guineano y en el portugués hablado como segunda lengua en Angola: el empleo de la preposición *en* con verbos de movimiento direccional (*voy en Bata*). Después de repasar la existencia de construcciones semejantes en otras variedades de contacto (p. ej. el español paraguayo) así como en épocas pasadas del español peninsular, Granda concluye que la convergencia de una construcción arcaizante en español y unas configuraciones homólogas en las principales lenguas indígenas de Guinea Ecuatorial y Angola han sido la fuerza motriz de esta construcción ibero-africana.

Antonio Quilis aporta una descripción pormenorizada de las realizaciones fonéticas del español guineano, incluyendo observaciones que no han aparecido en descripciones anteriores. Quilis describe la inestabilidad vocálica, las consonantes antihiáticas (*río* > *riyo*), la pronunciación antihiática de *maestro, teatro*; la ausencia de fricativas sonoras, la neutralización de /r/ y /rr/, la eliminación esporádica de la /s/ final de palabra (sin una etapa intermedia de aspiración), inestabilidad de la oposición /s/-/θ/, y la aplicación de tonos musicales distintos de los contornos intonacionales del español. En cuanto al carácter morfosintáctico del español ecuatoguineano Quilis da cuenta de la inestabilidad de la concordancia número-género, confusión y eliminación de artículos definidos y pronombres, confusión de tiempos y modos verbales, neutralización y eliminación de preposiciones, y perífrasis innovadoras.

En la dimensión fonológica, el español guineano se destaca por la notable resistencia de las consonantes finales de sílaba/palabra, a diferencia de muchas lenguas bantúes. Estos resultados son inesperados frente a los planteamientos que atribuyen a la influencia africana la masiva reducción de consonantes finales p. ej. en el español (afro)caribeño. La /s/ final de palabra en Guinea Ecuatorial desaparece a veces (aunque las tasas de elisión son relativamente bajas) pero casi nunca se aspira; Lipski (1985a, 1985b) opina que la eliminación de /s/ puede ser un fenómeno morfológico y no un verdadero proceso de desgaste fonético. Lipski ofrece dos razones para explicar las articulaciones robustas de las consonantes finales en el español guineano. Primero, los principales modelos lingüísticos en tiempos coloniales eran el dialecto de Madrid y sus alrededores y el español levantino (muchos de los productores de cacao eran valencianos). En ambos grupos dialectales las consonantes finales suelen mantenerse con tenacidad, frente a la frecuente reducción en los dialectos meridionales de España e Islas Canarias. La segunda razón es que en Guinea Ecuatorial nunca se produjo la fragmentación étnica y lingüística que caracterizaba la esclavitud atlántico-caribeña. Los guineanos pudieron retener sus lenguas nativas, y el español tenía dominios de uso sumamente limitados. El respaldo comunicativo de las lenguas nativas, en combinación con la fuerte presencia de modelos metropolitanos, que a su vez les daban prominencia a las articulaciones consonánticas finales, creaba un dialecto ligeramente matizado de rasgos africanos, pero que mantenía en gran medida la fonotáctica de Castilla/Levante.

El español en el norte de África

El español todavía se habla en el norte de África, en los enclaves españoles de Ceuta y Melilla, y en los territorios del ex Sahara español. Quilis (1992) ofrece unas breves observaciones sobre el español hablado en el norte de África, tanto en los enclaves españoles de Ceuta y Melilla como en Marruecos y el antigua Sahara español. Al hablar del norte de Marruecos, Quilis observa que los pocos hablantes de origen español emplean "el dialecto meridional de la Península, sin los caracteres peculiares del andaluz oriental o del occidental" (1992: 202). Los españoles han introducido algunos arabismos, pero no hay interferencia del árabe sobre el castellano. Los marroquíes hablan español con los patrones fonotácticos del árabe: la reducción del sistema vocálico a tres vocales, la realización de /p/ como [b] oclusiva, la ausencia de /ñ/ y /rr/. Debido a la proximidad de los dialectos andaluces, el español marroquí elimina la /s/ final de palabra con regularidad. En Ceuta y Melilla, donde los árabes representan un 15% de la población total, predominan las variedades andaluzas del español (con mucho polimorfismo de las sibilantes). Los árabes hablan el español con distintos grados de competencia. En Tánger la pequeña población hispano-parlante también manifiesta características andaluzas, así como préstamos léxicos del francés.

El español también se habla en otras ciudades marroquíes, entre ellas Tánger (ex ciudad internacional), Tetuán y Casablanca, donde convive con el francés y los dialectos árabes. Scipione y Sayahi (2004) y Sayahi (2004) describen el español marroquí, que engloba una gama de variedades entre el habla vestigial y unas aproximaciones al español peninsular aprendidas "de oído" por marroquíes que no han visitado los territorios españoles.

Tarkki (1995) presenta un estudio monográfico sobre el español del ex Sahara español, basado en un trabajo *in situ* realizado en campos de refugiados saharauis en Argelia. El Sahara Occidental fue una provincia de España entre 1958 y 1976, pero durante este período no se llevaban a cabo estudios lingüísticos del español hablado por los saharauis. Mientras España preparaba su retirada del Sahara hacia 1974 Mauritania y Marruecos firmaron un acuerdo para repartirse el ex territorio español. Con la salida definitiva de las tropas españolas en 1976, el Frente Polisario declaró la existencia de la República Saharaui, desatando una sangrienta guerra civil que continúa hasta el momento actual, pese a una frágil tregua. Mauritania se retiró del conflicto poco después y tropas marroquíes invadieron el territorio saharaui para imponer un gobierno central.

Durante la época colonial, el español era el único medio de instrucción en el Sahara Occidental, mientras que la población indígena seguía hablando variedades vernaculares del árabe como lengua nativa. A pesar de la desequilibrada situación colonial el español arraigó en territorio sahárico, sobre todo en las principales ciudades, siendo El Ayoun el centro urbano más importante. Cuando los marroquíes invadieron el Sahara Occidental cualquier uso de la lengua española por parte de la población indígena era considerado un acto sospechoso y potencialmente subversivo; por lo tanto, los saharauis que permanecían en su territorio natal dejaban de emplear el español en público. A medida que seguían las confrontaciones, la población civil y algunos guerrilleros fueron desalojados, encontrando refugio en campamentos argelinos cercanos a la frontera con Marruecos. En estos campamentos circula el idioma castellano con un vigor sorprendente, ya que los saharauis lo han tomado como símbolo de identidad étnica y cultural, y a veces prefieren hablar español en vez del *hasanía* (el dialecto local del árabe). Por lo tanto los trabajos de campo de Tarkki dieron con muestras legítimas del español saharaui, aun cuando la lengua haya sido expulsada del Sahara.

El español de los saharauis tiene fuertes matices canarios y andaluces, puesto que la proximidad de las Islas Canarias resultaba en una población canaria en El Ayoun y unas colonias de obreros saharauis en las Islas Canarias más cercanas a la costa africana. El habla de los saharauis se caracteriza por una combinación de rasgos dialectales españoles y la interferencia de su lengua nativa. La /s/ final de sílaba/palabra se suele aspirar o elidir, igual que en los dialectos españoles meridionales. Ya que el español es una lengua exclusivamente de transmisión oral para muchos saharauis, en algunos casos la ausencia de /s/ ha pasado a las representaciones léxicas correspondientes. Los saharauis menos proficientes tienden a reducir los cinco vocales del español a las tres oposiciones del árabe, dando lugar a neutralizaciones del tipo *misa-mesa*. Experimentan dificultades con el fonema /p/, y se dan algunas realizaciones oclusivas de /b/, /d/ y /g/ intervocálicas. En la dimensión gramatical el español saharaui comparte con otras variedades del español hablado como segunda lengua (por ejemplo de Guinea Ecuatorial) una concordancia sujeto-verbo y nombre-adjetivo inestable. A diferencia de los ecuatoguineanos, los saharauis mantienen la oposición *tú-usted* consistentemente, tanto los pronombres como las inflexiones verbales. De vez en cuando se eliminan los artículos definidos y una que otra preposición, pero en general el español saharaui se parece bastante a las pautas canarias y andaluzas. El futuro de la lengua española en Sahara Occidental es dudoso, puesto que ni siquiera la tregua entre el Frente Polisario y el gobierno marroquí ha conllevado un regreso de hispano-parlantes al ex Sahara Occidental. Dentro de Argelia se supone que el español saharaui también desaparezca a medida que los refugiados se integran a la sociedad argelina u optan por abandonar el país.

El español en Filipinas y el Pacífico

De todas las zonas dialectales que en algún momento estuvieron bajo el dominio español, y donde el español se habla todavía hoy en día, una de las áreas menos conocidas desde el punto de vista lingüístico es el archipiélago de las Filipinas. Por supuesto, existe una amplia bibliografía de estudios sobre las principales lenguas indígenas de aquella nación y, dentro del marco hispanofilipino, se han realizado estudios orientados en dos direcciones: la incorporación de palabras españolas en las lenguas filipinas y la formación de los dialectos hispanocriollos (chabacanos) de Cavite, Ternate y Zamboanga. Bien se sabe que la presencia española en Filipinas duró más de 300 años, pero a pesar de que el castellano es todavía una de las tres lenguas oficiales de Filipinas, y de que existen aún filipinos de habla española no acriollada, es escasísima la información que tenemos sobre el español actual que se habla en Filipinas. Los tres siglos de ocupación española no bastaron para arraigar el idioma castellano entre los idiomas indígenas de Filipinas, tal como ocurrió en Hispanoamérica, y ni siquiera se empleaba la lengua española como idioma vehicular o de comercio entre la población mestiza euroasiática que surgió a raíz de los contactos multiculturales. Ha sido muy comentada la ausencia del español entre las principales lenguas vigentes de Filipinas; basta por el momento citar de paso los factores de más impacto: la política española oficial y sobre todo religiosa de emplear las lenguas vernaculares en la catequesis y la administración de la colonia; el número relativamente pequeño de europeos en comparación con la población indígena; la falta de grandes desplazamientos demográficos dentro de la población indígena, que de haberse producido habrían impulsado el empleo del castellano como lengua vehicular. Con la excepción de los dialectos chabacanos, surgidos alrededor de presidios y guarniciones militares y difundidos en algunos lugares de comercio multiétnico, el español nunca se convirtió en la lengua materna de un sector importante de la población filipina, ni se empleaba con frecuencia como lengua vehicular fuera de las comunidades mestizas que de alguna manera participaban en la administración colonial. Con el advenimiento de la administración norteamericana y el arrollador impacto lingüístico de los programas de escolaridad en idioma inglés, se produjo un desplazamiento lingüístico que en el transcurso de dos generaciones acabó casi por completo con el español como lengua vigente; en la actualidad, la existencia del español como materia obligatoria del currículo secundario es objeto de una nutrida polémica a nivel nacional, ya que muchos lo consideran un anacronismo que debe ser eliminado lo más pronto posible.

El dialecto español de Filipinas tiene un perfil netamente aristocrático, conservador y preciso, sin las variantes populares, regionales, arcaicas y rústicas que caracterizan a los dialectos chabacanos, y que prevalecen en los dialectos hispanoamericanos. También son dignos de mención los rasgos peninsulares particulares a las zonas centrales y septentrionales de España, y la ausencia casi total de características típicas de los dialectos andaluces, gallegos, canarios y levantinos, a pesar de que muchos de los últimos emigrantes peninsulares a Filipinas procedían de estas regiones. También se ve reflejada la influencia lingüística de los maestros, funcionarios gubernamentales y religiosos peninsulares, y el impacto de las normas literarias y periodísticas que regían la considerable producción editorial en lengua española que existía en Filipinas hasta después de la Segunda Guerra Mundial. Entre los hablantes vestigiales del español filipino, son frecuentes los errores de concordancia nominal y verbal, aunque es evidente que las generaciones anteriores no cometían los mismos errores, ya que el español era la lengua predominante y de uso diario.

En Guam y las Islas Marianas se hablaba una variedad del español muy parecida a la filipina, producto del contacto con el chamorro, otra lengua de la familia austronésica. Hoy día sólo queda un puñado de hablantes vestigiales, todos de edad muy avanzada, de manera que el español guameño desaparecerá en los próximos años, dejando como única herencia una gran cantidad de préstamos léxicos en el chamorro.

Colonias de inmigrantes en el Paraguay

El Paraguay ha recibido muchos grupos de inmigrantes europeos y asiáticos a lo largo de su historia, y sobre todo en el período que se extiende desde la segunda mitad del siglo XIX hasta la primera mitad del XX, se fundaron varias colonias estables donde la lengua predominante no era ni el español ni el guaraní. Debido al aislamiento geográfico de muchas colonias así como al deseo de mantener las bases étnicas y lingüísticas, las lenguas de los inmigrantes sobrevivieron por varias generaciones después del cese de las corrientes migratorias, y pueden haber dejado huellas en las hablas locales de las respectivas zonas paraguayas. Los japoneses empezaron a llegar al Paraguay después de 1924, cuando se levantó la prohibición de la inmigración asiática; se fundó la primera comunidad japonesa en 1936, y se establecieron otras comunidades en 1955 y 1956. En 1959 venció el convenio bilateral que facilitaba la inmigración japonesa, y desde entonces la llegada de colonos japoneses ha disminuido drásticamente. No se conoce la cifra exacta de la inmigración japonesa al Paraguay, pero se calculan en más de 50.000 los japoneses asentados en suelo paraguayo. Hoy en día hay unos 2.500 japoneses étnicos y hasta 10.000 descendientes de japoneses reconocidos en el Paraguay.

También era muy cuantiosa la inmigración alemana al Paraguay, y se fundaron varias decenas de colonias alemanas por todo el país. A los alemanes se sumaron menonitas europeos y canadienses de habla alemana y holandesa, que hasta ahora han mantenido su autonomía lingüística y cultural en el Chaco paraguayo. Llegaron los primeros menonitas al Paraguay en 1926, después de haberse fugado de Rusia y Polonia y de haber vivido una temporada frustrante en el Canadá. En la actualidad viven más de 10.000 menonitas en el Chaco, de ascendencia rusa, ucraniana, polaca, alemana y canadiense, y se han mantenido la lengua y las costumbres con mucho vigor y tenacidad. En total, el Paraguay cuenta con más de 160.000 hablantes del alemán y 19.000 hablantes del *plattdeutsch*, un dialecto germánico del norte de Alemania y los Países Bajos. En estas colonias alemanas, el español local –ya matizado por el guaraní– también adquiere las características transitorias de las lenguas germánicas.

La Argentina: los galeses

La inmigración italiana a la Argentina constituye el 60% de la cifra total de inmigrantes a esta nación sudamericana. La mayoría de los italianos se quedaba en el área metropolitana de Buenos Aires, donde alcanzaban entre el 20% y el 30% de la población total. Como resultado directo de la inmigración europea, la población de Buenos Aires y sus alrededores creció de 400.000 habitantes en 1854 a 526.500 en 1881 y 921.000 en 1895 (Cacopardo y Moreno 1985). En las regiones más remotas, la presencia italiana era mucho menos intensa, y se establecieron varios núcleos poblacionales de inmigrantes europeos donde prevalecía el bilingüismo y donde el castellano era lengua recesiva hasta hace muy poco. Uno de los casos prototípicos del microbilingüismo argentino es la comunidad de habla galesa, repartida entre varias provincias meridionales. La presencia galesa en la Argentina empezó alrededor de 1865, con la fundación de la primera colonia galesa en la Patagonia argentina, en la provincia actual de Chubut. A partir de ese momento, la emigración galesa continuó constantemente hasta 1914 (Jones 1993; Martínez Ruiz 1997; Matthews 1995; Rhys 2000) alcanzando una cifra final de más de tres mil colonos. Hacia finales del siglo XIX, el porcentaje de la población de la colonia galesa que hablaba el idioma galés (y que a veces ignoraba la lengua castellana) oscilaba entre 87% y 98%. En el censo de 1972, entre la población joven de menos de 20 años, sólo un 5% de los hombres y un 3,5% de las mujeres poseían amplios conocimientos de la lengua ancestral, mientras que entre la población mayor de 60 años las cifras eran 25% para los hombres y 41% para las mujeres. Estas cifras revelan la rápida erosión de la lengua, debido a la integración social y económica del enclave galés, la falta de inmigración nueva, los matrimonios mixtos, y el alcance del sistema educativo y los medios de comunicación masiva. Aunque el idioma galés ha desaparecido prácticamente de la Patagonia, quedan algunos residentes ancianos que recuerdan los tiempos en que el castellano era lengua minoritaria en el ámbito rural, dotada de características de una segunda lengua. En los últimos años, el gobierno del Reino Unido y de Gales ha establecido vínculos oficiales con las comunidades galesas en la Argentina, y ya se ofrecen cursos de lengua galesa en suelo argentino. Los jóvenes argentino-galeses se comunican con sus compatriotas europeos en un galés moderno y algo artificial por medio de los *chat* de Internet.

La Argentina: los alemanes "del Volga"

Durante el siglo XIX llegaron a la Argentina varios grupos de colonos europeos, que solían residir en comunidades homogéneas que favorecían la retención de las lenguas ancestrales durante varias generaciones. Uno de los grupos más numerosos, cuya lengua se mantiene hasta hoy, es la colonia de alemanes "del Volga", distribuidos en varias provincias alrededor de Buenos Aires (Cipria 2004; Hipperdinger y Rigatuso 1996). Hacia mediados del siglo XVIII un grupo de alemanes emigró a las orillas del río Volga en Rusia, fundando la primera comunidad alemana en 1764, cerca de Saratov. Durante más de un siglo esta comunidad hablaba sólo alemán y resistía la asimilación cultural; varios zares rusos les concedían una condición "especial" que permitía la retención de su identidad etnolingüística. En 1876 el zar Alejandro II anuló el convenio que protegía a los alemanes que vivían en Rusia, lo cual provocó una emigración masiva a Brasil y a la Argentina. En 1878 se fundó la primera comunidad alemana "del Volga" en la Argentina, y en las décadas siguientes más de seis mil alemanes llegaron a las nuevas colonias. Hoy día la lengua alemana se mantiene cada vez menos entre las generaciones jóvenes, aunque no desaparece del todo; las personas que prefieren hablar alemán producen combinaciones sintácticas que reflejan la gramática del alemán, por ejemplo "Juan hoy tiene cumpleaños" "hoy es el cumpleaños de Juan".

A partir de 1900 llegaron varios millares de daneses a la provincia de Buenos Aires, procedentes en su mayoría de Jutland. Todavía se mantiene la lengua danesa en esas comunidades, aunque se diluye frente al contacto con el español y los lazos europeos cada vez más tenues.

Colonias italianas en México

México ha recibido una inmigración italiana considerable, pero la mayoría de los inmigrantes italianos se ha integrado rápidamente a la vida mexicana, sin dejar huellas lingüísticas y culturales. A Nuevo México también llegó un número considerable de italianos en el siglo XIX (cuando todavía era un territorio hispanohablante anexado a los Estados Unidos) y en las primeras décadas del XX (Bohme 1975); nunca formaron núcleos estables, pero es probable que hayan contribuido algunos matices al español tradicional de Nuevo México. En algunas áreas rurales, se han establecido colonias de inmigrantes italianos; por ejemplo un grupo de colonos trentinos fundaron la cooperativa La Estanzuela en 1924. Aunque esta colonia no prosperó tanto como se había esperado, su existencia creó una situación de contacto lingüístico que reproducía en miniatura otros encuentros italo-hispánicos, por ejemplo en el Río de la Plata. Otra colonia de italianos era Villa Luisa en el estado de Veracruz, fundada a partir de 1858 (Zilli Manica 1997).

Todavía existen algunas aldeas italianas en los estados mexicanos norteños sostenidas por la agricultura y la ganadería, y donde aún se encuentran vestigios de las lenguas regionales de Italia (Romani 1992; Sartor y Ursini 1983; Zilli Manica 1981). El caso más importante es Chipilo, en el estado de Puebla, que todavía conserva el dialecto del véneto italiano más de cien años después de fundación (MacKay 1984, 1992, 1993, 1995; Meo Zilio 1987; Romani 1992; Sartor y Ursini 1983; Ursini 1983; Zago Bronca 1982). El dialecto véneto se parece más al español que el italiano estándar; por ejemplo los infinitivos de la primera conjugación, y muchos participios pasados terminan en *–ar* en vez de *–are*, terminan en *–á* en vez de *–ato/-ata*, lo cual sugiere la realización *–ada > –á* del español vulgar. Estos hechos dialectales facilitan la compenetración del español y el dialecto de Chipilo (que se deriva del habla de Segusino, pueblo en el Véneto italiano), así como la influencia del español en el dialecto véneto mexicano, por ejemplo el empleo del pronombre *nos* en vez de *ci/noi* y la formación de combinaciones híbridas como *frijoliti*. También existen casos de interferencia del véneto sobre el español, por ejemplo la neutralización /r/-/rr/ (*areglao* en vez de *arreglado*), el empleo de formas plurales derivadas del véneto (*añi* por *años*, *aseitune* por *aceitunas*) y de sufijos verbales (*acepten* por *aceptaba*, *establesesti* por *establecidos*). El véneto no desplaza las palabras interrogativas al comienzo de la cláusula y los chipileños menos competentes en español reflejan la sintaxis del substrato al decir "¿Tú vives dónde? ¿Esto cuesta cuánto?" El véneto también manifiesta la doble negación, la cual se traspasa al habla chipaleña coloquial: "No lo tengo no".

Debemos mencionar también la fundación, alrededor de 1951, de la colonia italiana de San Vito en territorio costarricense (Masing 1964). En los primeros años de la colonia predominaba la lengua italiana, pero hoy en día la población italiana es minoritaria, y apenas se detectan huellas del italiano en el español local. A diferencia de las colonias vénetas de México, San Vito recibía colonos de todas partes de Italia, razón por lo cual prevalecía el idioma italiano –con todos sus matices regionales– en vez de un dialecto regional.

Los afro-seminoles de México

Entre los muchos enclaves lingüísticos extrahispánicos en territorio mexicano tal vez el más curioso sea la pequeña comunidad de Nacimiento de los Negros, cerca de Múzquiz, Coahuila. Los residentes de esta aldea son casi todos descendientes de los afro-seminoles de la Florida, Georgia y Carolina del Sur, una comunidad de cimarrones formada de negros esclavos escapados a los pantanos del suroeste norteamericano en el siglo XIX, mezclándose con comunidades indígenas de aquella región. Los afro-seminoles eran portadores de una variedad arcaizante del gullah, lengua criolla afro-inglesa ubicada en la costa de Georgia y Carolina del Sur, y con fuertes vínculos con los criollos afro-caribeños y de África occidental. Antes de la Guerra Civil estadounidense (1860-1865), muchos afro-seminoles fueron desterrados a los remotos territorios de Oklahoma y Texas, donde todavía subsisten pequeños grupos que poseen conocimientos de la lengua gullah. Desde la ciudad fronteriza de Bracketville, Texas un grupo de afro-seminoles se trasladó al estado vecino de Coahuila, donde fundaron la comunidad de Nacimiento hacia finales del siglo XIX. Esta comunidad está aislada geográfica y culturalmente de las áreas urbanas de México, y hasta hace una generación la lengua gullah sobrevivía intacta en Nacimiento. Hoy en día sólo un número muy reducido de ancianos tiene una competencia activa en gullah, mientras que el conocimiento pasivo es más extendido. El español de Nacimiento es casi idéntico al habla rural del norte de México, pero hay algunas ligeras discrepancias, por ejemplo la erosión de las consonantes finales de palabra (Gavaldón 1970), que pueden derivarse del bilingüismo gullah-español que duró por muchas décadas (Hancock 1980, 1986).

El inglés norteamericano en Centroamérica

La presencia del inglés estadounidense en las repúblicas centroamericanas se remonta al siglo XIX, con la participación de soldados mercenarios y "filibusteros" que intervenían en guerras internas e intentos de anexión a los Estados Unidos, pero la fundación de comunidades estables de norteamericanos se debe a la expansión de las empresas agrícolas multinacionales, sobre todo las compañías bananeras y los ferrocarriles. En Honduras, Costa Rica y Guatemala y posteriormente en otras naciones, la United Fruit, la Standard Fruit y otras empresas estadounidenses establecieron comunidades de funcionarios norteamericanos que convivían con los obreros locales, dando lugar a la introducción de muchos anglicismos en los dialectos regionales. Además de estos contactos anglo-hispanos transitorios, se han fundado colonias religiosas estadounidenses en varias partes de México y Centroamérica, siendo la más numerosa la comunidad de Monteverde en Costa Rica, fundada por cuáqueros de los Estados Unidos en los años posteriores a 1950, cuando unas familias de la Sociedad de los Amigos (Cuáqueros) abandonaron el estado sureño de Alabama para establecerse en Monteverde. Esta comunidad tiene apenas medio siglo de existencia, y el bilingüismo limitado de los fundadores ha sido reemplazado por el dominio completo del español entre las generaciones nacidas en Monteverde. El área de Monteverde se ha convertido en un sitio turístico de fama mundial, debido a la adquisición del bosque tropical por la comunidad religiosa y la promoción del ecoturismo en esta zona de belleza virginal; el contacto con millares de turistas, muchos de los cuales hablan inglés, ha de fortalecer el idioma inglés en Monteverde, y facilitará la incursión de esta lengua en los dialectos vecinos del español (Watts 1999).

El inglés criollo en Centroamérica

A lo largo del litoral caribeño de Centroamérica, desde Belice hasta la zona del Canal de Panamá, la población mayoritaria es de origen afroantillano y emplea lenguas criollas derivadas del inglés. Así es que, en Belice, el inglés criollo compite con el inglés estándar (lengua oficial del país), el español y el quiché-maya, y se produce una amplia gama de compenetraciones lingüísticas entre los cuatro idiomas. Los pequeños puertos caribeños de Guatemala, Livingston y Puerto Barrios, contienen poblaciones de habla inglesa criolla, y esta población se extiende de manera continua a lo largo de la costa vecina de Honduras hasta llegar a la zona de la Mosquitia, donde el inglés criollo compite con el idioma miskito, lengua que a su vez se extiende por casi todo el litoral oriental de

Nicaragua, aunque el inglés criollo predomina en las poblaciones principales (Puerto Cabezas y Bluefields). En Belice y Honduras, el inglés criollo y el español también conviven con la lengua de los garífunas (los llamados *caribes negros*), un dialecto de la lengua caribe. En las Islas de la Bahía, departamento insular de Honduras con profundas raíces británicas, predominan variedades no acriolladas del inglés antillano, semejante a los dialectos de las islas Caimán; en estas islas, existe una considerable población de raza blanca, mayoritaria en muchas zonas, cuyas características lingüísticas apenas se diferencian de las de los pobladores afroantillanos. En Costa Rica, la población de habla criolla se concentra en Puerto Limón, donde el español está ganando fuerza para reemplazar eventualmente el idioma afroantillano. En Panamá, el dominio del inglés criollo empieza en Bocas del Toro, y continúa esporádicamente en varios enclaves de la costa noroccidental del país, pero su resguardo principal es el puerto de Colón, en la desembocadura del canal interoceánico.

Los dialectos del inglés criollo hablados en estas zonas figuran entre los más antiguos del Caribe, aunque en Belice el criollo convive con el inglés estándar y las variedades contemporáneas del Caribe anglófono, mientras que en la Mosquitia de Honduras y Nicaragua se han establecido varios grupos de misioneros de habla inglesa, de los Estados Unidos y Gran Bretaña, con las inevitables consecuencias lingüísticas para el inglés criollo (Escure 1983; Graham 1997; Herzfeld 1983; Holm 1983a; Warantz 1983). En todas estas regiones el español es o ha sido hasta hace poco la lengua minoritaria, y posee reconocidos rasgos de la adquisición de una segunda lengua. El español hablado por los angloantillanos en Centroamérica suele tener características de una segunda lengua; he aquí unos ejemplos grabados a una vieja antillana en Panamá: "What's the island off Taboga onde vive los francese(s)?; Americanos negro viene Panamá en el 48 [...] en la segunda guera empezá traer los negros americanos en Panamá; Mis hijas nació aquí como panameño; yo tiene una yija conmigo". De la novela costarricense *Puerto Limón* (Gutiérrez 1978: 46): "Ruby morir hace tres años. Entonces yo trabajar de jardinero [...] nosotros trabajar con ellos [...] y yo le diga: yo no quiero trabajar más de jardinero porque aquí yo viva triste".

El inglés antillano en las Antillas Españolas

La presencia –en Cuba y la República Dominicana– de braceros de Jamaica y otras islas de habla inglesa comenzó hacia mediados del siglo XIX, pero la presencia del angloantillano llegó a su auge en las primeras décadas del XX. En Santo Domingo, el antillano de habla inglesa recibe el nombre de *cocolo*, y sus esfuerzos por hablar el español de los *bateyes* (haciendas de producción azucarera) han sido imitados por varios escritores dominicanos. Está documentada la presencia del criollo afroinglés de Jamaica en Cuba, a partir del siglo XX, y es probable que hayan existido grupos de obreros azucareros de habla jamaiquina a lo largo del siglo XIX. En la Isla de Pinos (hoy Isla de la Juventud), existían comunidades de habla inglesa, aparentemente derivada del inglés (blanco y posiblemente negro) norteamericano. En la actualidad han desaparecido estos grupos, aunque quedan hablantes vestigiales del inglés afrocubano. En los ingenios azucareros, la importación de obreros antillanos llegó a su auge en el siglo XIX y comienzo del XX, y podemos postular una presencia tangible del criollo jamaiquino, tal vez al lado de otras variedades del inglés.

En Puerto Rico, han llegado millares de negros angloparlantes de las vecinas Islas Vírgenes, cuyas contribuciones al patrimonio afropuertorriqueño no han sido estudiadas todavía. Más recientemente ha surgido una importante colonia de inmigrantes de las islas anglohablantes en Santurce, barrio obrero del área metropolitana de San Juan. En un amplio sector de Santurce, conviven nativos de Santo Tomás, Jamaica, San Cristóbal (St. Kitts), Santa Lucía, Antigua, Barbuda, y muchas otras islas, casi todos sin la documentación migratoria requerida para legitimar su presencia en Puerto Rico. En este barrio el inglés antillano es la lingua franca, y cada individuo emplea su propia variedad, reduciendo al mínimo los elementos criollos de difícil comprensión por personas no adeptas. La mayoría de los residentes anglófonos habla unas palabras del castellano, y algunos lo hablan con soltura, aunque siempre sobresalen las características de la adquisición parcial. Unos ejemplos grabados en Santurce ejemplifican las características del nuevo dialecto antillano-boricua: "Yo viene pa cá pa vacacione (Jamaica); Yo conoce Trinidad, yo fuite de vacacione (S. Tomás); yo puede hablal pero a vece no puede comunicarse con la gente" (St. Kitts).

El francés criollo de las Antillas menores en Hispanoamérica

El francés criollo de las Antillas menores está en contacto con el español en varias partes del Caribe, con las esperadas consecuencias lingüísticas. Por ejemplo en la Península de Güiria, en Venezuela, el español está en contacto con el criollo francés de Trinidad; como consecuencia, en el español regional de Güiria, se da la doble negación del tipo *yo no estoy yendo no* (Llorente 1994, 1995). También se dan en este enclave venezolano –más que en cualquier otra variedad regional del país– preguntas no invertidas del tipo *¿Qué tú quieres?*, calcando la sintaxis del francés criollo. Como otra indicación de la influencia del francés criollo sobre el español, podemos citar el habla de la costa caribeña de Costa Rica, el enclave antillano de Puerto Limón. Los limonenses son predominantemente de origen jamaquino, descendientes de braceros contratados para trabajar en las plantaciones bananeras, y en la construcción del canal de Panamá, pero también había contingentes de habla francesa criolla –de Haití, Martinica, Guadalupe, etc.– Las primeras dos generaciones de antillanos en Limón hablaban un español limitado, idéntico al español *bozal* del Caribe, y quedan vestigios hasta hoy en día. En un cuento del escritor limonense Joseph (1984: 31), una afrolimonense dice, en castellano desfigurado: "para mí no puede saber", en vez de "yo no puedo saber/yo no sé". Según el autor, la mujer era de madre haitiana y padre jamaiquino. El criollo haitiano al igual que los otros criollos afrofrancés del Caribe, permite un posesivo enfocado o de contraste, mediante la posposición de *pa* más el pronombre correspondiente: liv-*pa'm* "el libro mío", *kay pa-u* "la casa tuya", etc.

El criollo haitiano en Santo Domingo y Cuba

Existe amplia evidencia del uso del *créole* haitiano en Santo Domingo, a lo largo de la historia del sector español de la Española. En el oriente cubano, está documentada la presencia del criollo haitiano a partir de las últimas décadas del siglo XVIII, aunque es probable que haya estado en suelo cubano aun antes. Con el éxodo de los españoles dominicanos a raíz de la revolución haitiana y la expropiación francesa de la colonia española mediante el tratado de Basilea en 1795, llegaron a Cuba hablantes del criollo haitiano, tanto esclavos como soldados negros libres que luchaban contra los ejércitos franceses. En el siglo XIX, y hasta bien entrado el siglo XX, eran ampliamente conocidas en el oriente cubano muchas frases y expresiones del criollo haitiano. En el siglo XX, la importación de braceros haitianos representaba la inmigración antillana más importante, y quedan todavía poblaciones cubanas de habla haitiana que se derivan de estos desplazamientos demográficos. Aun cuando sean debatibles las posibles contribuciones permanentes del criollo haitiano al español dominicano, no cabe la menor duda de que la población haitiana que ocupa la zona fronteriza entre las dos naciones habla un lenguaje mixto que reproduce algunas características del afro-español de antaño, el *habla bozal caribeña* de los esclavos africanos y sus descendientes inmediatos. Ortiz (1999a, 1999b, 2001) ha estudiado cuidadosamente el español hablado por los haitianos, y sus implicaciones para las teorías sobre la formación de las lenguas criollas y las variedades vernaculares del español caribeño. Los haitianos que hablan el español como segunda lengua no emplean la sintaxis del *kréyòl* haitiano, sino que producen las mismas combinaciones discordantes que cualquier otro aprendiz del castellano, por ejemplo: "nosotro habla catellano, habla creol también [...] yo cría mucho animal, siembra mucho animal, se roba to, toro, toro [...] yo no sabe mucho catellano, pero sabe poquito...".

El palenquero y el español en el Palenque de San Basilio

La única lengua criolla de base afrohispánica es la "lengua" de la aldea afrocolombiana San Basilio de Palenque, conocida entre lingüistas como *palenquero*. San Basilio fue fundado por negros cimarrones escapados del puerto español de Cartagena de Indias alrededor de 1600 y las décadas siguientes, cuando la importación de esclavos de la cuenca del Congo y Angola alcanzaba su auge. Como consecuencia, la lengua palenquera manifiesta muchas semejanzas con el criollo afroportugués de São Tomé; algunos investigadores han postulado que el palenquero representa una relexificación de un criollo afrolusitano llevado directamente de la factoría portuguesa de São Tomé a Cartagena (Granda 1970; Schwegler 1996, entre otros).

Estructuralmente, el idioma palenquero no comparte las bases morfosintácticas del español, sino que revela los orígenes en las familias kwa y bantú de África occidental. Es así por ejemplo que el sistema verbal palenquero consiste en una raíz verbal invariable (derivada del infinitivo español sin la /r/ final), a la cual se le antepone una o más partículas de tiempo, modo y aspecto verbal. Los pronombres de sujeto difieren de los del español y portugués, e incluyen unas formas africanas así como formas derivadas de raíces romances: *i,* "yo", *bo* "tú", *ele,* "él/ella", *suto* "nosotros", *utere* y *enú* (arcaizante) "ustedes", *né* "ellos/ellas". El posesivo siempre se coloca después del sustantivo: casa *suto* "nuestra casa" *moná Juan* "el hijo/la hija de Juan". El elemento negativo *un* se coloca al final de la cláusula en que aparece el verbo negado: e *kelé fruta nu* "él/ella no quiere fruta(s)". En la fonética, muchas palabras españolas adquieren consonantes prenasalizadas en posición inicial de palabra: ndo "dos", *ngande* "grande". El castellano que se habla en Palenque de San Basilio (y todos los palenqueros lo hablan, a veces sin poseer mucha competencia activa en la lengua palenquera propia) se parece más a las variedades caribeñas del español colombiano (por ejemplo, de Cartagena de Indias) que a la lengua criollo de la aldea, pero a nivel vernacular no sólo se produce la intercalación del castellano y el palenquero (Morton 1999), sino que se producen combinaciones híbridas en que elementos de la lengua palenquera se encuentran incrustados en frases de base española: esto ocurre sobre todo con la negación doble (*no lo sé no*) y a veces la negación únicamente pospuesta (*tengo no*), así como en algunas construcciones posesivas. Schwegler y Morton (2003) repasan las características más sobresalientes del *kateyano* "castellano" del Palenque de San Basilio. A nivel vernacular, se produce una profunda compenetración de ambas lenguas, dando lugar no sólo a un palenquero parcialmente descriollizado (por ejemplo, con pronombres de sujeto españoles, el empleo ocasional de verbos flexionados, negación antepuesta), sino también de un castellano con notables características del idioma palenquero: negación pospuesta, empleo de partículas preverbales, así como variantes fonéticas derivadas del palenquero. Unos ejemplos del castellano palenquero con huellas de la lengua criolla son: "Esa agua ta malo; Nosotro no quedamo con ese grupo no; "Yo no conocí al abuelo".

Otros contactos lingüísticos en el Caribe hispánico

El Caribe hispánico ha sido el escenario de múltiples contactos hispano-criollos, durante los siglos XIX y XX, que hemos estudiado en otros momentos. Para citar sólo los casos más relevantes, podemos mencionar la presencia del papiamentu en Venezuela, Cuba y Puerto Rico, el chino cantonés y el criollo portugués de Macau en Cuba (y también el Perú), el negerhollands (holandés acriollado) en Puerto Rico, el inglés negro norteamericano en la Península de Samaná, República Dominicana, y el inglés pidgin de África occidental en Cuba. Estas lenguas —criollos afroatlánticos en su mayoría— han desaparecido de los países latinoamericanos, pero las convergencias estructurales entre los criollos pueden haber afectado permanentemente el español vernacular, por lo menos en algunas regiones caribeñas. Así concluimos este breve recorrido de las nuevas comunidades bilingües de Hispanoamérica y sus consecuencias para la microdialectología del español mundial. Continúan produciéndose nuevos encuentros bilingües a medida que se profundizan otros, de manera que los estudios micro-dialectológicos llegarán a ser un componente esencial en la descripción y el análisis de las variedades dialectales del español.

Bibliografía

El español en África subsahariana

Castillo Barril, M. (1964). El español en la Guinea Ecuatorial. *Español Actual*, 3, 8-9.

Castillo Barril, M. (1969). La influencia de las lenguas nativas en el español de Guinea. *Archivo de Estudios Africanos*, 20, 46-71.

Esquerra G., González Echegaray, C., y Uereña, R. (1987). El español en el África negra. *África 2000*, 2 (1), 4-8.

Fleitas Alonso, C. (1989). *Guinea: Episodios de la Vida Colonial*. Madrid: Instituto de Cooperación para el Desarrollo, Agencia Española de Cooperación Internacional.

González Echegaray, C. (1951). Notas sobre el español en África. *Revista de Filología Española*, 35, 106-118.

González Echegaray, C. (1959). *Estudios guineos, tomo 1: Filología*. Madrid: Instituto de Estudios Africanos.

Granados, V. (1986). Guinea: Del "falar guineu" al español ecuatoguineano. *Epos*, 2, 125-137.

Granda, G. (1984a). Fenómenos de interferencia fonética del fang sobre el español de Guinea Ecuatorial: Consonantismo. *Anuario de Lingüística Hispánica*, 1, 95-114.

Granda, G. (1984b). Las lenguas de Guinea Ecuatorial: Materiales bibliográficos para su estudio. *Thesaurus*, 39, 170-192. También en Granda (1985c: 61-77).

Granda, G. (1984c). *Perfil Lingüístico de Guinea Ecuatorial - Homenaje a Luis Flórez*. Bogotá: Instituto Caro y Cuervo, 119-195.

Granda, G. (1985a). Un Caso de Transferencia Léxica Intercolonial: Cuba-Fernando Poo (Bioko). *Anuario de Letras*, 23 (1985), 131-159.

Granda, G. (1985b). Préstamos léxicos del pidgin english en el criollo portugués de Annobón. *Estudios Románicos*, 1, 101-112.

Granda, G. (1985c). *Estudios de lingüística afro-románica*. Valladolid: Universidad de Valladolid.

Granda, G. (1985d). Préstamos léxicos del pidgin english en el criollo portugués de Annobón. *Estudios Románicos*, 1, 101-112.

Granda, G. (1985e). Préstamos léxicos de aculturación en dos lenguas bantú de Guinea Ecuatorial. En Granda (1985d: 127-139). También en *Cahiers de l'Institut de Linguistique de Louvain*, 11 (1985), 87-106.

Granda, G. (1985f). Sociolingüística de un microespacio criollo-portugués de África (Annobón). *Lingüística Española Actual*, 7, 277-292.

Granda, G. (1986-87). La lengua española en el África subsahariana: Estudio histórico-lingüístico. *Cuadernos del Sur*, 19-20, 3-20.

Granda, G. (1988b). El español en el África subsahariana. *África 2000*, 7, 4-15.

Granda, G. (1988a). *Lingüística e Historia: Temas Afro-hispánicos*. Valladolid: Universidad de Valladolid.

Granda, G. (1991a). *El español en tres mundos: Retenciones y Contactos Lingüísticos en América y África*. Valladolid: Universidad de Valladolid.

Granda, G. (1991b). La lengua española en el África subsahariana. En Granda (1991a: 237-254).

Granda, G. (1991c). Origen y configuración de un rasgo sintáctico en el español de Guinea Ecuatorial y en el portugués de Angola. En Granda (1991a: 255-268). También en *Anuario de Lingüística Hispánica*, 4 (1988), 81-98.

Granda, G. (1991d). Sobre un fenómeno sintáctico del español de Guinea Ecuatorial: La marcación en superficie de los pronombres personales sujeto. En Granda (1991a: 269-284). También en *Thesaurus*, 45 (1990), 81-98.

Granda, G. (1994a). Bibliografía del español en Guinea Ecuatorial. En Granda (1994b: 470-476).

Granda, G. (1994b). *Español de América, español de África y hablas criollas hispánicas*. Madrid: Gredos.

Granda, G. (1994c). Procedimientos de aculturación léxica en el fang ntumu de Guinea Ecuatorial. En Granda (1994a: 456-469). También en *Cahiers de l'Institut de Linguistique de Louvain*, 13, 15-32.

Iradier, M. (1887). *África, Tomo I*. Vitoria: Impr. de la Viuda e Hijos de Iturbe.

Lipski, J. (1984). The Spanish of Malabo, Equatorial Guinea and its significance for Afro-Hispanic studies. *Hispanic Linguistics*, 1, 69-96.

Lipski, J. (1985a). Black Spanish: The last frontier of Afro América. *Crítica*, 2 (1), 53-75.

Lipski, J. (1985b). Contactos hispano-africanos: El español guineano. *Anuario de Letras*, 23, 99-130.

Lipski, J. (1985c). *The Spanish of Equatorial Guinea*. Tubinga: Max Niemeyer.

Lipski, J. (1986a). Modern African Spanish phonetics: Common features and historical antecedents. *General Linguistics*, 26, 182-195.

Lipski, J. (1986b). A new look at Afro-Hispanic phonology. En O. Jaeggli y C. Silva-Corvalán (eds.), *Studies in Romance Linguistics* (pp. 121-135). Dordrecht: Foris.

Lipski, J. (1986c). A test case of the Afro-Hispanic connection: final /s/ in Equatorial Guinea. *Lingua*, 68, 357-70.

Lipski, J. (1987). Fonética y fonología del español guineano: Implicaciones para la dialectología hispánica. *África 2000*, 1, 9-17.

Lipski, J. (1988). Contactos hispano-africanos en África y el Caribe. En R. Hammond y M. Resnick (eds.), *Studies in Caribbean Spanish Dialectology* (pp. 50-65). Washington: Georgetown University Press.

Lipski, J. (1990). *El Español de Malabo: Procesos fonéticos/fonológicos e implicaciones dialectológicas*. Madrid/Malabo: Centro Cultural Hispano-Guineano.

Lipski, J. (2000). The Spanish of Equatorial Guinea: Research on la hispanidad's best-kept secret. *Afro-Hispanic Review*, 19, 1.

Quilis, A. (1983). Actitud de los ecuatoguineanos ante la lengua española. *Lingüística Española Actual*, 5, 269-275.

Quilis, A. (1988). Nuevos datos sobre la actitud de los ecuatoguineanos ante la lengua española. *Nueva Revista de Filología Hispánica*, 36, 719-731.

Quilis, A. (1989a). La actitud de los guineanos ante la lengua española. *África 2000*, 10-11, 76-85.

Quilis, A. (1989b). Léxico español del café en Guinea Ecuatorial. *Homenaje a Alonso Zamora Vicente, Tomo II*. Madrid: Castalia, 237-242.

Quilis, A. (1992). *La lengua española en cuatro mundos*. Madrid: Editorial MAPFRE.

Quilis, A. y Casado-Fresnillo, C. (1992a). Fonología y fonética de la lengua española hablada en Guinea Ecuatorial. Anuario de Lingüística. 56, 71-89.

Quilis, A. y Casado-Fresnillo, C. (1992b). Spanish: Arealinguistik IV. África. Lexikon der Romanistischen Linguistik (LRL) *Band VI*. 526-530.

Quilis, A. y Casado-Fresnillo, C. (1995). *La lengua Española en Guinea Ecuatorial*. Madrid: Universidad Nacional de Educación a Distancia.

Riquelme, J. (1989). Oportunidad de la lengua española en África. *África 2000, 8*, 30-36.

Salanova Orueta, D. (enero 1953). Brotes superfluos del idioma en Guinea. *África (I.D.E.A.)*, 153.

Soler, B. (1957). *La selva humillada*. Barcelona: Planeta.

El español en el norte de África

Casado-Fresnillo, C. (1995). Resultados del contacto del español con el árabe y con las lenguas autóctonas de Guinea Ecuatorial. En C. Silva-Corvalán (Ed.), *Spanish in four continents: Studies in language contact and bilingualism* (pp. 281 -292). Washington: Georgetown University Press.

Sayahi, L. (octubre 2004). *Vocalic variation in North African Spanish.* Presentado en el Eighth Hispanic Linguistics Symposium, University of Minnesota.

Scipione, R. y Sayahi, L. (marzo 2004). *Phonological variation of Spanish in contact with Arabic.* Presentado en el Second Workshop on Spanish Sociolinguistics (WSS2), SUNY, Albany.

Tarkki, P. (1995). *El español en los campamentos de refugiados de la República Árabe Saharaui Democrática.* Helsinki: Universidad de Helsinki, Instituto Iberoamericano.

El español y el chabacano en Filipinas

Apostol, F. (1962-1967). The Chabacano dialect [serie de artículos]. *Southern Tribune,* Zamboanga City, (5 diciembre de 1962-15 febrero de 1967).

Apostol, F. (1967). *Cartilla Zamboangueña.* Zamboanga City: "El Maestro".

Argüelles, B. (1964). *El estado presente de la enseñanza y aprendizaje del idioma español en Filipinas. Presente y futuro de la lengua española, Vol. 1.* Madrid: O.F.I.N.E.S., 281-296.

Barón Castro, R. (1965). *La lengua española en Filipinas; Datos acerca de un problema.* Madrid: Oficina de Educación Iberoamericana.

Batalha, G. N. (1960). Coincidências como dialecto de Macau em dialectos espanhóis das Ilhas Filipinas. *Boletim de Filologia,* 19, 295-303.

Batausa, C. (1969). *A descriptive-contrastive analysis of Chabacano and Tagalog noun reduplication patterns.* Tesina de maestría, University of the Philippines.

Blumentritt, F. (1884). *Vocabulaire de locutions et de mots particuliers à l'espagnol des Philippines.* Paris: Au Siège de la Société.

Camins, B. (1989). *Chabacano de Zamboanga handbook and Chabacano-English-Spanish dictionary.* Zamboanga City: First United Broadcasting Corp.

Cuartocruz, O. (1992). *Zamboanga Chabacano folk literature.* Zamboanga City: Western Mindanao State University.

Diez, M. y Francisco Morales, A. S. (1977). *Las lenguas de España.* Madrid: Ministerio de Educación y Ciencia, Instituto Nacional de Ciencias de la Educación.

Domingo, P. (1967). *Aspect and tense in Spanish and Zamboanga verbs.* Tesina de maestría, University of the Philippines. Editorial. (julio 1998). *Friends of Cavite City Library & Museum,* 2, (2), 1.

Evangelista, J. (1972). *An analytical study of the Chabacano verbs.* Tesina de maestría, Central Philippine University, Iloilo City.

Forman, M. (1972). *Zamboangueño texts with grammatical analysis.* Tesis doctoral inédita, Cornell University.

Frake, C. (1971). Lexical origins and semantic structure in Philippine creole Spanish. En D. Hymes (ed.), *Pidginization and creolization of languages* (pp. 223-242). Cambridge: Cambridge University Press.

Frake, C. (1980). Zamboangueño verb expressions. En A. Dil (Ed.), *Language and cultural description. Essays by Charles O. Frake.* (pp. 131-160). Stanford: Stanford University Press.

Germán, A. (1932). *The Spanish dialect of Cavite.* Tesina de maestría, University of the Philippines.

Germán, A. (1984). Chabacano: A funny thing happened to Cervantes on the way to Cavite En A. Roces (ed.), *Filipino Heritage, the Making of a Nation, Vol. 8, 1986-1988.* Manila: Felta Book Sales.

Giese, W. (1963). Algunas notas sobre la situación del español y del portugués en el Extremo Oriente. *Orbis,* 12, 469-475.

González, L. (1967). *El Español: Primera lengua extranjera para Filipinas.* Tesina de licenciatura, Colegio de San Juan de Letrán, Ateneo de Manila.

Ing, R. (1968). *A phonological analysis of Chabacano.* Tesis doctoral inédita, University of London.

Knowlton, E. (1968). The formation of the past-perfective in Tagalo-Spanish. *Romance Philology,* 22, 22-24.

Lipski, J. (1986a). Modern Spanish once-removed in Philippine Creole Spanish: The case of Zamboanga. *Language in Society,* 16, 91-108.

Lipski, J. (1986b). The reduction of /s/ in Philippine creole Spanish and its implications for historical Hispanic dialectology. *Diachronica,* 3, 43-66.

Lipski, J. (1987a.) Phonological reduction in Philippine Creole Spanish: Implications for Hispanic dialectology. En T. Morgan, J. Lee y B. Van Patten (eds.), *Language and language use: studies in Spanish* (pp. 79-96). Washington: University Press of America.

Lipski, J. (1987b). Contemporary Philippine Spanish: Comments on vestigial usage. *Philippine Journal of Linguistics,* 18, 37-48.

Lipski, J. (1987c). El español en Filipinas: Notas breves. *Anuario de Letras,* 25, 209-219.

Lipski, J. (1987d). El español vestigial de Filipinas. *Anuario de Lingüística Hispánica,* 3, 123-142.

Lipski, J. (1987e). Descriollización en el criollo hispano-filipino: El caso de Zamboanga. *Revista Española de Lingüística,* 17, 37-56.

Lipski, J. (1988). Philippine Creole Spanish: Reassessing the Portuguese element. *Zeitschrift Für Romanische Philologie,* 104, 25-45.

Lipski, J. (1992). New thoughts on the origins of Zamboangueño (Philippine Creole Spanish). *Language Sciences,* 14 (3), 197-231.

Lipski, J. (1996). The evolution of null subjects in Philippine Creole Spanish. En *1994 Conference Papers Vol 2,* (pp. 387-401). Lawrence, Kansas: University of Mid-America Linguistics, Kansas Linguistics Department.

Lipski, J. (2000). El español criollo de Filipinas: El caso de Zamboanga. En Y. Lastra (ed.), *Estudios de Sociolingüística* (pp. 339-366). México: Universidad Nacional Autónoma de México, Instituto de Investigaciones Antropológicas.

Lipski, J. (2001). The place of Chabacano in the Philippine linguistic identity. *Estudios de Sociolingüística,* 2, 119-163.

Llamado, L. (1972). The phrase-structure rules of Cavite Chabacano. *Philippine Journal of Linguistics,* 3, 67-96.

Macansantos, A. (1971). *A contrastive analysis of Spanish and Chabacano concordance of forms and structures of noun-head modifications.* Tesina de maestría, University of the Philippines.

Maño, T. (1963). The Zamboanga Chabacano grammar. *Far Eastern University Journal,* 1, (7), 672-682.

McKaughan, H. (1954). Notes on Chabacano grammar. *University of Manila Journal of East Asiatic Studies*, 3, (2), 205-226.

Miranda, G. (1956). *El dialecto chabacano de Cavite*. Dumaguete City, n. p.

Molony, C. (1973). Sound changes in Chabacano. En K. López y A. Parangal (eds.), Linguistic Society of the Philippines (pp. 8-50). Quezon City, Philippines.

Molony, C. (1977a). Recent relexification processes in Philippine creole Spanish. En B. Blount y M. Sanchez (eds.), *Sociocultural dimensions of language change* (pp. 131-160). Nueva York: Academic Press.

Molony, C. (1977b.) Semantic changes in Chabacano. En J. Meisel (ed), *Langues en contact-Pidgins-creoles-languages in contact* (pp. 153-166). Tubinga: Gunter Narr.

Palacios, J. (1951). El español en Filipinas. *Escorial*, 5, 407-419.

Quilis, A. (1970). Notas de morfología verbal sobre el español hablado. En *Cavite y Zamboanga (Filipinas). Homenaje Universitario a Dámaso Alonso* (pp. 59-63). Madrid: Gredos.

Quilis, A. (1975). La huella lingüística de España en Filipinas. *Arbor*, 91, 21-37.

Quilis, A. (1980). Le sort de l'espagnol aux Philippines: Un problème de langues en contact. *Revue de Linguistique Romane*, 44, 82-107.

Quilis, A. (1984). La lengua española en las Islas Filipinas. *Cuadernos del Centro Cultural de la Embajada de España Manila*, 11, 1-22.

Quilis, A. (1985). Historia, vicisitudes y resultados de la lengua española en Filipinas. *Hispanic Linguistics*, 2, 133-152.

Quilis, A. (1992). La lengua española en Filipinas: Estado actual y directrices para su estudio. *Anuario de Lingüística Hispánica*, 8, 273-295.

Retana, W. (1921). Diccionario de filipinismos. *Revue Hispanique*, 51, 1-174.

Riego de Dios, M. I. (1976a). The Cotabato Chabacano verb. *Philippine Journal of Linguistics*, 7, 48-59.

Riego de Dios, M. I. (1976b.) *A composite dictionary of Philippine Creole Spanish*. Tesis doctoral inédita, Ateneo de Manila University, Philippines.

Riego de Dios, M. I. (1978). A pilot study on the dialects of Philippine Creole Spanish. *Studies in Philippine Linguistics*, 2 (1), 77-81.

Riego de Dios, M. I. (1989). *A composite dictionary of Philippine Creole Spanish*. Manila: Linguistic Society of the Philippines, Summer Institute of Linguistics.

Santos y Gómez, A. (1924). The Caviteño dialect. *Tagalog paper 448 of the Beyer Collection*. Manila: Philippine National Library.

Schuchardt, H. (1883). Kreolische Studien III: Uber das Malaiospanische der Philippinen. *Sitzungsberichte der Kaiserlichen Akademie der Wissenschaften zu Wein*, 105, 111-150.

Taylor, D. (1957). Spanish contact vernaculars in the Philippines. *Word*, 13, 489-499.

Tirona, T. (1923). An account of the ternate dialect of Cavite. *Tagalog Paper 487 of the Beyer Collection*, Manila: Philippine National Library.

Verdín Díaz, G. (1964). Problemas del castellano en Filipinas. *Presente y futuro de la lengua española* Vol. 1, Madrid: O.F.I.N.E.S., 297-302.

Whinnom, K. (1954). Spanish in the Philippines. *Journal of Oriental Studies*, 1, 129-194.

Whinnom, K. (1956). *Spanish contact vernaculars in the Philippines*. Hong Kong: Hong Kong University.

Whinnom, K. (1965). Origin of European-based pidgins and creoles. *Orbis*, 14, 510-527.

Las colonias de inmigrantes en el Paraguay

Fretz, J. W. (1962). *Immigrant group settlements in Paraguay*. North Newton, Kansas: Bethel College.

Los galeses en la Argentina

Cacopardo, M. C., Moreno, J. L. (1985). Características regionales, demográficas y ocupacionales de la inmigración italiana a la Argentina (1880-1930). En Devoto, F. Y Rosoli, G. (eds.) *La inmigración italiana en La Argentina* (pp. 63-85). Buenos Aires: Editorial Biblos.

Jones, L. (1993). *La Colonia Galesa: Historia de una nueva Gales en el territorio del Chubut en la República Argentina, Sudamérica*. Rawson, Chubut: Editorial El Regional.

Martínez Ruíz, B. (1997). *La colonización galesa en el Valle del Chubut*. Buenos Aires: Editorial Galerna.

Matthews, A. (1995). *Crónica de la colonia galesa de la Patagonia*. Buenos Aires: Ediciones Alfonsina.

Rhys, W. C. (2000). *La Patagonia que canta: Memorias de la colonización galesa*. Buenos Aires: Emecé.

Los alemanes "del Volga" y los daneses en la Argentina

Cipria, A. (marzo 2004). Spanish in contact with Germans in some communities of "Volga Germans" in Argentina. Presentado al *2nd International Workshop on Spanish Sociolinguistics*, SUNY, Albany.

Hipperdinger, Y. y Rigatuso, E. (1996). Dos comunidades inmigratorias conservadoras en el sudoeste bonaerense: Dinamarqueses y alemanes del Volga. *International Journal of the Sociology of Language*, 117, 39-61.

Las colonias italianas en México

Bohme, F. (1975). *A history of the Italians in New Mexico*. Nueva York: Arno Press.

MacKay, C. (1984). The Veneto dialect of Chipilo, México. *Texas Linguistic Forum*, 23, 123-133.

MacKay, C. (1992). Language maintenance in Chipilo: A Veneto dialect in Mexico. *International Journal of the Sociology of Language*, 96, 129-145.

MacKay, C. (1993). *Il Dialetto Veneto di Segusino e Chipilo*. Cornuda, Treviso: Grafiche Antiga.

MacKay, C. (1995). *A Veneto lexicon: The dialect of Segusino and Chipilo*. Cornuda, Treviso: Grafiche Antiga.

Meo Zilio, G. (1987). Lingue in contatto: interferenze fra veneto e spagnolo in Messico. En G. Zilio Meo (ed.), *Presenza, cultura, lingua e tradizioni dei veneti nel mondo, parte I: America Latina* (pp. 237-263). Regione Veneto: Centro Interuniverisario di Studi Veneti.

Meo Zilio, G. (1989). *Estudios hispanoamericanos: Temas lingüísticos*. Roma: Bulzoni.

Romani, P. (1992). *Conservación del idioma en una comunidad italo-mexicana*. México: Instituto Nacional de Antropología e Historia.

Sartor, M. y Ursini, F. (1983). *Cent'Anni di Emigrazione: Una comunita veneta sugli altipiani del Messico*. Cornuda, Treviso: Grafiche Antiga.

Ursini, F. (1983). Trevigiani in Messico: Riflessi linguistici di una dialettica tra conservazione ed assimilazione. En M. Cortelazzo (Ed.), *Guida ai dialetti veneti 5*, (pp. 73-84). Padova: CLEUP.

Zago Bronca, J. A. (1982). *Breve historia de la fundación de Chipilo*. Chipilo, Puebla: Imprenta Venecia.

Zilli Manica, J. B. (1981). *Italianos en México: Documentos para la historia de los colonos italianos en México*. Xalapa: Ediciones San José.

Zilli Manica, J. B. (1998). La estanzuela: *Historia de una cooperativa agrícola de italianos en México*. Xalapa: Editora del Gobierno del Estado de Veracruz-Llave.

Zilli Manica, J. B. (1997). *La Villa Luisa de los italianos: Un proyecto liberal*. Xalapa: Universidad Veracruzana.

Los afro-seminoles de México

Gavaldón, L. (1970). Aspectos fonéticos del habla de Múzquiz, Coahuila. *Anuario de Letras*, 8, 219-224.

Hancock, I. (1980). Texas Gullah: The creole English of the Bracketville Afro-Seminoles. En J. L Dillard (ed.), *Perspectives on American English* (pp. 305-333). La Haya: Mouton.

Hancock, I. (1986). On the classification of Afro-Seminole Creole. En B. Montgomery, G. y Bailey (eds.), *Language variety in the south: Perspectives in black and white* (pp. 85-101), AL: University of Alabama Press.

El inglés norteamericano en Centroamérica

Masing, U. (1964). *Foreign agricultural colonies in Costa Rica: An analysis of foreign colonization in a tropical environment* .Tesis doctoral inédita, University of Florida.

Watts, K. (1999). *English maintenance in Costa Rica? The case of bilingual Monteverde*. Tesis doctoral inédita, University of New Mexico.

El inglés criollo en Centroamérica

Bishop, H. A. (1976). *Bidialectal traits of west Indians in the Panama canal zone*. Tesis doctoral inédita, Columbia University, Teachers College, NY.

Escure, G. (1983). Belizean Creole. En J. Holm (ed.), *Central American English* (pp. 28-70) Heidelberg: Julius Groos.

Graham, R. (1997). *Bay Islands English: Linguistic contact and convergence in the Western Caribbean*. Tesis doctoral inédita, University of Florida.

Gutiérrez, J. (1978). *Puerto Limón*. San José: Editorial Costa Rica.

Herzfeld, A. (1983). The creoles of Costa Rica and Panama. En J. Holm (ed.), *Central American English* (pp. 131-156). Heidelberg: Julius Gross.

Holm, J. (ed) (1983a). *Central American English: An introduction*. 6-2.

Holm, J. (ed.). (1983b). *Central American English*. Heidelberg: Julius Groos.

Joseph, D. (1984). *"Limon on the raw." Tres relatos del Caribe Costarricense*. San José: Instituto del Libro, Ministerio de Cultura, 15-39.

Lipski, J. (1986) English-Spanish contact in the United States and Central America: Sociolinguistic mirror images? En J., M. Holm y Görlach (eds.). *Focus on the Caribbean* (pp. 191-208). Amsterdam: John Benjamins.

Warantz, E. (1983). The Bay Islands English of Honduras. En J. Holm (ed.), *Central American English* (pp. 71-94). Heidelberg: Julius Groos.

El inglés antillano en las Antillas españolas

Álvarez Estévez, R. (1988). *Azúcar e inmigración 1900-1940*. Havana: Editorial de Ciencias Sociales.

Carlson, F. A. (1941). American settlement in the Isla de Pinos, Cuba. *The Geographical Review*, 32, 21-33.

Lipski, J. (1990). Trinidad Spanish: Implications for Afro-Hispanic language. *Nieuwe West-Indische Gids*, 62, 7-26.

Perl, M. y Valdés S. (1991). Español vestigial y minorías lingüísticas en Cuba. En C. Hernández, G. de Granda, C. Hoyos, V. Fernández, D. Dietrick y Y. Carballera (eds.), *El español de América. Actas del III Congreso Internacional del Español de América* (pp.1305-1309). Salamanca: Junta de Castilla y León.

El francés criollo de las Antillas menores en Hispanoamérica

Joseph, D. (1984). *"Limon on the raw". Tres relatos del Caribe costarricense*. San José: Instituto del Libro, Ministerio de Cultura, 15-39.

Llorente, M. L. (1994). *Materiales para el estudio del patois de Güiria*. Tesina de licenciatura, Universidad Católica Andrés Bello, Caracas.

Llorente, M. L. (1995). El patois de Güiria: Una lengua criolla del estado Sucre. *Montalbán*, 28, 7-19.

El criollo haitiano en Cuba y la República Dominicana

Alén Rodríguez, O. (1986). *La música de las sociedades de tumba francesa en Cuba*. La Habana: Ministerio de Cultura.

Alén Rodríguez, O. (1991). The tumba francesa societies and their music. En P. Manuel (ed.), *Essays on Cuban music: North American and Cuban perspectives* (pp. 77-85). Lanham, Md.: University Press of America.

Betancur Álvarez, F. (1993). *Sin clave y bongó no hay son: Música afrocubana y confluencias musicales de Colombia y Cuba*. Medellín: Editorial Universidad de Antioquia.

Deive, C. E. (1989). *Las emigraciones dominicanas a Cuba (1795-1808)*. Santo Domingo: Fundación Cultural Dominicana.

Lipski, J. (1994). A new perspective on Afro-Dominican Spanish: The Haitian contribution. (Research Paper No. 26). University of New México, Latin American Institute.

Lipski, J. (1996). Contactos de criollos en el Caribe hispánico: Contribuciones al español bozal. *América Negra*, 11, 31-60.

Lipski, J. (1998). Latin American Spanish: Creolization and the African connection. *PALARA (Publications of The Afro-Latin American Research Association)*, 2, 54-78.

Lipski, J. (1999). Creole-to-Creole contacts in the Spanish Caribbean: The genesis of Afro Hispanic language. *PALARA (Publications of The Afro-Latin American Research Association)*, 3, 5-46.

Lipski, J. (2000). Contacto de lenguas en el Caribe hispánico: Implicaciones para el español caribeño. *Científica* (Universidad Don Bosco, San Salvador) 1 (1), 43-60.

Martínez Gordo, I. (1983). Sobre la hipótesis de un *patois* cubano. *Anuario L/L*, 14, 160-169.

Martínez Gordo, I. (1984). Penetración española en los textos de la tumba francesa. *Anuario L/L*, 15, 70-82.

Martínez Gordo, I. (1985). Situación de bilingüismo en Cuba: Apuntes para su estudio. *Anuario L/L*, 16, 334-344.

Ortiz López, L. A. (1999a.). El español haitiano en Cuba y su relación con el habla bozal. En K. Zimmermann (ed), *Lenguas criollas de base léxica española y portuguesa* (pp. 177-203). Frankfurt am Main/Madrid: Vervuert/Iberoamericana.

Ortiz López, L. A. (1999b). La variante hispánica haitianizada en Cuba: Otro rostro del contacto lingüístico en el Caribe. En A. Morales y otros (eds.), *Estudios de lingüística hispánica*: *Homenaje a María Vaquero* (pp. 428-456). Río Piedras: Editorial de la UPR.

Ortiz López, L. A. (2001a). El sistema verbal del español haitiano en Cuba: Implicaciones para las lenguas en contacto en el Caribe. *Southwest Journal of Linguistics*, 20 (2), 175-192.

Ortiz López, L. A. (2001b). Contacto lingüístico en la frontera domínico-haitiana: hallazgos preliminares de un proyecto en marcha, *Anuario*, 1, (Centro de Altos Estudios humanísticos y del Idioma Español, República Dominicana), 327-356.

Pérez Guerra, I. (1999). Contacto lingüístico domínico-haitiano en la República Dominicana: datos para su estudio. En L. A. Ortiz López (ed.). *El Caribe hispánico: Perspectivas lingüísticas actuales. Homenaje a Manuel Álvarez Nazario* (pp. 317-332). Frankfurt am Main/Madrid: Vervuert/Iberoamericana.

Perl, M. (1981). La influencia del francés y del francés criollo en el español del Caribe. *Islas*, 68, 163-176.

Perl, M. y Grosse S. (septiembre,1994). *Dos textos de "Catecismos para negros" de Cuba y de Haití-criollo o registro didáctico simplificado?* Ponencia presentada en el Colóquio de Crioulos de Base Lexical Portuguesa e española. Universidad de Brasilia, Brasil.

Perl, M. y Grosse S. (1995). Textos afro-hispánicos y criollos del siglo XIX". En P. Konder, P. Matthias y K. Pört (eds,), *Cultura y literatura colombianas y lingüística afro-hispánica*. Frankfurt/Main: Peter Lang-Verlag.

El español y el Palenquero en e l Palenque de San Basilio, Colombia

Dieck, M. (2000). *La Negación en palenquero: Análisis sincrónico, estudio comparativo y consecuencias teóricas*. Madrid/Frankfurt: Iberoamericana/Vervuert.

Morton, T. (1999). *Codeswitching, variation and dialect formation: The Spanish of San Basilio de Palenque (Colombia)*. Trabajo presentado en la conferencia New Wave 28, Universidad de Toronto y Universidad de York, Canadá.

Schwegler, A. y Morton T. (2003). Vernacular Spanish in a microcosm: Kateyano in El Palenque de San Basilio (Colombia). *Revista Int. de Lingüística Iberoamericana, 1*, 97-159.

Contactos con otras lenguas criollas en el Caribe hispánico

Álvarez Nazario, M. (1970). Un texto literario del papiamento documentado en Puerto Rico en 1830. *Revista del Instituto de Cultura Puertorriqueña*, 47, 9-20.

Castellanos, I. (1985). Multilinguisme afro-cubain. *Notre Librairie*, 80, 15-21.

González, C., y Benavides C. (1982). ¿Existen rasgos criollos en el habla de Samaná? En O. Alba (Ed.), *El español del Caribe* (pp. 105-132). Santiago de los Caballeros: Universidad Católica Madre y Maestra.

Granda, G. (1968). La tipología "criolla" de dos hablas del área lingüística hispánica. *Thesaurus*, *23*, 193-205.

Granda, G. (1969). Posibles vías directas de introducción de africanismos en el "habla de negro" literaria castellana. *Thesaurus*, *24*, 459-469.

Granda, G. (1970). Un temprano testimonio sobre las hablas "criollas" en África y América. *Thesaurus*, *25*, 1-11.

Granda, G. (1971). Algunos datos sobre la pervivencia del "criollo" en Cuba. *Boletín de la Real Academia Española*, *51*, 481-491.

Granda, G. (1972). Estado actual y perspectivas de la investigación sobre hablas criollas en Hispanoamérica. *Anuario de Letras*, *10*, 5-27.

Granda, G. (1973). Papiamento en Hispanoamérica (siglos XVII-XIX). *Thesaurus*, *28*, 1- 13.

Lipski, J. (1993). On the non-creole basis for Afro-Caribbean Spanish (Research Paper No. 24). Latin American Institute, University of New Mexico.

Lipski, J. (1997). El lenguaje de los negros congos de Panamá y el lumbalú palenquero: Función sociolingüística de criptolectos afrohispánicos. *América Negra*, *14*, 147-165.

Lipski, J. (1998a). El español bozal. En M. Perl y A. Schwegler (eds.), *América negra: Panorámica actual de los estudios lingüísticos sobre variedades criollas y afrohispanas*. Madrid/Frankfurt: Iberoamericana/Vervuert.

Lipski, J. (1998b). El español de los braceros chinos y la problemática del lenguaje bozal. *Montalbán*, *31*, 101-139.

Lipski, J. (199c). Latin American Spanish: Creolization and the African connection. *PALARA* (Publications of the Afro-Latin American Research Association), *2*, 54-78.

Lipski, J. (1999a). Chinese-Cuban pidgin Spanish: Implications for the Afro-Creole debate. En J. Rickford, y S. Romaine (eds.), *Creole Genesis, Attitudes and Discourse* (pp. 215-233). Amsterdam: John Benjamins.

Lipski, J. (1999b). Creole-to-Creole contacts in the Spanish Caribbean: The genesis of Afro Hispanic language. *PALARA* (*Publications of the Afro-Latin American Research Association*), *3*, 5-46.

Lipski, J. (1999c). El sufijo -ico y las palabras afroibéricas agüé/awe y aguora/ahuora: Rutas de evolución y entorno dialectológico. En L. Ortiz López (ed.), *El Caribe hispánico: Perspectivas lingüísticas actuales* (pp. 17-42). Madrid: Iberoamericana/Vervuert.

Lipski, J. (2001). From *bozal* to Boricua: Implications of Afro Puerto Rican language in literature. *Hispania*, *82*, 850 -859.

López Morales, H. (1980). Sobre la pretendida existencia y pervivencia del "criollo" cubano. *Anuario de Letras*, *18*, 85-116.

López Morales, H. (1992). *El español del caribe*. Madrid: Editorial Mapfre.

Lorenzino, G. (1993). Algunos rasgos semicriollos en el español popular dominicano. *Anuario de Lingüística Hispánica*, *9*, 109-124.

McWhorter, J. (1995). The scarcity of Spanish-based creoles explained. *Language in Society*, *24*, 213-244.

McWhorter, J. (2000). *The missing Spanish creoles: Recovering the birth of plantation contact languages*. Berkeley: University of California Press.

Ortiz López, L. A. (1998). *Huellas etno-sociolingüísticas bozales y afrocubanas*. Madrid/ Frankfurt: Iberoamericana/Vervuert.

Schwegler, A. (1996). La doble negación dominicana y la génesis del español caribeño. *Hispanic Linguistics*, *8*, 247-315.

Las comunidades lingüísticas
y el mantenimiento del español en Estados Unidos

Garland D. Bills
University of New Mexico

Abstract

This paper first surveys the research literature that documents the loss of Spanish in Hispanic communities across the United States. I then discuss the causes of the abandonment of Spanish, both external causes (socioeconomic pressures of assimilation) and internal causes (linguistic attitudes within the Hispanic communities). The latter requires addressing the thorny notion of "language community" and the role it plays in language maintenance. Finally, I examine the multiplicity of negative linguistic attitudes toward U.S. Spanish varieties within and across the varied Hispanic language communities. I suggest that a principal approach to preserving Spanish in the United States is to promote greater acceptance of dialect and proficiency differences among Spanish speakers and to cultivate a sense of belonging to multiple and inclusive Spanish linguistic communities.

Introducción

La lengua española tiene una larga e importante trayectoria que va más allá de los cuatro siglos de la historia de lo que es hoy el territorio de los Estados Unidos. Al comenzar el siglo XXI, el número de hispanos y de hispanohablantes sigue en ascenso. Sin embargo, también aumenta cada año el número de hispanos que no habla la lengua de herencia. Esta situación nos lleva a preguntar: ¿se mantiene el español en este país?

En este trabajo me centraré en tres temas fundamentales. Primero, trataré el mantenimiento del español en Estados Unidos o, mejor dicho, la pérdida de la lengua, porque existe pérdida. Voy a evitar usar los términos *desplazamiento, cambio y shift*, porque son palabras neutras. Así lo patentizamos en las tarjetas de presentación de los participantes de un simposio en Albuquerque hace siete años: *Shift happens*. No obstante, para muchos hispanos de EE.UU. que van perdiendo la lengua española, se trata simplemente de un cambio nada más. Es la pérdida de una herencia inestimable, de un tesoro entrañable. Todos estamos de acuerdo con esto; sin embargo, los españólogos de EE.UU. solemos ser demasiado optimistas. Quisiera convencerles de que la pérdida del español es un fenómeno real y muy serio. Como segundo tema, identificaré unos factores que contribuyen a la pérdida del español, enfocándome especialmente en el concepto de la comunidad lingüística y el papel que puede jugar en el mantenimiento del español. Esto me llevará al tercer tema de la presentación, concebido como un factor interno, un factor que vive dentro de las comunidades hispanas, que también promueve la pérdida del español: el racismo intra-étnico.

El mantenimiento del español

¿Podemos medir el mantenimiento o la pérdida en una situación de contacto de lenguas? Sí podemos. Pero no es fácil. Es necesario examinar con cuidado la evidencia que se tiene. No creemos, por ejemplo, que la existencia de muchos miembros del grupo étnico asegura la retención de la lengua. El hecho de que los hispanos representen el 42% de la población de Nuevo México (Censo de 2000) no quiere decir que se mantiene el español en ese estado. Hudson, Hernández Chávez y Bills (1995) mostramos que tampoco es válido basarse únicamente en el número bruto ni en la densidad de hispanohablantes dentro de la población en general. Respecto a número bruto, por ejemplo, no se puede decir que el español se mantiene en Los Ángeles simplemente porque el censo de 1990 documentó más de dos millones y medio de hispanohablantes en esa ciudad. Tampoco se prueba esto con agregar una perspectiva histórica al número bruto. Un aumento de 30% en el número de hispanohablantes entre dos censos puede ser impresionante, pero no demuestra mantenimiento si hubo aumento de más del 30% de inmigrantes de habla hispana. Por la densidad de personas de habla española, es decir, por su proporción dentro de la población general, no se puede asegurar que se mantiene el español. Ése es el caso del condado de Dade, Florida, en el cual se documenta que el 50% de la población en 1990 era hispanohablante.

El mantenimiento de una lengua se manifiesta en la estabilidad histórica. La dimensión histórica es clave. Para mantener una lengua, tiene que haber transmisión de la lengua de una generación a otra. Si no se transmite la lengua de los padres a los hijos, habrá pérdida. La medida del mantenimiento o pérdida tiene que basarse en la proporción de hispanohablantes dentro de la etnia hispana (lo que llamamos la lealtad lingüística) o, preferentemente, en alguna faceta de la transmisión lingüística entre las generaciones (la retención). Tales medidas pueden tomar en cuenta factores como la lengua materna, el uso de la lengua y la competencia lingüística. Esta última incluye la competencia del inglés, ya que parece que la pérdida empieza con el bilingüismo que se inicia en la generación inmigrante, como señalamos en Bills, Hudson y Hernández Chávez (2000) y como afirman, por ejemplo, Pearson y McGee (1993) para los estudiantes de *middle school* de Miami: "even for first-generation immigrants, many of whom did not learn the language until they were 7 or 8, 90% report using at least one-half English with their siblings by the time they are in their early teens" (p. 99). En cuanto a la competencia, no nos detendremos aquí en los detalles lingüísticos de la disminución de destrezas del español o de la adquisición incompleta que acompaña a la pérdida, pues esto ya se ha documentado en estudios previos (Bayley 1999; Silva-Corvalán 1994, y muchos otros).

Casi todas las investigaciones de la lengua española en Estados Unidos que examinan la transmisión lingüística intergeneracional demuestran que se pierde el español después de dos o tres generaciones. La situación típica de los inmigrantes es llegar al bilingüismo en la segunda generación y al monolingüismo de inglés en la tercera generación (Pearson y McGee 1993; Valdés 1988).

En este trabajo me referiré sólo a unas investigaciones regionales. No voy a discutir los estudios de alcance nacional que documentan con claridad el proceso de pérdida del español, como por ejemplo Hart-González y Feingold (1986), López (1982a,

1982b), Solé (1987, 1990) y Veltman (1983, 1988, 2000). Tampoco trato los grupos en que el español se ve ya casi desaparecido, como son los sefarditas (hablantes del judeo-español) de Nueva York y otras ciudades (Harris 1994) y el español de los isleños de Luisiana, los brules y los del Río Sabinas (Coles 1993; Holloway 1997a, 1997b, 1997c; Lipski 1985, 1990). Holloway nos dice, por ejemplo, que hoy podemos contar quizás solamente unos centenares de hablantes del español isleño y nada más una docena de hablantes del español brule (1997b). Examino sólo unas cuantas investigaciones de los tres grupos principales –los puertorriqueños, los cubanos y los mexicanos– además de unas comunidades compuestas de varios grupos hispanos.

Los puertorriqueños

Cualquier comentario sobre el español de los puertorriqueños en EE.UU. tiene que mencionar el "mero-mero" del estudio del mantenimiento, Joshua Fishman, y la famosa investigación *Bilingualism in the Barrio* (Fishman, Cooper y Ma 1971) de los años sesenta. En el Cuadro 1, vemos una medida de la competencia lingüística de estudiantes de primaria basada en una prueba simple en que se le pide al niño que nombre cosas que se encuentran en ciertos contextos o dominios. Se ve que los niños de 6 a 8 años nombran más palabras en inglés en todos los dominios excepto en el de la familia. Y los niños de 9 a 11 años salen mejor en inglés aun en el contexto familiar. En la escuela primaria, el inglés empieza a dominar en el bilingüismo de estos niños, lo cual sugiere que estamos ante un proceso de pérdida.

Edad		Familia	Amistades	Educación	Religión	TOTAL
6-8	inglés	6,2	8,3	8,2	6,6	7,3
	español	7,6	6,4	6,2	5,8	6,5
9-11	inglés	11,7	10,9	12,8	8,7	11,0
	español	10,5	9,7	9,4	7,2	9,2

Cuadro 1. Promedios de palabras inglesas y españolas expresadas.
De la Tabla 3 de Fishman (1971: 595).

El Cuadro 2 provee otros datos del *Bilingualism in the Barrio*, pero en este caso se trata del uso de las dos lenguas y no de la competencia. Los sujetos tuvieron que indicar el uso del inglés y del español en distintos dominios, según una escala de cinco puntos (1 = todo en español; 5 = todo en inglés). Se ve que el uso tiende hacia el inglés con amigos, en la iglesia, en la escuela y en el empleo. Sólo en el dominio de la familia hallamos una tendencia hacia el español y aun en este contexto tal tendencia es muy leve (un promedio de 3,0 indicaría el uso de ambas lenguas). Ya en los años sesenta, el inglés dominaba fuera de la casa e iba entrando fácilmente en los hogares puertorriqueños de *El Barrio*.

Familia	Amistades	Religión	Educación	Empleo
2,77	3,60	4,69	4,92	4,79

Cuadro 2. Promedio de uso de español e inglés según dominios congruentes.
Datos extraídos de la Tabla 3 de Greenfield y Fishman (1971).

Un cuarto de siglo más tarde, la sociolingüística puertorriqueña, Ana Celia Zentella, nos provee los datos del Cuadro 3 para los niños de *El Bloque*, una parte de *El Barrio* de Nueva York. Estos datos tienen que ver con la competencia lingüística y la perspectiva histórica generacional. Fíjense primero en el hecho de que Zentella no encontró entre los 62 niños ni una persona monolingüe en español o dominante en español (1997a). La generación I es bilingüe y tras los cuatro grupos generacionales (que en realidad representan sólo dos o tres generaciones) pasamos del bilingüismo al monolingüismo en inglés, hecho que evidencia claramente la pérdida del español. En un artículo más reciente, Zentella compara estos datos de 1993 con otros datos de 1980 para dar una perspectiva histórica más amplia que documenta aun más contundentemente la pérdida (2000).

Generación*	I	II	III	IV
Bilingüe balanceado	50	7	0	0
Dominancia de inglés, español bueno	50	37	6	0
Dominancia de inglés, español débil	0	43	44	10
¿Dominancia de inglés o monolingüe?	0	13	28	30
Monolingüe de inglés	0	0	22	60
N	4	30	18	10

* *I = PR-born, immigrated before eight years of age; II = US-born, at least one PR-born caregiver who immigrated in post-teens; III = US-born, Group I caregiver(s); IV = US-born, Group II caregiver(s).*

Cuadro 3. Porcentajes de competencia lingüística de cuatro grupos generacionales.
Adaptado de la Tabla 9.2 de Zentella (1997a: 181).

Lourdes Torres estudió la situación lingüística de los puertorriqueños de *Brentwood*, un suburbio de Nueva York en Long Island. Los resultados de su encuesta también documentan pérdida. Según Torres, "The Puerto Ricans, overall, are using both Spanish and English, or exclusively English, more frequently than Spanish in most contexts and with most interlocutors [...] the Brentwood Puerto Rican students are more comfortable with English" (Torres 1997: 34). No obstante, Torres es una de los investigadores optimistas que ve señas de mantenimiento al mismo tiempo que documenta la pérdida.

Joshua Fishman, en su libro *Reversing language shift*, dice de los puertorriqueños que cree sentir "a major language shift tidal wave" a pesar de la llegada de un número elevado de monolingües desde la Isla (1991: 192). Este pronóstico concuerda con las conclusiones a que llegan García, Morín y Rivera en su estudio en torno al "vaivén lingüístico" puertorriqueño. Dicen que el español se encuentra en el corazón, aunque no siempre en la boca de los puertorriqueños (2001: 63) y afirman que "shift to English is proceeding at the normal historical pace of three generations" (*Ibíd*.: 45).

Los cubanos

Tenemos relativamente pocos estudios sobre el mantenimiento del español entre los cubanos en EE.UU. Una contribución temprana muy importante es la investigación llevada a cabo en 1975 por Carlos Solé (1979, 1980, 1982), en la cual encuestó a 268 estudiantes de secundaria de 15 a 18 años, residentes en Miami. El 88% de estos jóvenes nació en Cuba, pero casi todos se trasladaron a Miami antes de los 13 años, así que podemos decir que podrían representar la segunda generación. Todos aprendieron el español en la infancia. Sin embargo, un 39% reportó tener mejor conocimiento del inglés y otro 35% dijo tener destrezas iguales en las dos lenguas. En cuanto a la selección lingüística en la casa, con sus padres y abuelos casi todos usan el español, con sus hermanos, el 38% prefiere inglés y otro 41% dice emplear las dos lenguas. Solé apunta que "las conclusiones de la encuesta indican señales de un desplazamiento incipiente del español por el inglés" (1979: 8). En un trabajo posterior, Solé concluye que "Language shift seems to have already begun among young Cuban-Americans in spite of the recency of the Cuban arrival and settlement" (1980: 280). La misma evidencia de pérdida del español en la segunda generación la hallaron López (1982a) y Bills *et al.* (2000) en sus investigaciones con datos censales.

En una investigación más reciente, Castellanos (1990) estudió el bilingüismo de 214 cubanos de Miami. Examinó varios contextos de uso lingüístico y en todos encontró una discrepancia notable entre las dos generaciones que pudo distinguir. Vemos en el Cuadro 4 algunos de sus datos del uso lingüístico en el hogar. La primera generación usa exclusivamente español con la mayoría de los interlocutores, pero muestra un aumento alarmante en el uso del inglés con los hijos, lo cual indica un deterioro del español aun en la primera generación, la generación de inmigrantes. La segunda generación casi abandona el uso exclusivo del español tanto con otros miembros de su generación como con sus hijos. Según Castellanos: "We have provided abundant evidence of a progressive intergenerational displacement from Spanish to English in Dade County" (1990: 59).

	Abuelos	Padres	Hermanos	Esposos	Hijos
1ª generación	97,5	95,1	84,5	78,6	36,8
2ª generación	94,6	53,2	6,9	9,7	11,8

Cuadro 4. Porcentajes de uso exclusivo del español con miembros de la familia.
Datos extraídos de la Tabla 5 de Castellanos (1990: 58).

En un resumen de la situación general de los cubanos en Estados Unidos, García y Otheguy (1988) dicen que la segunda generación muestra el mismo patrón de preferencia para el inglés que se nota en los mexicanos y puertorriqueños de la segunda generación. Concluyen que los cubanos de la segunda generación, "even those living in Dade County and West New York, are for the most part English-dominant" (1998: 176).

Pearson y McGee (1993) examinan el uso del español y el inglés en 110 estudiantes de *middle school* de Miami, el 63% de los cuales era cubano. Los datos del Cuadro 5 ponen de manifiesto una ruptura idiomática en la casa. Mientras que un 58% dice hablar principalmente español con sus papás, un 65% usa casi exclusivamente el inglés con sus hermanos. A pesar de que estos datos son intrageneracionales, revelan el proceso de pérdida intergeneracional, como afirma López (1982b).

	Más del 80%	Cerca del 50%	Sólo unas palabras
Con los padres	58	23	19
Con los hermanos	15	20	65

Cuadro 5. Porcentajes de uso del español por jóvenes de Miami según interlocutor.
Datos extraídos de la Figura 1 de Pearson y McGee (1993: 97).

Pearson y McGee (1993) pudieron identificar una tercera generación incipiente, compuesta por 16 estudiantes, quienes reportaron que al menos uno de los padres había nacido en EE.UU. Más de la mitad de esta generación habla con sus padres casi siempre en inglés. Concluyen:

> Despite the apparent vitality of the language in the community, we see signs of Spanish being replaced by English to a significant degree. Most importantly, when the language between siblings is considered separately from the language between parents and their children, the predominance of Spanish in the home appears to be eroding even in first generation immigrant households (1993: 100).

Finalmente, Otheguy, García y Roca (2000) reportan que un estudio no publicado de Portes y Schauffler determinó que el 80% de los cubanos de la segunda generación prefiere conversar en inglés.

Los chicanos

Como transición a la situación de los mexicanos de Estados Unidos, cito los resultados de Laosa (1975) para tres grupos de hispanos-mexicanos de Austin, Texas, cubanos de Miami y puertorriqueños de Nueva York. Esta investigación examinó la selección lingüística en niños de los tres primeros años de primaria y en adultos. El Cuadro 6 demuestra que para los tres grupos, el uso del español en la casa disminuye de manera significativa de los padres a los hijos: una disminución del 86 al 76% entre los puertorriqueños, del 84 al 66% entre los cubanos y del 23 a sólo el 2% entre los chicanos.

Aun en el hogar, los tres grupos sufren un debilitamiento del español, pero el desplazamiento por parte de los mexicanos es verdaderamente asombroso. Tal pérdida de uso del español dentro de la familia la encontró Ramírez (1992) en cada una de las diez localidades que estudió, en todas partes de EE.UU., desde Nueva York y Miami hasta California (véase, por ejemplo, su Figura 2.4, p. 60).

		Mexicanos (100)	Cubanos (100)	Puertorriqueños (95)
Adultos:	inglés	26%	9%	8%
	español	23%	84%	86%
Niños:	inglés	45%	9%	11%
	español	2%	66%	76%

Cuadro 6. Uso de español e inglés (excluidos ambas lenguas y "mixto") en casa.
Versión muy simplificada de la Tabla 1 de Laosa (1975: 621).

En Hernández Chávez, Bills y Hudson (1996) y Hudson *et al.* (1995) investigamos datos censales sobre los hispanos del Suroeste, que son de forma abrumadora de ascendencia mexicana, y construimos una medida del mantenimiento, la "lealtad lingüística", y la proporción de hispanohablantes entre la etnia hispana. El Cuadro 7 presenta esta medida para los cinco estados del Suroeste. Si atendemos la primera columna, vemos que la lealtad lingüística en el Suroeste (a la derecha) es bastante alta; El 83% de los hispanos dice hablar español en casa. Parece haber una lealtad lingüística significativa; sin embargo, hay que notar que un 17% ya no habla el idioma de su herencia en casa. En el estado de Colorado, apenas la mitad de los hispanos habla español en casa.

	Arizona	California	Colorado	Nuevo México	Texas	Suroeste
Todos	79,6	81.7	54,5	74,7	89,9	83,1
Edad 18+	87,1	84,9	63,2	84,6	95,0	87,4
Edad 5-17	62,4	73,3	32,3	49,4	77,9	72,0

Cuadro 7. Lealtad lingüística: porcentaje de hispanos que hablan español.
Tabla 2 de Bills (1997: 266).

Consideremos ahora la perspectiva generacional, correspondiente a las dos últimas columnas del Cuadro 7. En comparación con los adultos, la lealtad entre los jóvenes disminuye tanto de forma global en el Suroeste como en cada estado. Mientras que el 87% de los mayores de 17 años son hispanohablantes, sólo un 72% de los niños lo son. En Colorado, sólo una tercera parte de los jóvenes hispanos habla español y en Nuevo México menos de la mitad. Observamos una pérdida palpable del idioma. Y esto a pesar de una tasa de inmigración muy elevada; por ejemplo, en California casi el 60% de los hispanohablantes contados en 1990 nacieron en otro país. Podemos suponer que los inmigrantes y sus hijos forman la gran mayoría de los hispanohablantes y que la tercera generación muestra una lealtad lingüística muy baja.

Otra muestra elegante de la pérdida intergeneracional entre los chicanos se ve en los Cuadros 8 y 9. Bernal-Enríquez (2002) ha realizado esta investigación basada en datos de la encuesta New Mexico-Colorado Spanish Survey (Bills y Vigil 1999; Vigil, Bills, Bernal-Enríquez y Ulibarrí 1996). Todos los sujetos de esta encuesta eran hablantes nativos del español, aunque con varios niveles de competencia. Observamos en el Cuadro 8 las competencias de español y de inglés basadas en una escala de cinco puntos (0-4), en la cual 4 representa la competencia completa. Se evidencia que los viejitos tienen el nivel más alto de español y el nivel más bajo de inglés. Con cada generación más joven disminuye la competencia del español y aumenta la del inglés.

	N	Español (promedio)	Inglés (promedio)
Adultos viejos	58	3,6897	2,6724
Adultos mayores	79	3,0886	3,4684
Adultos jóvenes	64	2.3750	3,6250

Cuadro 8. Competencias lingüísticas de tres generaciones nuevomexicanas.
Adaptación de las Tablas 3.2 y 3.3 de Bernal-Enríquez (2002).

Y como era de esperarse, mientras disminuye la competencia, disminuye aún más el uso de la lengua (Cuadro 9). Dentro de cada generación observamos un descenso en el uso del español con distintos interlocutores. Así, por ejemplo, el 16% de los del grupo más joven reporta hablar español con el esposo y este porcentaje disminuye al 13% en el uso con amigos y al 8% con niños. Y con cada interlocutor –esposo, amigo o niño– se nota un descenso vertiginoso del uso del español, según las generaciones.

	Con esposo/a		Con amigos		Con niños	
	N	%	N	%	N	%
Adultos viejos	32	76,2	22	55,0	24	51,1
Adultos mayores	19	30,6	11	19,0	10	13,7
Adultos jóvenes	4	16,0	7	12,7	3	7,7

Cuadro 9. Uso de única o mayormente español por tres generaciones.
Adaptación de las Tablas 3.9, 3.10 y 3.11 de Bernal-Enríquez (2002).

Encontró Bernal-Enríquez que la edad y la lengua materna son las variables más importantes que influyen en la competencia lingüística del español. Entre más edad y entre más español en la casa del niño, más habilidad se tiene del español. Otros factores como nivel de educación, estudio del español y crianza en la ciudad o el campo casi no entran en la explicación de la variación.

En una comunidad que experimenta la pérdida lingüística, solamente una parte del grupo minoritario aprende de niño la lengua de herencia, una proporción menor llega a la competencia completa y una proporción todavía menor usa la lengua con frecuencia. Este descenso en espiral de la lengua materna de la competencia al uso se manifiesta en la pérdida rápida tal como documentamos en Hudson-Edwards y Bills (1982) con nuestro estudio de Martíneztown, y como lo confirmaron Eduardo Hernández Chávez y otros en una investigación sin publicar llevada a cabo en la misma comunidad 17 años más tarde. Tales estudios demuestran con claridad que existe falta de transmisión intergeneracional del español en Nuevo México.

Pease-Álvarez, Hakuta, y Bayley (1996) investigaron el uso del español e inglés en 64 niños y sus familias de una comunidad californiana cerca de San Francisco. La inmigración mexicana a esta comunidad no comenzó hasta 1960, sin embargo, pudieron distinguir cuatro grupos, según la edad y el año de inmigración. Recogieron datos sobre el uso de los padres entre sí, de los niños con sus padres, de los niños con sus hermanos y de los niños con sus amiguitos. Encontraron una disminución en el uso del español tanto entre cada grupo de inmigrantes como con los interlocutores más jóvenes y con los interlocutores más alejados de la casa.

Otros estudios de distintas comunidades mexicanas establecidas por la inmigración durante el siglo XX documentan de igual forma la pérdida incipiente del idioma nativo. Así tenemos las indagaciones de Wherritt y González (1989) y González y Wherritt (1990) en West Liberty, Iowa; de Ortiz López (1995) en Quad Cities, frontera de Iowa e Illinois; de Floyd (1982) en Colorado, y de muchos otros.

En su estudio de 40 familias de dos comunidades, una cerca de San Francisco y otra de San Antonio, Texas, Bayley cita un caso que nos demuestra claramente la rapidez con que puede avanzar la pérdida del español dentro de sólo una generación:

> Three siblings in one of the Mexican-American families provide a convenient example of incomplete acquisition. Their Spanish proficiency was described by their mother as resembling a staircase, with the oldest child having near-native Spanish oral proficiency, the middle child having considerable receptive ability but little active proficiency, and the youngest having neither active nor receptive ability. Extensive ethnographic observations and interviews with the children confirmed the mother's description (Bayley 1999: 6).

Comunidades mixtas

Entre las comunidades mixtas, la región más bien documentada es la del noroeste de Indiana, gracias a los trabajos de Attinasi y de Mendieta. Attinasi (1985) examinó las actitudes lingüísticas en esta comunidad de mexicanos y puertorriqueños y las comparó con las que había encontrado en estudios previos con los puertorriqueños de Nueva York. El Cuadro 10 provee las percepciones sobre la "mejor" o "más cómoda" forma de expresarse. Se ve que tanto en Indiana como en Nueva York, el inglés se evalúa más positivamente en ambos aspectos. Attinasi concluye que

Northwest Indiana shows an ascending slope toward English usage, a situation that seems to indicate language shift for the future [...]. Although most want to see Spanish continue, the pattern of usage seem[s] to indicate less Spanish, and even less of the bilingual usage that would retain Spanish as a component in the speech repertoires of Hispanics (1985: 45).

		Indiana	NY: Maestros	NY: Bloque
Mejor:	Español	18,4	15,0	29,7
	Bilingüe	35,4	30,0	39,6
	Inglés	46,2	52,5	29,7
Más cómoda:	Español	23,1	16,7	33,0
	Bilingüe	20,0	25,0	19,7
	Inglés	55,4	58,3	47,3

Cuadro 10. Porcentajes de lengua evaluada mejor y más cómoda por tres grupos.
De la Tabla 9 de Attinasi (1985: 45).

Esta comunidad de mexicanos y puertorriqueños del noroeste de Indiana fue también el objeto de estudio de Mendieta (Mendieta, 1994, 1997; Mendieta y Molina 2000). Mendieta (1994) emplea datos del Censo de 1990 mediante una duplicación de la metodología de Hudson *et al.* (1995) ya mencionada. Encontró, por ejemplo, que el grado de lealtad lingüística alcanzó sólo un 79% en East Chicago, un 64% en Gary y porcentajes aún más bajos en las otras comunidades, hasta menos de la mitad en Hobart. Desde la perspectiva opuesta de la falta de lealtad, podemos decir que el 21% de los hispanos de East Chicago, el 36% de los de Gary e incluso la mayoría (53%) de los de Hobart no hablan español en la casa. Además, a base de un análisis original del "aislamiento lingüístico" descubre que "es evidente que incluso en el contexto de uso del español por excelencia, el hogar, el español coexiste con el inglés" (Mendieta 1994: 81). Concluye Mendieta con estas palabras:

Para Attinasi [1985], la situación lingüística en el noroeste de Indiana puede describirse como una situación de bilingüismo con mejor dominio del inglés, lo que parece indicar la posibilidad de un cambio lingüístico al inglés en el futuro. Las conclusiones que se obtienen de los datos analizados en este estudio apuntan en la misma dirección (1994: 81).

Los mexicanos, los puertorriqueños y los cubanos son los grupos sobre los que sabemos más por su larga presencia en Estados Unidos y poblaciones más grandes. Otras comunidades hispanas mixtas han resultado de procesos de inmigración más reciente. Tenemos pocos estudios de estas comunidades, especialmente en cuanto a mantener el español, debido a la corta duración de su establecimiento.

Un caso excepcional es la investigación de Rivera-Mills (2000) de la comunidad hispana de un pueblo, Fortuna, del norte de California. Entrevistó a 50 personas, un 34% nacidas en México, un 22% en El Salvador y sólo un 32% en EE.UU. Los datos del Cuadro 11 para tres grupos generacionales revelan un desplazamiento leve: una reducción de competencia de español, un aumento de competencia de inglés y el uso de menos español y más inglés en la casa. Muy notable es el hecho de que que los que inmigraron de adultos ya muestran tasas elevadas de competencia y uso del inglés. Rivera-Mills concluye: "Unless Fortuna experiences continuous immigration of monolingual (or at least Spanish dominant) Hispanics, a complete shift to English is inevitable" (2000: 101).

	Inmigrante-adulto	Inmigrante-niño	Nacido EE.UU.
(1 = nada, 5 = nativo)			
Hablar español	4,88	4,58	3,50
Entender español	4,94	4,83	4,00
Hablar inglés	3,25	4,58	4,40
Entender inglés	3.87	4,79	4,40
(1 = solamente inglés, 5 = solamente español)			
Uso en casa	3,44	3,08	2,50

Cuadro 11. Promedios de competencia lingüística y uso lingüístico en casa.
Datos de las Tablas 3-11, 3-12 y 4-4 de Rivera-Mills (2000: 63-64, 77).

García, Evangelista, Martínez, Disla y Paulino (1988) describen la situación lingüística de dos comunidades neoyorquinas de composición hispana muy heterogénea, incluyendo puertorriqueños, cubanos, dominicanos, suramericanos y centroamericanos. La mayoría son inmigrantes de llegada reciente. Los que habían pasado menos de 11 años en EEUU alcanzan un 61% de los centroamericanos, 53% de los suramericanos, 73% de los dominicanos, 28% de los cubanos y 34% de los puertorriqueños. Y hasta un 45% de los dominicanos y un 29% de los centroamericanos tienen menos de 6 años de residencia. En tal situación hay poca posibilidad de obtener una perspectiva histórica directa. Pero aun así, en la selección lingüística con distintos interlocutores es posible ver una analogía en la transmisión intergeneracional y el inicio de la pérdida del español. En el Cuadro 12 observamos una vez más la atenuación del uso del español en tres distintas generaciones: padres, hermanos e hijos. Vemos también que los grupos de más larga estancia en EEUU (los cubanos y los puertorriqueños) manifiestan más pérdida.

	Padre	Madre	Hermanos	Niños
Centroamericanos	100	100	99	80
Suramericanos	100	100	79	78
Dominicanos	98	97	85	70
Cubanos	94	96	81	50
Puertorriqueños	86	83	72	48

Cuadro 12. Porcentajes de uso exclusivo de español con la familia por origen nacional.
Datos extraídos de la Tabla 9 de García et al. (1988: p. 495).

Casi no existen estudios cuidadosos basados en encuestas de comunidades o en censos nacionales que den evidencia del mantenimiento del español en Estados Unidos. Una posible excepción es el estudio de datos censales de Mora, Villa y Dávila (2002). Encontraron que en una cohorte de niños (de 5-7 años de edad en 1980 y de 15-17 años en 1990) pareció *aumentar* el uso del español entre el grupo de 1990. Concluyen, no obstante, que esto indica "a change in the observed patterns of loss" y que la pérdida quizás continúe.

Las causas de la pérdida y la comunidad lingüística

La pérdida del español en Estados Unidos se puede atribuir a factores externos y a factores internos. Solemos hablar de las fuerzas externas que causan la pérdida de un idioma. Las presiones de asimilación, de "americanización", son frecuentes. Se siente fuertemente la preponderancia del inglés en el sistema educativo, en los avances económicos, y en todas las esferas de "ser americano".

Un factor externo importante es el racismo patente de movimientos como English Only. El primero de marzo de 2002 el gobernador de Iowa firmó el acta que hace del inglés la lengua oficial de ese estado. Hasta muy reciente más de la mitad de los estados han adoptado leyes relacionadas con los argumentos básicos de English Only. Y ni hablar de la educación bilingüe.Como nos informa James Crawford (2002), el acta de educación bilingüe de 1968 se eliminó con la aprobación de la nueva política de No Child Left Behind:

> the word bilingual has been expunged from the law, except in a provision that strikes the name of the federal Office of Bilingual Education and Minority Languages Affairs (OBEMLA). It now becomes the Office of English Language Acquisition, Language Enhancement, and Academic Achievement for Limited-English-Proficient Students. In addition, the National Clearinghouse for Bilingual Education becomes the National Clearinghouse for English Language Acquisition and Language Instruction Educational Programs (2002: 2).

Hay otros factores externos que tienen que ver con el legado del racismo, que brota del colonialismo europeo y que abonan las tendencias más desagradables del capitalismo. Bloom y Grenier (1996), por ejemplo, documentan un patrón consistente por décadas de una correlación entre hablar español y un nivel de ingresos más bajo del de los que no hablan español (véase también García, 1984).

Hidalgo (1993) llevó a cabo una investigación de las actitudes de 136 estudiantes de secundaria y 81 padres en Chula Vista, California, a siete millas de la frontera con México. Los jóvenes consistentemente muestran valorar menos el español que sus padres. Concluye Hidalgo que a pesar de la omnipresencia del español y a pesar de las actitudes positivas hacia la lengua, los mexicanos de la frontera no pueden escaparse de las presiones de una "distanced mainstream society which has barred them from full participation in its system of rewards". Sólo tienen dos alternativas, dice Hidalgo, "o la anglicanización y búsqueda de estatus socioeconómico o la retención de los valores del ser y del grupo" (Hidalgo 1993: 66).

Un sinnúmero de estudios documentan que la pérdida se asocia con factores socioeconómicos, tales como la educación y los ingresos. Encontró Hidalgo, por ejemplo, que "as teenagers claim a higher [socioeconomic status for their fathers], their use of Spanish and their attitudes toward Spanish decrease" (*Ibíd.*: 64). Repetidas veces hallamos lo que encontró Mendieta:

> el grado de mantenimiento de español resulta favorecido por la desproporcionada representación de la población hispana en los niveles socioeconómicos menos favorecidos de la sociedad. Así pues, es de esperar que a medida que la población vaya ascendiendo en la escala educacional y económica, tienda a abandonar el español y pague de esta forma así el precio lingüístico de la asimilación (1994: 82).   *Todavía usa más español*

Claro que todos van a aprender inglés en los EE.UU. Pero ¿acaso es necesario abandonar el español al adquirir el inglés? Las mismas presiones externas que producen el bilingüismo también juegan un papel importante en la pérdida del idioma minoritario. Pero, además de eso, hay otras fuerzas –internas– que contribuyen a la pérdida. Estas fuerzas internas son las actitudes de los hispanohablantes.

Las actitudes lingüísticas tienen mucho que ver con el concepto de comunidad lingüística. El sentirse miembro de la comunidad étnica fomenta el uso de la lengua étnica. La falta de identificación con la comunidad fomenta la pérdida lingüística. Una pregunta clave es: ¿cuál es la comunidad lingüística del hispano? Para la gran mayoría es un grupo de tamaño bastante reducido, aunque existen muchas comunidades lingüísticas en donde se habla español en Estados Unidos.

Es muy difícil definir precisamente el concepto de comunidad lingüística (Fasold 1990; Milroy 1987; Silva-Corvalán 2001); no obstante muchos investigadores (Hymes 1972, 1974; Labov 1972; Zentella 1990a) concuerdan en que tal comunidad es un grupo de individuos que comparten el mismo conjunto de actitudes lingüísticas y de conciencia de reglas de hablar. Por ejemplo, a través de una investigación de la aceptabilidad de estructuras léxicas y sintácticas, García y Weller (1985) demuestran que unos sujetos de México, DF, y un grupo de mexicano-americanos de California representan distintas comunidades lingüísticas.

Parece que los sociolingüistas están de acuerdo con Fishman en dar máxima importancia al papel que juega la comunidad pequeña en la retención de una lengua minoritaria (Fishman 2001b). Una comunidad pequeña de gran valor es la familia. Como comentó casi innecesariamente Carlos Solé, "there is no doubt that home language usage patterns play a definite role in mother-tongue retentiveness" (1980: 278). Por eso dice Fishman en *Reversing Language Shift* (RLS) que

> The priorities at various points in the RLS struggle must vary but they must, nevertheless, derive from a single, integrated theory of language-in-society processes that places intergenerational mother tongue transmission at the very center and that makes sure to

defend that center [es decir, la familia] before setting out to conquer societal processes that are more distant, dubious and tenuous *vis-à-vis* such transmission (1991: 6).

Sin embargo, los estudios del mantenimiento lingüístico generalmente se basan en una comunidad más grande que la familia, como East LA, Martíneztown o *El Barrio* de Nueva York. Estas comunidades juegan un papel importante para la retención de la lengua minoritaria. Los estudios de Milroy nos han mostrado que las redes sociales densas y multicomplejas contribuyen a la continuación de los dialectos vernaculares (Milroy 1987). De igual manera, apoya el mantenimiento de una lengua minoritaria la existencia de una comunidad de habla pequeña, compacta, de muchos lazos entre los participantes. La solidaridad de la comunidad puede cancelar el efecto de las fuerzas externas de asimilación y fomentar el prestigio encubierto (como lo nombra Silva-Corvalán 2001). Así, Toribio (2000) nos informa que entre los dominicanos de Nueva York, el español lleva "covert prestige as a symbol of national or group identity: it serves a unifying and separatist function" (2000: 265). Es decir, sirve para unificar el grupo y distinguirlo de otros grupos.

Esta clase de comunidad pequeña es el elemento clave para el concepto de la diglosia extendida de Fishman. En una comunidad bilingüe, pero diglósica, cada lengua guarda sus funciones distintas: español en la casa, por ejemplo, e inglés en el trabajo. Durante décadas muchos sociolingüistas hemos argumentado que la falta de diglosia causa la pérdida, y que una manera de rescatar la lengua es desarrollar una comunidad diglósica (García y Otheguy, 1988). Sin embargo, en el mundo de hoy, o al menos en los Estados Unidos de hoy, parece que una comunidad diglósica puede existir solamente para un grupo excesivamente marginado, discriminado. Y no es aceptable que los hispanos sigan siendo una comunidad marginada que no comparte las riquezas de los Estados Unidos. Por eso, estoy de acuerdo con el poeta e historiador E. A. "Tony" Mares quien comentó en una ponencia reciente, al abogar la necesidad de la educación bilingüe, "If you confine Spanish to the home, you consign it to its death".

Creo por lo tanto que dar énfasis a la comunidad pequeña nos provee una perspectiva limitada de lo que se necesita hacer para mantener y aun revitalizar hoy el español en Estados Unidos. Es importante crear comunidades lingüísticas más grandes. Es importante que el hispanohablante, además de participar en la más reducida, participe en comunidades hispanas de escala más amplia, que se identifique como miembro de otros niveles de la comunidad hispanohablante.

Todos pertenecemos a múltiples grupos. Yo, por ejemplo, soy miembro de la asociación de vecinos donde vivo, soy miembro de la comunidad universitaria, me llevo bien con mi familia de *rednecks* de Fort Worth, Texas, soy demócrata pero también miembro de los Democratic Socialists of America y del Sierra Club, y cuando salió un anuncio preliminar de este congreso en que me nombraron Garland López, gocé por un momento de ser *honorary Chicano* (como me felicitó Ysaura Bernal-Enríquez). Todos participamos en diversas comunidades a pesar de existir ciertas diferencias y hasta conflictos de ideología entre los miembros de estas comunidades; conflictos por ser demócrata y por ser socialista; conflictos de ser americano y de ser humano. ¿Podemos a la vez loar a los bomberos de Nueva York y protestar por los bombardeos de Iraq? Sí podemos. Ofelia García enfrenta el problema en palabras elegantes y acertadas:

> Post-Civil Rights U.S. Spanish can only be strengthened by cultivating its U.S. ethnic character with the culture, history and literature of the Spanish speaking world and by promoting it for the enrichment of U.S. Latinos. The protection of U.S. Spanish in the face of the inevitable spread of English, will come by expanding it within Latinos and their children (1993: 81).

Daniel Villa (2000) argumenta que el español de Estados Unidos es una lengua de gran fuerza, que tiene su propio "ejército". Documenta que el poder económico de los hispanohablantes estadounidenses se coloca entre los más importantes del mundo hispánico. Tiene razón. Pero sus comentarios tan optimistas respecto al mantenimiento asumen que estos hispanohablantes forman un bloque económico parecido a un país, a una comunidad nacional. Y no parece ser así. Ana Roca (1991) y Andrew Lynch (2000), entre muchos otros, señalan el poder económico de los hispanos de Miami, pero allí tampoco parece haber una solidaridad pan-hispana para aprovechar al máximo ese poder.

Parece ser demasiado raro que el hispano de Estados Unidos participe en múltiples comunidades hispanohablantes. Más bien, parece que la mayoría muestra una verdadera aversión hacia las etiquetas étnicas como *latino* e *hispano* que implican una identidad nacional. En su resumen del español de *The multilingual apple*, Zentella (1997b) explica que los más de veinte grupos hispanohablantes "prefer to be identified by their national origin, e.g., Puerto Rican, Mexican, Cuban, instead of by a pan-ethnic label like *Latino* or *Hispano*, or as a hyphenated American" (1997b: 167-168).

De forma parecida, Attinasi (1985) encontró que ni uno de los 91 puertorriqueños entrevistados en *El Barrio* de Nueva York escogió *Latino* o *Hispanic* como término de auto-identificación. Y de los 65 mexicanos y puertorriqueños que entrevistó en el noroeste de Indiana, ni uno se identificó como *Latino* y sólo una se consideró *Hispanic*. "Conspicuous by its absence was the term 'Latino' which may be a politically strategic term of coalition, not an item of nationality" (*Ibíd.*: 38).

Por otro lado, una encuesta de Villa y Villa (1998) determinó que *hispano* en español y *Hispanic* en inglés son los términos preferidos por un grupo de universitarios de Nuevo México, pero tampoco encontraron el uso de *latino*. Parece que *hispano* y *Hispanic* gozan de más uso en muchas partes, pero no necesariamente con el significado amplio. Muchos hispanos del norte de Nuevo México prefieren identificarse en inglés como *Hispanic* o aun *Spanish-American* para distinguirse de los inmigrantes de México. Rivera-Mills (2000) encontró que en Fortuna, el 46% de su muestra se identificó como *Mexican* mientras que el término *Hispanic* salió en segundo lugar con un 30%; curiosamente, ningún salvadoreño mencionó el término *Salvadoran*.

No nos sorprende entonces que una encuesta nacional haya descubierto que más del 80% de los mexicanos, puertorriqueños y cubanos de los Estados Unidos "do not see themselves as very similar culturally or politically" (De la Garza, Falcón, García y García 1992: 8, citado por Zentella 1997b: 168).

El racismo interno

Sin embargo, no es simplemente que haya falta una comunidad nacional. Aún peor es el hecho de que nuestras comunidades pequeñas muchas veces sirven para separarnos de las otras hispanas. Como observa Hutchison a partir de su estudio de la comunidad hispana de Chicago: "the factors used to categorize ethnic populations (language and culture) may form the very basis for stratification between subgroups within that population" (1998: 210). Esta estratificación de las comunidades hispanas no es culpa de una fuerza externa. Es el racismo (o clasismo o etnicismo) interno.

Por todos lados escuchamos los comentarios despectivos dirigidos a otras partes del mosaico latino. Cito un caso muy relevante. Zentella (1990c) hizo una investigación de las actitudes y experiencias de 43 estudiantes de secundaria, todos *nuyoricans* que se habían trasladado poco antes a Puerto Rico. Descubrió que estos jóvenes sufrían cierta discriminación en la Isla. Tres cuartos reportaron que se les había llamado *gringo* y a la mitad *americano*. ¡Qué horror! ¿A qué comunidad pertenecen estos pobrecitos?

La forma de hablar de los puertorriqueños tampoco recibe mucho apoyo en el otro lado. Hart-González (1985), por ejemplo, encontró que el dialecto puertorriqueño (junto con el salvadoreño) fue el dialecto de menos prestigio en las evaluaciones de la muy diversa comunidad hispana de Washington, DC. Además, los puertorriqueños de la *mainland* a menudo menosprecian tanto su dialecto como a sí mismos, una faceta de lo que Torres (1997) llama "internalized racist ideology". Dijo una participante en el estudio de Torres: "Sí hay discriminación, pero a veces es nuestra culpa. El puertorriqueño no quiere trabajar. Lo que quiere es estar viviendo del *Welfare* y tener todo. Ellos no tienen *high school* y quieren ganar nueve pesos la hora. No son orgullosos" (1997: 13).

Los mexicanos y puertorriqueños del noroeste de Indiana comparten medio siglo de convivencia y contacto. Mendieta (1997) encuentra que tienen aspectos en común. Sin embargo, se oyen comentarios como el siguiente de uno de los encuestados: "Los puertorriqueños tienen una tendencia a comerse la erre, nunca terminan la palabra, siempre la cortan. A veces dicen otras palabras: 'habichuelas', 'guaguas'. No usan el español correcto, han inventado palabras para expresarse [...] hablan el español superrápido. No les entiendo" (1997: 273). Por otra parte, los puertorriqueños se alegrarán de las palabras de una cubana de Miami de 17 años que dijo: "When I speak Spanish, I use half-English, half-Spanish. Our Spanish is not like that of Puerto Ricans. They speak real Spanish" (García y Otheguy 1988; 181).

Tales actitudes negativas pueden contribuir al rechazo del español, según nos indican García *et al.* (1988) a partir de su investigación de las mismas dos comunidades hispanas en Nueva York. De las casi 300 personas entrevistadas, solamente nueve personas prefirieron contestar en inglés. Pero de los nueve puertorriqueños encuestados, cuatro lo hicieron en inglés. Dicen los investigadores: "We believe that the reason for their language choice was partly determined by the fact that no one in the research team was Puerto Rican. English was a more neutral language to communicate with us than their more marked Nuyorican Spanish" (1988: 496).

En el estudio de Zentella sobre la nivelación léxica entre los dialectos de Nueva York, una cubana de 21 años expresó sus prejuicios abiertamente: "Yo odio como hablan los puertorriqueños". Y del habla de los dominicanos dijo: "Yo siempre pensaba que hablaban feo" (1990b: 1102). No nos sorprende entonces que los dominicanos mismos llevan una actitud bastante negativa hacia su propio dialecto. Zentella nos informa que el 35% lo considera "incorrecto" o "malo", y que un 80% cree que no se debe enseñar esta variedad en las escuelas (Ibíd.: 1102).

Toribio cita la siguiente observación de una dominicana de 30 años: "Dominicans don't speak Spanish well [...]. All you see is Dominicans that are from *el campo*. Everybody knows right away that they're Dominicans; you get embarrassed because of those people" (2000: 259). Dice Toribio "It is not surprising that many youngsters seek to distance themselves from their stigmatized variety, even among in-group peers, reserving the language for the intimacy and safety of the community and home. In this situation, language displacement towards English may become an important option for escaping linguistic prejudice" (Ibíd.: 261). *¡Hablar inglés para escaparse de los prejuicios de la comunidad hispana!*

García *et al.* notan que tres dominicanos comentaron que al hablar español, "they were classified as poor, uneducated, and even as illegal aliens" (1988: 496). Por otro lado, si hablaran inglés, se les consideraría simplemente hispano de Estados Unidos "and some non-Hispanics might even confuse them with Puerto Ricans, who have citizenship privileges" (*ídem.*) También nos informan de otro dominicano que iba a una universidad en que los suramericanos y puertorriqueños formaban la mayoría de los estudiantes hispanos. Este joven explicó que prefiere hablar inglés con sus amigos universitarios porque su acento en este idioma no se diferencia del acento de los demás hispanos mientras que su acento en español sí era diferente, claramente dominicano.

Hidalgo (1993) descubrió que entre los mexicanos de Chula Vista, en la mera frontera con México, las actitudes integradoras (la importancia del español respecto al grupo étnico) son menos positivas entre los jóvenes que entre sus padres. Por ejemplo, mientras que el 98% de los padres manifestó que el español es importante para preservar la identidad hispánica, sólo un 82% de los jóvenes estuvo de acuerdo. Y la discrepancia fue mucho más grande en cuanto a la "mexicanidad". "Hablar como los mexicanos" fue apoyado por el 74% de los adultos y sólo el 54% de los estudiantes. "Actuar como los mexicanos" fue apoyado por el 68% de los padres y el 42% de los hijos.

El contacto de mexicanos y salvadoreños en el suroeste también produce conflictos. Lipski (2000) dice que los salvadoreños no suelen expresar actitudes negativas hacia los mexicanos, pero las actitudes en la dirección opuesta son a veces diferentes. Hernández (2002) ha notado que en Houston (donde los mexicanos comprenden el 82% de los hispanos y los salvadoreños solamente el 5%) "the attitudes of Mexicans toward Salvadorans tend to be negative when they pertain to language. For example, Mexicans in Houston have adopted the use of ethnic slurs such as *guanaco* to refer to Salvadorans" (2002: 100). Uno de los consultantes de Hernández, que llegó a Houston a la edad de 10 años, explicó así: "Antes [los mexicanos] me hacían chistes y quizás por eso no decía mucho [...] por decir cipote, o vos" (Ibíd.: 106). Por otro lado, Rivera-Mills encontró una perspectiva opuesta en Fortuna. Uno de sus sujetos dijo: "Yo no quiero que mi hijo aprenda a hablar español como un mexicano" (2000: 100).

El contacto de cubanos con otros grupos en la Florida apenas ha sido investigado, debido en parte a la predominancia de los cubanos y en parte a la llegada reciente de otros grupos. Sin embargo, Lipski nos dice que el contacto de cubanos y nicaragüenses en Miami ha visto nacer actitudes negativas de algunos nicaragüenses hacia los cubanos y de algunos cubanos hacia los nicaragüenses (2000).

En el suroeste, los mexicanos ya establecidos suelen guardar cierta antipatía hacia inmigrantes recién llegados de México. Aunque la gente no tiende a revelar su posición racista frente a la grabadora, encontramos muchas expresiones de prejuicios en las entrevistas del New Mexico-Colorado Spanish Survey que llevamos a cabo Neddy Vigil y yo desde ya hace más de una década. El ejemplo (1) es de una mujer de 43 años que ha pasado toda su vida en Clayton, un pueblito del noreste de Nuevo México casi en la frontera con Oklahoma (entrevista 268, cinta 2-A, minuto 6:03; en las siguientes muestras, E = entrevistador y C = consultante):

(1)
E: Ahora, ¿[qué término usan para] una persona de México?
C: 'K. Mexicano. Mojado. *I hate that.*
E: ¿Cuándo usan mojado?
C: Cuando estaba trabajando en la tienda, *if I was really busy,* 'staba muy acupada y, y alguien *irritated me, an' if I knew it was– it looked like a– a Metsican, a woman, an' I'd say goddam that* mojada, *you know, an' I'd–*
E: *You'd say it too?*
C: *Why would I do this? Afterwards I'd go, but you know at the time you're just so busy an', if they would stop, Gimme some– Where are the mashes an' I'd, you know, you're so busy and you can't think and you're saying, mashes? What do they want? you know. Do you know what I'm trying to say? Afterwards I would feel bad.*
E: *You got caught up in it too.*
C: *Unhunh. Because I was busy an', an' I had to stop and think, Mashes? Mashes? You know, I'm tryin' to say What the hell do they want? Then after they leave, goddam* moja'os. *That– of all the things to come and do. Come in here and bother me for mashes.* {risa} *But then afterwards when I was– I wouldn't do it, you know. To myself I would do it. I would never, I would never up to their face and go goddam* moja'o, *you know. I wouldn't.*
E: *Would you do it in the presence of gringos?*
C: *Oh. Not out loud. To myself, I would, you know.*

Se notará que la competencia del español de esta mujer es bastante baja. Y podemos suponer que no tiene gran interés en aprovechar la oportunidad de hablar español con los "mojados" para mejorar sus destrezas lingüísticas.

El hablante del ejemplo (2) es un hombre de 39 años de Chamita, Nuevo México, ya un poco al norte de Santa Fe, cerca de Española (entrevista 15, 4-A, 27:40). En este ejemplo apreciamos el conflicto interno, la angustia, que se produce dentro del hablante al darse cuenta de que emplea la palabra *mexicano* con dos significados.

(2)
E:	¿Y cómo se le dice a una persona de México?
C:	Mexicano.
E:	Y ¿una persona de aquí de Nuevo México?
C:	A: Una persona de aquí de Nuevo México se dice- [pausa de 5 segundos]
E:	¿De nuestra raza?
C:	[8 segundos] Mexicano tamién.
E:	Uhum.
C:	Y de México viene siendo- [4 segundos] Se dice, se dice pus-. Pero casi no se- no ha oído usar eja palabra casi que-
E:	¿Mexicano?
C:	Destinguiendo. Uh. Una persona de aquí viene siendo-
E:	No, yo no estoy diciendo no más si- ¿o se usa otra palabra?
C:	-¿casi suidadeño? Pero no sé.
E:	Tus abuelitos, ¿cómo le llaman?
C:	No sé. Nunca lej hablo-
E:	¿Cómo se llaman ellos?
C:	Ellos son [4 segundos] No sé. ⁻3 segundos] Quiero dijir mexicano pero no– [8 segundos] Nunca, nunca ha oído que se digan pues, nosotros semoj mexicanos o semos españoles, o semos suidadaños, o semos–. Nunca ha oído eso.
E:	Pero en, en cuanto a la raza de uno.
C:	[5 segundos] Pues alli ej 'onde tengo problema porque al prencipio dije mexicano. Pero y luego a loj de México lej dijemos moja'os.
E:	Um. ¿Pa' distinguir?
C:	Sí.
E:	¿Pero también son mexicanos?
C:	Pero tamién son–. Sí. Son mexicanoj
[...]
C:	Ej muy interesante. Pues yo quiero jaber, que es lo que ejtá pasando, oye, porque yo no puedo destinguir, de, de seigo de algotra tierra. Porque no tengo ninguna alianza a México, ¡de nada!
[...]
C:	Y eso le tengo yo, alianza al gobierno de los Estados Unidos. Eso, jí.
E:	Pero esto es cuestión, política.
C:	Es– sí. *Yeah*.
E:	Y cuando se trata de raza, y de cultura, etnicidad, ¿cómo te identificas?
C:	[4 segundos] Pues allí ej 'onde tenemos la problema que no sé que ej lo que seigo. Además de suidadeño de los Estados Unidos.
E:	*Yeah*, pero esto no es raza.
C:	Pero eso no, pues. ¿Qué más seigo?
E:	¿Mexicano?
C:	No sei– no seigo mexicano.

Estas actitudes racistas tienen su base en la historia de la región. Los primeros pobladores llegaron de México en 1598 y se establecieron en el norte de Nuevo México, allá muy cerca del pueblito de este señor. Este territorio quedó relativamente aislado de las corrientes mayores de la lengua española y se desarrolló un dialecto distinto, el cual llamamos el "español tradicional" de Nuevo México. Estados Unidos tomó poder de toda esa región en 1848 y el territorio llegó a ser estado en 1912. Con las olas de inmigración desde México en el transcurso del siglo XX, los hablantes del español tradicional han ido experimentando contacto de intensidad creciente con estos inmigrantes, pobres y sin terrenos, y con un español distinto que denominamos "español mexicano".

El Mapa 1 ilustra la diferencia entre los dos dialectos. Al "marble" con que jugamos de niño le dicen *bolita* en el español tradicional (marcado con circulitos blancos) y *canica* en el español mexicano (cuadritos negros). Se ve que la forma mexicana domina en el sur de Nuevo México y en el sureste de Colorado por el Río Arkansas y que compite con la forma tradicional especialmente en el área metropolitana de Albuquerque.

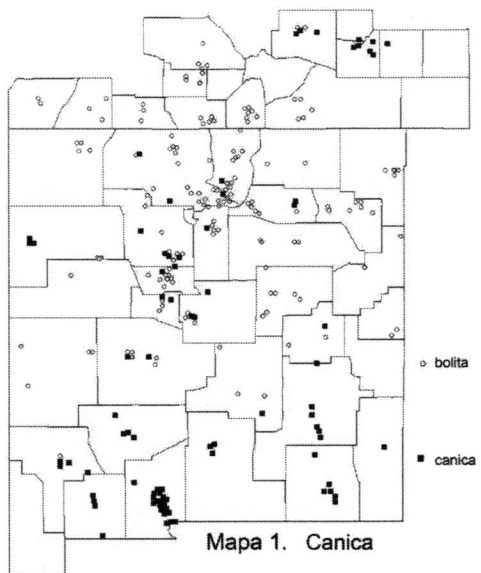

Mapa 1. Canica

La forma de hablar siempre ha sido uno de los símbolos más salientes en la diferenciación e identificación de etnias. Queda claro con nuestros datos lingüísticos que entre los de ascendencia mexicana de Nuevo México existen dos etnias hispanas bien distintas. La distinción se manifiesta también muy clara cuando se trata de la auto-identificación en inglés. Los hablantes del español tradicional suelen identificarse como *Hispanic* o *Spanish American* o aun *Spanish*. Los hablantes del español mexicano se identifican como *Mexican* o *Mexican American* o *Chicano*. Esta distinción se hace evidente en los resultados del Censo de 2000. Por ejemplo, en el condado sureño de Doña

Ana, donde más de la mitad de la población es hispana, 90% de los hispanos se incluyeron bajo la categoría de *Mexican*. En el condado norteño de Río Arriba, donde casi tres-cuartos de la población es hispana, 81% se identificaron como *Other Hispanic*.

Al hablar español, sin embargo, casi todos los del norte se definen *mexicanos*, y la lengua que hablan es el *mexicano*. Pero como vimos en el trozo (2) del hombre de Chamita, la palabra *mexicano* no funciona cuando se quiere señalar la distinción. Cada grupo tiene otro término para el ajeno: *mojado* o *surumato* para los de llegada más reciente, y *manito* para los de habla tradicional.

El siguiente fragmento es de una mujer de 45 años que creció en La Junta, Colorado, allá en el Río Arkansas en el territorio de los surumatos (entrevista 237, 3-A, 24:00). Cuando se le entrevistó, vivía y trabajaba de maestra en Alamosa, en el Valle de San Luis al sur de Colorado, en el puro centro de los manitos.

(3)

C: ... mi grama Anselma era de México. Y toda su familia era de México. Este. Luego mi tío Jano y mi tío Jorge, o y mi tío Güile tamién, todos se casaron con esos manitos. ¡Esas manitas! {Risas} Y yo me acuerdo que mi grama, todo el tiempo, *you know*, am, hasta 'ora, ayer y 'ora no sabía qué importante parte trató mi grama en mi vida. Este, hasta 'ora que estoy hablando, *you know* de ella Este. Pero, mi grama, este, las quería mucho a mis, a sus, a. Era su suegra ella y ellas eran sus, sus, am–

E: Nueras.

C: ¡Nueras! Mi mamá se enojaba (con mi grama??). Pregúntale a tus hijas. {Risas} Pero cuando se enojaba con ellas, *you know*, se le olvidaba todo el amor (??). ¡Manitas! ¡Qué saben! {Risas} *But that was it.*

E: Entonces sí había, algo distinto entre el mexicano y el nuevomexicano, del norte, ¿no?

C: Anhanh. Anhanh. Pero no más– Yo no me acuerdo oyir eso afuera de la casa. Se me hace que, este no más entre las casas, *you know*, calladitos pero de estar público no.

E: Los manitos los llamaban, surumatos a los que venían de México, y los mexicanos llamaban a los del norte, manitos.

C: Umhum. Manitos, *yeah, yeah.*

E: Interesante. Sí. Otra persona me ha platicado eso.

C: Y cuando llegué yo aquí [en Alamosa], yo nunca había oído, Ay manita, ¿qué pasó? *you know*. Y cuando am, la primera vez, que me noté yo que alguien me había llama'o manita. ¡Ay mani:ta! ¡Yo no soy manita! ¡Jai, grama! ¡Me llamaron manita! {Risas} Pero *now*– 'ora yo, a mí se me hace, muy am, con cariño, *you know*.

Aunque sea imposible demostrar con seguridad que el racismo interno causa el desplazamiento del español, indudablemente contribuye de manera importante a la inseguridad lingüística que se asocia con la pérdida. Dicen García *et al.*:

some of the Cubans, Dominicans, and Puerto Ricans reported that their Spanish was not as good as that of their South American and Central American friends. They said that the

Spanish they spoke was heavily influenced by English and that in speaking they often "swallow" sounds (*nos comemos las letras*). Some may then prefer to abandon their stigmatized variety of Spanish in favor of English (1988: 497).

Muy parecido al racismo interno es el desprecio que manifiestan muchos hablantes hacia los intentos de hablar español por parte de los hispanos que, como consecuencia del proceso de pérdida lingüística, no pudieron desarrollar destrezas completas en la lengua de herencia (como manifiesta, por ejemplo, el joven entrevistado por Silva-Corvalán 1997; sobre la pérdida de destrezas, véase Hernández Chávez 1993). La falta de apoyo aun dentro de la comunidad más íntima, la familia, contribuye mucho a la pérdida. Dice Zentella: "Latinos who end up convinced that their Spanish is bad or *mata'o* 'killed', rush to adopt English and eventually do kill off their Spanish" (1997b: 180). García y Otheguy creen que "the gap between the extreme purist attitude manifested by most older, first-generation Cuban Americans, and the actual sociolinguistic state of the Cuban American community might be harmful to the stabilization, maintenance, and development of Spanish among the young Cuban American generation" (1988: 179). García *et al.* hallaron que casi la mitad de los cubanos de Nueva York, a pesar de su alta tasa de monolingüismo, confesaron que nunca miran la televisión en español, debido no a una preferencia de lengua, sino que "they felt a class difference between themselves and the Hispanic audience for whom the novelas were aired" (1988: 493).

Escuchamos en el ejemplo (4) las palabras elocuentes de un hombre de 48 años de Albuquerque, quien había experimentado muchos obstáculos, muchos rechazos, mucha discriminación, pero nunca permitió que la sociedad ahogara su espíritu o su lengua (entrevista 21, 4-A, 1:05):

(4)
C: 'Ora, yo cuando estaba creciendo, a nojotroj noj criticaban. Que es *slang*. Que no saben hablar ni inglés ni español, ¿me entiende? Puro *degration*. Siempre queriendo abajarle a uno, ¿me entiende? Y nosotroj puj no le poníamos atención a ejo, a esaj cosaj. No, no. 'Ora crean o no crean – Yo creo que (??) el machismo, 'l orgullo, la dignidad, ¿no? El chicano siempre ha tenido bastante dignida', ¿me entiende? Y yo siempre ha creído de que la idioma ej comunicación. ¿Me entiende? Y como lo dijo un profesor allí en *UNM*, dice de que pus si nosotros tuviéramos – yo creo en esto – si nojotroj tuviéramoj *publishing company*. Si nojotroj tuviéramoj diccionarios. Si nojotroj tuviéramoj *Tesauruses*. Si nojotroj tuviéramoj *encyclopedia*. Antonces no fuera *slang*. Juera *creativity*. Iban a decir, ¡U:, cómo ejtá avanzada esa gente. Y 'ora aquí hablando del chicano. ¡Hajta criaron su mejma idioma! Antonces fuera algo progresista, algo *scholarly*. Algo de que si tira un pedo, ole a perfume. {Risas} O que come chícharoj con picadientej. {Risas} Una a la vej, ¿no? Como la *Jackie Kennedy*.

[...]

       Y *slang* no es. Idioma ej comunicación. Cosaj como *slang*, esos son títulos, e, *labels*, que le critican a uno, ¿no? Avergüenzan. Hacen por avergonzarle a uno... Yo nunca tuve vergüenza como hablo. Nunca. 'Ora otra gente tuvo ploblema con la idioma... Pus, estaba un maestro allí en *Lincoln [Middle School]*, ¿no?, cuando ya (??) en el *eighth grade*. Y siempre los [=nos] pescaba allí en el *study hall*. Él se llamaba [X]. Y siempre los abajaba, los abajaba, los avergonzaba, ¿no? Porque no hablábamoj 'l español como libro. Es que estaba enseñando, a, que *Spanish One* o no jé qué. ¿Me entiende? Que no hablábamos, cómo, e, carro, se me haje que era carretas, o no jé qué. Allá en Barzalona, ¿no? Buenos días, José.

E: Pus, ¿de 'onde era este [X].

C: ¡De aquí! De aquí es. Pero él fue educado, e, por libro, ¿no? Y 'ora, él hablaba como en Barzalona, como en Madrid, ¿no? 'Ora. Él ej uno 'e loj que comía chícharoj con picadientej [...]

Los lamentos de los puristas, de aquellos que no pueden aceptar una lengua diferente o menos elaborada o desarrollada, se oyen por todos lados, y en todas lenguas. Es una historia larga e indefinida. Como muestra de esta situación en Nuevo México, cito el siguiente editorial que apareció en el periódico *La Voz del Pueblo* de Las Vegas, Nuevo México, el 17 de julio de 1909 (p. 2; citado por Fernández 2001: 407):

[...] Infinidades de hispano-americanos hay, y particularmente entre los bien acomodados y que han logrado aprender á balbucear el inglés que, no conociendo la historia de su lengua ni mucho menos la de la raza de donde [ha]n descendido, (porque jamás han leido historia) se avergüenzan de ella lo mismo que se avergüenzan de sus antepasados, resultando de ello que cuando por necesidad llegan á hablar el español, en presencia de extranjeros, lo pronuncian y lo hablan mal, adrede. De allí proviene el que á los tales se les oiga decir Sante Fi por Santa Fe, Borego por Borrego. Igualmente resulta de esto que en presencia de extranjeros no los puede hacer uno que hablen el español ni á palos, y ésto no obstante que apenas saben balbucear el inglés.

Conclusiones

Creo que tenemos que reconocer, como Crawford (1996), que hay que buscar dentro de la comunidad étnica tanto las causas de la pérdida como la cura para la revitalización. En palabras de Zentella, "Spanish speaking communities that recognize and respect the differences among themselves but are united in their defense of bilingualism should be in the forefront of the opening of New York's linguistic and cultural frontiers" (1997b: 196), y, agrego, en la vanguardia de las hablas españolas y de las culturas hispanas en todas partes de los EEUU. Termino este trabajo proponiendo y, al mismo tiempo, contestando una serie de preguntas:

Supongo que todo ser humano necesita sentirse parte de una comunidad pequeña. Sin embargo, ¿podemos pertenecer a más de un grupo? Sí podemos. ¿Y podemos ser miembros de más de una comunidad hispana y, concretamente, de una comunidad hispana más grande que la nuestra? Sí podemos. Y aunque no nos consideramos miembros íntimos de esas otras comunidades, ¿podemos respetar a los hispanos de otros grupos étnicos? Sí podemos. Y además de respetar a los otros hispanos, ¿podemos aceptar y respetar su manera de hablar? Sí podemos.

Como dice Ana Roca, nuestro español tendrá que cambiar debido al contacto con el inglés y con otros dialectos del español (1991: 253). ¿Podemos aceptar estos cambios en el habla de otros grupos? Sí podemos. ¿Y podemos aceptar estos cambios en el habla de nuestros hijos? Sí podemos. Y más aún, ¿podemos aceptar el español mocho, quebrado de los que no tienen competencia completa? Sí podemos.

La última pregunta: ¿Podemos mantener el español en Estados Unidos? Ojalá.

Bibliografía

Arjona Iglesias, M, *et al.* (eds.). (1996). *Actas del X Congreso Internacional de la Asociación de Lingüística y Filología de la América Latina.* México: Universidad Nacional Autónoma de México.

Attinasi, J. (1985). Hispanic attitudes in northwest Indiana and New York. En L. Elías-Olivares, E. A. Leone, R. Cisneros, y J. Gutiérrez (eds.), *Spanish language use and public life in the United States* (pp. 27-58). Berlin: Mouton.

Bayley, R. (1999). The primacy of aspect hypothesis revisited: Evidence from language shift. *Southwest Journal of Linguistics,* 18, 1-22.

Bernal-Enríquez, Y. (2002). *Tesoro perdido:* Socio-historical factors in the loss of the Spanish language in *la Nueva México.* Tesis doctoral, University of New Mexico.

Bills, G. D. (1997). Language shift, linguistic variation, and teaching Spanish to native speakers in the United States. En C. Colombi, y F. Alarcón (eds.), *La enseñanza del español a hispanohablantes. Praxis y teoría* (pp. 263-282). Boston: Houghton Mifflin.

Bills, G. D., Hudson, A., y Hernandez Chávez, E. (2000). Spanish home language use and English proficiency as differential measures of language maintenance and shift. *Southwest Journal of Linguistics,* 19, 11-27.

Bills, G. D., y Vigil, N. (1999). Ashes to ashes: The historical basis for dialect variation in New Mexican Spanish. *Romance Philology,* 53, 43-67.

Bloom, D. E., y Grenier, G. (1996). Language, employment, and earnings in the United States: Spanish-English differentials from 1970 to 1990. *International Journal of the Sociology of Language,* 121, 45-68.

Castellanos, I. (1990). The use of English and Spanish among Cubans in Miami. *Cuban Studies,* 20, 49-63.

Coles, A. (1993). Language maintenance institutions of the *Isleño* dialect of Spanish. En A. Roca y J. Lipski (eds.), *Spanish in the United States: Linguistic contact and diversity* (pp. 121-133). Berlín: Mouton.

Colombi, M. C., y Alarcón, F. (eds.), (1997). *La enseñanza del español a hispanohablantes. Praxis y teoría.* Boston: Houghton Mifflin.

Crawford, J. (1996). Seven hypotheses on language loss: Causes and cures. En G. Cantoni (ed.), *Stabilizing indigenous languages* (pp. 51-68). Flagstaff: Center for Excellence in Education, Northern Arizona University.

Crawford, J. (2002). The Bilingual Education Act: 1968-2002. (Online), <http://ourworld. compuserve.com/homepages/JWCRAWFORD/T7obit.htm>.

De la Garza, R., Falcón, A., García, C., y García, J. (1992). *Latino national political survey: Summary of findings.* Nueva York: Institute for Puerto Rican Policy.

Elías-Olivares L., Leone, E., Cisneros, R., y Gutiérrez, J. (eds.), (1985). *Spanish language use and public life in the United States.* Berlín: Mouton.

Fasold, R. (1990). *The sociolinguistics of language.* Oxford: Basil Blackwell.

Fernández Gilbert, A. (2001). *La voz del pueblo: Texto, identidad y lengua en la prensa neomexicana territorial (1890-1911).* Tesis doctoral, University of New Mexico.

Fishman, J. A. (1971). The relationship between micro- and macro-sociolinguistics in the study of who speaks what language to whom and when. En J. Fishman, R. L. Cooper, R. Ma, y et al. (eds.), *Bilingualism in the Barrio* (pp. 583-604). Bloomington: Indiana University Press/The Hague: Mouton.

Fishman, J. A. (1991). *Reversing language shift*. Clevedon: Multilingual Matters.

Fishman, J. A. (ed.). (2001a). *Can threatened languages be saved?* Clevedon: Multilingual Matters.

Fishman, J. A. (2001b). From theory to practice (and vice versa): Review, reconsideration and reiteration. En J. Fishman (ed.), (2001). *Can threatened languages be saved?* (pp. 451-483). Clevedon: Multilingual Matters.

Fishman, J. A., Cooper, R., Ma, R., *et al.* (1971). *Bilingualism in the Barrio*. Bloomington: Indiana University Press/The Hague: Mouton.

Fishman, J. A., y García, O. (eds.). (1997). *The multilingual apple: Languages in New York City*. Berlín: Mouton de Gruyter.

Floyd, M. B. (1982). Spanish-language maintenance in Colorado. En F. Barkin, E. A. Brandt, y J. Ornstein-Galicia (eds.), *Bilingualism and language contact: Spanish, English, and Native American languages* (pp. 290-303). Nueva York: Teachers College Press.

García, O. (1993). From Goya portraits to Goya beans: Elite traditions and popular streams in U.S. Spanish language policy. *Southwest Journal of Linguistics*, 12, 69-86.

García, O., Evangelista I., Martínez, M., Disla, C., y Paulino, B. (1988). Spanish language use and attitudes: A study of two New York City communities. *Language in Society*, 17, 475-511.

García, O., Morín J., y Rivera, K. (2001). How threatened is the Spanish of New York Puerto Ricans? Language shift with *vaivén*. En J Fishman, (ed.), *Can threatened languages be saved?* (pp. 44-73). Clevedon: Multilingual Matters.

García, O., y Otheguy, R. (1988). The language situation of Cuban Americans. En M. McKay y C. Wong (Eds), *Language diversity: Problem or resource? A social and educational perspective on language minorities in the United States*. (pp. 162-192). Nueva York: Newbury House.

García, M. E., y Weller, G. (1985). In the match between Spanish dialects, who is the referee? En L. Elías-Olivares, E. A. Leone, R. Cisneros, y J. Gutiérrez (eds.), *Spanish language use and public life in the United States* (pp. 113-129). Berlin: Mouton.

García, P. (1984). Dual-language characteristics and earnings: Male Mexican workers in the United States. *Social Science Research*, 13, 221-235.

González, N., y Wherritt, I. (1990). Spanish language use in West Liberty, Iowa. En J. Bergen (ed.), *Spanish in the United States: Sociolinguistic issues* (pp. 67-78). Washington, DC: Georgetown University Press.

Greenfield, L., y Fishman, J. A. (1971). Situational measures of normative language views of person, place and topic among Puerto Rican bilinguals. En J. A. Fishman, R. L. Cooper, R. Ma, *et al.* (eds.), *Bilingualism in the Barrio* (pp. 233-251) Bloomington: Indiana University Press/The Hague: Mouton.

Harris, T. K. (1994). *Death of a language: The history of Judeo-Spanish*. Newark: University of Delaware Press/Associated University Presses.

Hart-González, L. (1985). Pan-Hispanism and sub community in Washington D.C. En L. Elías-Olivares, E. A. Leone, R. Cisneros, y J. Gutiérrez (eds.), *Spanish language use and public life in the United States* (pp. 73-88). Berlin: Mouton.

Hart-González, L., y Feingold, M. (1986). Retention of Spanish in the home. *International Journal of the Sociology of Language*, 84, 5-34.

Hernández, J. E. (2002). Accommodation in a dialect contact situation. *Revista de Filología y Lingüística de la Universidad de Costa Rica*, 28, 93-110.

Hernández Chávez, E. (1993). Native language loss and its implications for revitalization of Spanish in Chicano communities. En B. J. Merino, H. T. Trueba, y F. A. Samaniego (eds.), *Language and culture in learning: Teaching Spanish to native speakers of Spanish* (pp. 58-74). Washington: DC: Falmer Press.

Hernández Chávez, E., Bills, G., y Hudson, A. (1996). El desplazamiento del español en el suroeste de EEUU según el censo de 1990. En Arjona Iglesias, *et al* (eds.), *Actas del X Congreso Internacional de la Asociación de Lingüística y Filología de la América Latina* (pp. 664-672). México: Universidad Nacional Autónoma de México.

Hidalgo, M. (1993). The dialectics of Spanish language loyalty and maintenance on the U.S.-Mexico border: A two-generation study. En A. Roca, y J. Lipski (eds.), *Spanish in the United States: Linguistic contact and diversity* (pp. 47-73). Berlin: Mouton

Holloway, C. E. (1997a). *Dialect death: The case of Brule Spanish*. Amsterdam: John Benjamins.

Holloway, C. E. (1997b). Divergent twins: Isleño and Brule Spanish in Louisiana. *Southwest Journal of Linguistics*, 16, 55-72.

Holloway, C. E. (1997c). Loss of linguistic and cultural awareness among speakers of a dying Spanish dialect. *Hispanic Linguistics*, 9, 203-221.

Hudson-Edwards, A., y Bills, G. (1982). Intergenerational language shift in an Albuquerque barrio. En J. Amastae y L. Elías-Olivares (eds.), *Spanish in the United States: Sociolinguistic aspects* (pp. 135-153). Cambridge: Cambridge University Press.

Hudson, A., Hernández Chávez, E., y Bills, G. (1995). The many faces of language maintenance: Spanish language claiming in five southwestern states. En C. Silva-Corvalán (ed.), *Spanish in four continents: Studies in language contact and bilingualism* (pp. 165-183). Washington, DC: Georgetown University Press.

Hutchison, R. (1988). The Hispanic community in Chicago: A study of population growth and acculturation. En C. Bagley Marrett, y C. Leggon (eds.), *Research in race and ethnic relations, Vol. 5* (pp. 193-229). Greenwich, CT: JAI Press.

Hymes, D. H. (1972). Models of the interaction of language and social life. En J. J. Gumperz y D. Hymes (eds.), *Directions in sociolinguistics: The ethnography of communication* (pp. 35-71). Nueva York: Holt, Rinehart and Winston.

Hymes, D. H. (1974). *Foundations in sociolinguistics: An ethnographic approach*. Philadelphia: University of Pennsylvania Press.

Labov, W. (1972). *Sociolinguistic patterns*. Philadelphia: University of Pennsylvania Press.

Laosa, L. M. (1975). Bilingualism in three United States Hispanic groups: Contextual use of language by children and adults in their families. *Journal of Educational Psychology*, 67, 617-627.

Lipski, J. M. (1985). Sabine River Spanish: Vestigial 18th century Mexican Spanish in Texas and Louisiana. *Southwest Journal of Linguistics*, 8, 5-24.

Lipski, J. M. (1990). *The language of the Isleños: Vestigial Spanish in Louisiana*. Baton Rouge: Louisiana State University Press.

Lipski, J. M. (2000). The linguistic situation of Central Americans. En S. McKay, y C.Wong . *New immigrants in the United States: Readings for second language education* (pp. 189-215) Cambridge: Cambridge University Press.

López, D. E. (1982a). *Language maintenance and shift in the United States today: The basic patterns and their social implications, Vol. 3: Hispanics and Portuguese*. Los Alamitos, CA: National Center for Bilingual Research.

López, D. E. (1982b). *The maintenance of Spanish over three generations in the United States*. (National Center for Bilingual Research Report, R-7.) Los Alamitos, CA: National Center for Bilingual Research.

Lynch, A. (2000). Spanish-speaking Miami in sociolinguistic perspective: Bilingualism, recontact, and language maintenance among the Cuban-origin population. En A. Roca (ed.), *Research on Spanish in the United States: Linguistic issues and challenges*. (pp. 271-283). Somerville, MA: Cascadilla Press.

McKay, S. L., y Wong, C. (eds.). (1988). *Language diversity: Problem or resource? A social and educational perspective on language minorities in the United States*. Nueva York: Newbury House.

McKay, S. L., y Wong, C. (eds.). (2000). *New immigrants in the United States: Readings for second language education*. Cambridge: Cambridge University Press.

Mendieta, E. (1994). Índices de mantenimiento del español en el noroeste de Indiana. *Southwest Journal of Linguistics*, 13, 71-83.

Mendieta, E. (1997). Actitudes y creencias lingüísticas en la comunidad hispana del noroeste de Indiana. *Hispanic Linguistics*, 9, 257-300.

Mendieta, E., y Molina, I. (2000). Caracterización léxica del español hablado en el noroeste de Indiana. *Southwest Journal of Linguistics*, 19, 63-72.

Milroy, L. (1987). *Language and social networks* (2.ª ed.). Oxford: Blackwell.

Mora, M. T., Villa, D., y Dávila, A. (2002). *Language shift and maintenance among the children of immigrants in the U.S.: Evidence in the census for Spanish speakers and other language minorities*. Manuscrito no publicado, New Mexico State University.

Ortiz López, L. (1995). Actitudes lingüísticas en hablantes bilingües: El caso de Quad Cities. *Torre de Papel*, 5, 57-102.

Otheguy, R., García, O., y Roca, A. (2000). Speaking in Cuban: The language of Cuban Americans. En S. McKay, y C. Wong (eds.), *New immigrants in the United States: Readings for second language education* (pp. 165-188). Cambridge: Cambridge University

Pearson, B., y McGee, A. (1993). Language choice in Hispanic-background junior high school students in Miami: A 1988 update. En A. Roca y J. Lipski (eds.), *Spanish in the United States: Linguistic contact and diversity* (pp 91-102). Berlin: Mouton.

Pease-Álvarez, L., Hakuta, K., y Bayley, R. (1996). Spanish proficiency and language use in a California Mexicano community. *Southwest Journal of Linguistics*, 15, 151.

Ramírez, A. G. (1992). *El español de los Estados Unidos: El lenguaje de los hispanos*. Madrid: MAPFRE.

Rivera-Mills, S. V. (2000). *New perspectives on current sociolinguistic knowledge with regard to language use, proficiency, and attitudes among Hispanics in the United States: The case of a rural northern California community*. Lewiston, NY: Edwin Mellen Press.

Roca, A. (1991). Language maintenance and language shift in the Cuban American community of Miami: The 1990s and beyond. En D. F. Marshall (ed.), *Language planning: Focusschrift in honor of Joshua A. Fishman on the occasion of his 65th birthday* (pp. 245-257). Philadelphia: John Benjamins.

Roca, A. (ed.). (2000). *Research on Spanish in the United States: Linguistic issues and challenges*. Somerville, MA: Cascadilla Press.

Roca, A., y. Lipski, J. M. (eds.). (1993). *Spanish in the United States: Linguistic contact and diversity*. Berlin: Mouton

Silva-Corvalán, C. (1994). *Language contact and change: Spanish in Los Angeles*. Oxford: Clarendon.

Silva-Corvalán, C. (1997). El español hablado en Los Ángeles: Aspectos sociolingüísticos. En C. Colombi y F. Alarcón (eds.), Spanish *in the United States: Linguistic contact and diversity* (pp. 140-155). Berlin: Mouton.

Silva-Corvalán, C. (2001). *Sociolingüística y pragmática del español*. Washington, DC: Georgetown University Press.

Solé, C. A. (1979). Selección idiomática entre la nueva generación de cubano-americanos. *Bilingual Review/Revista Bilingüe*, 6, 1-10.

Solé, C. A. (1980). Language usage patterns among a young generation of cuban-americans. En E. L. Blansitt, Jr., y R. V. Teschner (eds.), *Festschrift for Jacob Ornstein* (pp. 274-281). Rowley, MA: Newbury House.

Solé, C. A. (1982). Language loyalty and language attitudes among Cuban-Americans. En J. Fishman y G. Keller (eds.), *Bilingual education for Hispanic students in the United States* (pp. 254-268). Nueva York: Teachers College Press.

Solé, Y. (1987). La difusión del español entre mexicano-americanos, puertorriqueños y cubano-americanos. En T. Morgan, J. Lee, y B. Van Patten (eds.), *Language and language use: Studies in Spanish dedicated to Joseph H. Matluck* (pp. 161-174). Lanham, MD: University Press of America.

Solé, Y. R. (1990). Bilingualism: Stable or transitional? The case of Spanish in the United States. *International Journal of the Sociology of Language*, 84, 35-80.

Toribio, J. (2000). Nosotros somos dominicanos: Language and self-definition among Dominicans. En A. Roca (ed.), *Research on Spanish in the United States: Linguistic issues and challenge* (pp.252-270). Somerville, MA: Cascadilla Press.

Torres, L. (1997). *Puerto Rican discourse: A sociolinguistic study of a New York suburb*. Mahwah, NJ: Lawrence Erlbaum.

Valdés, G. (1988). The language situation of Mexican Americans. En S. McKay y C. Wong (eds.), *Language diversity: Problem or resource? A social and educational perspective on language minorities in the United States* (pp. 111-139). Nueva York: Newbury House.

Veltman, C. (1983). *Language shift in the United States*. Berlin: Mouton.

Veltman, C. (1988). *The future of the Spanish language in the United States*. Nueva York: Hispanic Policy Development Project.

Veltman, C. (2000). The American linguistic mosaic: Understanding language shift in the United States. En S. McKay y C. Wong (eds.), *New immigrants in the United States: Readings for second language education* (pp. 58-93). Cambridge: Cambridge University Press.

Vigil, N. A., Bills, G., Bernal-Enríquez, I., y. Ulibarrí, R. (1996). El atlas lingüístico de Nuevo México y el sur de Colorado. En Arjona Iglesias, *et al.* (eds.), *Actas del X Congreso Internacional de la Asociación de Lingüística y Filología de la América Latina*. México: Universidad Nacional Autónoma de México.

Villa, D. (2000). Languages have armies, and economies, too: The presence of U.S. Spanish in the Spanish-speaking world. *Southwest Journal of Linguistics*, 19, 143-154.

Villa, D., y Villa, J. (1998). Identity labels and self-reported language use: Implications for Spanish language programs. *Foreign Language Annals*, 31, 505-516.

Wherritt, I., y González, N. (1989). Spanish language maintenance in a small Iowa community. *International Journal of the Sociology of Language*, 79, 29-39.

Zentella, A. C. (1990a). El impacto de la realidad socio-económica en las comunidades hispanohablantes de los Estados Unidos: Reto a la teoría y metodología lingüística. En J. Bergen (ed.), *Spanish in the United States: Sociolinguistic issues* (pp. 152-156). Washington, DC: Georgetown University Press.

Zentella, A. C. (1990b). Lexical leveling in four New York City Spanish dialects: Linguistic and social factors. *Hispania*, 73, 1094-1105.

Zentella, A. C. (1990c). Returned migration, language, and identity: Puerto Rican bilinguals in dos worlds/two mundos. *International Journal of the Sociology of Language*, 84, 81-100.

Zentella. A. C. (2000). Puerto Ricans in the US: Confronting the linguistic repercussions of colonialism. En S. L. McKay y S. C. Wong (ed.) *New immigrants in the United States: Background for second language educators* (pp. 137-164). Cambridge: Cambridge University Press.

Zentella, A. C. (1997a). *Growing up bilingual: Puerto Rican children in New York*. Oxford: Blackwell.

Zentella, A. C. (1997b). Spanish in New York. En J. Fishman, y O. García (eds.), *The multilingual apple: Languages in New York City* (pp. 167-220). Berlín: Mouton de Gruyter.

Zentella, A. C. (2000). Puerto Ricans in the United States: Confronting the linguistic repercussions of colonialism. En S. McKay, y C. Wong (eds.), *New immigrants in the United States: Readings for second language education* (pp. 137-164). Cambridge: Cambridge University Press.

Convivencia de español e inglés en Puerto Rico:
Mitos y realidades

Amparo Morales
Universidad de Puerto Rico

Abstract

Puerto Rico is an island in the Hispanic Caribbean and its dialect shows the features of the Caribbean Spanish; but also Puerto Rico has two official languages, Spanish and English, since 1902 by its political ties to the United States. English is a required foreign language through the school system. Increasingly some Puerto Ricans have learned English by having lived in the United States and many of them have now English as first language. Many of this people returns to the Island and that produces a circular migration between the United States and the Island. Also the official bilingualism produces some another circumstances that increases the presence of the English language in Puerto Rico's formal scenarios. This situation produces some kind of interferences in the Puerto Rican Spanish. There is simply no way to trivialize its potential of growth.

Introducción

Se ha dicho en otras ocasiones que más de la mitad de los cerca de cuatrocientos millones que hablan español en el mundo hoy está en contacto intenso con otras lenguas; pero Puerto Rico, es, tal vez, el único país en el mundo que mantiene una situación de convivencia lingüística no motivada por razones naturales comunicativas de plurilingüismo[1]. En Puerto Rico hay unidad étnica y comunicativa, es un país con sólo una lengua materna, el español, que comparte oficialidad con el inglés[2]. Este bilingüismo oficial está vigente en la Isla desde 1902 hasta nuestros días, salvo un corto período de abril de 1991 a enero de 1993 cuya única lengua oficial fue el español. Recientemente el Senado quiso reiniciar un proceso legislativo en esa dirección, pero no tuvo éxito[3].

Según Kaplan y Baldauf (1997) la categoría de lengua oficial proviene de la política, está dictada por el gobierno. Es el estado particular de privilegio que recibe un

---

[1] Puerto Rico es una isla del Caribe que pertenece a las Antillas españolas. A ellas se desplazaron a partir de 1493 importantes núcleos demográficos peninsulares y canarios que, junto al contingente africano que llegó posteriormente, pasaron a ser los principales creadores de la población actual de estas islas. Los taínos, pertenecientes a la familia arawaca, que fueron los indígenas que recibieron a Colón, desaparecieron pronto, pero dejaron parte de su vocabulario.

[2] Los trabajos realizados sobre la oficialidad del inglés en la Isla tienen ya una relativa larga historia, entre los más recientes se encuentran: Negrón de Montilla 1990; Delgado Cintron 1994; López Yustos 1997 y APLE 1998.

[3] La senadora, Hon. Margarita Ostolaza Bey, sometió a la consideración del Senado el *Informe final sobre el idioma en Puerto Rico* el 9 de agosto de 2001 con la intención de iniciar otra vez el proceso de restituir el español como única lengua oficial. El informe fue aprobado.

idioma en sociedades constituidas por hablantes de diferentes lenguas[4]. De ese modo, algunos países solucionan los problemas de rivalidades lingüísticas. Así, por ejemplo, Camerún, India, África del Sur, Filipinas, etc. tienen, o han tenido en un pasado próximo, el inglés como lengua oficial junto a sus propias lenguas vernáculas, para solucionar sus conflictos lingüísticos[5]. Como sabemos, la oficialidad se otorga para asegurar que determinada modalidad lingüística sea aceptada por la población. Se le da protección educativa, y se establecen medidas para que los documentos oficiales estén disponibles en esa lengua y puedan ser entendidos por todos los ciudadanos. En Puerto Rico la oficialidad del inglés obedece a su condición política: ser un Estado Libre Asociado a otro país, Estados Unidos, cuya lengua materna es el inglés[6]. Esta situación viene acompañada de otras circunstancias: por ejemplo, compartir ciudadanía con estos hablantes del inglés y gozar de los mismos beneficios sociales que ellos tienen, entre otras[7]. Como consecuencia de todo esto, Puerto Rico tiene a sus naturales divididos en cuanto a su lugar de residencia: Puerto Rico y Estados Unidos. En ese sentido, es tal vez el único país en el mundo en poseer un porcentaje tan alto, casi la mitad de los que se nombran naturales, concentrado en otra nación. Así se ve en la Gráfica 1 y la Tabla 1 que recogen los datos del Censo de 2000.

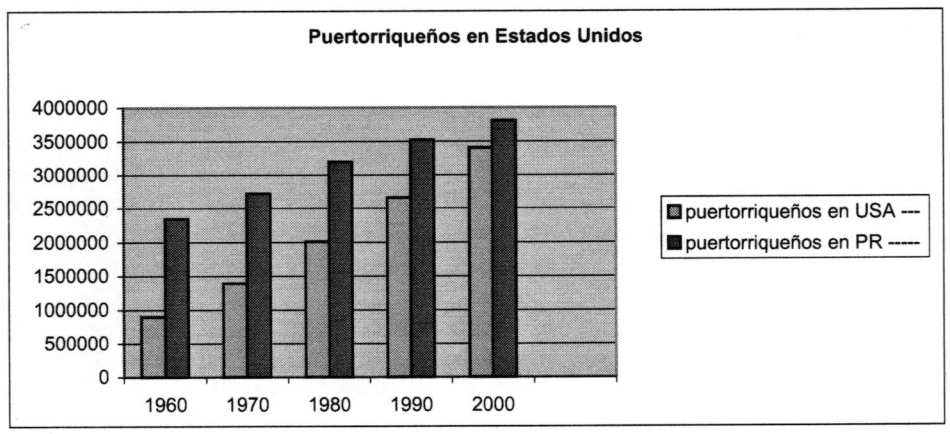

---

[4] Esa oficialidad puede recaer en una (o más) lenguas vernáculas o en una lengua extranjera.

[5] La situación en el mundo es la siguiente: Camerún, con inglés y francés oficiales y veinticuatro lenguas africanas habladas por la mayoría; India, con inglés e hindi como lenguas oficiales, otras reconocidas por la constitución (bengali, gujarati, tamil, urdu, etc.) y, además, muchas lenguas vernáculas habladas; Filipinas, con filipino e inglés oficiales y otras muchas lenguas habladas (ilocano, cebuano, etc.) y, como ellas, Guinea Ecuatorial, Kenia, Malta, Namibia, Ruanda, Tanzania y Uganda.

[6] El bilingüismo oficial se impuso en la Isla por la Ley de Idiomas Oficiales de 1902, unos años después de que Puerto Rico fuera cedido por España a los Estados Unidos por el Tratado de París de 1898. En 1947 se le concedió el derecho a elegir su propio gobernador y en 1952 se constituyó el Estado Libre Asociado. Esta situación es definida , por algunos políticos del país, como "territorio no incorporado" a los Estados Unidos.

[7] Los puertorriqueños comparten con los estadounidenses ciudadanía, aranceles y moneda; están sujetos a las leyes aprobadas por el Congreso, pero no pagan impuestos federales ni tienen derecho al voto en EE.UU.

	1960	1970	1980	1990	2000
Puertorriqueños en US	892,513	1,391,463	2,013,945	2,651,815	3.406,179
Puertorriqueños en PR	2,349,544	2,712,033	3,196,520	3,522,037	3,808,610
Total puertorriqueños	3,242,057	4,103,496	5,210,465	6,173,852	7,214,789

Gráfica 1 y Tabla 1. Puertorriqueños en la Isla y en Estados Unidos.

Las cantidades no pueden ser más significativas, el desplazamiento de los puertorriqueños a Estados Unidos ha aumentado considerablemente[8]. Esta gran proporción de puertorriqueños en el Continente agranda el espacio de interacción humana entre ambos países Su interacción en el país podría ofrecer pronto cifras más significativas, dado que el aumento poblacional de la Isla se mantiene moderado (de hecho, el ritmo de crecimiento ha bajado en esta última década, respecto a las anteriores). Las oportunidades de interacción lingüística son muchas, especialmente, porque esta población está sujeta a un ir y venir constante entre la Isla y los Estados Unidos. Aunque los números son un tanto escurridizos, dado que hay poca información oficial segura, los más generales señalan que, anualmente, regresan a la Isla 35.000 puertorriqueños (Underhill 1981). En la Tabla 2 se ofrecen los datos de la migración desde 1991 a 2000 (Junta de Planificación, Programa de Planificación Económica y Social, Gobierno de Puerto Rico 2003). La información se obtiene de encuestas oficiales del Gobierno de Puerto Rico hechas en el aeropuerto:

Años fiscales	Hacia EE.UU. Número	Desde EE.UU. Número	Diferencias Puert. que se quedan
1991	60.425	20.869	39.556
1992	60.387	29.340	31.047
1993	66.050	36.094	29.956
1994	52.748	19.446	33.302
1995	53.164	18.177	34.987
1996	43.968	12.518	31.450
1997	58.123	16.173	41.950
1998	65.123	19.611	45.512
1999	73.071	14.043	59.028
2000	57.471	21.329	36.142

Tabla 2. Emigrantes e inmigrantes en la década de 1991 a 2000.

---

[8] Esto a pesar de que el porcentaje de puertorriqueños en Estados Unidos puede llevar a engaño, porque ha descendido en el Censo de 2000. Los datos que teníamos del Censo de 1990 eran que los puertorriqueños representaban el 12%; en 2000 han bajado al 9%. Indudablemente estos cambios obedecen a la mayor cantidad de mexicanos y otros hispanos que han llegado en los últimos años a los Estados Unidos, pero la cantidad bruta, como vemos, es mayor.

Además, hay que considerar la información que obtuvo Hispania en 1992. Ésta indicaba que el 48,6% de los puertorriqueños de la Isla había vivido en Estados Unidos y un 33,2% de ellos, lo había hecho por más de 11 años (Hispania 1992: Tablas 58 y 59)[9].

En este trabajo ofrecemos los datos que tenemos disponibles para sustanciar la naturaleza de estos aspectos de la oficialidad lingüística, prodecentes de documentación gubernamental y la educación. Añadiremos asimismo algunos comentarios lingüísticos sobre las manifestaciones de esa convivencia idiomática. Todos ellos son temas con los hemos estado trabajando últimamente. Sin embargo, antes de pasar a los puntos específicos conviene hacer un perfil esquemático del nivel de bilingüismo de PR.

Contamos con pocas investigaciones, sólo con aproximaciones que miden, por medio de encuestas, las opiniones de los hablantes sobre su propio conocimiento y uso del inglés. Las muestras son aún de poca representatividad cuantitativa. Dentro de este panorama, el Ateneo de Puerto Rico es la entidad que ha auspiciado los trabajos de campo de mayor envergadura (Hispania 1992). Sus resultados se han comentado en diferentes trabajos[10]. Aquí, recogemos únicamente el dato más básico (Hispania 1992: Tablas 28 A, B y C), que unimos a los obtenidos por nosotros en una investigación de cuestionario[11] y los datos del Censo de 1990 (Tabla 3). Los datos del Censo de 2000 son bastante confusos. Las preguntas no favorecen la obtención de datos seguros; según éstas, el 71,8% de los puertorriqueños de la Isla habla inglés "menos que muy bien" (Tabla DP-2-PR, Profile of Selected Social Characteristics, 2000).

	Hablan inglés con fluidez	Hablan inglés con dificultad	Escriben inglés	Leen inglés	Entienden inglés
Censo 1990	23,21%	23,66%			
Hispania 1992	25,1%				
Morales 2001	28,1%		22,3%	30,8%	30,3%

Tabla 3. Conocimiento del inglés por los puertorriqueños.

Como se ve, los porcentajes son muy similares en las distintas fuentes. Podemos deducir de ellos que una cuarta parte de la población puertorriqueña habla inglés, aunque,

---

[9] Nos referimos a la investigación realizada por Hispania Research Corporation (1992), auspiciada por el Ateneo de Puerto Rico, que contó con la colaboración de prestigiosas figuras del campo de la lingüística, como el Dr. Kenji Hakuta. Se basó en una muestra aleatoria constituida por 1.000 personas de toda la Isla.

[10] En Morales (1999a), se ofrecen datos sobre todo ello. Una interpretación reciente de los datos de Hispania aparece en Torres González (2002).

[11] En el Censo del año 1990, últimos datos disponibles respecto a conocimiento lingüístico, un 23,66% de los entrevistados dijo que manejaba el inglés con fluidez, un porcentaje similar lo hablaba con alguna dificultad. En la investigación de Hispania (1992: Tabla 23B) un 25,7% consideraba que su inglés era excelente o muy bueno. En nuestro caso, los datos proceden de la investigación sobre convivencia de inglés y español en las agencias del Gobierno. Los cuestionarios recogían información general del manejo lingüístico en la oficina. Hacienda prefirió que enviáramos a cada empleado un cuestionario particular. Los datos que presentamos en la Tabla 2 son los recogidos en los 400 cuestionarios servibles que nos devolvió esta agencia.

desde luego, lo hará con distinto nivel de fluidez. Estos datos coinciden en gran parte con los ofrecidos por Fayer (2000). La autora distingue entre un conocimiento de inglés "excelente" y "bueno". Si se unen ambas categorías los resultados en las cuatro destrezas serían un tanto superiores a los que aparecen en la Tabla 3[12]. A nuestro entender, los hallazgos más importantes de la investigación de Fayer, así como los de Hispania 1992, fueron haber podido establecer fuerte correlación entre las habilidades en inglés y los niveles socioeconómicos. Los hablantes que pertenecen a los más altos tienen más conocimiento de la lengua inglesa.

Gobierno y educación

Respecto al manejo del inglés en el Gobierno, tenemos que partir de que, en general, las leyes del país lo protegen, puesto que estipulan que se puede utilizar indistintamente español o inglés en los documentos producidos en las distintas dependencias[13]. Aquí, ofrecemos los datos que recogimos en una investigación de cuestionario, en el verano de 2001. Estos datos nos permiten trazar un perfil preliminar sobre el uso del inglés en las entidades oficiales[14]. Este perfil, sin duda, tendería un poco más a favor del inglés si en el período de llevar a cabo la investigación hubiera ocupado el poder una administración estadista[15].

Las preguntas estaban orientadas a identificar la lengua utilizada en los diferentes documentos hechos en la oficina, el número de empleados bilingües, los requisitos de empleo y la lengua en que se efecuaban las reuniones internas.También queríamos conocer la periodicidad de los seminarios o talleres realizados en Estados Unidos y quiénes los recibían. Los primeros datos aparecen en la Tabla 4, con el porcentaje aproximado que seleccionaba el informante en el cuestionario, en este caso la persona que conocía el funcionamiento de la oficina.

---

[12] Fayer (2000) recoge los resultados de tres estudios de alcance limitado, con muestras de 285 cuestionarios devueltos, en el primero; 292, en el segundo; y 160, en el tercero. Los datos del tercer estudio son los siguientes: lectura, .26 , excelente y .43, buena; comprensión, .26, excelente y .38, buena; y escritura, .19, excelente y .34, buena. En general, el tercer estudio ofrece datos un tanto más favorables para el inglés que los anteriores.

[13] En cuanto a la ley de los Idiomas Oficiales de 1902, ésta estipulaba que todos los departamentos del gobierno, las cortes y las oficinas públicas tenían que tener el inglés como idioma co-oficial con el español, con traductores de una a otra lengua. Esta ley no aplicaba a las oficinas o cortes municipales ni a la policía.

[14] Como nos queríamos acercar al manejo de inglés y español en las esferas oficiales, los cuestionarios se enviaron a una muestra de cincuenta entidades públicas de las que aparecían en la página de Internet del Gobierno de Puerto Rico bajo Agencias y Departamentos Gubernamentales. Obtuvimos respuesta de treinta y cinco de ellas.

[15] Debido a que se ha establecido en el país una asociación clara entre partidos políticos y defensa más o menos enérgica del español, el hecho de ser estadolibrista el partido actual en el poder, nos lleva a pensar que estamos en el período de defensa del español y, con ello, de menor probabilidad de auspiciar el inglés. Las entidades gubernamentales podían, por eso mismo, estar menos dispuestas a decir que usan inglés.

	10%	11% a 50%
Cartas	24 (68,57%)	5 (14,28%)
Contratos	22 (62,85%)	8 (22,85%)
Licencias	19 (54,28%)	3 (8,57%)
Propaganda	19 (54,28%)	4 (11,42%)
Prop. y auditorías	22 (62,85%)	13 (37,14%

Tabla 4. Porcentaje de documentos escritos en inglés.

La mayoría de las oficinas del Gobierno (68,57% de las agencias que contestaron) escribe la documentación interna –licencias, cartas circulares, notificaciones, directrices de la oficina y manuales– en español, ya que sólo un 10% de las veces o menos tienen una relación más estrecha con EE.UU. Un grupo más pequeño, 14,28% de ellas, produce una proporción más alta en inglés (del 11% al 50% de las veces)[16]. El uso más acusado del inglés se produce en los contratos, los expedientes y los registros (contratos, en la Tabla 3), y, especialmente, las propuestas, las auditorías, los estudios (prop. y auditorias) (del 11% al 50% de las veces), un 37,14% de las agencias. El mayor uso del inglés en estas categorías se justifica si consideramos que los primeros (los contratos) se hacen siguiendo el formato, o vienen directamente, de Estados Unidos y los segundos (propuestas, auditorías y estudios) aportan información que, generalmente, es revisada en Estados Unidos. El que estos documentos estén escritos en inglés o español depende, muchas veces, de la entidad que audite a la agencia; generalmente se trata de firmas privadas o gubernamentales de Estados Unidos. Las entidades con mayor porcentaje de uso del inglés son el Banco Gubernamental de Fomento y las oficinas de Fomento Económico, Exención Contributiva, Acueductos, Energía Eléctrica y Turismo[17].

Esta situación general de tener algunos documentos oficiales en inglés, unido a que muchas empresas privadas mantienen lazos operacionales muy estrechos con Estados Unidos, fue la que provocó un sinnúmero de exenciones lingüísticas cuando se aprobó la ley del español como única lengua oficial en abril de 1991[18].

En cuanto a la cantidad de empleados bilingües, la Tabla 5 ofrece los datos obtenidos. Como se esperaba, los empleados de más alta jerarquía son los bilingües.

---

[16] En cuanto a los documentos escritos, en cada categoría de ellos había tres posibles grados de uso: a. hasta un 10% de ese tipo de documentos se escribe en inglés, b. de 11% a 50% y c. más de 50%. Esta misma distribución porcentual se mantenía en las otras categorías del cuestionario.

[17] Energía Eléctrica escribe en inglés del 11% al 50% de sus cartas circulares, notificaciones y manuales; de sus contratos, expedientes y registros; y de sus propuestas, auditorías y estudios.Turismo imprime en inglés más del 50% de sus materiales de promoción y del 11% al 50%, de sus licencias, franquicias y certificaciones; y de sus propuestas, auditorias y estudios.

[18] El 28 de octubre de 1991, el periódico El Nuevo Día señalaba que 37 agencias, corporaciones públicas e instrumentalidades del Gobierno habían solicitado permiso idiomático para poder llevar a cabo con éxito sus gestiones operacionales. A su vez, ese mismo día la Cámara de Comercio se quejaba de que el 63% de sus miembros había tenido problemas en sus transacciones con corporaciones públicas por cuestiones del idioma.

Empleados bilingües	gerenciales (más del 50%)	técnicos (más del 50%)
	18 (51,42%)	10 (28,66%)

Tabla 5. Porcentaje de empleados bilingües.

En más de la mitad de las dependencias estudiadas, eran bilingües más del 50% de los administradores en posiciones de alta jerarquía. Energía Eléctrica y Turismo ofrecieron, también, los porcentajes más significativos en este renglón: las cantidades eran superiores y cubrían una gama más amplia de empleos[19]. El que hubiera un número significativo de técnicos bilingües respondía a que muchos de ellos se habían educado en Estados Unidos, incluso habían trabajado allí previamente, según los comentarios que se incluían en las respuestas. Estos datos de conocimiento del inglés, según la jerarquía profesional, coinciden con los obtenidos en las investigaciones previas (Hispania 1992; Fayer 2000). En cuanto a requisitos de bilingüismo, un 46% de las oficinas entrevistadas señaló que se requería que el futuro empleado supiera inglés. Se exigía, específicamente, en determinados puestos (ejecutivos, gerenciales y técnicos)[20]. A su vez, los seminarios y talleres en Estados Unidos eran prácticas muy generalizadas y la mayoría de las oficinas los tenían. Algunas agencias señalaron que esas prácticas se dan varias veces al año, aunque no para todos los empleados[21].

Estos datos muestran el perfil general de manejo del inglés. Éste se podría representar por un continuo que oscila entre dos ejes: por un lado, el puesto ocupado por el empleado, con uso más frecuente de inglés en los cargos de mayor jerarquía y, por otro, el tipo de documento, desde los más cotidianos, casuales y generales a los más especializados, siendo estos últimos los que hacen mayor uso del inglés (*propuestas, informes y estudios*). No debe extrañarnos estos resultados que reflejan con bastante fidelidad a quienes están dirigidos los escritos[22].

---

[19] Las cifras son: un 65% de los empleados gerenciales eran bilingües; el 70% de los técnicos; el 65% de los administrativos; y el 40% del resto, en Energía Eléctrica; y un 100, 75, 75 y 70%, respectivamente, en Turismo. Las reuniones de oficina en inglés no eran demasiado frecuentes. Algo más de la mitad de oficinas, sólo las tenían en inglés menos de un 10% de las veces, un grupo pequeño lo hacía más a menudo (14,28%).

[20] Otras circunstancias favorecen al inglés; así, el 68,57% de los que respondieron dijeron que habían recibido entrenamiento en Estados Unidos. Respecto a llevar en inglés las reuniones de trabajo, un 54,28% contestó que lo hacía hasta el 10% de las veces; un 14,28% lo hacía del 11% al 50% de las veces. Desde luego hay que considerar que se trata de todos los empleados. El requisito de bilingüismo para los altos puestos administrativos no parece ser categórico a la luz de los datos que indican que no todos lo son.

[21] Algunas agencias señalaron que en ocasiones los técnicos estadounidenses venían a dar los talleres en Puerto Rico. Se daban, igualmente, en inglés.

[22] El deseo de privilegiar el inglés, sobre todo en los momentos en que el partido estadista está en el poder, puede llevar al gobernador de turno a dictar órdenes ejecutivas que, en circunstancias específicas, lo favorezcan aún más. Por ejemplo, el Dr. Pedro Roselló, gobernador del cuatrienio anterior, dictó una orden ejecutiva en abril de 2000 para establecer que las reuniones con compañías multinacionales, nacionales o afiliadas, convocadas para atender procedimientos administrativos, debían hacerse en inglés. Por ello, cabe señalar, que en estos momentos nos encontramos en una época de apoyo al español.

Además de este sector laboral, determinadas profesiones se ven afectadas directamente por el bilingüismo oficial. Se trata, por ejemplo, de que los exámenes de reválida de algunas profesiones vienen directamente de Estados Unidos o se hacen en inglés en Puerto Rico (por ejemplo, los de arquitectos, ingenieros y contables; los médicos los tienen en ambas lenguas)[23]. Estas circunstancias ocasionaron que la ley que eliminaba el inglés como idioma oficial, vigente de abril de 1991 a febrero de 1993, produjera, además de la necesidad de exenciones a favor del inglés, reacciones en contra por parte de determinados grupos profesionales. Los ingenieros y contadores públicos, por ejemplo, se quejaron de que al eliminar los exámenes en inglés se les cerraban las oportunidades de empleo en los Estados Unidos[24]. No hay que olvidar que en Puerto Rico consiguen empleados varias dependencias oficiales del Gobierno de los Estados Unidos. Cada año llegan a las distintas universidades de la Isla agencias gubernamentales estadounidenses que dan seminarios sobre las ofertas de trabajo para los graduados de las distintas universidades del país[25].

Estas circunstancias se completan con los siguientes hechos:

(a) Los documentos periódicos que deben producir algunas instituciones educativas y entidades privadas, para mantener la acreditación y para recibir fondos federales se tienen que redactar en inglés, dado que gran parte de los fondos con que éstas operan provienen del gobierno federal y a él se deben preparar las propuestas y rendir los informes[26].

(b) Muchas instituciones privadas tienen también que preparar sus informes en inglés para cumplir con leyes federales particulares, debido a que parte de su labor conlleva transacciones comerciales o bancarias directas con Estados Unidos. Como sabemos, las relaciones comerciales con otros países están muy limitadas en Puerto Rico[27].

(c) Los materiales impresos en inglés que esta situación genera son abundantes, y entre ellos figuran formularios, documentos legales, modelos de informes,

---

[23] El informe del Senado añade otras profesiones. Como caso curioso, los especialistas médicos suelen grabar la descripción sobre el progreso del paciente en cada una de las visitas que realiza, esa grabación se hace en inglés. Según nos dijeron, los términos y descripciones médicas sólo las conocen en inglés.

[24] En un artículo del *San Juan Star*, agosto de 1991, la Asociación de Contadores Públicos Autorizados protestó por no poder tomar el examen de reválida en inglés. Según afirmaba su presidente, eso era un privilegio que no estaba dispuesto a perder (Delgado Cintrón 1994: p. 465).

[25] Sirvan de ejemplo las actividades universitarias realizadas recientemente. En la Universidad del Sagrado Corazón tuvo lugar en mayo de 2001 la "Puerto Rico Career Services Conference and Career Fair", dirigida a los coordinadores y orientadores universitarios de todo Puerto Rico. En esa reunión de dos días, varias agencias estadounidenses –Health Care Finance Administration, Department of Agriculture, Department of Labor, Department of Health and Human Services, Internal Revenue Service y Department of Commerce– ofrecieron amplia información sobre las oportunidades laborales para los estudiantes puertorriqueños.

[26] Por ejemplo, Marcos Rodríguez Ema, cuando era Presidente del Banco Gubernamental de Fomento, señalaba que en las emisiones de bonos y pagarés era imprescindible producir los documentos en inglés porque tenían que mantener la confianza del mercado inversionista estadounidense a quien iba dirigida la mayoría de sus transacciones (Delgado Cintrón 1994: 514).

[27] Los programas de relaciones extranjeras y de defensa corren a cargo de Estados Unidos únicamente. Puerto Rico no puede establecer directamente relaciones comerciales con un país extranjero.

pólizas de seguros, programas, transferencias de fondos, emisiones de bonos, etc. También se producen libros de texto, recetas e informes médicos, etiquetas de envases, descripciones en frascos y rótulos, etc[28].

Dadas las circunstancias de esta migración circular, la situación ha necesitado atención especial en Puerto Rico y los Estados Unidos. Aquí existen varios programas en los que, junto al Departamento de Educación, laboran ciertas universidades privadas con el propósito de facilitar el desempeño educativo de estos alumnos trasplantados. Son programas tanto de ayuda para los hijos de los que viven en las bases militares, como para los estudiantes migratorios[29]. En la Tabla 6 se recogen los datos sobre los estudiantes transferidos hacia y desde Estados Unidos, según los informes del Departamento de Educación.

Niveles escolares	Transf. a EE. UU.	Transf. a Puerto Rico
1997-1998 (Total)	11.348	6.608
1998-1999 (Total)	11.998	5.666
1999-2000 (Total)	10.719	5.739

Tabla 6. Número de estudiantes transferidos (1997-2000).

El porcentaje repetido en los últimos años alcanza el 12% del estudiantado general. Estos estudiantes y sus familiares adultos, partícipes de la migración circular, forman un conjunto bilingüe del cual tenemos datos muy imprecisos, porque no todas las escuelas reportan la información correspondiente. En cuanto a la escuela privada, los estudiantes matriculados en escuelas bilingües o escuelas en que toda la educación es en inglés sumaban en el Censo de Escuelas Privadas del año 1989-1990 —el más reciente que logramos obtener— 57.931 estudiantes de un total de 145 184 (40%).

A estos grupos habría que añadir los militares, ya que aproximadamente 2.500 puertorriqueños ingresan al Ejército de los Estados Unidos cada año. Estos soldados se trasladan a las bases militares norteamericanas (U.S. Army Recruiting Command, Market Research), y otros muchos de la Guardia Nacional tienen entrenamientos continuos en Estados Unidos. Todas estas características enmarcan un cuadro de contacto lingüístico casi único dentro de la variedad y complejidad que de por sí tienen las comunidades

---

[28] Por otro lado, los membretes del papel oficial del gobierno aparecen en inglés de tiempo en tiempo; el Consejo de Educación Superior redacta en inglés comunicaciones y boletines; la Universidad de Puerto Rico tiene los catálogos de cursos en inglés y en español; las páginas de Internet del Gobierno y de la Universidad de Puerto Rico están en inglés y en español; muchos de los anuncios de las dependencias del Gobierno están en inglés, etc. No hay que olvidar que, frecuentemente, las universidades del país, públicas y privadas, tienen que dar cuenta a Estados Unidos de los fondos recibidos. Según los datos del CES (Consejo de Educación Superior), el 82% de los universitarios del país recibe algún tipo de ayuda económica federal. Sólo el programa de becas Pell aporta 380 millones de dólares (*El Nuevo Día*, marzo 2001).

[29] Este Programa se complementa con el de *Sistema de transferencia de expedientes educativos y de salud* (desde su base en Little Rock, Arkansas), que registra, mantiene y transfiere la información educativa y médica de los niños hijos de emigrantes.

bilingües. A primera vista, el grueso de la población es monolingüe o con dominio limitado del inglés y, junto a ella, existen otros espacios con hablantes que comparten ambas lenguas, cuyos grupos van en aumento. Se constituye así en Puerto Rico un bilingüismo de sociedad en el que la oficialidad del inglés y todas las circunstancias sociales que la rodean crean espacios de convivencia lingüística que, por lo pronto, no conviene menospreciar. Aun con la escasez actual de datos fiables, los dos grupos parecen estar creciendo según la información del Censo. Esta particular situación de convivencia de ambas lenguas ha recibido distintas interpretaciones en la taxonomía clasificatoria de Moag (1982). Para unos lingüistas, el inglés es segunda lengua en PR (Kachru 1990), para otros estudiosos, es lengua extranjera (Cates 1991). La clasificación de Blau y Dayton (1997), pioneras en su trabajo sobre Puerto Rico, le adjudican una categoría mixta: extranjera, en unos usos, y segunda, en otros[30]. No es fácil establecer el perfil lingüístico de la Isla. A diferencia de otras comunidades en las que los estratos socioeconómicos se distinguen por el diferente nivel de bilingüismo, bilingües las clases altas y monolingües las bajas (Haití, por ejemplo), en Puerto Rico los grupos bilingües conviven en algunos sectores de la sociedad. Así sucede en el espacio compartido por los ciudadanos educados en escuelas privadas del país, cuya enseñanza es en inglés (realizada generalmente cuando poseen dominio completo del español) y que siguen su educación en universidades de Estados Unidos (con una representatividad aproximada del 12% de la población estudiantil del país, con más de 600.000 alumnos); y por los participantes de programas bilingües de las escuelas públicas, hijos de emigrantes que salieron de la Isla para conseguir mejores oportunidades económicas y cuyos hijos adquieren el español como segunda lengua.

Esta situación lingüística tiene un efecto en los medios de comunicación. Los acercamientos hechos por Blau y Dayton (1997: 139) encontraron que, aunque eran pocos los puertorriqueños que leían la prensa en inglés (un 1,6% lee el *San Juan Star*, único periódico en inglés de tirada diaria), también eran pocos los que la leían en español (sólo el 20% de la población lee los periódicos). Fue en las revistas donde se recogió mayor cantidad de títulos y lectores de inglés. En las localidades revisadas por Blau y

---

[30] Entre estos grupos extremos por su historial de adquisición lingüística, y cuya representatividad numérica sólo podemos precisar parcialmente, el grueso de la población puertorriqueña está en el centro, constituyendo su propio continuo bilingüe. Estas circunstancias permitieron a las autoras establecer la categorización. Aunque son acercamientos que futuras investigaciones podrán mejorar o, incluso, de los que se podrá diferir, nos ayudan a recapacitar sobre algunos de los aspectos que matizan la convivencia lingüística del país: primero, si los grupos que hablan inglés ejercen, como en otros países, influencia dominante sobre la sociedad. Las autoras parecen contestar que sí, dado que las clases más prominentes, las que dirigen el país, son bilingües en su mayoría. Además de esta circunstancia, el inglés está más cercano a la categoría de segunda lengua (ESL) por la protección que recibe del gobierno, por los estrechos lazos que éste mantiene con Estados Unidos e, incluso, por los datos de uso y prestigio del inglés. Aunque no creemos, como las autoras postulan, que esté totalmente compartimentado en los dominios más altos de la sociedad. Por otro lado, los puertorriqueños de la Isla, no practican el *code-switching* al inglés, por lo menos no es práctica frecuente, como lo es para los que viven en Estados Unidos. No aprenden una variedad informal de esta lengua, sino que se estudia la modalidad escolar universitaria. Es decir, no se da la adquisición natural comunicativa, la que se desarrolla en la interacción conversacional con los pares. Ésta requeriría una comunicación cotidiana en inglés que no surge en Puerto Rico. Estos rasgos lo acercan a la categoría de inglés como lengua extranjera. Sobre estos puntos puede haber desacuerdo (Schweers y Vélez 1999).

Dayton, Mayagüez y Ponce, el 72 y el 80%, respectivamente, de las revistas estaban escritas en inglés. Datos que coinciden con los de Fayer (2000). En cuanto a los medios activos, el panorama es un tanto diferente, pues películas, programas de televisión y vídeos en inglés apuntan a un incremento en los porcentajes. El 45% de los que contestaron los cuestionarios veía películas diariamente en inglés (53% televisión y 24% vídeos) (Fayer 2000: 98). Hay que tener en cuenta que, en Puerto Rico, las películas en español pertenecen a la categoría de cine extranjero o experimental.

Adquisición de la segunda lengua

Uno de los requisitos de la oficialidad de una lengua es, como señalábamos, la protección educativa de la lengua oficial no dominante. En esta exposición no nos vamos a detener en la historia del proceso educativo del país, que cuenta ya con varios trabajos de importancia, entre ellos, el de la Academia Puertorriqueña de la Lengua (1998) Esta protección se comprobó en las escuelas públicas del país que tuvieron el inglés como medio de enseñanza hasta aproximadamente 1949, cuando el gobierno norteamericano permitió que pasara a ser segunda lengua después de continuas presiones de los educadores del país. Recientemente, en abril de 1997 el proyecto del "Ciudadano bilingüe" quiso establecer nuevamente el inglés como vehículo de enseñanza en algunas escuelas del sistema público[31]; el proyecto murió en sus comienzos. A lo largo de los años se ha demostrado que pese a la atención dedicada al inglés, con diversos grados de presión, dependiendo de la autoridad del momento, éste no ha alcanzado el nivel de dominio esperado[32]. Los estudios realizados sobre resultados de pruebas de aprovechamiento en el Departamento de Educación y del College Board muestran las deficiencias que aún acompañan la enseñanza del inglés. Los comentarios sobre ello abundan por parte de lingüistas y educadores del país (Krasinski 1999; Matos 1988; Morales 1999a, 1999b, 2001a; Ortiz López 2000; Pousada 1996, 1999; Schweers 1995; Torres González 2002; Vélez 1999). Entre las explicaciones que se han dado al fracaso, nosotros quisiéramos insistir en dos: primera, la falsa creencia de que se puede conseguir

---

[31] En abril de 1997 se presentó el *Proyecto para formar un ciudadano bilingüe*. El plan consistía en reforzar la enseñanza del inglés en los primeros grados, "cuando el niño aprende más", según reza en el proyecto. Se anticipa la lectura en inglés para que el niño sepa leer en inglés al final del tercer grado. La enseñanza de las ciencias y las matemáticas se hace en inglés desde el quinto grado. Este proyecto tuvo su razón de ser por la alarma que produjo en 1996 entre los estadistas del país la posición del representante estadounidense, Gerald Salomon, presidente de la Comisión de Reglas de la Cámara, que exigía que en el proyecto que estudiaba la posible anexión de la Isla hubiera una cláusula que obligara a que el inglés fuera la lengua oficial y la lengua de enseñanza en las escuela públicas de Puerto Rico.

[32] El fracaso del bilingüismo se ha podido comprobar no sólo por la escasez de hablantes bilingües, sino por los estudios realizados en el país. Los exámenes de diagnóstico realizados por el Departamento de Inglés siempre han ofrecido resultados preocupantes, y generalmente los estudiantes están bajo promedio. Los resultados de 1981 y 1985 cobraron especial atención porque aparecieron recogidos en un número especial de la revista *Cuadernos* dedicado a la discusión del Informe de los ex-Secretarios de Instrucción. Los datos no podían ser más alarmantes (Matos 1988: 32). Según el Departamento de Inglés de la Universidad de Puerto Rico, un tercio de los estudiantes del Recinto de Río Piedras se gradúa anualmente con dominio muy limitado de inglés (Krasinski 1999).

fácilmente fluidez en una segunda lengua cuando el entorno que rodea a los aprendices no lo propicia y éstos además, no tienen hablantes próximos de esa lengua, es decir, no tienen la experiencia necesaria para el "empujón"del que hablan los expertos[33]; y, segunda, creer que el Departamento de Educación, que es el que debe llevar a cabo la empresa, cuenta con los recursos necesarios para realizarla.

Respecto a la primera, conviene tener en cuenta que, aunque se insiste en que el bilingüismo es la norma más que la excepción en las sociedades del mundo actual, mantenerlo, cuando las circunstancias naturales no lo promueven, no deja de ser una empresa difícil[34]. No es lo mismo aprender una segunda lengua en las circunstancias más favorables para ello, cuando maestros y padres se involucran en la enseñanza y ésta se ve enriquecida con sus actitudes y recursos, que hacerlo en ambientes menos favorecidos. Eso se ha demostrado en los Estados Unidos con el fracaso de la educación bilingüe; el modelo transicional ha sido abolido en los estados que ofrecían programas bilingües y se enfrentan ahora al modelo de inmersión con pocas esperanzas de éxito (García 2003). Distinto es el caso de las escuelas que cuentan con esos recursos como sucede en algunas escuelas bilingües de Canadá o, en las tan solicitadas hoy, la J.F. Oyster Bilingual Elementary School en Washington, o la Key Bilingual School en Arlington, y algunas otras escuelas de doble inmersión, que se han esmerado en sistematizar la enseñanza y desarrollar metodologías actualizadas y efectivas[35].

La adquisición de una segunda lengua no se ve ya como el proceso rápido y natural que muchos especialistas postulaban; por el contrario, según Baker (1995) y otros muchos estudiosos, su dominio requiere siete años o más de estudio sistemático. Nuestros estudiantes tienen no más de cuatro horas de inglés a la semana y muchas de ellas en español. Además, se ha comprobado que los factores socioeconómicos tienen la última palabra en la adquisición de la lengua segunda[36]. En la bibliografía sobre el tema sale a relucir, una y otra vez, que los resultados en la adquisición de la lengua se ven condicionados fuertemente por el nivel sociocultural de los aprendices. Hakuta, en un simposio sobre bilingüismo en verano de 2000, mostraba los resultados obtenidos en investigaciones de gran escala de adquisición lingüística en los Estados Unidos. Las gráficas mostraban que frente a todas las variables posibles –edad de inicio, nivel de

---

[33] La disponibilidad de hablantes de la lengua que se quiere aprender es otro de los factores esenciales en la adquisición. Se ha comprobado que los aprendices los necesitan para la progresiva autocorrección de su competencia. La carencia de ese "empujón" dificulta el aprendizaje (Swain 1985; Romaine 1995).

[34] El mantenimiento del bilingüismo involucra costos adicionales tanto para el individuo, como para el gobierno que lo emprende. Se necesita mucho esfuerzo mental y económico para estimular el conocimiento y uso de una lengua que no es la general del país, de ahí que en esta empresa el fracaso sea más frecuente que el éxito. Aun en el caso de Canadá, uno de los modelos de educación bilingüe de más éxito, el francés de las comunidades anglófonas no pasa del nivel básico para muchos estudiantes (Swain 1985).

[35] Se ha reportado ya en muchas ocasiones que los factores socioeconómicos son muy importantes para la empresa educativa. Una y otra vez sale a relucir que la adquisición de la segunda lengua varía según las actitudes, edades y niveles mentales de los estudiantes; pero, por encima de esas variaciones.

[36] La situación actual de la escuela, a pesar de que no ha habido ningún pronunciamiento en ese sentido, es la que existía antes del proyecto bilingüe, que, de hecho, no llegó a aplicarse más que en un grupo muy limitado de escuelas. Así, la situación se mantiene en que el español es el medio de instrucción y asignatura en todos los grados y el inglés es asignatura desde el primer grado.

inteligencia, actitudes, zonas geográficas, etc.–, la socioeconómica dominaba el perfil (Hakuta 2000). El gran dilema que mantiene hoy ocupados a los lingüistas y pedagogos de Estados Unidos es cómo superar ese bache. El hecho es que en circunstancias ambientales poco favorables, es decir, cuando ni la familia ni el contexto inmediato propician el aprendizaje, la escuela representa el único instrumento propicio, y por desgracia no siempre dispone de los recursos necesarios. Hoy más que nunca se insiste en que hay que prestigiar al magisterio y profesionalizarlo.

La escuela pública en Puerto Rico, a la que acude un 75% de los estudiantes del país a aprender inglés entre otras materias, aún no cuenta con los recursos de que hablamos. Una de las fallas más importantes es la falta de maestros de inglés[37]. Esa necesidad aún se mantiene y eso hace que, a pesar de los esfuerzos actuales, el incidentalismo sea una práctica recurrente[38]. Los datos del College Board en su análisis de los últimos quince años de las pruebas pre-universitarias en español e inglés y las evaluaciones de los resultados de esas pruebas ofrecen un cuadro muy desalentador (Magriñá 2000; Morales 1999b, 2001a). Todo ello aun cuando los estudios de opinión hechos hasta ahora indican que una mayoría de jóvenes hubiera deseado que le enseñaran más inglés en la escuela.

Esto demuestra que no es cierta la aseveración de algunos intelectuales que insisten en que cuando se pone reparos a la enseñanza en inglés en la escuela pública, se les está dando a los poderosos, que pueden enviar a sus hijos a escuelas que los harán bilingües, lo que se les quiere negar a los menos favorecidos económicamente. Señalan que a éstos se les condena al monolingüismo. Las circunstancias de la escuela pública muestran su equivocación. Pero, desde luego, un hecho hay que tener en cuenta, y es que desde 1949, cuando se eliminó la enseñanza en inglés, hasta el presente no ha habido mayor conocimiento y dominio del español. El inglés no constituye por lo tanto el único afectado, ya que la lengua materna presenta un cuadro similar. Tenemos que hacer nuestra la opinión de Zentella cuando asegura que "los jóvenes puertorriqueños de ambas partes del océano están atrapados en sistemas que les han fallado" (1990: 95). Las opiniones de los especialistas en adquisición y desarrollo del lenguaje (Bialystok 1991; Bialystok y Cummins 1991; Ellis 1995, por citar algunos de los más conocidos) coinciden al señalar que para que la experiencia lingüística sea efectiva para seguir un plan de estudios universitario, se necesita hoy más que antes dedicación, profesionalismo y recursos[39]. Esto tanto en la lengua materna como en la segunda. En este sentido, recuerdo las últimas palabras de los doctores Hakuta y Tucker en el coloquio sobre

---

[37] En 1997, el secretario de Educación, Sr.Víctor Fajardo, se lamentaba de que muchos maestros que enseñaban inglés en la escuela pública no estaban certificados para ello. Según sus cálculos, éstos sumaban 1.400 maestros (*El Nuevo Día*, noviembre 1997).

[38] Además de ello la escuela pública tiene otros males, que se extienden a algunas privadas, también. Por ejemplo, la investigación de Torruella (1990) sacó a relucir la falta de rigor y disciplina que permeaba las clases de inglés en la escuela privada.

[39] El conocimiento de la lengua materna es un apoyo fundamental en la enseñanza de una segunda lengua. Si el conocimiento lingüístico de la primera lengua ha alcanzado un nivel óptimo de desarrollo, el aprendizaje de una lengua extranjera es mucho más fácil y seguro. Así lo postulan Bialystok (1991) y Cummins (1991), entre otros.

bilingüismo mencionado antes, cuando se les informó que un porcentaje representativo de puertorriqueños favorecía la doble oficialidad lingüística. Su consejo fue "más recursos a la escuela y adiestramiento a los maestros"[40].

Descripción lingüística

Pasamos ahora a la descripción de los efectos hipotéticos o reales que la situación de contacto tiene en el español de Puerto Rico. El bilingüismo abre un abanico amplio de niveles de conocimiento y manejo de lenguas, cuyas manifestaciones lingüísticas son asimismo muy diversas. En nuestro caso en que, como señalábamos, existen dos focos de dominio de inglés muy distanciados en sus condiciones sociales y en la historia de la adquisición de la lengua, las realizaciones pueden abarcar fenómenos de interferencia muy distantes. Por lo pronto, estas manifestaciones responderán a las dos categorías básicas que hoy maneja la teoría de lenguas en contacto: el préstamo y el cambio inducido por contacto (Thomason y Kaufman 1988). Todo ello como parte de una problemática general que intenta identificar las reglas que se transfieren de un sistema a otro, de las que derivan principios universales de criollización o pidgización lingüística. Desde luego, sabemos que no se necesita bilingüismo completo para que los procesos de cambio tengan lugar; otros factores pueden provocarlos (Mougeon y Beniack 1991).

Dentro de la complejidad que encierra la identificación de la interferencia en el nivel sintáctico, en el español de Puerto Rico hemos podido comprobar que, en muchos de sus cambios, intervienen las tendencias innovadoras internas del sistema. El contacto con el inglés las refuerza. No nos detenemos aquí, en esa taxonomía de la interferencia que hemos atendido en otras ocasiones (Morales 1986; 2000). Repetimos, simplemente, lo que hemos dicho en ellas: que la innovación dialectal y la influencia lingüística, como se ha demostrado en otras comunidades y situaciones por otros autores (Los Ángeles, Silva-Corvalán 1994), van muchas veces de la mano. Baste recordar lo difícil que les resultó y las matizaciones que se tuvieron que presentar Mougeon y Beniak para distinguir entre ambas en el contacto francés e inglés[41]. Como señala Silva-Corvalán, los cambios constatados en el español por situaciones de lenguas en contacto han pasado por el filtro de las posibilidades estructurales del español (Silva-Corvalán 2003: 25).

El léxico presenta un cuadro más claro en sus manifestaciones. Es la primera impresión que se recibe del discurso del interlocutor y la información que permite evaluar con más objetividad la modalidad anglicada o castiza de una comunidad. Ofrece también

---

[40] Las estrategias de enseñanza han recibido mucha atención en los últimos años. El aprendizaje formal, menospreciado un tanto en años anteriores por la práctica de teorías innatistas y comunicativas, ha dado paso a una enseñanza en la que los aspectos formales se ven fortalecidos, a la vez que enriquecidos con los aportes de las nuevas perspectivas. Desde luego, hoy más que nunca, se hace hincapié en la necesidad de una buena preparación de los maestros, programas adecuados y suficientes materiales.

[41] Efectivamente en la distinción que hacen los autores entre simplificación, convergencia (*covert interference*) e interferencia (*overt interference*) respecto a las preposiciones *à, sur, chez* y *à la maison*, tienen que tener en cuenta con mucho cuidado los factores lingüísticos y sociolingüísticos para llegar a conclusiones válidas.

la muestra más segura de la habilidad de los sistemas lingüísticos para incorporarse a los cambios que exige el progreso. Las investigaciones en Puerto Rico desde hace unos años nos permiten apreciar las particularidades que distinguen nuestro léxico del de los otros dialectos hispanos. Es bien sabido que las lenguas sufren procesos periódicos de intelectualización que las van haciendo instrumentos adecuados para los adelantos industriales y científicos. La sociedad se transforma, la ciencia y la técnica llenan de realidades nuevas el mundo; y los idiomas para mantener su condición de internacionales deben estar a la par y ser vehículos eficaces de intercambio. En ocasiones esas innovaciones cogen los nombres prestados. Weinreich (1974), en su clásico estudio de 1953, ya señalaba que las interferencias léxicas obedecían en su mayoría a la necesidad de nombrar novedades culturales o adelantos técnicos para los cuales la lengua recipiente carecía de términos. Como se sabe, el préstamo léxico es uno de los recursos más característicos y extendidos en esos ajustes paulatinos que hacen las lenguas para absorver las nuevas realidades. En ellos intervienen los usuarios que, a la larga, son los que deciden la dirección que seguirá el proceso. Y no cabe duda de que ellos harán las elecciones de acuerdo con la riqueza que haya alcanzado su propio lexicón. Son los instrumentos que guían los propios sistemas en esos ajustes de intelectualización.

En Morales (2001b) se perfilaba la caracterización particular de nuestro léxico comparando las listas de anglicismos existentes en el país, según fueron ponderadas por los informantes puertorriqueños, con las producidas en otras partes del mundo hispánico. Un porcentaje representativo de anglicismos puertorriqueños con índice de dispersión alto, no se encontraba en éstas y, además, los índices de alternancia de uso con la voz patrimonial mostraban que, en más ocasiones de las esperadas, no se conocían las palabras castizas o, como indicaron algunos informantes, no estaban seguros de si con ellas iban a ser entendidos. Ya en otra investigación sobre el mismo tema, López Morales (1999) había identificado más casos de anglicismos en la norma culta de San Juan que en las de otros países hispánicos. Los recogidos en los medios de comunicación del país han producido inventarios nutridos (Montalvo 2001). Estos datos parecen indicar que el español de Puerto Rico cubre con anglicismos, más que otros dialectos hispanos, las deficiencias que puedan aducirse al español en terminología técnica y especializada e, incluso añade otros más sin justificación alguna, sustituyendo en este caso términos patrimoniales. A las palabras en inglés, se unen además los términos hispánicos con significados desplazados. Es decir, se utilizan con relativa frecuencia *gate, printer, dash, beeper, clerk,* etc., a la vez que se le cambia el significado a otras palabras como *soportar, realizar, capturar, endosar*, etc., y tantos otros desvíos semánticos que acompañan nuestro discurso (Vaquero 1990). Los análisis se han extendido a los calcos o combinaciones de palabras que siguen el modelo inglés, no nos podemos detener en ellas en esta ocasión.

En Puerto Rico se dan unas circunstancias educativas, socioeconómicas y políticas especiales que producen los resultados de contacto lingüístico reseñados. Como Thomason (1999) nos recuerda, aunque el proceso del préstamo o interferencia pueda ser ordinario, es decir, caracterizar o estar caracterizando a otras muchas modalidades lingüísticas, los resultados, a la luz de las circunstancias que lo favorecen aquí, son significativos. El que la parcela más afectada por la influencia lingüística sea, como vemos, la léxica más especializada y técnica, no debe extrañarnos, pues es lo que ocurre también en otras lenguas. A ella se une la que recoge la conceptuación comercial, administrativa y política. La lista de diccionarios de anglicismos se multiplica en todos los idiomas. No es gratuito, Estados Unidos nos ofrece hoy a todos sus adelantos técnicos, sus categorizaciones y sus ideologías.

Conclusiones

Para concluir, no nos queda sino plantear que no todos los casos de oficialidad lingüística están recogidos en los textos especializados. A partir de nuestra situación de bilingüismo oficial, no motivada por los fines tradicionales de favorecer la comunicación interna de gobernante a gobernados, habrá que establecer que la asociación política con otro país también la genera, y en ese caso no hace sino practicar lo que nos dicen Kaplan y Baldauf (1997) cuando insisten en que "las lenguas reciben estatus oficial por razones políticas, no por su uso, viabilidad o practicabilidad" (p. 17). Este artículo ha intentado describir, con los datos disponibles, las circunstancias de este bilingüismo oficial, y se ha visto que esa relación externa extiende sus redes más allá de los escritorios oficiales.

Ha quedado claro que, frente a una población que a simple vista se ha visto poco afectada, el español ha tenido que ceder algunos espacios de sus dominios más formales. Ello ha traído innovaciones de tipo léxico y fraseológico, que ahora acompañan a las formas hispánicas más tradicionales y a las típicas caribeñas, ya innovadoras de por sí, y le dan al español de Puerto Rico su peculiar modalidad expresiva. Esto sucede sobre todo en el discurso administrativo. Respecto a ello sólo podemos decir simplemente que nos movemos a un ritmo de cambio un tanto más rápido del que ha habido en nuestra lengua.

Con todo, el español de Puerto Rico tiene asegurado su prestigio, en especial por sus escritores, el discurso creativo puertorriqueño mantiene toda su riqueza expresiva caribeña y tradicional. La identidad puertorriqueña en general no parece menoscabada por el bilingüismo oficial. Defiende el español como su lengua materna, basa en él su identidad nacional y mantiene lealtad lingüística a ultranza. Así ha quedado demostrado en sucesivas investigaciones de opinión; pero eso no impide que los cambios sociales, demográficos y económicos que están sucediendo en el mundo y las expectativas de participación activa en él, hagan ver el bilingüismo a muchos puertorriqueños como agente facilitador del desarrollo económico y necesidad ineludible de nuestro tiempo. Nosotros diríamos que, hoy más que antes, y así sale a relucir en las encuestas de opinión, los puertorriqueños esperan que sus hijos reciban del Estado la educación de calidad que les permita competir con éxito en el mundo actual de la especialización. En él, el dominio de la lengua materna, acompañado en la medida de lo posible del dominio de la segunda, será la primera puerta que tendrá que abrir en su futuro laboral.

Bibliografía

Academia Puertorriqueña de la Lengua Española (1998). *La enseñanza del español y del inglés en Puerto Rico. Una polémica de cien años.* San Juan: APLE.

Baker, C. (1995). *Foundations of bilingual education and bilingualism.* Clevedon: Multilingual Matters. [Trad. 1997. Madrid: Cátedra].

Bialystok, E. (1991). Metalinguistic dimensions of bilingual language proficiency. En E. Bialystok (ed.), *Language processing in bilingual children* (pp. 113-40). Cambridge: Cambridge University Press.

Bialystok, E., y Cummins, J. (1991). Language, cognition, and education of bilingual children. En E. Bialystok (ed.), *Language processing in bilingual children* (pp. 222-32). Cambridge: Cambridge Univ. Press.

Blau, E., y Dayton, E. (1997). Puerto Rico as an English-using society. En R. Hammond y M. MacDonald (eds.), *Linguistic studies in honor of Bohdan Saciuk* (pp. 137-162), West Lafayette, IN: Learning Systems.

Cates, J. (1991). Ethnography and the teaching to English to speakers of other languages. *Puerto Rico Tesol-gram,* XVIII, 2, 3-16.

Cummins, J. (1991). Interdependence of first- and second-language proficiency in bilingual children. En E. Bialystok (ed.), *Language processing in bilingual children* (pp. 70-89). Cambridge: Cambridge University Press.

Delgado Cintrón, C. (1994). *El debate legislativo sobre las leyes del idioma en Puerto Rico.* San Juan: Editorial de la Revista del Colegio de Abogados.

Departamento de Instrucción Pública. (1985). *Programa de Educación Bilingüe. Guía de español.* Hato Rey, PR: DIP.

Ellis, R. (1995). *The study of second language acquisition.* (3.ª ed.). Oxford: Oxford University Press.

Fayer, J. M. (2000). Functions of English in Puerto Rico. En C. Ramírez, y R. Torres (eds.), *Languages of former colonial power and former colonies: The Case of Puerto Rico, IJSL* (pp. 89-102), Berlin: Mouton de Gruyter.

García, O. (2003). La enseñanza del español a los latinos de los Estados Unidos: Contra el viento del olvido y la marea del inglés. En A. Morales (Coord.). *El español en Estados Unidos y Puerto Rico. Ínsula* (pp. 9-13). Madrid: Espasa Calpe.

García Martínez, A. (1985). Las fuentes jurídicas en la reconstrucción de la historia lingüística de Puerto Rico a partir de 1898. *Revista de Historia de Puerto Rico,* 1, 121-35.

Gobierno de Puerto Rico. 2003. Programa de Planificación Económica y Social. San Juan, Puerto Rico: Junta de Planificación.

González, A. (1982). English in Philippines. En J. Pride (ed.), *New Englishes* (pp.211-248). Rowley MA: Newbury House Publishers.

Hakuta, K. (2000). Bilingüismo y educación. Conferencia presentada al Congreso de Bilingüismo, Universidad de Puerto Rico.

Hakuta, K., y Snow, C. (2000). The role of research in policy decisions about bilingual education. *NABE Newsletter,* 2000.

Hispania Research Corporation (1992). *Estudio sobre el idioma.* San Juan: Ateneo de Puerto Rico.

Kaplan, R., y. Baldauf, R. B. (1997). *Language planning from practice to theory.* Clevedon: Multilingual Matters Ltd.

Kachru, B. B. (1990). *The alchemy of English.* Chicago: University of Illinois Press.

Krasinski, E. (1999). Towards an integrated English Competency Program at the University of Puerto Rico, Río Piedras Campus. *Milenio*, 3, 205-212.

López Morales, H. (1986). *Léxico del habla culta de San Juan de Puerto Rico*. San Juan: APLE.

López Morales, H. (1987). Anglicismos léxicos en el habla culta de San Juan de Puerto Rico. Lingüística Española Actual, 9 (2), 285-303.

López Morales, H. (1999). Anglicismos en el léxico de Puerto Rico. En L. A.Ortiz López (ed.), *El Caribe hispánico: perspectivas lingüísticas actuales* (pp.147-170). Frankfurt am Main/Madrid: Vervuert / Iberoamericana.

López Yustos, A. (1997). *Historia documental de la educación en Puerto Rico*. San Juan: Publicaciones Puertorriqueñas.

Magriñá, A. (2000). *Tendencias en los resultados en las pruebas de evaluación y admisión universitaria del College Board*. Ponencia presentada en el simposio sobre la crisis de la enseñanza del español en Puerto Rico, Universidad del Turabo, Puerto Rico.

Matos, M. M. (1988). El informe de los ex-secretarios de Instrucción Pública sobre "La enseñanza del inglés y del español en las escuelas públicas", su trasfondo histórico-político y la realidad educativa que intenta resolver. *Cuadernos del Idioma*, 1, 25-40.

Moag, R. (1982). English as a foreign, native, and basal language: A new taxonomy of English-using societies. En J. Pride (ed.), *New Englishes* (pp.11-50). Rowley, MA: Newbury House.

Montalvo, M. (2001). Caracterización del léxico de los noticiarios de la televisión puertorriqueña. Tesis de doctorado, Universidad de Puerto Rico.

Morales, A. (1986). *Gramáticas en contacto. Análisis sintácticos sobre el español de Puerto Rico*. Madrid: Playor.

Morales, A. (1998). Acerca de la enseñanza bilingüe: Español e inglés en la escuela puertorriqueña. *REALE*, 9-10, 107-123.

Morales, A. (1999a). Bilingüismo y planificación lingüística en Puerto Rico. En J. Matluck, y C. Solé (eds.), *Simposio Internacional de la lengua española: Pasado, presente y futuro* (pp.73-96). Austin, TX: The University of Texas.

Morales, A. (1999b). Adquisición y aprendizaje de la lengua materna: Algunas precisiones. REALE, 12, 45-58.

Morales, A. (2000). ¿Simplificación o interferencia? Acerca de algunos hechos sintácticos del español de Puerto Rico. En C. M. Ramírez, y R. Torres González (eds.), *Language of former colonial powers and former colonies, IJSL* (pp. 35-60). Berlin: Mouton de Gruyter.

Morales, A. (2001a). *Estudio sobre la relación entre las pruebas de aprovechamiento de español y las de razonamiento verbal*. San Juan: College Board.

Morales, A. (2001b). *Anglicismos puertorriqueños*. San Juan: Plaza Mayor.

Morales, A. y Vaquero, M. (2000). Estudios sobre el español de Puerto Rico. *Revista de Estudios Hispánicos*, 2 (1), 403-468.

Morris, N. (1996). Language and identity in twentieth century Puerto Rico. *Journal of multilingual and multicultural development*, 17 (1), 17-32.

Mougeon, R. y Beniak, E. (1991). *Linguistic consequences of language contact and* restriction. The case of French in Ontario, Canada. New York: Oxford University Press.

Negrón de Montilla, A. (1990). *La americanización en Puerto Rico y el sistema de instrucción pública 1900-1930*. San juan: Ediorial de la Universidad de Puerto Rico.

Ortiz López, Luis A. (2000). "Proyecto para formar un ciudadano bilingüe": política lingüística y el español de Puerto Rico. En A. Roca (ed.), *Research on Spanish in the United Sates. Linguistic Issues and Challenges* (pp. 390-405). Somerville: Cascadilla.

Pousada, A. (1996). Puerto Rico: On the horns of a language planning dilemma. *TESOL Quarterly, 30*(3), 499-510.

Pousada, A. (1999). The singulary story of the English language in Puerto Rico. *Milenio,* 3, 33-60.

Resnick, M. C. (1993). ESL and language planning in Puerto Rico. *TESOL Quarterly*, 27, 259-73.

Romaine, S. (1995). *Bilingualism*. Oxford: Blackwell.

Schweers, C. W. (1995). Planning for language education in Puerto Rico: The dilemma of bilingualism. *Language Quarterly*, 33, 3-4, 205-23.

Schweers, C. W. y Vélez, J. (1999). To be or not to be bilingual in Puerto Rico: That is the issue. *Milenio*, 3, 23-32.

Silva-Corvalán, C. (1994). *Language contact and change. Spanish in Los Angeles*. Oxford: Oxford University Press.

Silva-Corvalán, C. (2003). El español en Los Ángeles: Aspectos morfosintácticos. En A. Morales (ed.) *El español en Estados Unidos y Puerto Rico. Ínsula* (pp. 19-25). Madrid: Espasa Calpe.

Swain, M. (1985). Communicative competence: Some roles of comprehensible input and comprehensible output in its development. En S. Gass y C. Madden (eds.), *Input in Second language acquisition*. Rowley, MA: Newbury House.

Swain, M. (1988). Manipulating and complementing content teaching to maximize second language learning. *TESOL Canada Journal*, 6, 68-83.

Thomason, S. G. (1999). On predicting calques and other contact effects. *Bilingualism: Language and Cognition*, 2 (2), 94-95.

Thomason, S. G., y Kaufman, T.(1988). *Language contact, creolization, and genetic linguistics*. Berkeley: University of California Press.

Torres González, R. (2002). *Idioma, bilingüismo y nacionalidad*. Río Piedras: Editorial de la Universidad de Puerto Rico.

Torruellas, R. (1990). Learning English in three private school in Puerto Rico: Issues of class, identity and ideology. Tesis doctoral, New York University.

Underhill, C. (20 septiembre de 1981). Impact of the returned migrant. *San Juan Star Magazine*, pp. 1-5, 15.

United States Bureau of the Census (1993). *US Census of population*. Washington: U S Department od Commerce.

United States Bureau of the Census (2001). *The Hispanic Population. Census 2000 brief*. Washington: U.S. Department of Commerce.

US Census Bureau. 2001. Profile of Selected Social Characteristics, Census 2000. Washington: US. Department of Commerce.

Vaquero, M. (1990). Anglicismos en la prensa: Una cala en el lenguaje periodístico de San Juan. *Lingüística Española Actual*, 12 (2), 275-288.

Vaquero, M. (1993). Política y lengua: El español en Puerto Rico. *BAPLE*, 2, 345-72.

Vaquero, M. (2003). Hablas juveniles de Puerto Rico: ¿Interferencias por contacto o cambios sistemáticos?. En A. Morales (Coord.), *El español en Estados Unidos y Puerto Rico. Ínsula* (pp. 33-37). Madrid: Espasa Calpe.

Vélez, J. (1999). Toward a language policy that adresses Puerto Rican reality. *Milenio*, 3, 74-83.

Vélez, J. y Schweers, W. (1993). A U.S. colony at a linguistic crossroads: The decision to make Spanish the official language of Puerto Rico. *Language problems and Language Planning*, 17 (2), 117-139.

Weinreich, U. (1974). *Languages in contact*. The Hague: Mouton.

Zentella, A. C. (1990). Returned migration, language, and identity: Puerto Rican bilinguals in dos worlds/two mundos. *International Journal of Sociology of Language*, 84, 81-100.

Español del Caribe en los Estados Unidos

Theorizing U.S. Dominicans' speech acts[*]

Almeida Jacqueline Toribio
Pennsylvania State University

Abstract

This work contributes to an area that has emerged as a dynamic field of sociolinguistic study – language and its role in the negotiation of ethnic/racial identity. Research efforts scrutinizing the US Dominican experience in particular present a portrait of speakers who draw on the Spanish language in the enactment of identity, as (re)constituting cultural communities, resisting (phenotype-)racial categorization, and indexing intra-group membership. The present paper examines speech samples collected from US Dominicans for whom the external ascription of black vs. white phenotype highly determines individual levels of minority language usage and in is in some cases implicated in ensuing language preservation or decline.

Language, linguistics, and the ambit of Dominican Studies

Historian and cultural critic Silvio Torres-Saillant relates the scholarly study of matters Dominican to the emergence in the 1960s of the larger sphere of ethnic studies (Torres-Saillant 2000). Yet it wasn't until the 1970s, he notes, as waves of Dominican immigrants washed over cities along the eastern seaboard, that social science scholars increasingly turned their attention to examining the causes of migration among Dominicans, their demographic characteristics, their migratory patterns, their mode of incorporation into U.S. society, and their impact on home and host countries, among others (cfr., the literature referenced in Aponte 1999 for pertinent findings). The continued growth of the Dominican population in numerical and socio-political prominence through the 1980s fomented the climate for the founding and the foundational agenda of the Dominican Studies Institute, an interdisciplinary research unit under the auspices of the City University of New York. Owing to the efforts of the Institute as well as the independent ventures of an ever-increasing cadre of Dominican scholars in economics, sociology, political science, and history, the decade of the 1990s witnessed significant production and promotion of knowledge of the Dominican experience. And yet, there remained little known of the language situation of Dominicans in the diaspora (but cfr., Bailey 2000a, 2000b); this in marked contraposition to the vast body of linguistic literature that has profiled the language situations of other prominent Hispanic ethnic groups (cfr., Otheguy, García and Roca 2000; Valdés 2000; Zentella 2000 for thorough-going overviews on the

[*] A more complete analysis of the sociolinguistic situation of Dominicans has been elaborated in "Linguistic displays of identity among Dominicans in national and diasporic settlements," to appear in *English and Ethnicity*, C. Davies and J. Brutt-Griffler (eds.). Palgrave (publication date: 2005). I would also like to thank Nikolas Coupland for having shared the unpublished manuscript that greatly informs this work and John Rickford for his encouraging comments on the larger undertaking.

language situations of Cuban Americans, Mexican Americans, and Puerto Ricans, respectively)[1].

Unaddressed were important themes that occupy the discipline of sociolinguistics, themes surrounding language loyalties and ethnic boundedness, that engage closely with the core concerns that had largely delimited the remit of Dominican studies. Speaking pointedly to Dominican diasporic settlements in the U.S., questions such as the following loomed large:

- What is the role accorded to the immigrant language in identity formation and community building?
- Does bi/transnationalism favor the fortification of the immigrant language (and specific regional varieties), as it does other native cultural constructs and social investments?
- What social dimensions of the host society are implicated in language variability?

My recent and on-going research proceeds towards redressing such oversights in Dominican scholarship, through a broad examination of language use in the Dominican homeland and in the diaspora. The project takes as axiomatic that social significance underlies variability in language use (Milroy 1987) and seeks to unearth the "sociolinguistic ecology" (Coupland 2002) and the "economy of code choice" (Gal 1988) at play in Dominican communities. In this installment of the larger enterprise, I draw on the experiences of U.S. Dominicans in order to probe and theorize a sociolinguistic observation – namely, that individual and group ethnicity may be mediated via linguistic variability[2]. The approach draws on studies centered on social meanings of language, i.e., the expression of power/status/prestige and solidarity/intimacy (*cfr.*, e.g., Bell 1984; Coupland 2001; Fishman 1977, 1997; Giles and Powesland 1975, Gumperz 1972, 1982; Hymes 1974).

The paper is organized as follows. In section 2, Dominicans are shown to possess and control a repertoire of linguistic resources in the construction and display of multiple identities (*cfr.*, the "acts of identity" framework of Le Page and Tabouret-Keller 1985). In Section 3, it is argued that the specific socio-cultural context that frames discursive events may act as a countervailing constraint on the social meanings that are available to be constructed and inferred from linguistic "acts" (*cfr.*, Coupland 2001, 2002; Goffman 1974). Finally, in Section 4, Dominicans are observed to select and deploy languages and language varieties in anticipating and serving (often conflicting) social outcomes.

---

[1] I refrain from using the hyphenated term *Dominican-American*, as many self-identify as *Dominican*, irrespective of citizenship or place of birth. A different perspective is offered in Pita and Utakis (2002), who distinguish a hyphenated identity, associated with a past in one country and a present and future in another, from a bi/transnational identity, which spans two countries.

[2] We adhere to Fishman (1997: 329), in using the term "ethnicity" to denote group "belongingness," i.e., the identificational dimension of culture.

Acts of identity

The investigation of U.S. Dominicans reveals a high degree of native language loyalty and retention in the context of the dominant English language and in the proximity of other varieties of Spanish, from which the Dominican dialect differs markedly with respect to lexical, phonological, morphological, and syntactic forms (cfr., Toribio 2000a, 2002b)[3]. The question addressed in Toribio (2001) is why speakers do not abandon these stigmatized forms in favor of the higher prestige, more conservative pan-American Spanish norm, through leveling with other varieties of immigrant or U.S. Spanish, or in favor of the dominant English language, through language displacement. The answer lies in the unifying and separatist functions of language (cfr., Chambers 1995; Lippi-Green 1997).

Specific Dominican regional dialects provide for their speakers a link with their past and with their compatriots abroad, and therefore help to promote the group's feeling of unity and national identity:

(1)   A mí me gusta que tengan sus raíces. Uno se siente bien de que ellos se sepan perfectamente bien su idioma. No quiero que olviden sus raíces. (lower middle class; female; age 42).

As expected, the linguistic characteristics of Dominican communities in the U.S. coincide with those from the sending sites; as a consequence, the localities into which Dominican immigrants are received are linguistically familiar:

(2)   Aquí hay sitios que uno va en Nueva York y sabe de dónde son esa gente, de una parte de Santiago, de Jánico, de San José de las Matas. Desde que uno habla con unas de esas personas uno sabe que son de por ahí. (middle class; male; age 62)

Moreover, and perhaps more importantly, in marking group and national identity, Dominicans' Spanish language use serves a crucial separatist function. Dominicans "come from a society where to be partly White (which includes all Dominicans), is to be non-Black (Pessar 1996: 144)" [4,5]. This classificatory strategy conflicts with the

---

[3] These dialectal patterns, which are systematically corroborated, insinuate that Dominican Spanish is undergoing significant syntactic restructuring; as such, the dialect avails an exemplary source of facts appropriate to the study of language variation and change (cfr., Toribio 2000a). Still, their linguistic-theoretical import notwithstanding, these forms are readily identified and recognized as being of low prestige, as reflected both in speakers' linguistic insecurity and in the negative evaluations of others.

[4] Though Dominicans disclaim charges of racism, the correlation between privilege and race is evident, and recent incidents of violence between Dominicans and immigrant Haitians have forced many to reevaluate the issue. However, discussions of race remain a somewhat taboo topic among Dominicans (cfr., Cambeira 1997; Sorensen 1997). Throughout its history, the Dominican Republic has held an unofficial policy against negritude, and an official policy of affirmation of the island's Spanish roots – recall the foregoing discussion of Dominicans' privileging of Peninsular Spanish. The result has been a propagating of the sentiment that African heritage is negative and shameful, and an enforcing of Anglo supremacy, positions that Dominicans publicly uphold (cfr. Baud 1997).

contrasting conceptions of race in the U.S., where Dominicans quickly discover that it doesn't matter what they believe they are: objectively speaking, in the U.S., they are African descendants (cfr., Baud 1997; Moya Pons 1981)[6]. Logically, Dominicans strive to make themselves immediately (and favorably) distinct – and language affords one simple means of doing so (cfr., proposals based in Giles' ethnolinguistic identity theory)[7]:

(3)   a. Para los blancos[anglo-americanos] caemos al negro.... El blanco no distingue entre
           claros y el negro, sino todo lo conceptúa en el mismo marco....En el habla ya se sabe.
           Hay negros cubanos y hay de otros países. (lower middle class; male; age 60+)
           b. They're prejudging you. They look at you and they say, "You're Black." You tell
           them, or you start speaking Spanish, or they find out later on. ...It bothers me because
           Black people act different than us, they do different things than us. And people come up
           to you, "Oh you're Black," and I'm, "No, I'm Hispanic," and they treat you different.
           (lower middle class; male; age 13)

Alongside the strong affective factors that favor Spanish language maintenance, there exists a counteracting set of norms that attach significant importance to English, as much motivated by instrumental (e.g., economic and educational) factors as by a resistance to shouldering the blame for the "language problem" often attributed to Hispanics (cfr. Zentella 2000):

(4)   Si estamos en este país, tenemos que aprenderlo [el inglés]. (lower middle class; female;
           age 42)

Many Dominicans, especially children and young adults will seek to distance themselves from their native language, reserving the vernacular for the intimacy and safety of the community and home; such a functional distribution of languages has become a real option for escaping linguistic prejudice and for becoming assimilated into the English-dominant U.S. society (cfr. Toribio 2001, 2003). Of course, even through English, Dominican identity is revealed, inasmuch as a Spanish-language accent is linked to foreign origin:

---

[5] 90% of the almost eight million population on the island is mulatto. But, as Torres-Saillant affirms, the society continues to enact "aberrant Negrophobia" and "antiblack" attitudes that have been promoted by the media, school textbooks, and speeches of politicians from the beginning of colonialism. Moya Pons notes that during the end of the eighteenth century "Dominicans perceived themselves as a very special breed of tropicalized Spaniards with dark skin, but nevertheless culturally white Hispanic, and Catholic" (1996: 14).

[6] The dilemma arises "when Dominicans with African features or dark skin, regardless of their social sense of self, find themselves identified by many in the United States as Black and are discriminated against on that basis (rather language, for example), and are often not prepared to interpret discrimination on these grounds (Grasmuck and Pessar 1996: 290)."

[7] These facts invite exploration of the correlation that might obtain between Spanish language loyalty and levels of perceived discrimination and acculturation among Black versus White Dominicans in the New York diaspora (Toribio 2003).

(5)   I have an accent that is very deep. .. they [Anglo-Americans] see me, I'm not white, so
        what I am? I'm minority....[They know I'm not Black] when they hear me speak. (lower
        middle class; male; age 46)

But, more generally, the negative impact of a non-standardized accent may be considerable, and this linguistic prejudice may be acted upon (Lippi-Green 1997). Accordingly, Dominicans' posture towards English is often accompanied by a prescriptive tendency that esteems a standardized norm for the English language – that of the Anglo-American majority:

(6)   A mí me gusta oír los anglosajones. El anglosajón tiene buen acento y habla claro, claro.
        La pronunciación y el vocabulario también. (lower middle class; female; age 42)
        Dominicans privilege the Anglo-American accent, believing that their African
        appearance, especially when bolstered by African-American speech characteristics, will
        elicit unfavorable stereotyped reactions:
(7)   La consejera me preguntó, "¿Ella es afro-americana?" Le dieron un training para hablar,
        y mejoró bastante, y ya no la confunden [por afro-americana]. (lower middle class;
        female; age 42)

Through language variability, then, Dominicans are able to project "a network of identities" (Tabouret-Keller 1997) that is fashioned on the basis of the preferences and predispositions of the larger society (*cfr*. Bell's 1984 "audience design").

The framing of speech acts

The previous testimonials of the Dominican experience demonstrate that language is both an external behavior that allows for the identification of a speaker as a member of some group, and is also a means of identifying oneself, as included in or excluded from a particular grouping (Tabouret-Keller 1997). This linguistic variability – the fulfillment of communicative achievements in relation to social situations (Coupland 2001) – may be glossed within Le Page and Tabouret-Keller's (1985) "acts of identity" framework. In this approach, language is conceptualized as being imbued with social meanings, i.e., socio-cultural associations and implications (*cfr*. Gumperz 1972); speakers select from a repertoire of these socially indexical features for identificational and relational purposes: "[T]he individual creates for himself the patterns of his linguistic behaviour so as to resemble those of the group or groups with which from time to time he wishes to be identified, or so as to be unlike those from whom he wishes to be distinguished" (1972: 181).

However, the dictum that underlies the "acts" orientation merits a measure or probing, as the ensuing discussion will make evident. Le Page and Tabouret-Keller's viewpoint would accredit U.S. Dominicans with a degree of self-determination that their experiences belie. This criticism is made explicit in Coupland (2002), who states: [P]articular discursive frames posit specific affordances and constraints for interactants at specific moments of their involvement, foregrounding certain types of identity work that *can* [italics mine] be done at those moments, and either giving relevance to or denying relevance to certain categories of linguistic indexicals" (2002: 9-10).

Following Coupland, in "doing identity work" speakers position themselves (and hence, others) in relation to socio-cultural and -political community arrangements (what he terms the "sociolinguistic ecology" of the community[8]). Note, however, that Coupland's stance may itself be insufficiently restrictive, as the sociolinguistic framing of a speech event oftentimes dictates the types of identity work that *must* be done. A ready illustration is offered in (8), where the context of the U.S. society (and attendant racial ideologies) clearly commands a particular linguistic performance of Black members of the Dominican community:

(8)   People, like, ask me if you know English and Spanish… I say, like, "Yeah," and then, like, one of the Spanish kids come, and then, like, I have to talk Spanish… and then if they say, "Yes," that means I do know it, and if they say, "No," it means I don't speak Spanish. [They are testing me] because they can know me well.…They always find out [I'm not African-American] because they ask me weird questions, like, how old am I. I get very confused and I forget everything. (lower middle class; male; age 8)[9]

What is pertinent is not that the boy quoted in (8) possesses the linguistic resources to elide his Blackness, but that their deployment is compulsory and definitive. The issue of the agency that is or is not afforded to community members is further evinced in considering the differential roles scripted for Dominicans of fair appearance. Their assimilation into the mainstream society facilitated, phenotypically White Dominicans often become promoters of political discourse and perpetrators of social acts that echo those of the Anglo-American majority.

(9)   a. [Progress] depends on the individual. This [the U.S.] is where you can set your goals and accomplish whatever you want. (lower middle class; male; age 32)
        b. Sometimes African-Americans are, like, brown colored. And there are people in Dominican Republic who are brown colored. But some African-Americans don't talk Spanish. So, you could tell if that person talks a lot, a lot of Spanish, you can tell that they're not African-American…My friend looks like an African-American. But he says that his mom is from Dominican [Republic], and I was, like, "Give me some words in Spanish," and he was, like, "Hola." And he says some stuff and he looks like African-American, but then he showed me a picture from the Dominican [Republic] and I was, like, "Oh." (lower middle class; male; age 11)

It should not go unremarked that the boy quoted immediately above requires substantiation beyond minimal language samples in accepting his Black peer's self-attributed Dominican identity; his intransigence may owe to the fact that he himself would not fare well in such a trial: he reports to speaking little Spanish. For him, Dominican identity is not founded in language:

---

[8] What linguistic resources are made available by the sociolinguistic structure of a community, what socio-political value-systems do these resources enter into indexically, and that stakes are there to play for in relation to them.

[9] It is unquestionable that such moments of social insecurity heighten children's consciousness of what it means to be Black and Dominican in the U.S., and contribute in large measure to language loyalty.

(10) I don't like to talk Spanish....Even if I only know a little bit of words, I keep saying I'm still a Dominican Republican. ...A Dominican who doesn't speak Spanish is still Dominican. (lower middle class male; age 11)

The disparate mindsets represented by the two boys referenced here (8, 9b) demonstrate that the link between language and identity is variable (Fishman 1997): for the Black Dominican boy, language is an essential, if not *necessary* indicator of his ethnicity (indeed, in his experience, a Dominican who cannot "perform Hispanic ethnicity" through Spanish expression is African-American); for the White Dominican boy, language is marginal and optional.

The language(s) of ethnicity

The foregoing behaviors (and the theories in which they have been embedded) offer a characterization of language as both decisive and detachable; the motivation and outcome of language acts (vis-à-vis Dominican ethnic identity) depends on the social frame of the linguistic performance. Drawing on the indexicality of their languages, Dominicans can simultaneously confirm and oppose the identities foregrounded in the wider socio-cultural frame:

(11)   Context: Mara (age 70+) comments on social security benefits
       Mara: Yo tengo que practicar mis palabritas en ingles para cuando yo vaya a la oficina del seguro.
       Interv:Como cuando usted se hizo ciudadana! ¿Y qué usted les va decir?
       Mara: Yo les voy a decir, "I am American."
       Context: later that same day
       Mara: (To two Anglo-American passers-by) Buenos días.
       Interv:¡Ellos no hablan español!
       Mara: Yo les dije así para que no fueran a creer que yo soy de esa gente negra de aquí.
       Interv: (Referencing social security benefits previously discussed) Aquí se les paga igual a todos, blancos y negros también.
       Mara: Yo prefiero que no me paguen.

In articulating the multiple identity and goals that are variously dictated by societal convention and thought, the elder speaker in (11) validates traditional order; and yet, in resisting categorization, she contributes to the destabilization of social codes and to the construction of a new social category: neither socially "Black" nor "White," she is both at once. That is, her "language display" permits her claim to the attributes associated with each group (*cfr*. Eastman and Stein 1993).

Nevertheless, it would be disingenuous to suggest that this elder is attempting to pass as a member of different groups from one instant to the next (*cfr*. Coupland 2001)[10]. This matter constitutes the kernel of a second important criticism leveled by Coupland

---

[10] Coupland (2001) notes that this view is commonplace in analyses of sociolinguistic style shifting.

against Le Page and Tabouret-Keller's "acts" proposal, namely, "how the acts of identity perspective interprets "resembling," when "resembling and passing as" is a radically different process of social identification from "resembling without passing" (2002: 24). Indeed, for the elder Dominican represented here, there is no ownership of '"Americanness" (and all that the term implies, e.g., patriotic and therefore English-speaking) or of "Whiteness."

In addition, the extract in (11) patently undermines the opportunism inherent in the "acts" paradigm, already signalled. For while this exchange may be interpreted as reflecting the speaker's agency, e.g., in projecting divergent social identities that are attuned to indexical relationships between language forms and stereotyped social roles (Coupland 2002), it may likewise be viewed through a darker lens in which social parameters prevail – note the symbolic gesture of relinquishing her coveted "American" status and entitlements in eschewing racial categorization – before all else, she is non-Black. In fact, I would submit that it is irrelevant whether the Spanish-language performance "plays out" for its intended audience; ultimately this language act may be self-directed. That is, the speaker may not be projecting an identity for an audience, as much as reaffirming a non-Black identity for herself[11].

Conclusion

To recapitulate, this study has disclosed linguistic acts of ethnicity among U.S. Dominicans and the social structures in and through which identities are fashioned and performed. It ought to be evident that as a study situated squarely within the domain of the sociology of language, a discipline that looks to the relationship between language and society in understanding *the structure of society* (Wardhaugh 1998), this properly linguistic inquiry is sympathetic with the initiatives of Dominican scholars in the social science[12].

References

Aponte, S. (1999). *Dominican Migration to the United Sates 1970-1997: An Annotated Bibliography*. Dominican Research Monographs. New York: CUNY Dominican Studies Institute.

Bailey, B. (2000a). Language and negotiation of ethnic/racial identity among Dominican Americans. *Language in Society* 29, 555-582.

---

[11] This is conformance with Coupland's (2001) exhortation towards a shift in focus in sociolinguistic studies from addressee responsiveness to 'identity management' and 'self evaluation' (*cfr*. Giddens 1991).

[12] Also dedicated to the examination of the linguistic dimensions of society is *macro-sociolinguistics*, which studies what societies do with their languages, e.g., the attitudes and attachments that account for the function and distribution of speech forms in society, language shift, maintenance, and replacement, and the delimitation and interaction of speech communities (*cfr*. Coulmas 1997).

Bailey, B. (2000b). *Language and ethnic/racial identities of Dominican American high school students in Providence, Rhode Island.* Unpublished doctoral dissertation, Univ. of California, Los Angeles.

Bakhtin, M. (1981). *The dialogic imagination.* Austin, TX: Austin University Press.

Baud, M. (1997). 'Constitutionally white': The forging of a national identity in the Dominican Republic. In G. Oostindie (Ed.), *Ethnicity in the Caribbean: Essays in honor of Harry Hoetink* (pp. 121-151). London: Macmillan Caribbean.

Bell, A. (1984). Language style as audience design. Language in Society 12, 145-204.

Cambeira, A. (1997). *Quisqueya la Bella: The Dominican Republic in Historical and Cultural Perspective.* Armonk, NY: M.E. Sharpe.

Chambers, J. (1995). *Sociolinguistic theory: linguistic variation and its social significance.* Cambridge, MA: Blackwell Publishers.

Clark, R.A., & Delia, J. (1979). Topoi and rhetorical competence. *The Quarterly Journal of Speech* 65, 187-206.

Coulmas, F. (Ed.). (1997). *The Handbook of Sociolinguistics.* Cambridge, MA: Blackwell.

Coupland, N. (2001). Language, situation, and the relational self: theorizing dialect-style in sociolinguistics. In P. Eckert & J. Rickford (eds.), *Style and sociolinguistic variation* (pp. 185-210). Cambridge, UK: Cambridge University Press.

Coupland, N. (in press). The discursive framing of phonological acts of identity: Welshness through English. In C. Davis and J. Brutt-Griffler (eds.). *English and ethnicity.* New York: Palgrave.

Denton, N., & Massey, D. (1989). Racial identity among Caribbean Hispanics: The effect of double minority status on residential segregation. *American Sociological Review, 54,* 790-808.

Dicker, S.J., & Mahmoud, H. (2001). Survey of a bilingual community: Dominicans in Washington Heights. Paper presented at the 23rd Annual NYS-TESOL Applied Linguistics Conference.

Duany, J. (1994). *Quisqueya on the Hudson: The Transnational Identity of Dominicans in Washington Heights. Dominican Research Monographs.* New York: CUNY Dominican Studies Institute.

Eastman, C., & Stein, R. (1993). Language display: Authenticating claims to social identity. *Journal of Multilingual and Multicultural Development* 14, 187-202.

Eckert, P. (2000). *Linguistic variation as social practice.* Oxford: Blackwell Publishers.

Fishman, J.A. (1997). Language and ethnicity: The view from within. In F. Coulmas (ed.), *The Handbook of Sociolinguistics,* 327-343. Cambridge, MA: Blackwell.

Fishman, J. (1977). Language and Ethnicity. In H. Giles (ed.), *Language, Ethnicity and Intergroup Relations,* 15-5. London: Academic Press.

Gal, S. (1988). The political economy of code choice. In M. Heller (ed.), *Codeswitching: Anthropological and sociolinguistic perspectives* (pp. 245-264). New York: Mouton de Gruyter.

Gal, S. (1995). Language and the "arts of resistance. *Cultural Anthropology,* 10, 407-424.

Gal, S., & Irvine, J.T. (1995). The boundaries of languages and disciplines: How ideologies construct difference. *Social Research,* 62, 965-1001.

Gans, H. (1992). Second-generation decline: Scenarios for the economic and ethnic futures of the post-1965 American immigrants. *Ethnic and Racial Studies,* 15, 173-193.

Garcia, O., Evangelista, I., Martínez M., Disla, C., & Bonifacio, P. (1988). Spanish language use and attitudes: A study of two New York City communities. *Language in Society,* 17, 475-511.

Georges, E. (1990). *The Making of a Transnational Community: Migration, Development, and Cultural Change in the Dominican Republic.* New York: Columbia University Press.

Giddens, A. (1991). *Modernity and self-identity: Self and society in the late modern age.* Cambridge: Polity Press.

Giles, H. (1977). *Language, ethnicity and intragroup relations.* London: Academic Press.

Giles, H. (2002). Couplandia and beyond. In P. Eckert & J. Rickford (Eds.), *Style and Sociolinguistic Variation* (pp. 211-219). Cambridge, UK: Cambridge University Press.

Giles, H. & Powesland, P. (1975). *Speech styles and social evaluation.* London: Academic Press.

Glick Schiller, N. (1999). Who are these guys?: A transnational reading of the U.S. immigrant experience. In L. R. Goldin (Ed.), *Identities on the move: Transnational processes in North America and the Caribbean Basin* (pp. 15-43). Austin, TX: the University of Texas Press.

Goffman, E. (1974). *Frame analysis.* Harmondsworth: Penguin.

Graham, P. (1998). The politics of incorporation: Dominicans in New York City. *Latino Studies Journal,* 9, 39-64.

Graham, P. (2001). Political incorporation and re-incorporation: Simultaneity in the Dominican migrant experience. In H. Cordéro-Guzman, R., Smith, & R. Grosfoguel (eds.), *Migration, Transnationalization, and Race in a Changing New York* (pp. 87-108). Philadelphia: Temple University Press.

Grasmuck, S., & Pessar, P. (1991). *Between two islands: Dominican international migration.* Berkeley: University of California Press.

Grasmuck, S., & Pessar, P. (1996). Dominicans in the United States: First-and second-generation settlement, 1960-1990. In S. Pedraza & R. G. Rumbaut (eds.), *Origins and Destinies: Immigration, Race, and Ethnicity in America* (pp. 280-292). Belmont, CA: Wadsworth.

Guarnizo, L. (1997). "Going home": Class, gender and household transformation among Dominican return migrants. In P. Pessar (ed.), *Caribbean circuits: New directions in the study of Caribbean migration* (pp. 13-60). New York: Center for Migration Studies.

Gumperz J. (1972). *Directions in sociolinguistics: the ethnography of communication.* New York: Holt, Rinehart and Winston.

Gumperz, J. (1982). *Discourse strategies.* Cambridge, UK: Cambridge University Press.

Hymes, D. (1974). *Foundations of sociolinguistics: An ethnographic approach.* Philadelphia: University of Pennsylvania Press.

Irvine, J. (1989). When talk isn't cheap: Language and political economy. *American ethnologist,* 16, 248-267.

Itzigsohn, J. Dore Cabral, C., Hernández medina, E., & Vásquez, O. (1999). Mapping Dominican transnationalism: narrow and broad transnational practices. *Ethnic & Racial Studies,* 22, 316-340.

Itzigsohn, J., & Giorguli Saucedo, S. (2002). Immigrant incorporation and sociocultural transnationalism. *International Migration Review,* 36, 766-798.

Kasinitz, P., Battle, J., & Miyares, I. (2001). Fade to black? The children of West Indian immigrants in Southern Florida. In R. Rumbaut, R. & A. Portes, (eds.), *Ethnicities: Children of immigrants in America* (pp. 267-300). New York: Russell Sage Foundation.

Labov, W. (1972). *Sociolinguistic patterns.* Philadelphia: University of Pennsylvania Press.

Landale, N., & Oropesa, R.S. (2002). White, black, or Puerto Rican? Racial self-identification among mainland and island Puerto Ricans. *Social Forces,* 8, 231-254.

Le Page, R.B., & Tabouret-Keller, A. (1985). *Acts of identity: Creole-based approaches to ethnicity and language.* Cambridge: Cambridge University Press.

Levitt, P. (2001). *The Transnational Villagers.* Berkeley, CA: University of California Press.

Lippi-Green, R. (1997). *English with an accent: Language, ideology, and discrimination in the United States.* New York: Rouledge.

Macaulay, R. (1975). Negative prestige, linguistic insecurity and linguistic self-hatred. *Lingua,* 36, 147-161.

Macaulay, R. (1991). *Locating Dialect in Discourse.* New York: Oxford University Press.

McConnell, G.D. (1997). Global scale sociolinguistics. In F. Coulmas (ed.), *The Handbook of Sociolinguistics* (pp. 344-357). Cambridge, MA: Blackwell.

Milroy, L. (1980). *Language and social networks* (1st ed.). New York: Basil Blackwell.

Milroy, L. (1987). *Observing and analyzing natural language.* Oxford: Basil Blackwell.

Moya Pons, F. (1981). Dominican national identity and return migration. Occasional Papers #1 Gainsville, FL: University of Florida Center for Latin American Studies.

Omi, M., & Winant, H. (1994). *Racial formation in the United States: From the 1960s to the 1990s.* Routlege & Kegan Paul.

Otheguy, R., García, O., & Roca, A. (2000). Speaking in Cuban: The language of Cuban Americans. In S. L. McKay & S-L.C. Wong (eds.), *New immigrants in the United States* (pp. 165-188). Cambridge, UK: Cambridge University Press.

Paulston, C. (1994). *Linguistic minorities in multilingual settings.* Amsterdam: Benjamins.

Pessar, P. (1995). *A visa for a dream: Dominicans in the United States.* Needham Heights, MA: Allyn and Bacon.

Pessar, P. (1996). Dominicans: Forging an ethnic community in New York. In M. Seller & L. Weis (eds.), *Beyond black and white: New faces and voices in US schools* (pp. 131-149). Albany, NY: State University of New York.

Pessar, P. (1997). Introduction; New approaches to Caribbean emigration and return. In P. Pessar (Ed.), *Caribbean circuits: New directions in the study of Caribbean migration* (pp. 1-11). New York: Center for Migration Studies.

Phillipson, R. (1992). *Linguistic imperialism.* Oxford, UK; Oxford University Press.

Pita, M., & Utakis, S. (2002). Educational Policy for the transnational Dominican community. *Journal of Language, Identity and Education*, 1, 317-328.

Portes, A. (1999). Conclusion: towards a new world: the origins and effect of transnational activities. *Ethnic and Racial Studies*, 22, 463-478.

Portes, A., & Lingxin, H. (2002). The price of uniformity: language, family and personality adjustment in the immigrant second-generation. *Ethnic and Racial Studies*, 25, 889-912.

Portes, A., & Rumbaut, R. (2001). *Legacies: The story of the immigrant second-generation.* New York: Russell Sage Foundation.

Portes, A., & Rumbaut, R. (1990). *Immigrant America: A Portrait.* Berkeley, CA. University of California Press.

Portes, A., & Schauffer, R. (1994). Language and the second-generation: bilingualism yesterday and today. *International Migration Review*, 28, 640-661.

Portes, A., & Zhou, M. (1993). The new second-generation: Segmented assimilation and its variants. *Annals of the American Academy of Political and Social Science*, 530, 74-97.

Rampton, B. (1995). *Crossing.* London: Longman.

Rickford, J. (2002). Style and stylizing from the perspective of a non-autonomous sociolinguistics. In P. Eckert & J. Rickford (Eds.), *Style and sociolinguistic variation* (pp. 220-231). Cambridge, UK: Cambridge University Press.

Rodríguez, C. (2000). *Changing race: Latinos, the Census, and the history of ethnicity in the United States.* New York University Press.

Royce, A. (1982). *Ethnic identity: Strategy o diversity.* Bloomington, IN: Indiana University Press.

Rumbaut, R. (1998). Coming of age in immigrant America. *Research Perspectives on Migration*, 1, 1-14.

Sagás, E. (1998). Recently 'discovered': Dominicans in the United States. *Latino Studies Journal*, 9, 4-10.

Sontag, D. & Dugger, C.W. (1998, July 19). The new immigrant tide: A shuttle between two worlds. *The New York Times*, p. A1, A28-A30.

Sorensen, N.N. (1997). There are no Indians in the Dominican Republic. In K. Fog Olwig & K. Hastrup (eds.), *Siting Culture: The shifting anthropological object* (pp. 292-310). New York: Routledge.

Tabouret-Keller, A. (1997). Language and identity. In The F. Coulmas (Ed.), *Handbook of Sociolinguistics* (pp. 315-326). Cambridge, MA: Blackwell.

Toribio, A.J. (2000a). Minimalist ideas on parametric variation," in M. Hirotani, A. Coetzle, N. Hall, & J.-Y. Kim (Eds.), *NELS 30: Proceedings of the North East Linguistics Society* (pp. 627-638). Amherst, MA: University of Massachusetts.

Toribio, A.J. (2000b). Setting parametric limits on dialectal variation in Spanish. *Lingua, 110*, 315-341.

Toribio, A.J. (2001). Language variation and the linguistic enactment of identity among Dominicans. *Linguistics: An Interdisciplinary Journal of the Language Sciences, 38*, 1133-1159.

Toribio, A.J. (2003). The social significance of language loyalty among black and white Dominicans in New York. *Bilingual Review*, 27, 3-11.

Torres, A. (1998). La gran familia puertorriqueña 'eh prieta de belda.' In A. Torres & N. Whitten Jr., (Eds.), *Blackness in Latin America and the Caribbean: Social dynamics and cultural transformations* (pp. 285-306). Indiana University Press.

Torres-Saillant, S. (1995). The Dominican Republic. In Minority Rights Group (ed.), *No longer Invisible: Afro-Latin Americans Today* (pp. 109-138). London: Minority Rights Group.

Torres-Saillant, S., & Hernández, R. (1998). *The Dominican Americans*. Westport, CT: Greenwood Press.

Torres-Saillant, S. (2000). Diasporic disquisitions: Dominicanists, transnationalism, and the community. Dominican Studies Working Paper Series 1. CUNY Dominican Studies Institute.

Trudgill, P. (1974). *The social differentiation of English in Norwich*. Cambridge: Cambridge University Press.

Trudgill, P. (1983). *On dialect: Social and geographic factors*. Oxford: Basil Blackwell.

Trudgill, P. (1986). *Dialects in Contact*. New York: Basil Blackwell.

Valdés, G. (2000) Bilingualism and language use among Mexican Americans. In S. L. McKay & S-L.C. Wong (Eds.), *New immigrants in the United States* (pp. 99-136). Cambridge, UK: Cambridge University Press.

Wardhaugh, R. (1998). *An introduction to Sociolinguistics*. Malden, MA: Blackwell.

Waters, M. (1999). *Black identities: West Indian immigrant dreams and American realities*. Boston, MA: Harvard University Press and Russell Sage Foundation.

Woolard, K. (1985). Language variation and cultural hegemony: Toward an integration of Sociolinguistics and Social Theory. *American Ethnologist*, 12, 738-748.

Woolard, K., & Schieffelin, B. (1994). Language ideology. *Annual Review of anthropology*, 23, 55-82.

Zentella, A.C. (1990). Lexical leveling in four New York City Spanish dialects: Linguistic and social factors. *Hispania*, 73, 1094-1105.

Zentella, A.C. (1997). Spanish in New York. In O. García & J. Fishman (eds.), *The multilingual apple: Languages in New York City* (pp. 167-201). Berlin: Mouton de Gruyter

Zentella, A.C. (2000). Puerto Ricans in the United States: Confronting the linguistic repercussions of colonialism. In S. L. McKay & S-L.C. Wong (eds.), *New immigrants in the United States* (pp. 137-164). Cambridge, UK: Cambridge University Press.

Zentella, A.C. (2002). Spanish in New York. In O. Garcia and J. Fishman (eds.), *The multilingual apple: Languages in New York City* (2nd edition) (pp. 167-201). Berlin: Mouton de Gruyter.

La expresión del pronombre personal sujeto en narrativas orales de puertorriqueños de Nueva York

Nydia Flores-Ferrán
The City University of New York

Abstract

The present article further examines the variable use of Spanish subject personal pronouns (SPPs) in oral narratives of Puerto Rican residents of New York City and provides further explanation regarding the uses of overt and null SPPs in *clusters* or *pairs*. In Flores-Ferrán (2002), a factor that examined the previous mention of the verb's subject uncovered that the presence of SPPs leads to more SPPs and the use of the null form leads to more null forms. It was suggested in Flores-Ferrán (2002) that speakers produced these clusters for discourse-pragmatic purposes: to preserve the entity being spoken of in the open and salient within the context of the narrative. Nonetheless, and since other studies (Pereira-Scherre 2001; Poplack 1981; Schiffrin 1981) have documented perseverations with other linguistic features, it is suggested here that the duplicity of forms, as is the case of the pronominal perseverations (Cameron & Flores-Ferrán), can be accounted for under Dell's (1986) Spreading Activation Theory.

Introducción

Durante los últimos años, muchos estudios sociolingüísticos han investigado el uso variable del pronombre personal sujeto (PPS) en español, con el propósito de identificar los factores que influyen sobre el uso de su forma explícita, como en el caso de *Yo tengo hambre*, o de la forma no explícita o tácita como en, *Tengo hambre*. Esta variable se ha investigado, en relación con factores lingüísticos y sociales, en hablas de Latinoamérica y de la Península (Barrenechea y Alonso 1977; Bentivoglio 1988; Enríquez 1984; Cameron 1992, 1993), de los Estados Unidos (Bayley y Pease Álvarez 1996, 1997; Hochberg 1986; Silva-Corvalán 1982, 1994, 2001), y de Puerto Rico (Ávila-Jiménez 1995, 1996. Cameron 1992, 1993, 1994, 1995, 1996, 1998; Morales 1986, 1999) pero, hasta la fecha, la investigación de este fenómeno en el habla de Nueva York ha sido limitada (Flores-Ferrán 2002, 2004; Flores y Toro 2000), particularmente con respecto a los puertorriqueños residentes de dicha cuidad. En Flores-Ferrán (2002) se identificaron factores lingüísticos y sociales que operan como condicionantes del uso del PPS explícito en narrativas orales de puertorriqueños radicados en la ciudad de Nueva York (NY). Los resultados de aquel estudio demostraron que los hablantes, como grupo general, tienden a favorecer el uso de la forma tácita (nula) en narrativas. También se señaló que había surgido un patrón inesperado en cuanto al uso de las formas explícitas y nulas. Se demostró que los hablantes producían una forma del PPS explícito seguido por otra forma explícita. En otras palabras, cuando el verbo bajo observación se expresaba con un PPS explícito, los hablantes también habían expresado un PPS explícito en el sujeto del verbo anterior. Un patrón similar se descubrió también en cuanto al uso de la forma nula en Flores-Ferrán (2002). Cuando los hablantes utilizaban una forma nula en el verbo bajo observación, el sujeto del verbo anterior tendía a expresarse de la misma manera: con una forma nula. El propósito de este artículo es volver a elaborar sobre los hallazgos de las redundancias pronominales adyacentes a las cuales en Flores-Ferrán (2002) se identifican como *claustros* o *parejas*. En Flores-Ferrán (2002) se sugirió que estas parejas o claustros de PPS se producían por razones pragmáticas discursivas: con el propósito de mantener continuidad en la narrativa, hacer resaltar las entidades o referentes de quien se hablaba, y proveerle a la narrativa un sentido de unidad según Chafe (1976) y Prince (1981).

En este artículo elaboro una propuesta sobre lo que puede incitar o motivar el uso de estas agrupaciones. Como estas perseverancias se han explicado de manera discursiva pragmática (Clancy 1980; Flores-Ferrán 2002; Fox 1987; Pereira-Scherre 2001; Poplack 1981; Schiffrin 1981), y la aparición de estos contextos va en contra del principio de cantidad de Grice (1975) el cual nos sugiere que un enunciado no se produzca con más información de la requerida, entonces nos preguntamos con qué propósito se producen estas agrupaciones y para qué, ya que los oyentes han establecido en el discurso previo el referente de quien se habla. En otras palabras, si hubiese necesidad de cambiar de referente, una forma explícita se utilizaría de acuerdo con los resultados de estudios documentados por Cameron, 1992, 1993, 1994, 1995, 1996, 1998, 2004; Cameron y Flores-Ferrán 2004; Flores-Ferrán 2002, 2004; Silva-Corvalán 1982. Si no hay cambio de referente, se espera, entonces, que un PPS explícito en un verbo sea seguido por su forma nula en el verbo siguiente, ya que una mención repetida no contribuye al sentido del enunciado. Es decir, según la hipótesis de Givón (1983), un referente explícito en un verbo deberá ser seguido por una forma nula en el siguiente verbo por tal de que el tópico, enfoque, o referente sea parte del argumento semántico.

Metodología del estudio

Se obtuvo una muestra de 41 sujetos, veinte hombres y veintiuna mujeres, entre las edades de 21 a 81 años, todos residentes de la ciudad de NY. De estos, ocho habían asistido a una escuela graduada, 17 a una universidad, 11 habían completado la escuela superior, y cinco no habían finalizado los estudios de escuela superior. Catorce de los hablantes se identificaron como profesionales, ocho en trabajos gerenciales, nueve como asistentes en oficinas, y diez como obreros. Todos los hablantes indicaron en el cuestionario que hablaban español e inglés en sus hogares, pero la mayoría mostró una tendencia a favorecer el inglés como lengua principal.

Para este estudio, se utilizó el método sociolingüístico variacionista. Se realizaron entrevistas con participantes que narraron incidentes de su propia vida. En particular, se les pidió que narraran un cuento de algún incidente que les dejó un gran impacto en su vida. Las narrativas se grabaron individualmente, y se analizaron utilizando el programa VARBRUL, el cual nos permitiría identificar la probabilidad que ejercen ciertos factores lingüísticos, sociales, y estilísticos sobre la aparición del PPS. En el análisis sólo entraron verbos que podían alternar entre un PPS explícito y de forma nula. El corpus estuvo compuesto por 15.900 verbos.

De entre los varios factores lingüísticos que inciden sobre el fenómeno del uso variable del PPS he escogido para este trabajo, la producción de estas agrupaciones, las cuales llamaré *preservaciones* (Cameron y Flores-Ferrán 2004). Estas contienen un PPS explícito seguido por otro PPS y una forma nula seguida por otra forma nula. También discutiré si la producción de las mismas es o no intencional o involuntaria.

Análisis: la forma utilizada en la mención previa del sujeto del verbo

En Flores-Ferrán (2002) se investigó si la forma utilizada en la mención previa del sujeto del verbo influye sobre la aparición del PPS en el verbo bajo observación. Las formas de la mención previa podrían ser un sustantivo, una forma nula, un pronombre demostrativo, u otro PPS explícito. Todas las menciones previas de los sujetos de todos los verbos fueron codificadas según el siguiente esquema:

0   = No hay una mención previa del sujeto de este verbo en las 10 cláusulas anteriores.
N   = La mención previa de este sujeto es un nombre sustantivo.
P   = La mención previa de este sujeto es otro PPS.
D   = La mención previa de este sujeto es un demostrativo. (*aquel, aquella, esa...*)
U   = La mención previa es un pronombre en forma fonética nula (forma nula).

El siguiente ejemplo extraído de una narrativa ilustra la forma en que este factor fue codificado para el análisis. (Los números son los correspondientes a los verbos en las narrativas):

> Me *fui* (56) después de la misa y cuando *llego* (57) a la catedral ahí en la
> cientodiéz y Amsterdam *están* (58) estos... dos ayudantes del obispo y me *entregan* (59)
> una carta. (Participante: #16)

Codificacion:

Me fui (56) después de la misa y	...
cuando llego (57) a la catedral ahí en la ciento y diéz y Amsterdam	U
están (58) estos ...dos ayudantes del obispo y	0
me entregan (59) una carta.	N

La mención previa del sujeto del verbo (57) *llego* es la forma nula de la primera persona *yo*. Por lo tanto, (57) fue codificado con factor U, que representa la forma nula. El verbo (58) *están* fue codificado con un 0 porque el sujeto no fue mencionado previamente en las 10 cláusulas anteriores. La mención previa del sujeto de *entregan* es *dos ayudantes*, un sustantivo y, por lo tanto, (59) fue codificado con N.

El próximo ejemplo nos demuestra cuando la mención previa es codificada con D, refiriéndose a un demostrativo.

Y ese se quitó la camisa y cuando estamos *(334) allí nos da por tirarnos a la playa al agua con la ropa que* teníamos *(335). El muchachito se* volvió *(336) loco.* (Participante #34)

Codificación:

Y *ese* se quitó la camisa
y cuando estamos (334) allí ...
nos da por tirarnos a la playa al agua con la ropa
que teníamos (335). N
El muchachito se volvió (336) loco. D

La mención previa del sujeto del verbo (336) *muchachito* es *ese*, un pronombre demostrativo localizado en la primera cláusula.

2. Los resultados y análisis

Los resultados que arrojó el programa VARBRUL sobre la forma de la mención previa aparecen en el Cuadro 1. Expreso los resultados dando a cada factor un coeficiente que indica el peso o valor de la contribución de ese factor a la aparición del PPS.

Mención previa del sujeto es:	Índice: Expresión del PPS (PRO+)
Otro PPS explícito	.64
Otro pronombre (demostrativo)	.55
No hubo mención en 10 previas cláusulas	.54
Un sustantivo	.44
Forma nula	.37

Cuadro 1: Probabilidad de aparición del PPS explícito (PRO+)
en el verbo bajo observación, según la mención previa de ese sujeto. *(p<.0001).*

Según se observa en el Cuadro 1, cuando la forma anterior del sujeto del verbo aparece como otro PPS expresado, hay una probabilidad de .64 de que aparezca el PPS explícito (PRO+) en el verbo bajo observación. Un índice mayor de .50 en VARBRUL indica que hay una influencia positiva, o sea, un .64 indica que hay una fuerte probabilidad de que cuando los hablantes usan el PPS explícito en el verbo bajo observación, la forma previamente utilizada de este referente sea también otro PPS explícito, como en el ejemplo 1. Dicho de otra manera, el factor que aporta la mayor contribución a la aparición del PPS es la presencia de otro PPS explícito en la mención previa del sujeto. Esta agrupación como tal se denominará *contexto explícito,* siguiendo a Cameron y Flores-Ferrán (2004).

(1) *Yo* llegué tarde y *yo* no tengo la culpa.

Se ve también en el Cuadro 1 un segundo factor que propicia la aparición del PPS: el uso de un demostrativo (.55), considerado éste un contexto explícito. Un ejemplo de este patrón lo podemos observar en el ejemplo (2), en el que el hablante produjo un pronombre demostrativo, *aquél*, en la mención previa del sujeto de verbo bajo observación, él me *dijo:*

(2) *Aquél* me llamó y *él* me dijo que nos íbamos a separar.

Cuando los hablantes no mencionan el sujeto de un verbo en las 10 cláusulas previas, aún tienden a utilizar el PPS explícito en el verbo bajo observación. El índice .54 en el Cuadro 1 es un indicador de esta tendencia. Nótese, además, que si la mención previa del sujeto del verbo bajo observación es una forma nula o un sustantivo, las probabilidades del uso de PPS explícito disminuyen, de esta manera se favorece la otra variable, o sea, la forma nula. (Véase los índices por debajo de .50). Un ejemplo de estos patrones se podría observar en los ejemplos (3) y (4):

(3) Dos *ayudantes* del obispo luego vienen, verdad. Entonces me *entregan* una carta.

En este caso, el hablante utilizó la forma nula en el verbo bajo observación, *entregan*. Como vemos, la mención anterior de *entregan* es *ayudantes*, un sustantivo. Mientras que en el ejemplo (4) se observa que el hablante prefirió una forma nula seguida de otra forma nula:

(4) Y resulta que él pensó que no *llegábamos* a Malawi y cuando *regresamos* ese hombre se volvió blanco, blanco.

Denominamos *contexto nulo* a la agrupación que contiene una forma nula en un sujeto del verbo seguido por otra forma nula en el sujeto del siguiente verbo, como se discute en Cameron y Flores-Ferrán (2004). En general, y basándonos en los resultados que arroja el programa VARBRUL, podemos observar que los hablantes tienden a favorecer el uso de los PPS en contextos nulos y en contextos explícitos.

Previa mención del verbo bajo observación fue:	Verbo bajo observación fue:	Total de verbos con combinación	Total de verbos que aparecen en agrupaciones	Frecuencia de aparición para cada variante
PPS nulo	PPS nulo	6,513	4,530	70%
PPS explícito	PPS explícito	6,113	3,903	64%
No hubo mención	PPS explícito	2,062	-	41%
Sustantivo	PPS explícito	873	-	37%
Demostrativo	Demostrativo	28	15	54%

Cuadro 2: La aparición del PPS explícito (PRO+)
en el verbo bajo observación, según la mención previa de ese sujeto.

Los contextos nulos y explícitos se ilustran en el Cuadro 2 en forma numérica, acompañado de sus frecuencias. Vemos que los contextos surgen mayormente en un 70 y 64% de los verbos con PPS nulos y explícitos respectivamente. Aunque un 54% de los PPS demostrativos también aparecen en contexto explícitos, el número de verbos en dichos contextos son pocos. Por lo tanto, en este trabajo sólo me referiré a los dos contextos que presentan la mayor representación numérica: *el contexto nulo* y el *contexto explícito*.

Otros estudios que documentan agrupaciones

Las preservaciones se han documentado también en Puerto Rico por Cameron (1992, 1994, 1998) y Cameron y Flores-Ferrán, (2004), que detectan el PPS singular en agrupaciones, dentro del ambiente de cambio de referente, y en verbos que aparecen en citas directas. Asimismo se han encontrado agrupaciones en otros fenómenos lingüísticos, como por ejemplo, los marcadores plurales en el español de los puertorriqueños de Filadelfia (Poplack 1980), y en el portugués brasileño (Pereira Scherre y Naro 1991), donde un marcador plural tiende a atraer otros marcadores plurales y, a su vez, una elisión del plural parece conllevar más elisiones de marcadores del plural. Schiffrin (1981) reportó agrupaciones de tiempos verbales en narrativas, mientras que Levelt y Kelter (1982) documentaron repeticiones en preguntas y en contestaciones, y notaron que las respuestas a preguntas normalmente seguían el mismo patrón gramatical en las contestaciones. También Cameron y Flores-Ferrán (2004), entre otros estudios, han documentado las repeticiones. Es decir, la tendencia de producir las agrupaciones con rasgos lingüísticos parecidos y adyacentes existe no sólo con el uso de PPS, sino también en otros contextos lingüísticos. Por lo tanto, podemos concluir que como estas agrupaciones se encuentran en otros contextos lingüísticos, la explicación de las mismas no se puede hacer mediante una discusión acerca de sólo un rasgo gramatical como es el del los PPS. Si se han encontrado los mismos patrones repetitivos en otros rasgos, la discusión de las agrupaciones, entonces, se sale fuera del ámbito del uso variable del PPS, ya que sabemos que una forma o estructura puede ocurrir seguida por otra, y que posiblemente la primera instancia o mención sí influye en la forma que se menciona a continuación (Cameron y Flores-Ferrán 2004).

Discusión

El uso de los PPS en estas preservaciones se puede interpretar de la siguiente manera. Como el hablante ya tiene información de número y persona de quien se habla, la segunda mención, ya sea en el contexto nulo o explícito, no contribuye al significado básico de la oración u oraciones. O sea, el oyente ya tiene información que es recuperable con la primera mención del referente. Por lo tanto, la segunda mención de contexto explícito debe, a mi entender, ser producto de la primera mención y, por ende, recae la responsabilidad de esta segunda producción en manos del hablante. Parece que hay una combinación de intención y control por parte del hablante y, a la vez, un proceso automático e involuntario que produce estos contextos. Bock y Griffin (2000) y Bock (1986) sugieren que las repeticiones no siempre son todas motivadas pragmáticamente. Plantean que las repeticiones, pueden ser producidas de modo intencional a veces y pueden también, en otras áreas de un enunciado, ser involuntarias, motivadas por la activación de una estructura anteriormente producida.

Para poder explicar la aparición de las perseverancias del PPS en forma involuntaria, Cameron y Flores-Ferrán (2004) sugieren la "teoría de difusión activa" (mi traducción) de Dell (1986), *Spreading Activation*, la cual nos plantea que la primera ocurrencia de un rasgo gramatical o sintáctico sirve para iniciar su duplicación en el siguiente enunciado. En el caso de los PPS, las estructuras sintácticas donde se producen estos contextos nulos o explícitos son semejantes. La otra razón que facilita la producción de las mismas es que las formas, la nula o la explícita, son semánticamente semejantes y representan una variedad de la misma forma. En otras palabras, es menos costoso mantener la misma forma del PPS explícito activa como sujeto del verbo siguiente que comenzar o continuar un enunciado con una forma diferente. La teoría de Dell (1986) podría explicar también las agrupaciones que surgen en otros contextos lingüísticos.

Por otro lado, resulta lógico suponer que este efecto de perseverancia sirve como función pragmática discursiva, siguiendo a Silva-Corvalán (2001). Todo parece indicar que cuando el hablante repite el pronombre de tercera persona en el ejemplo *Él se tiró del techo de la casa y él se mató*, posiblemente trata de mantener al protagonista de la narrativa en un estado prominente, dado el caso de que el sujeto de este ejemplo es el agente de ambos verbos. En el caso de la repetición de la forma no explícita, o sea, de la aparición concatenada de verbos con sujeto omitido, el hablante trata de mantener la entidad de quien se habla en un estado menos prominente, como ocurre en *Me tocaron en la puerta y por poco me arrestan*. Aquí el hablante es la persona prominente en el argumento, pero no opera como agente del acto de tocar la puerta y de arrestar. A ese agente se le mantiene en una posición menos prominente, mediante el uso del PPS *ellos* con formas nulas. Esto sugiere que hay una intención voluntaria de parte del hablante de mantener el referente en una posición prominente. Silva-Corvalán (2001) también sugiere que factores sensibles al discurso, tales como el foco de la narrativa, el tópico o el agente, también pueden influir en el uso de PPS explícito o tácito en estos contextos. Por lo tanto, el efecto de perseverancia parece que se manifiesta con la repetición, dando lugar a que la repetición sea una combinación de elementos intencionales, pragmáticos e involuntarios, como sugiere la teoría de difusión activa.

Schegloff (1987) mantiene que los pronombres explícitos se usan para señalar que el hablante no ha terminado el segmento narrativo relacionado con la entidad sujeto de quien se habla. Las agrupaciones detectadas aquí podrían contribuir al efecto de continuidad. Schiffrin (1981) también sugiere que los tiempos verbales tienden a expresarse en agrupaciones en narrativas, ya que éstos contribuyen a la semántica y a la sintaxis de la narrativa. Si es así, se puede sugerir que el uso de dichas contextos contribuye a formar una parte integral de la narrativa oral o del cuento, lo que le añade un sentido de unidad.

Morales (1999) sostiene que los contextos de continuidad de tópico son los segmentos de una narrativa en las que un mismo referente se repite como sujeto. El referente opera como el tópico principal y las circunstancias de las narrativas giran alrededor del referente, al ser éste el hilo que ata la historia. A pesar de que Morales (1999) sugiere que el referente en este ambiente es prominente y, por lo tanto, no debería ser explícito, plantea que en San Juan y Madrid aparecen narrativas que mantienen el mismo tópico como sujeto, y aún mantienen el mismo referente repetido en argumentos contiguos.

Este efecto de preservación en el uso de PPS nulo y explícito no es característico de hablantes de NY. En el próximo cuadro se comparan las frecuencias del uso del PPS explícito en San Juan y NY. Se hace esta comparación para poder identificar los patrones de ambas comunidades lingüísticas.

	Mención previa es un PPS	*Mención previa es una forma fonética nula*
	PRO+	PRO+
NY (Flores-Ferrán 2002)	64%	30%
San Juan (Cameron 1992)	55%	42%

Cuadro 3: Comparación San Juan y NY, según la expresión del PPS
con la forma usada en la mención previa del sujeto del verbo bajo observación.

Aunque las frecuencias resulten distintas, el Cuadro 3 demuestra patrones similares en cuanto al uso del PPS explícito en NY y en San Juan. Cuando la mención previa del sujeto del verbo es un PPS explícito, la aparición del PPS explícito en el verbo observado es más elevada en NY y en San Juan, el 64 y 55% respectivamente, en comparación con las ocasiones en que la mención previa aparece con una forma nula. En estos últimos casos, las frecuencias en el uso de la PPS explícito son sólo un 30 y 42% respectivamente.

Aun con la ligera diferencia en las frecuencias entre los dos grupos, queda demostrado que los hablantes de NY y de San Juan utilizan patrones similares en cuanto al uso del PPS explícito y al uso de la forma nula en las agrupaciones. La aparición del PPS explícito es más elevada cuando la previa mención del sujeto es otro PPS explícito; mientras que las frecuencias del PPS explícito disminuyen en el verbo observado cuando la previa mención del sujeto es una forma nula.

Conclusión

El propósito de este trabajo ha sido ampliar la discusión sobre las redundancias pronominales adyacentes, llamados *claustros* o *parejas*. En Flores-Ferrán (2002) se sugirió que éstas se producían en los hablantes por razones pragmáticas discursivas. En esta investigación se elaboró aún más en aquellos factores que pueden incitar o motivar el uso de estas agrupaciones.

Primero, todo parece indicar que el fenómeno de agrupaciones o perseverancias que aparecen en el uso de PPS no es característico de hablantes de NY, sino también de San Juan. Si la misma variedad en dos regiones distintas muestra patrones semejantes, se puede sugerir que, sobre el uso de PPS en contextos nulos y explícitos, las preservaciones son características de hablantes de la variedad de Puerto Rico. Segundo, se mencionó que estas perseverancias no sólo se han encontrado con el uso variado de los PPS, sino también con otros rasgos gramaticales y sintácticos, así como en otras lenguas. Por lo tanto, las preservaciones no se limitan a una sola lengua ni a un solo rasgo. Tercero, si se sugiere que se expliquen las preservaciones en dichos contextos como una combinación de elementos pragmáticos discursivos y de elementos involuntarios, creados por la activación previa de la forma utilizada en el enunciado anterior, entonces no se puede sugerir dicha combinación de elementos para explicar otros rasgos gramaticales y sintácticos. Sólo se podría sugerir que, en cuanto a otros rasgos se refiere, es evidente que la teoría de Dell (1986) es apta para describir estas agrupaciones.

La duplicidad o la persistencia de formas similares en una cláusula que aparecen en otra cláusula adyacente surge porque hay condiciones similares que permiten dicha producción. Los ambientes sintácticos son similares: los referentes en el caso de PPS nulo son los mismos y los referentes en el caso de las formas explícitas son idénticos. Sin embargo, no se sabe si, por ejemplo, en el caso de la elisión o inclusión de la -s final, los elementos pragmáticos discursivos juegan un papel importante o son elementos que predicen estas agrupaciones.

Bibliografía

Ávila-Jiménez, B. (1995). A sociolinguistic analysis of a change in progress: Pronominal overtness in Puerto Rican Spanish. *Cornell Working Papers in Linguistics*, 13, 25-47.

Ávila-Jiménez, B. (1996). Subject pronoun expression in Puerto Rican Spanish. a sociolinguistic, morphological, and discourse analysis (Tesis doctoral inédita, Cornell University).

Barrenechea, A., y Alonso, A. (1977). Los pronombres personales sujetos en el español hablado en Buenos Aires. En Lope Blanch (ed.), *Estudios sobre el español hablado en las ciudades principales de América* (pp. 333-349). México: Universidad Nacional Autónoma de México.

Bayley, R., y Pease-Alvarez, L. (1996). Null and expressed pronoun variation in Mexican-descent children's Spanish. En J. Arnold, R. Blake, V. B. Davidson, S. Schwenter y J. Solomon (eds.), *Sociolinguistic variation: data, theory, and analysis* (pp.85-99). Selected papers from NWAVE, 23.

Bayley, R., y Pease-Alvarez, L. (1997). Null pronoun variation in Mexican-descent children's narrative discourse. *Language Variation and Change*, 9, 349-371.

Bentivoglio, P. (1988). La posición del sujeto en el español de Caracas: Un análisis de los factores lingüísticos. En R. Hammond, M. Resnick (eds.), *Studies in Caribbean dialectology* (pp. 13-23). Washington: Georgetown University Press.

Bock, J. K. (1986). Syntactic persistence in language production. *Cognitive Psychology*, 18, 355-387.

Bock, J. K., y Griffin, Z. (2000). The persistence of structural priming: Transient activation or implicit learning. *Journal of Experimental Psychology*, 129, 177-192.

Cameron, R. (1992). *Pronominal and null subject variation in Spanish: Constraints, dialects, and functional compensation*. Tesis doctoral. University of Pennsylvania.

Cameron, R. (1993). Ambiguous agreement, functional compensation, and non-specific *tú* in the Spanish of San Juan, Puerto Rico, and Madrid, Spain. *Language Variation and Change*, 5, 305-334.

Cameron, R. (1994). Switch reference, verb class, and priming in a variable syntax. En K. Beals, *et al.* (eds.), *Papers from the 30th regional meeting of the Chicago Linguistic Society: Vol 2. The Parasession on variation in linguistic theory* (pp. 27-45). Chicago Linguistic Society.

Cameron, R. (1995). The scope and limits of switch reference as a constraint on pronominal subject expression. *Hispanic Linguistics*, 6/7, 1-27.

Cameron, R. (1996). A community-based test of a linguistic hypothesis. *Language in Society*, 25, 61-111.

Cameron, R. (1998). A variable syntax of speech, gesture, and sound effect: Direct quotations in Spanish. *Language Variation and Change*, 10, 43-83.

Cameron, R., y Flores-Ferrán, N. (2004). Perseveration of subject expression across regional dialects of Spanish. *Spanish in Context*, 1, 41-65.

Clancy, P. (1980). Referential Choice in English and Japanese narrative discourse. En W. Chafe (ed.), *The Pear Stories: cognitive, cultural, and linguistic aspects of narrative production* (pp.127-199). New Jersey: Ablex.

Chafe, W. (1976). Giveness, contrastiveness, definiteness, subjects topics and point of view. En C. Li (ed.), *Subject and topic* (pp. 27-55). New York: Academic Press.

Dell, G. (1986). A spreading-activation theory of retrieval in sentence production. *Psychological Review*, 93, 283-321.

Enríquez, E. V. (1984). *El pronombre personal sujeto en la lengua española hablada en Madrid*. Madrid: Consejo Superior de Investigaciones Científicas.

Flores, N., y Toro, J. (2000). The persistence of dialect features under conditions of contact and leveling. *Southwest Journal of Linguistics*, 19 (2), 31-42.

Flores-Ferrán, N. (2002). *Subject personal pronouns in Spanish narratives of Puerto Ricans in New York City: A sociolinguistic perspective*. Munich: Lincom-Europa.

Flores-Ferrán, N. (2004). Spanish subject pronoun use in New York City Puerto Ricans: Can we rest the case of English contact? *Language Variation and Change*, 16, 49-73.

Fox, B. (1987). Anaphora in popular written English narratives. En R. S.Tomlin (ed.), *Coherence and grounding in discourse* (pp. 157-174). Philadelphia: John Benjamins.

Givón, T. (1983). Topic continuity in discourse: the functional domain of switch reference. En J. Jaiman y P. Munro (eds.), *Switch reference and universal grammar* (pp. 51-81). Amsterdam: John Benjamins.

Grice, P. (1975). Logic and conversation. En P. Cole y J. Morgan (Eds.), *Syntax and semantics 3: Speech Acts* (pp. 41-58). New York: Academic Press.

Hochberg, J. (1986). Functional compensation for /s/ deletion in Puerto Rican Spanish. *Language*, 62, 609-621.

Levelt, W., y Kelter, S. (1982). Surface form and memory in question answering. *Cognitive Psychology*, 14, 78-106.

Morales, A. (1986). *Gramáticas en contacto: Análisis sintácticos sobre el español de Puerto Rico*. Puerto Rico/Madrid: Editorial Playor.

Morales, A. (1999). Anteposición del sujeto en el español del Caribe. En L. A. Ortiz López (ed.), *El Caribe hispánico: perspectivas lingüísticas actuales* (pp. 77-98). Frankfurt am Main/Madrid: Vervuert-Iberoamericana.

Pereira Scherre, M. (2001). Phrase level parallelism effect on noun phrase number agreement. *Language Variation and Change*, 13, 91-107.

Pereira Scherre, M., y Naro, A. (1991). Marking in discourse: "Birds of a feather". *Language Variation and Change*, 3, 23-32.

Poplack, S. (1980). The notion of the plural in Puerto Rican Spanish: Competing constraints on (s) deletion. En W. Labov (ed.), *Locating language in time and space* (pp. 55-67). New York: Academic Press.

Poplack, S. (1981). Mortal phonemes as plural morphemes. En D. Sankoff, y H. Cedergren (eds), *Variation omnibus*. Edmonton: Linguistic Research Inc.

Prince, E. (1981). Toward a taxonomy of given-new information. En P.Cole (ed.), *Radical pragmatics* (pp. 223-253). New York: Academic Press.

Scherre, M. P. (2001). Phrase level parallelism effect on noun phrase number agreement. *Language Variation and Change*, 13, 91-107.

Schegloff, E. (1987). Some practices for referring to persons in talk-in interaction. En B. Fox (ed.), *Studies in anaphora* (pp.437-485). Philadelphia: John Benjamins.

Schiffrin, D. (1981). Tense variation in narrative. *Language, 57* (1), 45-62.

Silva-Corvalán, C. (1982). Subject expression and placement in Mexican-American Spanish. En J. Amaste y E. Olivares (Eds.), *Spanish in the United States: sociolinguistic aspects* (pp. 93-120). New York. Cambridge University Press.

Silva-Corvalán, C. (1994). *Language contact and change: Spanish in Los Angeles*. New York: Oxford University Press.

Silva-Corvalán, C. (2001). *Sociolingüística y pragmática del español*. Washington, DC: Georgetown University Press.

Isleños and Cubans: The affinity of dialect

Felice A. Coles
University of Mississippi

Abstract

The Isleño dialect is an obsolescing variety of Spanish found in the southeast marshlands of Louisiana. American English modern names (e.g., Violet, Shell Beach) were registered with the U.S. Post Office without Isleño participation, but the "real" names for the ancestral home sites were Bencheque, Puerto Escondío, San Bernardo, Habitación, and Ribera, illustrating the Spanish heritage of the area remembered by its inhabitants as the true history of the place. This paper focuses on the long history in common between Isleños and Cubans in Cuba, which has given the Isleños a favorable view of Cuban Spanish even if the groups have had little contact for decades. Isleños regard the Cuban dialect as a link to their own past with a recognizably similar variety of Spanish. Isleños approve of Cuban Spanish speech not only for the connectedness to their Canary Island past but also for shared phonological features, an attitude which does not extend to other varieties of American Spanish, regardless of linguistic or historical features in common.

Isleño Settlement History

In July 1778, the first of a total of 2,373 Canary island recruits (700 soldiers and their families) came from Tenerife, Gran Canaria, Gomera, Lanzarote, and La Palma in eight ships to Louisiana; hence, the name *isleño*. The idea of Governor Bernardo de Gálvez was to populate the newly acquired territory with Spanish speakers who would act as buffers between British military expansion from the east and north and French aristocratic resistance in and around New Orleans. How many Canary Islanders actually reached Louisiana cannot be determined precisely, report Din (1988) and Lipski (1990), but nuclear immigration occurred until 1783, although individuals who entered the community afterward were also welcomed. The soldiers of the Canaries were generally lower middle class workers and colonists of humble social levels (Fernández Armesto 1982). Din (1988) indicates that Gálvez had only enough recruits for one battalion of soldiers in Louisiana, and that all the married men instead became agricultural colonists whose only military obligation would be to serve in the militia units where they settled.

The route of the sailing ships was a direct crossing from the Canaries to the Caribbean. Havana, Cuba, was the central disembarking point for those emigrants who were too sick to continue, with New Orleans, Louisiana, as the final destination for the others. When Spain declared war on England in 1779, the captain general of Cuba, Diego José Navarro, decided to detain the Isleños in Havana until he heard from Governor Gálvez in New Orleans about the safety of sailing near British forts. The captain general recruited some of the Canary Island passengers into the Havana military, and others volunteered as reinforcements for Gálvez's forces in New Orleans. Because the situation in Louisiana was both perilous and uncertain, more than a few passengers deserted, choosing to disappear into Cuban society rather than wait in the detention center Oquenda, part of the Santuario de Nuestra Señora de Regla. In total, three ships stayed in Cuba during the war. Din states that "Spanish officials did not compile a full explanation of what happened" (1988: 22) to the Canary Islanders, but he surmises that between reassignment of military duties, death, and desertion, many of them stayed in Cuba in the 1700s. One shipload of Canarians left Cuba to settle in Pensacola, Florida, in 1783, but due to lack of funds to set up their livelihood and farming or cattle herding, those 36 families petitioned to return to Cuba.

In Louisiana

In Louisiana the first settlements were west of New Orleans along the Mississippi River at Galveztown and Valenzuela, already inhabited by "Anglo American refugees from the warfare in the English Atlantic colonies" (Din 1988: p. 28) and a few French speaking immigrants from Nova Scotia, called "Acadians" or "Cajuns." The other two Canary Island settlements were in St. Bernard and Barataria to the east of New Orleans. Galveztown failed in 1807 because hurricanes and water-borne diseases afflicted the low-lying area. Valenzuela was soon populated by Acadians migrating from Canada after 1803 and renamed Lafourche (Winzerling 1955). Barataria also failed early due to insufferable conditions caused by the repeated overflow of the Mississippi River, and the settlers all moved to St. Bernard. When Spain ceded the territory back to France in 1800, the Isleños were mostly abandoned by the government and left to form a dense social network of families related by heritage. The geographical isolation of the community was reinforced by the fact that boats provided the only means of transportation in the swampy region. MacCurdy states that the Isleños' primary occupations of fishing and trapping kept them "largely removed for long periods of time from English speaking people" (1950: 25). In the 1850s, St. Bernard Parish had received an impressive influx of foreigners from Europe and the Caribbean basin, so that "these Spaniards, Cubans, and Mexicans helped to reinforce the Hispanic character of the parish" (Guillotte 1982). Although isolated from American and Spanish urban centers, Isleños maintained contact with Caribbean Spanish speakers who entered the community by boat for trade or for travel around the waterways of the Gulf. The Isleño social network was strong enough to absorb those incoming visitors and to impel them to shift their speech to Isleño Spanish. During Prohibition in the 1920s, Isleños increased their contact with Cuba, and many of them enjoyed their visits and opportunities to use Spanish (Din 1988). Jeansonne (1977) describes the conditions:

> The lower delta served as a haven for bootleggers and moonshiners. Easily accessible to Cuba, the delta offered a climate suitable for year-round operations, as well as innumerable water inlets that made surveillance impossible. Mother ships loaded with booze anchored offshore in international waters and fishing boats relayed the cargo through the narrow inlets to a secret rendezvous in the swamps (18)

This economic interchange also had a lively social component, since both sides were allied against U.S. government intervention. Interaction with Cubans declined during World War II because many Isleño men saw military service outside Louisiana, and Miami and Tampa became more central to the Caribbean migration than the port of New Orleans. Both modernization and assimilation of the rural population has made interaction with any Hispanic population less likely and association with American culture more likely (Dinn 1988). Compulsory elementary education, paved roads, electricity bringing radio broadcasts, and job opportunities ensured that young Isleños used English over Spanish. Quiñones writes that "although Spanish speaking immigrants have continued to trickle into and settled in the parish and on Delacroix Island, they have not been sufficient to reverse the trend" (1955: 247).

The Isleño Dialect

During the Isleños' long history, the dialect served as an indicator of membership in the community, "the traditional way of speaking of one's ancestors" (Alexander 2001). Armistead states that "Isleño Spanish can be considered as a dialect, originally Canarian in character, to which have been added many and diverse elements from both Peninsular and American Spanish, as well as from French and English, to form a distinctive Louisiana Spanish koiné" (1992: 7). Phonetically, aspiration and deletion of /s/, the variability of /r l/, and the deletion of word final consonants are salient features of Isleño Spanish. The uniqueness of its vocabulary lies not only in archaisms, such as nautical terms from the Canary Islands, but also in its inventory of loan-words from Louisiana Acadian French, and increasing numbers of loan-words from American English (Lipski 1990). Armistead (1992) asserts that one of its most interesting features is the very fact that it has been able to develop, over the last 200 years, quite independent of any influence from an official literary norm. Today, the Isleño community consists of about 1,000 residents, with less than 25 fluent speakers of the dialect. The social network of the enclave consists of those families linked by blood or marriage, but dialect use is no longer a signal of membership, as it had been in the past.

The Cuban Dialect

The dialect of Cuba, in comparison, shares phonetic characteristics with other dialects of the Caribbean. As evidenced by a shared history with the Canary Islands, in Cuba many speech patterns are similar to Canary Island speech:

La inmigración canaria alcanzó su culmen en las primeras décadas del siglo veinte, y fue la responsable de una cantidad nada despreciable de transferencias lingüísticas entre los dos territorios. Tan concentrada estaba la inmigración española que los cubanos empezaron a llamar a los españoles de la península gallegos y a los de las Canarias isleños (Lipski 1996: 253).

Salient phonetic characteristics of Cuban Spanish vary according to social class and region. For example, the neutralization of word- and utterance final /r l/ is important, and the aspiration and deletion of word- and syllable final /s/ is common (Guitart 1976), but the deletion of word final /d r/ is characteristic of the lower classes in Havana and the central provinces (Lipski 1996). The vocabulary of Cuban Spanish has contributions from indigenous groups (López Morales 1970), like Taíno and Arahuac, and some adaptations from African languages. Lipski concludes that "la inmigración canaria al Caribe se sumó a las tendencias fonéticas que ya estaban plenamente desarrolladas, pero la contribución canaria global tuvo más un carácter de apoyo que de innovación" (1996: 259).

Comparing Isleño and Cuban Dialects

Table 1 compares some salient features of Isleño Spanish with Cuban Spanish. The Isleño dialect of Spanish is related to, but not an offshoot of, Cuban Spanish, with similarities in especially their phonetic features not necessarily related to contact. Lipski (1984) indicates that one common articulation of Cuban Spanish—velarization of word final /n/—does not appear in Isleño Spanish.

Isleño Spanish

1. Phonology
   /s/ aspiration and deletion   /eh.pe.Ra/   *espera*   'waits'
   /R l/ deletion or neutralization   /se.vi/   *servir*   'to serve'
                                      /kol.te/   *cortés*   'courteous'
   /Dә/ deletion   /ma.Ri.o/   *marido*   'husband'
   /n/ retention   /ko.pa.‾an/   *acompañan*   'accompany'

2. Lexicon
   archaisms   *naide*   'nobody'
                                      chipía   'light rain'
   loanwords   *tanta* < LaFr *tante*   'aunt'
                                      treila < Eng trailer   'trailer'

3. Syntax
   increasing English-like structures   *Hablamos de pescando*
                                          'We're talking about fishing. '
   code-mixing   He's a good fisherman, too, for fish.
                                          Fishes everything. [pehkaDo De to
                                          i kohe to, peRo e Difisil
                                          bende lo peses aoRa e
                                          Difisil]...Not a good living
                                          anymore...

Cuban Spanish (from Lipski 1996)

1. Phonology				
/s/ aspiration and deletion	/eh.ta/ ,		*está*	'he/she is'
/n/ velarization	/o.fRe.sEN/		*ofrecen*	'they offer'
/R l/ neutralization	/al.te/		*arte*	'art'
2. Lexicon				
loanwords	*jonrón* <	Eng		'homerun'
	batey <	Arahuac		'patio'
	colibrí <	Nahuatl		'butterfly'
3. Syntax				
noninverted questions	*¿qué tú quieres?* 'What do you want?'			
infinitives in subjunctive clause	*Es difícil para mí entender los otros*			
	'It's difficult for me to understand…'			

Table 1. Features of Isleño Spanish and Cuban Spanish.

The phonetic similarity of dialects has led researchers, beginning with Catalán (1960), to discover that speakers of Caribbean Spanish cannot distinguish between a speaker of Canary Island Spanish and a Caribbean Spanish speaker. The attitudes that each ethnic group shows toward each other also demonstrate their recognition of historical and current similarities. However, language attitudes of Isleños toward other ethnic groups are not uniform.

Language Attitudes

An attitude, defines Munn, "es el conjunto de creencias, sentimientos y tendencias de un individuo" (1980: 30) Attitudes have two facets, one motivational (cognitive and affective elements) and the other active (the behavioral element). Jahoda and Warren (1970) propose that the cognitive element indicates that the individual believes something, the affective element provides the emotional feeling about it, and the behavioral element gives the individual the predisposition to act on it. Fernández states that three essential factors form the basis of attitude: "la información que recibimos, el grupo con el cual nos identificamos y nuestras propias necesidades personales" (1990: 49). In social psychology, language attitudes are important because people's reactions to language varieties can reveal their perceptions of the speakers (Cooper & Fishman 1970). Bradac, Cargila, and Hallett state that "hearers are active users of language behaviors," although most studies assume that hearers are "passive responders" to linguistic stimuli (2001: 148). Cobas and Duany (1997) find that Hispanics judge other groups by speech, religion, and birthplace more than any physical or social characteristic. Attitudinal research, then, must contain actual, observable behavior for the researcher to interpret as well as regular questions for the participants' introspection (Silva-Corvalán 1994).

Isleños and Cubans

In the Isleño community, a shared history with Cuba (close contact from 1778 to 1783, economically motivated but cordial from 1920 to 1940 and sporadic but welcoming to individuals thereafter) provokes a favorable attitude. Isleños regard the Cuban dialect as no other—a link to their own past with a recognizably similar variety of Spanish. This affinity can be described as "a sense of connectedness with one's past and with others who share that past, and with all the markers that embody that connection" (Alexander 2001). Isleños' favorable attitudes are motivated by their belief that Cubans have the same historical origins in the Caribbean and ultimately in Spain, and they act upon this belief by judging Cuban speech (and by extension, Cubans) as favorably similar in character. Following Fernández's (1990) concepts of the basis of attitudes, the Isleños have received historical information orally form their own ancestors in the ethnic enclave, and lately through formal education, that Cuba was important in the history of Canary Island migration. Therefore, Isleños can identify with Cubans as compatriots sharing a pre-United States history, and this favorable attitude has allowed outgroup members who have entered the community to be welcomed as fellow *hispanohablantes*. Because the original Canary Island immigration to St. Bernard ended in 1783, the Isleño enclave needed more members to maintain its community, and Cubans fit in perfectly well because they did not need too much language training to sound like Isleños.

When Isleños say that they hear Cubans talking in the farmers' market in New Orleans, they feel an affinity for a dialect that contains some of the same phonetic characteristics of their own speech. However, this favorable affective element rarely gives way to the behavioral impulse to approach the Cubans to speak Spanish to them. Isleños, having been chastised in schools for decades for speaking Spanish, rarely initiate a conversation in Spanish. Though they might be loyal to their variety, they know enough not to expose it to outsiders for scrutiny. However, the few fluent bilinguals in the community will reply in Spanish if someone directly addresses them. Happily, Isleño bilinguals have not developed low-self esteem about their own variety nor compare it unfavorably to other dialects in the area. Non-fluent bilinguals, on the other hand, will never speak Spanish unless they are within the ethnic enclave in a situation with group participation, because their receptive skills are certainly ahead of their productive skills. Lestrade (2002) has discovered that speaking English has given Isleños benefits in American society but also the tools of their own downfall in preserving Isleño Spanish.

Isleño speakers look favorably upon the Cuban dialect, but their attitudes toward other American varieties of Spanish are negative, regardless of the linguistic or historical features in common. For example, Isleños' attitudes toward Mexican Spanish are unfavorable, mainly because of the stereotypes associated with Mexican immigration in the U.S., and even though Mexican Spanish may share some lexical items with Isleño Spanish, they do not feel an affinity with it. As one Isleño commented, "When the signs say 'Se habla español,' that's not us. That's Mexican. We speak *español criollo*" (Segura 1986: 46). *Criollo* here means "homegrown" or native to the area and Isleños consider themselves to be indigenous, not immigrant. The information that the Isleños have received about Mexican Spanish is strictly secondhand stereotypes without historical experiences of community members to contradict them. The Mexican dialect in Louisiana is of a group with which the Isleños have had little contact, and their personal beliefs have been challenged only sporadically by contact. Informal discussions about other U.S. Caribbean Spanish dialect reveal that the Isleños do not believe that Puerto Rican Spanish of New York City or Miami Cuban Spanish have much in common with their own dialect or social situation. Isleños identify with Cubans in or from Cuba, not with the modern generation.

Isleños and Other Varieties

The fact that Isleños react favorably to Cuban speech does not necessarily mean that they have more accurate or counter stereotypic beliefs about Cubans in general. Isleños look upon Cuban Americans as a wealthier minority who don't know the same type of hardship that Isleños have faced. Likewise, Mexicans are viewed as an unfavorable outgroup as well, with values and habits unfamiliar to the Isleño way of life. Rothbart, Dawes, and Park discover that stereotypic attitudes "are not restricted to the perceptions of unfamiliar groups, or groups locked in ideological conflict but also extend to groups that hold similar values" (1984: 129). Rothbart et al. (1984) hold that the source of these unfavorable attitudes can be localized both in the internal psyche and also in external social forces: stereotypic impressions are composed of general features and specific instances which, when mixed, produce favorable or unfavorable attitudes.

Informal observation of the Isleño community has shown that while Isleños are polite to all visitors, they do not seek the company of other Spanish speakers in the U.S. Rather, they have concentrated their ethnolinguistic efforts in connecting their dialect to the Canary Islands. Just this past March, Los Isleños Heritage and Cultural Society, a St. Bernard Parish group that is committed to preserving Isleño traditions, hosted a folkloric music troupe from the Canaries, which they found through a visiting Spanish ambassador to New Orleans. While the Isleños have also attended the Texas Folklife Festival in San Antonio, where another group of Canary Islanders settled in the U.S., the Louisiana Isleños prefer that other Spanish speakers come to them. Isleños feel that the San Antonio group does not speak the same way as they do, although their origins in the Canary Islands in the 1700s are certainly the same. As Wardhaugh notes, "whether or not people feel that they speak the same language as certain others may have very little to do with whether there is some degree of mutual intelligibility" (1987: 24) Isleños recognize the shared heritage with San Antonio Isleños and consider their status as equals, but feel only slight solidarity with them.

Conclusion

Most Isleños consider Cuban speech to be of equal status with their own dialect, because most are minority dialects in the face of American English and Standard Spanish in schools. Isleños recognize the distinctiveness of their own dialect apart from other Caribbean varieties. The historical forces that severed the connection between the two groups after Prohibition, and the military service for the U.S. that followed for the Isleños has served to make them less sympathetic to the political situation of modern island Cubans. However, they feel more affinity for the Cuban dialect than for any other U.S. variety based solely on the remembrance of a shared past and the recognition of a phonetically similar variety of Spanish.

This study has indicated the need for more research in language attitudes in all Spanish-speaking communities in Louisiana. Future research in Isleños' attitudes must include conversational questionnaires (written questionnaires are too formal and official looking) about their evaluations of other dialect speakers' competence, personal integrity, and social attractiveness. Future research must also include, if possible, those Isleños who are not part of the social revival groups to determine if their reactions are parallel to the more politically active members.

This study has observed that Isleños react favorably to other Spanish speakers whose dialect features are perceived to be similar to their own, and unfavorably to other groups with whom they perceive little commonality. Isleños are proud of the fact that they speak a variety of Spanish from the Eastern Hemisphere, and are keenly aware of other varieties spoken in Louisiana that may or may not share the same history as their own. Their pride in their own dialect leads them to consider acceptable other dialects that they perceive as similar. It is now up to us to reveal the extent and type of approval that Isleños give to other varieties of Spanish.

References

Alexander, R. (2001). Regional dialects—endangered species or living tradition? The Christopher J. Longest Lecture, University of Mississippi.

Armistead, S. G. (1992). *The Spanish tradition in Louisiana*. Newark, DE: Juan de la Cuesta.

Bradac, J. J., Cargila, A. C., & Hallett, J. S. (2001). Language attitudes: Retrospect, conspect, and prospect. In W. P. Robinson & H. Giles (eds.), *The new handbook of language and social psychology* (pp. 137-155). New York: Wiley.

Catalán, D. (1960). El español canario: entre Europa y América. *Boletin Filología*, 19, 317-337.

Cobas, J., & Duany, J. (1997). *Cubans in Puerto Rico: Ethnic economy and cultural identity*. Gainesville: University of Florida Press.

Cooper, R., & Fishman, J. (1970). The study of language attitudes. *International Journal of the Sociology of Language*, 3, 5-19.

Din, G. C. (1988). *The Canary Islanders of Louisiana*. Baton Rouge: Louisiana State University Press.

Fernández, R. M. (1990). Actitudes hacia los cambios de códigos en Nuevo México: Reacciones de un sujeto a ejemplos de su habla. In J. J. Bergen (ed.), *Spanish in the United States: Sociolinguistic issues* (pp. 49-58). Washington, DC: Georgetown University Press.

Fernández Armesto, F. (1982). *The Canary Islands after the conquest*. Oxford: Clarendon Press.

Guillotte, J. V. (1982). *Masters of the marsh: An introduction to the ethnography of the Isleños of lower St. Bernard Parish, Louisiana, with an annotated bibliography*. New Orleans: Jean Lafitte National Historical Park.

Guitart, J. (1976). *Markedness and a Cuban dialect of Spanish*. Washington, DC: Georgetown University Press.

Jahoda, M. & Warren, N. (Eds.). (1970). *Attitudes*. Harmondsworth, England: Penguin.

Jeansonne, G. (1977). *Leander Perez: Boss of the delta*. Baton Rouge: Louisiana State University Press.

Lestrade, P. (2002, October). The contradiction of standardization: The Isleños of Louisiana. Paper presented at the South Central Modern Language Association Annual Meeting.

Lipski, J. M. (1984). The impact of Louisiana Isleño Spanish on historical dialectology. *Southwest Journal of Linguistics*, 7, 102-115.

Lipski, J. M. (1990). *The language of the Isleños: Vestigial Spanish in Louisiana*. Baton Rouge: Louisiana State University Press.

Lipski, J. M. (1996). *El español de América*. Madrid: Ediciones Cátedra.

López Morales, H. (1970). Indigenismos en el español de Cuba. *Estudios sobre el Español de Cuba*, 2, 50-61.

MacCurdy, R. R. (1950). *The Spanish dialect of St. Bernard Parish, Louisiana*. Albuquerque: University of New Mexico Press.

Munn, F. (1980). *Psicología social*. Barcelona: Ediciones CEAC.

Quiñones, M. A. (1955). *Delacroix island: A sociological study of a Spanish American community*. M.A. thesis, Louisiana State University.

Rothbart, M., Dawes, R., & Park, B. (1984). Stereotyping and sampling bias in intergroup perception. In J. R. Eiser (ed.), *Attitudinal judgment* (pp. 109-134). New York: Springer Verlag.

Segura, C. (1986). Orphans of history. *New Orleans*, 20, 46-48.

Silva-Corvalán, C. (1994). *Language contact and change: Spanish in Los Angeles*. Oxford, England: Clarendon Press.

Wardhaugh, R. (1987). *Languages in competition*. Oxford, England: Basil Blackwell.

Winzerling, O. W. (1955). *Acadian odyssey*. Baton Rouge: Louisiana State University Press.

Perspectivas lingüísticas

Matización de la teoría de la simplificación en las lenguas en contacto: El concepto de la adaptación en el español de Nueva York

Ricardo Otheguy y Naomi Lapidus
City University of New York

Abstract

The notion of *simplification* has often been proposed as an explanation for contact-induced change in many settings. We propose here a modest but significant extension of the explanatory value of simplification. We suggest that contact-induced changes should additionally be understood in terms of the notion of *adaptation*. We outline how an adaptive model adds to a simplificatory one, and apply the notion of adaptation to the study of English nominal lexical insertions in the Spanish spoken in New York City. We use adaptive reasoning to test specific predictions regarding simplificatory changes involving these borrowed nouns. We focus on a structural fact, namely the nearly complete lack of activation of the Spanish gender system in borrowed nouns in the Spanish spoken in New York. This structural fact is then connected to functional peculiarities of these gender-less nouns, namely their very low involvement in constructions with adjectives and articles, precisely the constructions that are otherwise facilitated by nouns that belong to gender classes. The elimination of gender from borrowed nouns is seen as adaptive because it locates the reduction of cognitive effort precisely in those areas where the reduction produces the least disruption in communicative effectiveness. The data come from sociolinguistic interviews conducted in New York City with speakers from a variety of Latin American national origins and age groups, some of whom were born in New York while others were born in Latin America and have lived in the City for different lengths of time. We see the new facts revealed by these predictions as useful expansions of our empirical knowledge regarding Spanish in the United States, and as support for the idea that contact-induced change is not only simplificatory but also adaptive.

Simplificación y adaptación en las lenguas en contacto

Entre las muchas explicaciones que se han propuesto para dilucidar los cambios lingüísticos que sufren las lenguas en contacto, la *simplificación* se ha destacado como concepto de suma importancia. Varios estudiosos del contacto entre el inglés y otras lenguas en Norteamérica han intentado demostrar que el español en EE.UU., el francés en Canadá y otras variantes de contacto se han visto simplificadas, en la competencia lingüística de sus usuarios bilingües, como consecuencia, directa o indirecta, de la convivencia de éstos con hablantes del inglés (Mougeon y Beniak 1991; Silva-Corvalán 1994). La teoría de la simplificación plantea la situación cognitiva de un hablante bilingüe quien, enfrentado con los mayores esfuerzos de memoria y recuperación estructural y léxica que exige el manejo diario de dos lenguas, tiende a simplificar una o ambas. Esta simplificación procede, en algunos casos, de la tendencia del usuario bilingüe a enfrascarse en lo que Toribio llama una "búsqueda de paralelos" entre las dos lenguas, tendencia que le lleva a dar preferencia a aquellas estructuras o usos de la lengua minoritaria que más se parecen a las estructuras o usos del acrolecto (en el caso del español de EE.UU., a preferir aquellas estructuras o usos españoles que son paralelos a los del inglés) (ver Toribio 2004, y comentarios en Otheguy 2004). La teoría de la simplificación enlaza los fenómenos típicos del contacto lingüístico con otros rasgos, también simplificadores, que caracterizan la adquisición del lenguaje infantil, el aprendizaje de segundas lenguas y la formación de los *pidgins* y las hablas criollas (Silva-Corvalán 1994).

Como todas las teorías de gran utilidad, la teoría de la simplificación es susceptible a matizaciones y ampliaciones. En el presente trabajo, que reproduce lineamientos análogos a los de Otheguy (2001) y Otheguy y Lapidus (2003), proponemos que, para entender los cambios estructurales y léxicos que observamos en las variantes de contacto, es necesario ampliar el concepto de simplificación, reconociendo en los dialectos bilingües, además, la vigencia de un proceso de *adaptación* social y lingüística.

El entorno bilingüe sobre el que informamos en este trabajo es la ciudad de Nueva York (abreviatura NYC). En la urbe neoyorquina, el 25% de sus habitantes es de origen hispanoamericano (con algunos habitantes también de origen español). Y aunque en esta cifra se incluyen muchos que ya sólo hablan en inglés, no cabe duda que entre ese 25% de hispanos de NYC hallamos una alta proporción de hablantes de español. Es para entender parte del comportamiento lingüístico de estos hispanohablantes neoyorquinos que proponemos ampliar el concepto de simplificación, apelando a importantes semejanzas entre la lingüística y la biología, y demostrando la relevancia para el estudio del contacto del concepto de adaptación.

En la adaptación lingüística, como en la adaptación biológica en general, se conjugan altos índices de ahorro de energía con bajos índices de disminución de efectividad; en el caso de las lenguas en contacto, se conjugan altos índices de ahorro cognitivo, con cuotas muy bajas de pérdida comunicativa. Los cambios introducidos en el español popular de NYC reducen la inversión y gasto de esfuerzo, sin que por esto haya casi ninguna mengua estructural. Para ilustrar este proceso de adaptación estructural que va más allá de la simplificación, estudiamos los neologismos de origen inglés que, en elevadas cuotas, son de uso diario en el español popular neoyorquino. Analizamos su acoplamiento al sistema español, en especial en cuanto a la categoría de género. Y por último presentamos desde la óptica del principio de adaptación, nuevos datos sobre la relación entre el ajuste estructural y las características funcionales de estas palabras.

El corpus

Nuestro estudio de los neologismos léxicos ingleses del español en NYC se realiza sobre un corpus obtenido de 33 entrevistas sociolingüísticas, de aproximadamente una hora de duración, realizadas con hispanohablantes neoyorquinos[1]. Aunque no manejamos

---

[1] Las entrevistas en las que se basa este trabajo forman parte del amplio proyecto, llamado por su título en inglés *The City University of New York (CUNY) Project on the Spanish of New York*, iniciado por Ana Celia Zentella, dirigido actualmente por ella y por el primer autor del presente trabajo, y costeado por subvenciones

para este artículo una muestra estratificada *stricto sensu*, sí hemos buscado en nuestros informantes representatividad con respecto a su origen dialectal y su asentamiento residencial en NYC. Así, 13 de nuestros sujetos llegaron a NYC después de los 20 años, y 13 son nativos de la Ciudad, quedando balanceada la muestra con los seis restantes, tres de los cuales llegaron a NYC de niños y cuatro de adolescentes. Escogimos a nuestros informantes de entre las seis comunidades latinoamericanas con mayor representación en NYC. En números correspondientes a sus respectivas proporciones en esta población, contamos en nuestra muestra con 13 puertorriqueños, seis dominicanos, cinco mexicanos, cuatro colombianos, tres cubanos y dos ecuatorianos.

Hemos encontrado en las muestras de habla española de estos 33 informantes, un total de 535 neologismos léxicos de origen inglés, entre los cuales hay 477 nombres sustantivos, que conforman el corpus del estudio. Ejemplos típicos son usos tales como:

- En el cuarto del niño hay *un pool table*.
- Regresé a *mi viejo high school* a hablar con los maestros.
- Le metes *un credit card* y se abre.

No abordamos aquí el difícil problema de distinguir cuándo, y en cuáles casos, un extranjerismo se puede categorizar como préstamo, y cuándo debemos considerarlo un simple intercalamiento o cambio de código monoléxico, que es por naturaleza asistemático, momentáneo y efímero (nos apoyamos para esto en el enfoque tomado por Poplack 1982). Usamos para nuestro estudio todos los anglicismos nominales pronunciados por los informantes, y los denominamos "neologismos léxicos ingleses" (abreviatura NLI), sin distinguir entre los que son frecuentes o de uso esporádico, ni entre los que encontramos pronunciados en la entrevista con fonología española adaptada, o con la pronunciación inglesa primitiva, ni entre los de uso común entre todos o muchos informantes, o los limitados a unos cuantos de ellos. Sin embargo, y a diferencia de las pautas de Poplack, sí exigimos, para permitir la entrada de la palabra en el corpus, que no sea de uso común ni en Latinoamérica ni en España. Los anglicismos de uso corriente en el español general, o de uso corriente en alguno de los países de origen de los hablantes de nuestra muestra, razonamos, no se usan en NYC por contacto con el inglés, sino muy probablemente porque llegaron ya a la Ciudad de labios de los inmigrantes.

Descartamos, por tanto, palabras tales como *cake, chance, closet, estándar, Internet, OK, lonchar*, y *rolo*, pues aunque no sean todas ellas de uso común en todos los países de la muestra, sí son lo suficientemente corrientes en suficientes lugares como para dudar que su presencia en el español neoyorquino sea consecuencia directa de contacto con el inglés.

otorgadas a Zentella de la Rockefeller Foundation, a Zentella y a Otheguy por la propia City University of New York y, principalmente, por la National Science Foundation del gobierno federal estadounidense.

Usados como:	N	%
Verbos	11	2
Interjecciones	9	2
Adjetivos	38	7
Sustantivos	477	89
TOTAL NEOLOGISMOS	535	100

Tabla 1. Neologismos ingleses en 33 informantes, según la categoría léxica del neologismo.

En nuestra muestra, la mayoría de los neologismos léxicos ingleses (NLI), así entendidos, constan de una sola palabra. Pero también hemos recogido y cuantificado, otra vez siguiendo a Poplack (1982), frases nominales algo más complejas, siempre y cuando esa complejidad adicional no vaya más allá de: (a) un adjetivo o un modificador nominal, como por ejemplo *credit* en la frase *un credit card*, o *elementary* en la frase *elementary school*, o (b) frases ilativas formadas por sustantivos o frases nominales del grado de complejidad aceptable según el criterio anterior, como por ejemplo *the daily word and the daily bread*, o (c) listas de sustantivos que conforman una unidad léxica estable, como por ejemplo *drugs, rock'n'roll and love*. Todas las frases nominales de estos tipos que aparecen en las entrevistas quedan incluidas y consideradas como NLIs.

Por otra parte, hemos excluido del corpus todos aquellos sustantivos o frases nominales de origen inglés que sean modificados por (a) una frase preposicional, como *un credit card with miles*, o por (b) una cláusula subordinada como *un credit card that gives you miles*. Tampoco integran nuestro corpus, ni se clasifican como NLIs, (c) frases preposicionales sueltas como *in all fairness*, ni (d) frases temporales como *somewhere between Manhattan and Brooklyn*. A todas ellas las clasificamos como intercalamientos o cambios de código y, por tanto, no forman parte de nuestra investigación. También hemos considerado como cambios de código, y descartado de nuestro corpus, muletillas inglesas tales como *so, you know*, que abundan mucho en la lengua de nuestros informantes, pero que sin embargo no entran dentro del tema que nos ocupa.

La adaptación

El concepto de la adaptación, como noción explicativa del fenómeno del contacto lingüístico, es ya una sugerencia que se encuentra en los trabajos de Poplack sobre el español en NYC de hace dos décadas (Poplack 1983). Esta idea de la adaptación lingüística ha cobrado nueva actualidad en la lingüística general con los trabajos de Nettle (1999), quien propone un paralelo entre la adaptación biológica y la lingüística. Así como, en la adaptación biológica, un organismo sobrevive en la medida en que se ajusta a su medio, aumentando así su capacidad reproductiva, la adaptación lingüística postula que la introducción y supervivencia de elementos estructurales en las gramáticas de las lenguas tiene que ver con la utilidad cognitiva y comunicativa de esos elementos. Este concepto de *utilidad*, que juega un papel de capital importancia en el estudio de la adaptación, enlaza históricamente con el concepto de *rendimiento funcional* de Martinet

(1952). Aunque Martinet no proponía el rendimiento funcional como explicación de la *adopción* de nuevos elementos lingüísticos, sí aportó pruebas de que la utilidad explicaba el fenómeno, muy parecido, de la *conservación* de elementos en las lenguas en su desarrollo diacrónico.

En la elaboración del presente estudio, dos preceptos fundamentales de la adaptación nos han servido de guía. Primero, recordamos el principio que la estructura es siempre, o en la mayoría de los casos, una respuesta a exigencias funcionales. Segundo, hacemos hincapié en la relación entre costos y beneficios, reconociendo una tendencia económica en el cambio simplificador y adaptador, que tiende a proceder mediante la obtención de grandes ahorros en el costo de la inversión estructural, combinados con pequeñas pérdidas en el beneficio funcional.

Aplicamos el primer principio, que la estructura responde a la función, haciendo el razonamiento inverso. Tomamos hechos estructurales que observamos en el español en NYC, y siguiéndoles la pista, llegamos a descubrir nuevos hechos funcionales, que hasta ahora nos eran desconocidos. De esta forma, aportamos no sólo nuevos conocimientos sobre esta variante del español y sobre las lenguas en contacto en general, sino que dejamos explicados los rasgos estructurales, al conectarlos con nuevos y correspondientes datos funcionales. En nuestra aplicación del segundo principio, el del análisis de costos y beneficios, los costos se refieren a la carga cognitiva del hablante. En el cambio simplificador, el ahorro cognitivo se obtiene eliminando, o automatizando y reduciendo a regla general, elementos que de otra forma obligarían al hablante a almacenarlos en su memoria. Los beneficios se refieren a la realización selectiva de ese ahorro, puesto que se buscan, para la reducción del gasto cognitivo, aquellas partes de la gramática donde la reducción estructural conlleva el menor entorpecimiento de la función comunicativa.

Al aplicar estos dos preceptos del cambio adaptador a los neologismos léxicos ingleses (NLIs), es fácil constatar que esta porción del vocabulario nominal del español de NYC pasa por un proceso de simplificación estructural, del que surge un segmento del lexicón nominal carente de *género gramatical*. Veremos que aunque los sustantivos autóctonos de nuestros informantes se dividen, como en todo el mundo hispanohablante, entre masculinos y otros femeninos, los NLIs son prácticamente todos masculinos (*el pool table, un credit card*, pero casi nunca *la pool table, una credit card*, etc.). Con esto se realiza un gran ahorro cognitivo, al no haber necesidad de registrar en memoria la categoría genérica a la que pertenecen estos vocablos. Al comparar los NLIs, en los que se ha realizado este ahorro, con el resto del léxico, de origen autóctono, descubriremos que es precisamente entre los NLIs donde han quedado paralelamente eliminadas, o muy radicalmente reducidas, las funciones para las cuales son útiles las categorías de género. Aparecen estos NLIs agenéricos en sintagmas donde se hace innecesario mantener la cohesión discursiva entre palabras modificadas y sus modificadores, entre pronombres personales anafóricos y sus antecedentes, entre pronombres relativos y sus antecedentes, etc., funciones estas que, sin embargo, sí se conservan en los sintagmas cuyos núcleos son sustantivos autóctonos que sí mantienen la diferenciación genérica. La estructura genérica se descarta precisamente allí donde las funciones discursivas del género han quedado abandonadas. Así, la economía cognitiva de no darles género gramatical a los NLIs conlleva muy pocas consecuencias negativas en cuanto a pérdida de funcionalidad.

Existen numerosas situaciones análogas en el ámbito biológico que se explican, de igual manera, haciendo uso del concepto de la adaptación. Las especies de animales carentes de ojos, u órganos semejantes habilitados para la visión (rasgo estructural), habitan frecuentemente en profundidades oceánicas, o interiores de cavernas, donde la falta de luz hace que sea totalmente imposible ver (rasgo funcional que explica la estructura). Igualmente en muchos animales, incluyendo el ser humano, las estructuras óseas de gran tamaño y de superficie áspera, tienen como función sujetar músculos que desarrollan gran fuerza al contraerse, mientras que los músculos cuya función es generar fuerzas menores, suelen encontrarse atados a estructuras óseas más pequeñas y lisas, siendo el diferencial de fuerza muscular la explicación de las diferencias estructurales en los huesos correspondientes (Futuyama 1998; Lieberman 1998).

Género gramatical en los neologismos léxicos ingleses

Es de todos conocido que, en cuanto al género de los sustantivos de referente inanimado, el español impone una carga cognitiva sobre el hablante, quien no puede llegar a confiar totalmente en ninguna regla de aplicación general (ni siquiera en la más amplia de ellas, la que señala categoría femenina a muchas de las palabras terminadas en -a). Pues aunque sustantivos como *violín*, *vaso*, *planeta*, *fuerte*, etc. son masculinos, sustantivos con terminaciones análogas, como *crin*, *moto*, *casa*, *suerte*, etc. son femeninos. La categoría de género es, en última instancia, arbitraria y dependiente del esfuerzo de memoria. Entre nuestros informantes, este patrón del español general se mantiene muy vigente en el vocabulario autóctono, pero no entre los NLIs, como muestran las tablas 2a y 2b.

	Masc. (pct.)	Fem. (pct.)
Sustantivos autóctonos, Corpus a	45	55
Sustantivos autóctonos, Corpus b	53	47

Tabla 2ª. Proporción de sustantivos masculinos y femeninos en el español general.
[a = Navarro Tomás (1968), citado por Poplack (1982).]
[b = 300 sustantivos en 3 de nuestros 33 informantes.]

Vemos en la tabla que, en datos del español general analizados por Navarro Tomás, las proporciones entre sustantivos de uno u otro género son de 45 vs. 55%. Y vemos también en la tabla que una cala de nuestra muestra, que registra el uso de tres de nuestros 33 informantes, arroja resultados similares entre sus palabras autóctonas. Sin embargo, cuando comparamos esta categorización genérica de los sustantivos autóctonos del dialecto neoyorquino con la categorización genérica de sus NLIs, las diferencias saltan a la vista.

	Masc. (pct.)	Fem. (pct.)
NLIs, Corpus a	87	13
NLIs, Corpus b	87	13
NLIs, Corpus c	88	12

Tabla 2b. Proporción de sustantivos masculinos y femeninos en los NLIs
en el español en contacto con el inglés.
[Corpus a = Poplack (1982).] [Corpus b = 234 sustantivos, corpus de 33 informantes.]
[Corpus c = 98 sustantivos, corpus de Carlos Mota.]

Vemos en la tabla que la gran mayoría de los NLIs son masculinos. Las cifras del estudio de Poplack, y las que hallamos en los NLIs de nuestros propios informantes, dan resultados casi idénticos. Al ser casi todas las palabras del mismo género, la distinción genérica queda, en esta porción del lexicón, muy disminuida o eliminada.

Esta gran disminución de la categoría genérica en el vocabulario de origen extranjero, y la asignación de casi todos estos vocablos al género masculino, se observa en otras lenguas en contacto. En los EE.UU., se notó claramente en el noruego, así como en el italiano, en las épocas en que estas lenguas de emigración estuvieron muy en contacto con el inglés (Correa-Zoli 1973; Haugen 1969). En Asia Menor, el griego, en contacto con el turco, ha pasado por un proceso muy similar (Romaine 1995). Y aunque es normal que los extranjerismos lleguen a ajustarse a la morfología del idioma receptor, hay también muchísimos casos de lo contrario. En los préstamos españoles, franceses y bereberes pasados al árabe marroquí, Heath (1989) ha estudiado, por ejemplo, la ausencia morfológica del indicador árabe de especificidad.

Las cifras de la Tabla 2a, que registran el género de las palabras autóctonas del español en contacto, toman en cuenta todos los sustantivos que aparecen en el corpus, ya sea que el sustantivo aparezca solo, o acompañado de un artículo o adjetivo modificador. Para determinar el género de estos sustantivos y realizar el arqueo del que informa la tabla, el investigador no tiene más que recurrir a su conocimiento de la lengua. Si por ejemplo la palabra *metro* aparece en el sintagma *se fue en metro*, el investigador la suma al listado de las masculinas, a pesar de que no va acompañada de ningún artículo ni adjetivo que revele su género. Pero este método no puede usarse para estudiar los NLIs de los que da cuenta la Tabla 2b, pues entre ellos se conoce la adscripción de categoría genérica sólo en los casos en que aparecen con artículo o modificador. Cuando encontramos el NLI *subway* en la oración *se fue en subway*, no sabemos a qué género pertenece. El género de *subway* sólo lo conoceremos cuando veamos la palabra en sintagmas como *el subway, la subway, subway sucio, subway sucia*, etc. En los arqueos de la Tabla 2b, tanto en el de Poplack como en el nuestro, se ha tenido en cuenta esta dificultad, y sólo se analizan los NLIs que aparecen con artículo o modificador. Es por eso que en las cifras de la tabla quedan consignados nada más que los 234 NLIs que pudieron analizarse de esta forma, y no la totalidad de 477 NLIs de la muestra.

Estos resultados se comprobaron de forma más directa en el trabajo de nuestro asistente Carlos Mota, quien le pidió a un grupo de 30 estudiantes de secundaria neoyorquinos que hicieran una lista de todas las palabras del "Spanglish" que conocieran, y que las listaran con su artículo correspondiente, para así tener información directa de su categoría genérica. Este enfoque experimental produjo resultados casi iguales a las estadísticas nuestras y de Poplack, basadas en grabaciones. En el corpus de Mota, un 88% de los NLIs son masculinos y, como en el caso de Poplack, la asignación de género es consistente de un informante a otro cuando varios usan el mismo NLI. Los tres córpora concuerdan, por tanto, en que la distinción genérica ha quedado casi eliminada entre los NLIs, pues los hablantes los encasillan todos, o casi todos, dentro del masculino.

Conviene exponer ahora los detalles de dos procesos, uno fonológico y el otro semántico, que evitan que las tasas de adscripción de los NLIs al género masculino en el español en NYC asciendan al 100%. Primero, un sistema independiente del ejercicio de la memoria hace que todos los NLIs terminados en /-a/ se clasifiquen como femeninos. Son estas /-a/ finales de muchos NLIs la asimilación fonológica al español de la pronunciación primitiva de palabras inglesas con terminación en *schwa* (vocal murmurada o de apoyo), o con terminación en una *schwa* seguida de consonante que se elide durante el proceso de asimilación. De esta forma llegamos a esp. NYC *la boila* < ing. *boiler,* esp. NYC *la repocá* < ing. *report card,* esp. NYC *la espirian* < ing. *experience.* Es muy posible que este proceso se haga extensivo a las palabras terminadas en /-ay/, de donde suponemos se deriva la muy frecuente esp. NYC *la jai* < ing. *high,* con referencia al *high school* o escuela secundaria. Es obvio que el bilingüe llega a femeninos como *la boila* aplicando una regla general, y no almacenando en memoria la categoría genérica. Palabras femeninas como *la boila* no forman parte, por lo tanto, de la materia prima del proceso morfosintáctico automatizador y simplificador que caracteriza las lenguas en contacto, sino que más bien quedan estas palabras femeninas integradas, al acuñarse en NYC, a un proceso que está ya automatizado en gran medida en el sistema de lengua que los inmigrantes traen consigo de Hispanoamérica.

El segundo factor que hace que no todos los NLIs sean masculinos es el conocido patrón de correspondencia en español entre el género del sustantivo y el sexo del referente cuando éste es un ser animado. Así encontramos esp. NYC *una losh* < ing. *lush* "mujer que hace consumo desmedido de bebidas alcohólicas", *una teenager, una school aid* y, fusionándose con el proceso de terminación en /-a/, *la principá* o *la principala* < ing. *principal* "director/a de escuela". Sin embargo, es notable que aun este patrón, tan arraigado en el sistema morfológico español, empieza a dar señales de debilitamiento en el español en NYC. Es corriente en NYC escuchar referencias a las hembras con género masculino. En nuestro corpus hallamos, por ejemplo, *un social worker* y *los midwives,* y aunque no aparecieron en nuestras grabaciones, son corrientes en NYC, con referencia a mujeres, *el student teacher, el baby sitter, el travel agent,* etc. La renuencia de nuestros informantes a clasificar a los NLIs como femeninos, con la excepción de los terminados en /-a/, se revela claramente cuando el informante vuelve sobre sus pasos para repetir, una vez practicadas las reparaciones necesarias, lo mismo que acaba de decir. En el ejemplo (1) tenemos un hablante que utiliza el NLI *social worker* en masculino refiriéndose a su propia madre, y que de inmediato, al parecer sintiendo la necesidad de referirse a las mujeres según el sistema español, regresa al español cambiando al femenino (el número al final del ejemplo indica el informante).

(1) ¿Y tú mamá? Ella es <u>un social worker</u>, <u>una trabajadora social</u> ... 228D

En resumen, encontramos que aunque en el español en NYC se mantiene la oposición genérica del español general para las palabras autóctonas, los NLIs son todos masculinos, con la excepción de aquellos que terminan en una /-a/ o /-ay/, o se refieren a hembras, aunque este último patrón parece también estar ya muy erosionado.

Estos resultados de nuestra investigación contradicen una opinión muy generalizada entre los investigadores de lenguas en contacto, según la cual en estas lenguas se asigna género a los préstamos según el género de la palabra desplazada por éste. Establecida a partir de observaciones informales de Weinreich (1953), la idea del llamado "criterio analógico" en la determinación del genero de los préstamos ha venido repitiéndose con base a datos de la misma índole, y ha recibido también algún apoyo de algunas investigaciones empíricas (Poplack 1982; Zamora 1975). Pero aun en el cuidadoso trabajo cuantitativo sobre el español en NYC de Poplack que hemos citado en varias ocasiones, un alto porcentaje, el 78%, de las palabras que debieran ser femeninas bajo el criterio analógico, resulta que aparecen en su corpus como masculinas (1982). En nuestros datos, aun pasando por alto el problema de establecer cuál sería precisamente la palabra autóctona que desplazaría el NLI, y pasando por alto también el hecho que el NLI se suma en muchos casos al vocabulario del bilingüe sin desplazar ninguna palabra, encontramos claramente que el criterio analógico carece de justificación. Hemos hallado en nuestros datos los masculinos *los parties*, *el swimming*, *el vegetable soup*, *un full-size bed*, *un pool table*, etc., aun cuando, si quisiéramos acoplarlos con las palabras a las que supuestamente desplazan, lo tendríamos que hacer con los femeninos *las fiestas*, *la natación*, *la sopa*, *una cama*, *una mesa*. La única excepción en el corpus es *la liquor store*, referente a la tienda especializada en ventas de bebidas alcohólicas, y quizás *una deli*, con referencia al típico establecimiento de comestibles neoyorquino. Ambas podrían quizás recibir su género remitiéndose analógicamente a la palabra femenina *tienda*. Hemos encontrado también dos usos femeninos de *la high school*, quizás por analogía con *escuela*, aunque es de notar asimismo que el corpus contiene cinco usos masculinos de *el high school*, y 24 usos del vocablo sin modificación alguna, en los cuales, por las razones ya citadas, nos es imposible determinar género.

La adaptación simplificadora y el género gramatical

El caso del género en NYC es típico de la simplificación en situaciones de contacto. Un proceso que normalmente conlleva grandes gastos de memoria se elimina o regulariza, produciendo ahorros de carga cognitiva. El hablante continúa haciendo el gasto de clasificación genérica en los vocablos autóctonos, pero se lo ahorra en los NLIs. La teoría de la adaptación nos lleva a predecir que este diferencial de inversión estructural deberá tener sus orígenes, y su explicación, en una bifurcación correspondiente en el plano funcional.

En la construcción del enunciado en español, la concordancia genérica, al indicar cuáles sustantivos han de acoplarse con cuáles artículos, adjetivos, relativos y personales, facilita el procesamiento de la emisión, y posibilita la reconstrucción por parte del oyente de la forma del mensaje planteada por el hablante. Esta concordancia gramatical, claro está, descansa a su vez sobre la previa categorización genérica. Es así que se entienda como función primordial del género el servir de indicio de relaciones en el enunciado, contribuyendo de esta forma al andamiaje textual que presta coherencia al discurso. Esta funcionalidad cohesiva del género se manifiesta principalmente en tres entornos:

- Los sustantivos en construcción con adjetivos.
- Los sustantivos en construcción con artículos.
- Las frases nominales receptoras de referencia anafórica por parte de demostrativos, pronombres personales y pronombres relativos.

> (2) A. la casa de ladrillo roja / la casa es roja
>   B. la casa de ladrillo rojo / el ladrillo es rojo
> (3) A. El tan esperado premio
>   B. La tan esperada medalla
> (4) A. ese que costó tanto dinero (el ladrillo, el premio)
>   B. esa que costó tanto dinero (la casa, la medalla)
> (5) A. el que costó tanto dinero (el ladrillo, el premio)
>   B. la que costó tanto dinero (la casa, la medalla)
> (6) A. lo perdí (el ladrillo, el premio)
>   B. la perdí (la casa, la medalla)

La teoría de la adaptación nos lleva a esperar que, entre los NLIs, sobre los cuales se ha realizado el ahorro cognitivo, la correspondiente pérdida de función, en este caso la de mantenimiento de cohesividad en el discurso, será pequeña. La predicción científica dice que, al entrar en el corpus del español en NYC, encontraremos la siguiente situación:

- Los NLIs, que no tienen género, se ven involucrados en fenómenos cohesivos como los ilustrados en (2) - (6) con mucha menos frecuencia que las palabras autóctonas que conservan la oposición genérica.

Esta predicción general se hace operativa en estas cuatro predicciones específicas:

- Encontraremos *menos* ocurrencias de sustantivos modificados por combinaciones de artículos y adjetivos entre los NLIs que entre las palabras autóctonas.
- Encontraremos *menos* ocurrencias de sustantivos modificados por artículos entre los NLIs que entre las palabras autóctonas.
- Encontraremos igualmente *menos* ocurrencias de sustantivos modificados por adjetivos calificativos, determinativos, y predicativos entre los NLIs que entre las palabras autóctonas.
- Los antecedentes de referencias anafóricas realizadas por demostrativos, personales y relativos serán en *menos* casos NLIs que palabras autóctonas.

Resultados de la predicción sobre sustantivos sin artículos ni adjetivos

Nuestra expectativa es que emisiones como el número (7), en la que el NLI aparece desprovisto de artículos o adjetivos concordantes, serán corrientes, mientras que los casos como el (8), en que el NLI aparece con algún modificador, serán mucho menos frecuentes. La predicción propone además que este patrón es privativo de los NLIs, y no se da en las palabras autóctonas, entre las cuales no tiene por qué haber predominio estadístico de vocablos inmodificados.

(7) Caso corriente: NLIs inmodificados
A. ¿Está yendo a la escuela? Sí, estoy en *college*. 024C.
B. Pero ¿Qué pasó? Oh, no querían … no … son … allá, creen las muchachas algunas que son *high class*. 117D.
C. Ah deja ver … Ah cuando yo fui a The Phillipines … yo fuí a *Phillipines* mi amiga se iba casar y me dijo que si yo quería salir en la boda y yo le dije que sí, pues nosotros fuimos para *Phillipines*. 401P
D. Regresé a mi viejo high school, fui con la Sra. W., trabajé con ella como *student field observer*. 300E

(8) Caso poco corriente: NLIs modificados o con artículos
A. Regresé a mi *viejo high school,* fui con la Sra. W., trabajé con ella como student field observer. 300E
B. El cuarto del nene es grande. Tiene *un full size bed*. Tiene *un hockey,* un un juego de hockey de la mesa que se parece como *un pool table pequeño*. Tiene la televisión, el bureau de él. So, es bien grandecito. 403P
C. Porque yo había oído en otro … que en otros lados con … le metes *un credit card* y se abre, verdad, porque si no están bien cerradas las dos … 301E
D. Y yo dije, yo no puedo dormir en *ese cot* y yo tengo la espalda mala y *esos cot* son *bien mala.* 405P

La predicción se probó con un arqueo estadístico del que damos cuenta en la Tabla 3.

	NLIs		Autóctonos	
	N	Pct	N	Pct
Sustantivo, + Art o Adj	236	49	458	92
Sustantivo, – Art o Adj	241	51	39	8
	477	100	497	100

Tabla 3. Proporción de sustantivos que aparecen con o sin
artículo o adjetivo, comparando los NLIs con los sustantivos autóctonos.
$p < .05$. *[NLIs = Neologismos léxicos del inglés en los 33 informantes.]*
[Autóctonos = Sustantivos españoles autóctonos en los cinco
siguientes informantes: 271M, 300E, 301E, 401P, 405P.]

La tabla confirma nuestra predicción. Más de la mitad (51%) de los NLIs se usan sin artículos ni modificadores. Para tener un punto de referencia y confirmar que los NLIs desprovistos de artículos y modificadores no representan simplemente una preferencia general entre nuestros informantes, comparamos la forma de aparición de los NLIs con la de los sustantivos autóctonos. La tabla indica que hay entre los segundos una proporción mucho menor de aparición desprovista de artículos o adjetivos (8%), confirmando que la tendencia es privativa de los NLIs.

5.2 Predicción sobre los adjetivos

Podemos matizar algo más nuestras observaciones, haciendo la comparación entre NLIs y autóctonos en cuanto a uso con adjetivos, de forma separada a la comparación de su uso con artículos. Los resultados están en la Tabla 4.

	NLIs		Autóctonos	
	N	Pct	N	Pct
Sustantivo, + Adjetivo	23	5	118	24
Sustantivo, – Adjetivo	454	95	379	76
Total	477	100	497	100

Tabla 4. Proporción de sustantivos que aparecen con o sin adjetivo, comparando los NLIs con los sustantivos autóctonos. *p < .05. [NLIs = Neologismos léxicos del inglés en los 33 informantes.]* *[Autóctonos = Sustantivos españoles autóctonos en los cinco siguientes informantes: 271M, 300E, 301E, 401P, 405P.]*

Vemos en la tabla que nuestros informantes usan sin modificación adjetiva un 95% de los NLIs. Como punto de referencia, vemos que, entre sustantivos autóctonos, la proporción de uso sin adjetivo es mucho menor, un 76%. Nuestros informantes mantienen la adjetivación como parte de su competencia lingüística, pero la aplican mayormente a las palabras autóctonas, rehuyéndola cuando se trata de NLIs.

Una observación cualitativa sirve para corroborar el dato estadístico. En el ejemplo (9), el hablante se muestra renuente a combinar el NLI *high school* con el adjetivo *católico*, y cambia a un sintagma hecho todo de material español, *escuela católica*, pero luego, al hallar, aparentemente, que no puede cumplir con su intención comunicativa sin la palabra *high school*, cambia de nuevo, a un sintagma hecho por completo de material inglés, *Catholic high school*.

(9) Em, en la escuela católica. Es que está en una, em, *high school ca* ... es una escuela católica ... cató ... eh, high school. High, Catholic high school.

Predicción sobre los artículos

La siguiente precisión se obtiene analizando el uso de los artículos separadamente del de los adjetivos. Como en cualquier texto español, en nuestro corpus el uso del artículo es incompatible con ciertos otros modificadores. Los sustantivos con posesivos, demostrativos, o con los adverbios *menos* o *más* antepuestos, no admiten el artículo. En consecuencia, los cálculos encaminados a comparar la proporción de sustantivos con artículo entre los NLIs y los autóctonos no puede tener en cuenta sintagmas neológicos tales como *su bachelor's degree, mi boss, menos credits, menos trouble*, y *este dance*, ni sus equivalentes estructurales autóctonos *su hermano, mi compañero de trabajo, más líos*, etc. Excluimos también NLIs que aparecen con el artículo en inglés, p.ej., *the Phillipines*. Los resultados aparecen en la Tabla 5.

	NLIs		Autóctonos	
	N	%	N	%
Sustantivo, + Artículo	219	49	310	78
Sustantivo, – Artículo	224	51	85	21
Total	443	100	395	100

Tabla 5. Proporción de sustantivos que aparecen con o sin artículo, comparando los NLIs con los sustantivos autóctonos.
p < .005. [NLIs = Neologismos léxicos del inglés en 33 informantes.]
[Autóctonos = Sustantivos españoles autóctonos en los cinco siguientes informantes: 271M, 300E, 301E, 401P, 405P.]

Los totales aquí son diferentes de los de la tabla que hace la comparación con respecto a los adjetivos, porque aquí se han tomado en cuenta solamente aquellos sustantivos, ya sean NLIs o autóctonos, que se encuentren en entornos que permitan la aparición del artículo. La tabla muestra que, de los más de 400 NLIs que aparecen en entornos donde es posible usar un artículo, 51% aparecen sin artículo. Como punto de referencia, de entre los casi 400 sustantivos autóctonos que se encuentran en este tipo de construcción, la proporción que aparece sin artículo, el 21%, es mucho menor.

Predicción sobre la referencia anafórica

Por si falta hiciera recordarnos que en la lingüística, como en cualquiera otra ciencia, la naturaleza devela sus tesoros con gran renuencia, nuestras predicciones sobre la referencia anafórica no se cumplieron.

	NLIs		Autóctonos	
	N	Pct	N	Pct
Sustantivo, + Ref anafórica	29	6	35	7
Sustantivo, − Ref anafórica	448	94	462	93
	477	100	497	100

Tabla 6. Proporción de sustantivos antecedentes que reciben o
no reciben referencia anafórica, comparando los NLIs con los sustantivos autóctonos.

La tabla indica que, muy en contra nuestras expectativas, hay muy poca diferencia en la proporción de sustantivos receptores de referencia anafórica entre los NLIs y los autóctonos. Los NLIs fungen como antecedentes de pronombres personales y demostrativos en la misma proporción (6%) que los autóctonos (7%).

El incumplimiento de nuestra predicción quizás se deba en parte a que nuestros informantes, como indica la tabla, apenas se ejercitan en la referencia anafórica, mencionando los referentes sustantivales en más del 90% de los casos sólo una vez, sin volver sobre ellos en una segunda referencia que los convierta en antecedentes de pronombres. Esta reticencia en el uso de los sustantivos como antecedentes de referencia anafórica se da por igual entre los NLIs y los autóctonos. O sea, puede que esta predicción haya fallado porque nuestros informantes no nos proporcionan suficientes datos para ponerla a prueba de forma efectiva. Una segunda posible razón del fracaso de nuestra predicción es que la operatividad del género entre los pronombres anafóricos es mucho menor de lo que esperábamos, siendo éstos en su mayoría masculinos, o el clítico *le/les* que carece de marca de género.

La referencia anafórica la hace:	N	Pct
un pronombre masculino o no marcado	69	90
un pronombre femenino	8	10
	77	100

Tabla 7. Proporción de pronombres para la referencia anafórica, comparando pronombres masculinos o no marcados con pronombres femeninos. Los sustantivos antecedentes incluyen tanto NLIs como autóctonos.

	NLIs		Autóctonos	
La referencia anafórica la hace:	N	Pct	N	Pct
un pronombre masculino o no marcado	27	87	42	91
un pronombre femenino	4	13	4	9
	31	100	46	100

Tabla 8. Proporción de pronombres para la referencia anafórica, comparando pronombres masculinos o no marcados con pronombres femeninos, tomando en cuenta la diferencia entre antecedentes NLIs y autóctonos.

La Tabla 7 muestra que, tanto cuando el antecedente es un NLI como cuando es autóctono, la poca referencia anafórica que encontramos no se realiza por medio de pronombres que alternen entre sus formas masculinas y femeninas según el género del antecedente. En 90% de las escasas referencias anafóricas, el pronombre anafórico es masculino, o es el dativo *le/les*. Los datos de la Tabla 8 demuestran que la situación es casi la misma cuando separamos los datos de los sustantivos autóctonos y los NLIs.

No sabemos si el poco uso de la anáfora en este corpus de lengua hablada, y su realización por medio de pronombres masculinos o no marcados, cae fuera de los patrones de la lengua general, o si la misma situación se encuentra en lengua hablada en situaciones donde no hay contacto. Pero al menos entre nuestros informantes, bien puede ser que la poca aplicación de la anáfora, y la falta de pronombres femeninos, contribuya a eliminar la diferencia funcional que sería de esperarse dada la diferencia estructural genérica entre autóctonos y NLIs.

Limitaciones

Dejando aparte el problema de los antecedentes de anáfora, existen ciertas limitaciones en nuestro estudio que conviene señalar. No hemos distinguido, dentro de nuestra categoría de NLIs, los préstamos socializados de los intercalamientos monoléxicos de uso momentáneo, en gran medida porque, una vez puestos a trabajarla, hemos llegado a abrigar serias dudas sobre la factibilidad de esta diferenciación. Pero pudiera ser que, si separáramos de alguna forma los extranjerismos menos asimilados (siguiendo quizás criterios de fonología y frecuencia) de los préstamos más afincados en la lengua de nuestros informantes, encontráramos quizás que hay algunas diferencias en cuanto a la adscripción de género. (La separación se da como factible en Barkin 1980, y Poplack, Sankoff y Miller 1988, le adjudican importancia en cuanto a la asignación de género.) Sin embargo, el hecho de que nuestros informantes sólo hagan femeninos a sus NLIs cuando tienen terminación en /-a/ o /-ay/, nos indica que, aun entre los préstamos más asimilados, el léxico de origen inglés de estos hablantes carece de género. Claro está que si, sobre otro corpus, se encontrara que la división entre préstamo socializado e intercalamiento monoléxico momentáneo es factible, y que los préstamos mantienen la categorización genérica más que los intercalamientos, nuestra predicción sería que la aparición de artículos y adjetivos favorecería a los primeros más que a los segundos.

Una segunda limitación de nuestro estudio se halla en no haber formalizado criterios para excluir los vocablos de amplia circulación en los países de origen. La exclusión de *cake*, *closet*, *Internet*, etc. se basa en nuestros conocimientos del español general. Podríamos mejorar el estudio explicitando criterios que guiaran de modo más formal la inclusión y exclusión de puntos de origen inglés en nuestro corpus de NLIs.

Por último, el estudio adolece de la ausencia de hipótesis sobre los mecanismos o las rutas que han servido para que las reducciones funcionales desemboquen en los cambios estructurales. Nuestra presentación se ha limitado a observar que, al igual que en la biología, en la lingüística las consideraciones funcionales parecen dar la clave para entender el cambio estructural, realizándose el ahorro en la estructura precisamente en aquellas zonas donde la pérdida funcional es menor. Pero una feliz analogía, por útil que sea, no es lo mismo que la explicitación de los pasos concretos a través de los cuales la función provoca la estructura, y son esos pasos los que no hemos detallado en el presente trabajo. Además, nuestra analogía sufre también de ciertas limitaciones. La comparación con los peces ciegos y videntes es más ilustrativa que la del músculo y el hueso, pero falla porque establece un paralelo entre organismos y palabras, cuando en realidad la ecuación debería de ser entre los organismos y los idiomas. El paralelo con la relación entre los huesos y los músculos es menos gráfico, pero más exacto, porque compara las palabras con sub-estructuras (los huesos de diferentes clases) de distintos organismos.

Resumen

Las tres versiones de nuestra predicción se han visto confirmadas con altos grados de fiabilidad. En proporciones muy superiores a las que se encuentran con sustantivos autóctonos, nuestros informantes usan los NLIs sin adjetivos y artículos. La confirmación de la predicción presta apoyo a la adaptabilidad como concepto útil en la lingüística en general, y especialmente como concepto regidor de elementos estructurales, que aparecen aquí, igual que en el estudio de la biología, como respuestas a cuestiones funcionales. Habiendo notado que las diferencias de género se mantenían en el vocabulario autóctono pero no en el de origen inglés, emprendimos la búsqueda de los factores funcionales que, razonábamos, tenían que estar induciendo esta diferencia estructural. Dado que el género tiene su mayor aplicación funcional en la concordancia de artículos y adjetivos, razonamos que los NLIs, que han descartado la distinción de género, tendrían también que haber abandonado las funciones de concordancia. El éxito de nuestras predicciones, basadas en un amplio corpus de casi 500 sustantivos emitidos por más de 30 informantes, demuestra que el enfoque adaptivo sirve para acercarnos a un verdadero entendimiento de las lenguas de contacto. El ahorro estructural obtenido por el bilingüe al desactivar la categoría genérica se ha concentrado precisamente en la zona del lexicón en donde la desactivación no produce grandes pérdidas comunicativas, puesto que es en esa zona, entre los NLIs, donde la función comunicativa del género, que es la del sostenimiento de la coherencia discursiva, no se está ejercitando.

Antes de terminar, nos parece adecuado abundar sobre la analogía biológica. La diferencia funcional en cuanto a posibilidades visuales entre peces que habitan aguas translúcidas y aquellos que nadan en la oscuridad de las profundidades oceánicas, constituye la explicación de las diferencias estructurales entre unos y otros. El proceso de selección natural ha llevado a los primeros a invertir en ojos u otros sistemas de visión, mientras que los segundos son ciegos. Una diferencia funcional, la posibilidad de ejercitar la vista en un elemento translúcido, y de no poder hacerlo en un elemento opaco, es la explicación de una diferencia estructural, el tener un sistema visual o carecer de él. Igualmente, la diferencia funcional entre mantener la cohesión discursiva por medio de la concordancia genérica o no mantenerla, explica la diferencia estructural entre poseer o no poseer marca genérica. Los sustantivos autóctonos participan en el sostenimiento de la cohesión discursiva por medio de la concordancia con artículos y adjetivos (equivalente a la posibilidad de ver en aguas translúcidas). Respondiendo a esa oportunidad funcional, se realiza un gasto estructural, dedicándoseles a estos sustantivos el esfuerzo de memoria que resulta en la categorización genérica (equivalente al gasto estructural dedicado a la formación y sostenimiento de órganos videntes). Los NLIs no participan de la función de mantenimiento de la cohesión discursiva (equivalente a los peces que no ven en aguas profundas). Como reacción a esta limitación funcional, se realiza un ahorro estructural en los NLIs, despojándolos de la categoría genérica (equivalente al ahorro estructural realizado por los peces en los cuales se ha eliminado el sistema visual).

Bibliografía

Anderson, R. W. (1982). Determining the linguistic attributes of language attrition. En B. Freed & R. Lambert (eds.), *The loss of language skills*. Rowley: Newbury House.

Barkin, F. (1980). The role of loanword assimilation in gender assignment. *The Bilingual Review*, 7, 105-113.

Bloomfield, L. (1933). *Language*. New York: Holt, Rinehart and Winston.

Casagrande, J. (1954). Comanche linguistic acculturation, I and II. *International Journal of American Linguistics*, 20, 140-151, and 20, 217-237.

Correa-Zoli, Y.(1973). Assignment of gender in American Italian. *Glossa*, 7, 123-128.

Futuyama, D. (1998). *Evolutionary biology*. Sunderland, MA: Sinauer Associates, Inc. *Spanish Unabridged Dictionary* (6th ed.). Nueva York: Harper Collins Publishers.

Haugen, E. (1938). [1972]. Language and immigration. *Norwegian-American Studies and Records*, 10, 1-43.

Haugen, E. (1969). *The Norwegian language in America*. Bloomington: Indiana University Press.

Heath, J. (1989). *From code-switching to borrowing: A case-study of Moroccan Arabic*. NuevaYork: Kegan Paul International.

Hockett, C. (1973). *Man's Place in Nature*. NuevaYork: McGraw-Hill.

Kearney, M. (1995). The local and the global: The anthropology of globalization and transnationalism. *Annual Review of Anthropology*, 24, 547-565.

Kölhler, R. (1993). Synergistic linguistics. En R. Köhler and B. Reiger (eds.), *Contributions to quantitative linguistics*. Dordrecht: Kluwer.

Lieberman, P. (1998). *Eve spoke: Human language and human evolution*. Nueva York: W. W. Norton and Co.

Lindblom, B. y Maddieson, I. (1988). Phonetic universals in consonant systems. En L. Hyman and C. Li (eds.), *Language, speech and mind*. London: Routledge.

Lindblom, B. (1986). Phonetic universals in vowel systems. En J. Ohala and J. Jaeger *Experimental phonology*. Dordrecht: Foris.

Martinet, A. (1952). Function, structure and sound change. *Word*, 8, 1-32.

Mendieta, E. (1999). *El préstamo en el español de los Estados Unidos*. Nueva York: Peter Lang Publishers.

Mougeon, R. y Beniak, E. (1991). *Linguistic consequences of language contact and restriction: The case of French in Ontario, Canada*. Oxford: Oxford: University Press.

Navarro Tomás, T. (1968). *Studies in Spanish phonology*. FL: University of Miami Press.

Nettle, D. (1999). Functionalism and its difficulties in biology and linguistics. En M. Darnell *et al.* (eds.), *Functionalism and formalism in linguistics*. Amsterdam: John Benjamins Publishing Co.

Otheguy, R. (1995). When contact speakers talk, linguistic theory listens. En E. Contini-Morava & B. Sussman Goldberg (eds.), *Meaning as explanation: Advances in linguistic sign theory* (pp.213-242). Berlin: Mouton de Gruyter.

Otheguy, R. (2001). Simplificación y adaptación en el español de Nueva York. *Ponencias del II Congreso Internacional de la Lengua Española*. Madrid: Centro Virtual Cervantes <http://cvc.cervantes.es/ obref/congreso/valladolid/unidad/otheguy_r.htm>.

Otheguy, R. (2004). Single language and code-switching strategies in immigrant and heritage varieties: Spanish subject personal pronouns in Toribio's cross-modal hypothesis. *Bilingualism: Language & Cognition*, 7, 175-177.

Otheguy, R. y Lapidus, N. (2003). An adaptive approach to noun gender in New York contact Spanish. En R. Cameron, L. López & R. Núñez-Cedeño (eds.), *A Romance perspective on language knowledge and use* (pp. 209-229). Amsterdam: John Benjamins.

Otheguy, R. y Garcia, O. (1993). Convergent conceptualizations as predictors of degree of contact in U.S. Spanish. En A. Roca and J.M. Lipski (eds.), *Spanish in the United States: Linguistic contact and diversity* (pp. 135-154). Berlin: Mouton de Gruyter.

Poplack, S. (1982). Competing influences on gender assignment: Variable process, stable outcome. *Lingua*, 57, 1-28.

Poplack, S. (1983). Bilingual competence: Linguistic interference or grammatical integrity. En L. Elías Olivares (ed.), *Spanish in the U.S. setting: Beyond the Southwest*. Washington, DC: National Clearinghouse for Bilingual Education.

Poplack, S, Sankoff, D., & Miller, C. (1988). The social correlates and linguistic consequences of lexical borrowing. *Linguistics*, 26, 47-104.

Pratt, C. (1980). *El anglicismo en el español peninsular contemporáneo*. Madrid: Gredos.

Romaine, S. (1995). *Bilingualism*. (2nd ed.). Oxford: Blackwell Publishers.

Sánchez, R. (1983). *Chicano discourse: Socio-historic perspectives*. Rowley, MA: Newbury House.

Silva-Corvalán, C. (1986). Bilingualism and language change: The extension of *estar* in Los Angeles Spanish. *Language*, 62, 587-609.

Silva-Corvalán, C. (1990). Current issues in studies in language contact. *Hispania*, 73, 162-177.

Silva-Corvalán, C. (1994). *Language contact and change: Spanish in Los Angeles*. Nueva York: Oxford University Press.

Thomason, S. y Kaufman, T. (1988). *Language contact, creolization, and genetic linguistics*. University of California Press.

Toribio, A. J. (2004). Convergence as an optimization strategy in bilingual speech: Evidence from code-switching. *Bilingualism: Language and Cognition*, 7, 1-9.

Weinreich, U. (1953). *Languages in contact*. Publications of the Linguistic Circle of New York.

Whitney, W. D. (1881). On mixture in language. *Transactions of the American Philological Association,* 12, 5-26.

Zamora, J. C. (1975). Morfología bilingüe: la asignación de género a los préstamos. *Bilingual Review*, 23, 9-247.

Zentella, A. C. (1997). *Growing up bilingual: Puerto Rican children in New York*. Oxford: Blackwell Publishers.

Zipf, G. (1935). *The psychobiology of language*. Boston: Houghton and Mifflin.

La adquisición del dialecto estándar: Un estudio longitudinal del discurso hipotético en el español de Houston

Marta Fairclough
University of Houston

Abstract

This study looks at the acquisition process of the standard variety of Spanish by Hispanic heritage learners through the analysis of a linguistic variable: the expression of hypotheticality. This type of discourse, mainly expressed by means of "if *p*, then *q*" type of *irrealis* statements, is quite complex and it does not appear frequently in the everyday speech of Hispanic bilinguals. A qualitative analysis of pre- and post-instruction oral and written data looks at variability in the longitudinal data produced by two heritage speakers of Spanish in the United States during a Spanish placement exam, and later, while attending university classes at the intermediate and advanced levels. The study finds that the standard forms *are* part of their linguistic systems. These learners either already knew or, through instruction, they added the standard forms to their repertoire. However, they lack the sociolinguistic knowledge and the metalinguistic awareness necessary to identify and separate standard from dialectal forms.

Introducción

Lejos de ser un ente homogéneo y estático, la lengua continuamente está sufriendo un proceso de cambio. Este cambio lingüístico puede observarse principalmente en ciertos fenómenos relacionados con los procesos de pidginización y criollización, y también de adquisición, tanto de una primera lengua (L1) como de una segunda (L2), o bien de un segundo dialecto (Escure 1997). En las últimas décadas, numerosos estudios han tratado de establecer cómo se producen dichos cambios y qué factores los motivan. En el campo de la adquisición el número de investigaciones ha aumentado exponencialmente, en particular en las áreas de la adquisición de la L1 y la L2. Sin embargo, publicaciones recientes (Politzer 1993; Siegel 2003; Valdés 1997) hacen referencia a la falta de estudios, tanto de naturaleza empírica como teórica, sobre la adquisición de un segundo dialecto (ASD), o sea, de la variedad estándar; en otras palabras, es muy poco lo que se sabe acerca de cómo los hablantes de una variedad no prestigiosa adquieren la modalidad estándar.

La adquisición del dialecto estándar es un fenómeno muy común en toda situación de contacto lingüístico en el mundo. En la mayoría de los casos, se trata de la adquisición del estándar de la lengua mayoritaria. Sin embargo, también puede referirse a la adquisición del dialecto estándar de una lengua minoritaria, como en el caso del español en los Estados Unidos. En este contexto, durante los primeros años de vida los hablantes adquieren en el hogar la lengua materna, y luego se ven expuestos casi totalmente a la lengua mayoritaria dominante, el inglés. Concientes de que el dominio de una modalidad lingüística estándar del español les ofrecería "un mayor radio de acción personal, profesional e intelectual, así como una mayor valoración de sus raíces lingüísticas y culturales, dentro y fuera de los Estados Unidos" (Porras 1997), a diario, un alto número de jóvenes bilingües emprende estudios de español a nivel universitario. El propósito de este estudio es indagar en algunos aspectos de la ASD a partir del discurso hipotético que producen estos estudiantes e intentar responder a las siguientes preguntas:

(a)   ¿Qué semejanzas existen entre las formas verbales utilizadas en una situación de contacto lingüístico con aquellas que aparecen en contextos monolingües?

(b)   ¿Cuán sistemático es el "interdialecto" producido por los estudiantes bilingües?

(c)   ¿Resulta efectiva la enseñanza explícita formal de este tipo de discurso en el proceso de adquisición del español estándar?

(d)   ¿Qué implicaciones pedagógicas se desprenden de los resultados?

Las respuestas de estas preguntas no sólo ayudaría a aumentar el conocimiento teórico en un campo relativamente ignorado, sino también tendría repercusiones a nivel pragmático en el ámbito de la enseñanza del español a los hispanohablantes bilingües en los Estados Unidos.

Por las razones mencionadas, este estudio se enfoca entonces en la adquisición de la modalidad estándar del español por parte de estudiantes universitarios bilingües del área de Houston, matriculados en clases de español en los niveles intermedio y avanzado. El propósito es describir el sistema interdialectal del discurso de tipo hipotético producido por estos individuos. Se ha seleccionado esta variable lingüística debido a que requiere el uso de ciertas estructuras morfosintácticas que presentan gran dificultad a los estudiantes en cuestión, según lo demuestran varios estudios sociolingüísticos previos (Gutiérrez 1996; Lynch 1999; Silva-Corvalán 1994).

El bidialectalismo

El bidialectalismo, o sea el dominio de dos dialectos, debe ser el objetivo primordial de los cursos de español que se dictan para los estudiantes bilingües en este tipo de situación. Mientras que algunos (Hazen 2000) cuestionan el hecho de que el bidialectalismo sea posible –es decir, que un dialecto pueda sumarse al repertorio de un individuo sin reemplazar el dialecto original–, muchos investigadores (Sánchez 1993, entre ellos) concuerdan en que el bidialectalismo y también el multidialectalismo son fenómenos muy comunes. Escure, por ejemplo, haciendo referencia al continuo lectal, explica que "los basilectos, mesolectos y acrolectos no son etapas temporarias que los hablantes de una comunidad abandonan al ser expuestos al superestrato. Al contrario, constituyen variedades superpuestas pero separadas que poseen funciones psico-sociales distintivas y que presentan sus propias características lingüísticas" (1997: 66, mi traducción). Por lo tanto, una pedagogía bidialectal parece ser el camino más indicado para aquéllos que tienen como tarea la enseñanza de una variedad estándar en cursos de español para hispanohablantes bilingües en los Estados Unidos.

Otros dos aspectos de suma importancia relacionados con el bidialectalismo son: (a) la oportunidad de usar el dialecto y (b) la cuestión de la identidad. Por lo general, en nuestro contexto, los estudiantes en los cursos de español para hispanohablantes bilingües tienen más oportunidades de utilizar la variedad local (la utilizada con la familia y los amigos) que el dialecto estándar (que en la mayoría de los casos se limita al ámbito académico y/o laboral). Un mayor uso de una u otra variedad definitivamente afectará los resultados de la enseñanza. Por otro lado, debemos tener en cuenta el tema de la identidad. La lengua es una manifestación de quiénes somos y de cómo percibimos el mundo que nos rodea. Si imponemos la lengua estándar de manera exclusiva en el aula, corremos el riesgo de crear una identidad compleja e indefinida, aumentando de tal forma la carga social de un grupo minoritario ya plagado por desafíos sociopolíticos. Por estas razones, al enseñar el dialecto estándar, es imperativo tener en cuenta las oportunidades para el uso de la lengua y la identidad social del hablante.

La variable lingüística

Las oraciones condicionales constituyen la herramienta principal para la expresión del discurso hipotético (para otras formas de expresarlo, ver Fairclough en prensa). En la Tabla 1 tenemos la tipología de estas oraciones. Para este estudio nos concentraremos en el tipo 2, o sea *irrealis* e hipotéticas, caracterizadas por poseer el rasgo [- PASADO].

	PRÓTASIS	APÓDOSIS
Tipo 1 (R,H)	Si tengo dinero, (Presente Indicativo)	compraré / compro los libros. (Futuro/Presente Indicativo)
Tipo 2 (I, H)	Si tuviera (-se) dinero, (Imperfecto Subjuntivo)	compraría los libros. (Condicional Simple)
Tipo 3 (I, H)	Si hubiera (-se) tenido dinero, (Pluscuamperf. Subj.)	habría / hubiera comprado los libros. (Condicional Perfecto/Pluscuamperf. Subj.)

(Nota: R: realis/Ind.; I: irrealis/Subj.; H: hipotético)

Tabla 1. Tipología de las oraciones condicionales.

Si bien los paradigmas verbales que aparecen en la Tabla 1 son los que prescribe la gramática tradicional, la variación en la expresión de la condicionalidad ha existido y existe tanto desde una perspectiva histórica (Harris 1986; Porcar Miralles 1993, etc.) como desde el punto de vista sincrónico. En cuanto a este último, se ha documentado variación en diferentes áreas (Centro y Sudamérica, España y los Estados Unidos) en contextos monolingües y en situaciones de contacto. Numerosos estudios empíricos confirman esta variación sincrónica. Estudios representativos en contextos monolingües incluyen el de Venezuela (Navarro 1990), México (Lope Blanch 1972), e Islas Canarias

(Serrano 1994). La Tabla 2 nos ofrece un resumen de las formas documentadas en los estudios del habla monolingüe. En la prótasis, las formas que aparecen además del imperfecto de subjuntivo (IMP. SUBJ) son el imperfecto de indicativo (IMP. IND) y el condicional simple (COND), y en la apódosis tenemos alternancia entre el condicional simple y el imperfecto de indicativo y de subjuntivo.

PRÓTASIS	APÓDOSIS
IMP. SUBJ (-RA, -SE)	COND
IMP. IND	IMP. IND
COND	IMP. SUBJ

Alarcos Llorach (1994), Gili Gaya (1961), Campos (1993), Tynan y Delgado Lavin (1997), Porcar Miralles (1993), Serrano (1994), etc.

Tabla 2. Variación sincrónica de las oraciones condicionales de Tipo 2 [- PASADO].

En situaciones de contacto, cabe mencionar los siguientes estudios llevados a cabo por Silva-Corvalán (1985, Covarrubias, España), Santos (1993, Puerto Rico) y, en los Estados Unidos, investigaciones de los diferentes grupos de hispanohablantes bilingües: Silva-Corvalán (1994, méxico-americanos en Los Ángeles), Torres (1997, puertorriqueños en NY), Gutiérrez (1996, méxico-americanos en Houston) y Lynch (1999, cubano-americanos en Miami). Todos confirman un alto grado de variación.

Metodología

Este estudio es parte de un proyecto de investigación en el que participaron alrededor de 150 estudiantes, y cuyo corpus incluye composiciones, ejercicios para completar (*"cloze tests"*), juicios de gramaticalidad, entrevistas semi-dirigidas y un cuestionario que sirvió para obtener datos de cada participante. Para este análisis longitudinal se utilizaron los materiales obtenidos de dos participantes:

1. ER: mujer, menor de 30 años, nacida en los Estados Unidos, padres y abuelos mexicanos. El español fue su primera lengua y aprendió inglés en la infancia.

2. ZU: mujer, menor de 30 años, nacida en Guatemala en donde vivió hasta los 13 años. Aprendió inglés durante la adolescencia.

Estas estudiantes son ejemplos típicos del estudiantado que asiste a los cursos de español para hispanohablantes bilingües en la Universidad de Houston. Ambas tomaron el examen de ubicación para hispanohablantes y participaron del proyecto mientras asistían a cursos de nivel intermedio (completaron la secuencia de SPAN 2307/2308 que corresponde a los cursos de español diseñados para hispanohablantes bilingües) y nuevamente cuando cursaban una clase de nivel avanzado (SPAN 3307). Esto permitió examinar la producción de estas estudiantes en tres momentos diferentes: al tomar el examen de ubicación (T0), un semestre más tarde y antes de que se les presentaran de manera explícita las formas verbales normativas que se utilizan para expresar el discurso hipotético (T1), y después de la enseñanza en clase de este tipo de discurso (T2).

Análisis de los datos

A continuación se reproducen en bastardilla todas las instancias de discurso hipotético de [– PASADO] producidas por estas dos hablantes en las transcripciones de las entrevistas (TRANSC.), las composiciones (COMP.) y los ejercicios (EJ.) en las tres ocasiones (T0, T1 y T2). Las formas estándar aparecen subrayadas mientras que las demás están en negritas[1].

ER: T0 (examen de ubicación)

(1)   Si comieras un poco más, no ***estuvieras*** tan delgado. (EJ.)

(2)   Ellos tendrían un vocabulario más amplio si <u>le[y]eran</u> con más frecuencia. (EJ.)

(3)   SI YO FUERA EL PRESIDENTE DE LOS ESTADOS UNIDOS ... *yo* ***buscaba*** *maneras de ayudar a la gente latina.* ***Quiséra*** *que toda la gente que vive en los estados unidos aprendiera el español.* ***Quisera*** *concentra más en ayudando a toda la gente en los estados unidos en vez de los que viven por fuera en otras partes. Es importante tener paz dentro de America misma primero. Yo* ***pasaba*** *una leé que hace la lengua de español la segunda lengua de los estados unidos.* (COMP.)

ER:T1 (nivel intermedio)

(4)   <u>Podría</u> (poder) ser mejor estudiante si tratara. (EJ.)

(5)   Si no mirara tanta tele, ella ***es*** (ser) la mejor estudiante de su clase. (EJ.)

(6)   El Gordo no estaría tan gordo si no <u>comiera</u> (comer) tanto. (EJ.)

(7)   *Una de mis iniciativas* ***fuera*** *la paz del país y probablemente* ***ser*** *el español el segundo lenguage.* (COMP.)

(8)   *Si* <u>*pudiera ir*</u> *a otro lugar y vivir, ¿dónde* <u>*sería*</u>*? Pues,* ***tenía*** *que decir maybe una parte con nieve como Seattle o Chicago.* <u>*Me encantaría ir a*</u> *Seattle. No sé por qué, pero fui allí un verano y me encantó. Creo que allí, si* <u>*pudiera vivir*</u> *allí, me* ***iba***.... (TRANSC.)

(9)   *¿Si* <u>*pudieras vivir*</u> *en otra... en otro lugar, dónde* <u>*sería*</u> *y por qué?* (TRANSC.)

(10)   *¿Qué* <u>*harías*</u> *si* ***ganabas*** *la lotería?* (TRANSC.)

---

[1] N. del editor: A diferencia de las entrevistas, en donde se han hecho los cambios ortográficos pertinentes, las composiciones y los ejercicios mantienen la grafía original producida por los estudiantes.

(11)   *¿Qué pasaría si ganaras la lotería?* (TRANSC.)

(12)   *Si ganara la lotería, **pagaba** la escuela, al principio y creo que también le **ayudaba** a mi hermano; quiere ir al colegio también, empieza este año y um... le compraría a mis padres una casa también. Me gustaría ayudar a la gente también, a los que no tienen casas, o como abrir un shelter para la gente que no tienen casas o no tienen lugares para dormir o estar con sus familias.* (TRANSC.)

ER: T2 (nivel avanzado)

(13)   *Ganar la lotería... ¡Ja! Creo que la primera cosa que haría yo es pagar todas mis deudas, como mi carro y las cartas de crédito que tengo y luego, luego, con lo que me queda a mí, se los **doy** a mis padres pa' que ellos también pagaran lo que necesitaban. Y de ahí, lo **guardaba** y también **compraba** unas cosas aquí y allá.* (TRANSC.)

(14)   *Describe como, como um... como esposo, lo que tú crees que serías, ¿me entiendes?* (TRANSC.)

ER alterna el IMP. IND con el IMP. SUBJ y el COND en las apódosis. También aparecen en unos pocos casos, el presente de indicativo (PRES. IND) y el infinitivo. En las prótasis, hay alternancia del IMP. SUBJ con el IMP. IND. Después de la enseñanza, el COND sigue compitiendo con el IMP. IND y el PRES. IND en las apódosis; sin embargo, no hay muestras de prótasis que permitan hacer este tipo de comparación.

ZU: T0 (examen de ubicación) lo completó dos veces: enero 1999 (a); enero 2000 (b)

(15)   Si comieras un poco más, no *estarias* tan delgado. (EJ. a)

(16)   Si comieras un poco más, no *estarias/**estuvieras*** tan delgado. (EJ. b)

(17)   Ellos tendrían un vocabulario más amplio si *le[y]eran* con más frecuencia. (EJ. a, b)

(18)   SI YO FUERA EL PRESIDENTE DE LOS ESTADOS UNIDOS ... *me buscaria ha algien mas attractiva para engañar a mi esposa. Yo tambien **habriera** mas fuentes de trabajos para acomodar ha emmigrantes con profesiones estudiadas en sus paises. Daria mas fondos para estudios, para que la universidad no fuera tan cara y nos deje sin ningun sentavo cada vez que pagamos un semestre. Trataria tambien de encontrar formas de alludar a latino America en vez de hacerlos dependientes de alluda extranjera.* (COMP. a)

(19)   SI YO FUERA EL PRESIDENTE DE LOS ESTADOS UNIDOS ... *habriria más fuentes de comercio con Latino America. Para que estos paises sean mas autonomos y puedan dar mejor vida a sus habitantes. De esta manera un buen comercio ayudaria a reducir las olas de emigrantes que cruzan cada dia en busca de un mejor provenir. También **promoviera** el aprendisaje y la importancía de hablar otros idiomas y de entender otras culturas, porque hoy en dia el comercio ya no es solo internacional sino global.* (COMP. b)

ZU: T1 *(nivel intermedio)*

(20)   ***Podiera*** (poder) ser mejor estudiante si tratara. (EJ.)

(21)   Si no mirara tanta tele, ella *sería* (ser) la mejor estudiante de su clase. (EJ.)

(22)   El Gordo no estaría tan gordo si no *comiera* (comer) tanto. (EJ.)

(23)   DESCRIBE TU VIDA DE HABER NACIDO MILLONARIO/A...
         *Mi vida **fuera** viajes, buena y rica comida, paseos a lugares exóticos y una mansion llena de animales.* (COMP.)

(24)   DE SER ELEGIDO/A PRESIDENTE EN LAS PRÓXIMAS ELECCIONES, DESCRIBE ALGUNAS DE TUS INICIATIVAS...
         Habrería mas el comercio con Latino america y trataría de alludar mas a los pobres. (COMP.)

(25)   *¡Qué no haria, por Dios! Bueno, si me **ganaría** me iría a... ¿cuántos millones? Ja, ja...* (TRANSC.)

(26)   *¿Qué harias si te ganaras la lotería?* (TRANSC.)

(27)   *¿si lo pudieras volverlo a hacer, lo volverías a hacer?* (TRANSC.)

ZU:T2 *(nivel avanzado)*

(28)   *¿Cómo **fueran** mis acciones si me ganara la lotería? ¡Ay, ya no me **vieras** la cara por aquí! Yo creo que me **comprara** uno, a mí me gusta ese, el coche nuevo que salió, el Audi. Es el nuevecito, ay, yo me **comprara** dos de esos. Uno negro y uno rojo, porque no me decido en qué color. Me compraría una casa, digamos no en River Oaks ni nada de eso, pero si me **comprara** una casa bonita en un barrio que me gustara. Este, ¿qué más?, me **pagara** la universidad, me **pusiera** dinero ahí, y hasta **pagara** para ir al graduate school pero por supuesto los pospondría por un tiempo porque me **fuera** en un crucero a Europa...* (TRANSC.)

(29)   *La verdad, la verdad, no sabría cómo fue, cómo **fueran** mis acciones porque nunca he sido famosa. Ni. . .en mi concepto no cabe como, no sé. no sé en qué forma cambiaría, tal vez **fuera** más, más creída. Porque tienes dinero tienes más miedo a que la gente te haga algo o te quite algo. Pero no, no te sabría cómo contestar esa pregunta.* (TRANSC.)

(30)   *Pero si, digamos, si fueran un poquito, si nos ayudaran más, **fuéramos** nosotros más productivos, no nos **viniéramos** para acá tanto, así que si yo fuera la presidenta **pusiera** más ayuda, no sé, abrería más escuelas para que, digamos, toda América fuera más productiva y no tuviera que envidiarle nada a Europa. Y, digo yo, nosotros siendo más productivos, Estados Unidos también sería más productivo y ganaría más. Esa es mi opinión.* (TRANSC.)

(31)   *Explícame cómo serian tus acciones si te ganaras la lotería.* (TRANSC.)

(32)   *¿Y cómo serian tus acciones si fueras una persona famosa?* (TRANSC.)

(33)   *Explícame tus acciones si fueras presidente de los Estados Unidos...* (TRANSC.)

La otra estudiante, ZU, utiliza ambos, el IMP. SUBJ y el COND en las prótasis y las apódosis antes de la enseñanza formal. Al llegar al nivel avanzado, no hay casos de COND en las prótasis pero aun el COND compite con el IMP. SUBJ en las apódosis.

Resultados y conclusiones

La Figura 1 muestra la variabilidad presente en todos los contextos de [-PASADO] en el discurso hipotético de cada estudiante.

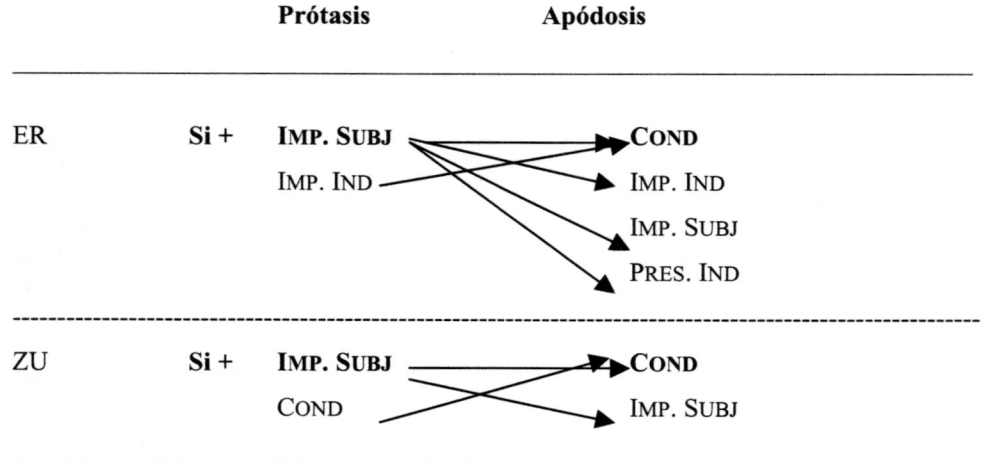

Figura 1. Sistema condicional [- PASADO] a nivel individual.

De los datos surge el siguiente patrón de variación del sistema de condicionalidad de [-PASADO]:

Si + IMP. SUBJ/ IMP. IND/ COND + COND/ IMP. IND/ IMP. SUBJ/ PRES. IND

Las mismas formas (salvo el presente de indicativo) aparecen en la tabla 2 en donde se muestran las formas utilizadas en variación sincrónica en las modalidades monolingües. Si bien se puede determinar que hay variación en la producción de las dos estudiantes, en ambos casos las formas estándares son parte de sus sistemas lingüísticos. Tal vez ya conocían estas formas o bien las agregaron a su repertorio a través del proceso de aprendizaje. Sin embargo, no están identificando y separando los dos sistemas. Les falta el conocimiento sociolingüístico y la conciencia metalingüística necesarios para separar las formas normativas de las dialectales.

Entonces, la enseñanza explícita de la gramática ¿resulta ser una herramienta efectiva para fomentar la adquisición de un segundo dialecto? En primer lugar es esencial recordar que este tipo de discurso, debido a sus cualidades, es decir [+ MARCADO], dado el alto grado de variación y su frecuencia limitada en los intercambios diarios, es sumamente difícil. Sin embargo, los participantes utilizan la forma estándar en un porcentaje relativamente alto de los casos. Recordemos que los datos utilizados para este estudio provienen de estudiantes en el nivel intermedio y que apenas están comenzando los cursos avanzados y que las *ACTFL Proficiency Guidelines* revisadas en 1999 ubican en el nivel superior a aquellos hablantes que "pueden formar y desarrollar hipótesis con el fin de explorar posibilidades alternativas" (p. 14; mi traducción).

Los resultados del estudio indican que sí hay evidencia de que la enseñanza formal resulta efectiva en la adquisición de un segundo dialecto. La estudiante ER, por ejemplo, no produce el COND durante el examen de ubicación, pero sí más adelante, lo cual sugiere que está incorporando formas normativas a su repertorio lingüístico. Pero lo que sí se observa muy claramente son los patrones de variabilidad. Éstos nos indican que existe una gran inseguridad que da lugar a un sistema lingüístico sumamente complejo en el cual las formas dialectales alternan con las estándares. Por lo tanto, podríamos argumentar que la enseñanza gramatical explícita no es suficiente para la ASD. De acuerdo con Joseph (1991) el dominio de la variedad estándar es una "capacidad aprendida" ("a learned capacity"). Como indicamos en la descripción de la variable lingüística, existe variación tanto de naturaleza diacrónica como sincrónica en situaciones monolingües como de contacto. Esta variación es probablemente aún mayor en los Estados Unidos dada la gran diversidad de la población hispana en este país. La única forma de lograr cierta nivelación y estandarización de una modalidad lingüística que sea reconocida como una variedad legítima del español es a través de la enseñanza. De acuerdo con Escure (1997), la enseñanza de las variedades prestigiosas no logra erradicar las variedades estigmatizadas pues éstas tienden a resguardar los valores del substrato. Escure explica que el bidialectalismo consiste en dos variedades separadas, pero que se superponen; mientras el vernáculo se puede definir en términos de su valor emocional y refleja la identidad étnica del hablante, el estándar se define en términos de su valor intelectual (1997: 274-275). Por lo tanto, para separar los dos sistemas es necesaria una concienciación lingüística, lo que se conoce como "language awareness". Van den Hoogen y Kuijper (1992) nos señalan que "any attempt to teach the standard depends on the understanding of the systematic similarities and differences between the standard and the dialect" (1992: 223). En algunos casos, las participantes de este estudio simplemente no "escuchaban" que se trataba de dos formas diferentes. Por ejemplo, una de las participantes (ZU) transcribió la siguiente pregunta que otro estudiante le hizo:

*¿Qué crees que harias si **ganarías** la lotería?* (H2-11)

La pregunta del entrevistador fue: "*¿Qué crees que harías si ganaras la lotería?*". En otro caso, la estudiante ER transcribió el IMP. IND (*hacías*) en lugar del COND (*harías*) que fue la forma utilizada por el entrevistador:

*¿Qué **hacias** si te ganaras la lotería?*

A los estudiantes se les pidió que transcribieran exactamente lo que escuchaban en la grabación. Si bien es posible que hayan ignorado las instrucciones, los cambios se pueden explicar mediante lo que Labov (1996) describe como "asymmetry between production and perception". Es factible que la persona que realizó la transcripción puede no haberse dado cuenta de que se trataba de formas diferentes.

Siegel (1999) también trata la separación de las variedades estigmatizadas y estandarizadas de una lengua y describe varios modelos de programas educativos en todas partes del mundo los cuales promueven un bidialectalismo aditivo. El autor concluye que la concienciación lingüística, resulta sumamente efectiva en todos los niveles de enseñanza. Los programas a los que hace referencia utilizan técnicas contrastivas que hacen que los estudiantes tengan conciencia de las diferencias entre las variedades y así logren separar los dos sistemas, ampliando su conocimiento de la lengua.

Desde una perspectiva de adquisición de segunda lengua, Ellis (1994) señala que para que el *input* se convierta en conocimiento, los siguientes tres pasos deben estar presentes: (1) notar las formas, (2) compararlas con las representaciones existentes, e (3) integrarlas al sistema. Siegel (1999, 2003) nos indica que si bien notar y comparar las formas en los primeras etapas de la ASL es relativamente fácil, dado que las diferencias entre la L1 y la L2 son muy claras, esto no sucede con las variedades de una misma lengua, ya que los hablantes con frecuencia no reconocen las diferencias lingüísticas entre una y otra variedad.

En resumen, un programa para la enseñanza del español a hispanohablantes bilingües tiene que utilizar un enfoque contrastivo que parta de conocimientos sociolingüísticos que permitan identificar y separar las dos modalidades lingüísticas y que permita a los estudiantes comprender las implicaciones sociales de los diferentes estilos o dialectos.

Bibliografía

Alarcos Llorach, E. (1994). *Gramática de la lengua española*. Madrid: Espasa Calpe.

Campos, H. (1993). *De la oración simple a la oración compuesta: Curso superior de gramática española*. Washington D.C.: Georgetown UP.

Ellis, R. (1994). A theory of instructed second language acquisition. En N. C. Ellis (ed.), *Implicit and explicit learning of languages* (pp. 79-114). London: Academic Press.

Escure, G. (1997). *Creole and dialect continua: Standard acquisition processes in Belize and Chile (PRC)*. Amsterdam: John Benjamins Publishing Co.

Fairclough, M. (en prensa). *Applied Sociolinguistics: U.S Spanish and Heritage Language Education*. Frankfurt am Main/Madrid: Vervuert/Iberoamericana.

Gili Gaya, S. (1961). *Curso superior de sintaxis española*. Barcelona: Vox.

Gutiérrez, M. J. (1996). Tendencias y alternancias en la expresión de condicionalidad en el español hablado en Houston. *Hispania*, 79, 568-577.

Harris, M. B. (1986). The historical development of 'si-clauses' in Romance. En E. Traugott, / A. ter Meulen, J. Reilly y Ch. Ferguson, (eds.), *On conditionals*, (pp. 265-284). Cambridge: Cambridge University Press.

Hazen, K. (2000, octubre). What may bidialectalism be? Trabajo presentado en el NWAV 29 Conference. East Lansing, MI.

Joseph, J. E. (1991). Levels of consciousness in the knowledge of language. En M. L. Tickoo (ed.), *Languages and standards: Issues, attitudes, case studies* (pp. 11-22). Singapore: SEAMEO Regional Language Center.

Labov, W. (1996). Some notes on the role of misperception in language learning. En R. Bayley y D. Preston (eds.), *Second language acquisition and linguistic variation* (pp. 245-252). Amstredam: John Benjamins Publishing Co.

Lope Blanch, J. (1972). *Estudios sobre el español de México*. México: UNAM.

Lynch, A. (1999). *The subjunctive in Miami Cuban Spanish: Bilingualism, contact, and language variability*. Tesis doctoral no publicada, University of Minnesota.

Navarro, M. (1990). La alternancia –ra/-se y –ra/-ría en el habla de Valencia (Venezuela). *Thesaurus*, 45, 481-488.

Politzer, R L. (1993). A researcher's reflections on bridging dialect and second language learning. Discussion of problems and solutions. En B. J. Merino, T. Trueba y F.A. Samaniego (eds.), *Language and culture in learning: Teaching Spanish to native speakers of Spanish* (pp. 45-57). London: The Falmer Press.

Porcar Miralles, M. (1993). *La oración condicional: La evolución de los esquemas verbales condicionales desde el latín al español actual*. Castellón: Universitat Jaume I.

Porras, J. E. (1997). Uso local y uso estándar: un enfoque bidialectal a la enseñanza del español para nativos. En M. C. Colombi y F. X. Alarcón (eds.), *La enseñanza del español a hispanohablantes: Praxis y teoría* (pp. 190-197). Boston: Houghton Mifflin Company.

Rojo, G. y Montero, E. (1983). *La evolución de los esquemas condicionales (Potenciales e irreales desde el Poema del Cid hasta 1400)*. Vigo: Artes Gráficas Galicia.

Sánchez, R. (1993). Language variation in the Spanish of the Southwest. En B. J. Merino, T. Trueba y F.A. Samaniego (eds.), *Language and culture in learning: Teaching Spanish to native speakers of Spanish* (pp. 75-81). London: The Falmer Press.

Santos, J. E. (1993). Contextos de la forma condicional castellana y sus posibles alternancias. *Sintagma* 5, 19-24.

Serrano, M. J. (1994). *La variación sintáctica: formas verbales del período hipotético en español*. Madrid: Antinema.

Siegel, J. (1999). Stigmatized and standardized varieties in the classroom: Interference or separation? *TESOL Quarterly*, 33, 701-728.

Siegel, J. (2003). Social Context. En M. H. Long y C. J. Doughty (eds.), *The handbook of second language acquisition* (pp. 178-223). Malden, MA: Blackwell.

Silva-Corvalán, C. (1985). Modality and semantic change. En J.Fisiak, (Ed.), *Historical semantics; historical word formation* (pp. 547-572). Berlin: Mouton.

Silva-Corvalán, C. (1994). *Spanish contact and change: Spanish in Los Angeles*. Oxford: Clarendon Press.

Torres, L. (1997). *Puerto Rican discourse: A sociolinguistic study of a New York suburb*. Mahwah, NJ: Lawrence Erlbaum Associates.

Tynan, J. y Delgado-Lavin, E. (1997). Mood, tense and the interpretation of conditionals. En A. Athanasiadow y R. Dirven (eds.), *On conditionals again* (pp. 115-141). Amsterdam: John Benjamins.

Valdés, G. (1997). The teaching of Spanish to bilingual Spanish-speaking students: Outstanding issues and unanswered questions. En M. Colombi y F. Alarcón (eds.), *La enseñanza del español a hispanohablantes: Praxis y teoría* (pp. 8-44). Boston: Houghton Mifflin.

Van den Hoogen, J. y Kuijper, H. (1992). The development phase of the Kerkrade Project. En J. Cheshire, V. Eduards, H. Munstermann y B. Weltens (eds.), *Dialect and education: Some European perspectives* (pp. 13-29). Clevedon: Multilingual Matters Ltd.

¡*Mándame un e-mail!* *Cambio de códigos español-inglés* online

Cecilia Montes-Alcalá
Emory University

Abstract

With the new millennium, it seems obvious that electronic correspondence is slowly replacing the traditional handwritten letters. Given the relative novelty of this mode of interaction there are virtually no studies on code-switching in electronic mail. This work analyzes electronic correspondence among Spanish-English bilinguals attempting to explore the still embryonic field of written code-switching. This study aims to find out whether bilingual individuals who normally code-switch (or not) when speaking behave similarly when writing e-messages. Furthermore, I attempt to explain why by referring to the socio-pragmatic functions usually ascribed to oral code-switching. My hypothesis is that these individuals' behavior in front of a keyboard will be very similar to their oral production. The conclusions of this study indicate that: (1) the informants actually code-switch when writing to other bilinguals; (2) written code-switching seems more socially acceptable than its oral counterpart; (3) these individuals possess ample linguistic and cultural knowledge of both languages; and (4) this mode of writing fulfills specific socio-pragmatic and stylistic functions similar to those attested in oral code-switching.

> *Te di todo mi amor@love.com*
> *Y tú me has roba-roba-robado la razón*
> *Mándame un e-mail que te abriré mi buzón*
> *Y te hago un rinconcito en el archivo de mi corazón.*
> *("Atrapados en la red", Tam Tam Go)*

Introducción

La alternancia de dos o más lenguas (o códigos) en el discurso de los hablantes bilingües ha sido estudiada con creciente interés en las últimas cuatro décadas. Las investigaciones llevadas a cabo han demostrado que este fenómeno natural en la producción de los individuos bilingües, lejos de ser algo arbitrario y caprichoso, está gobernado por reglas específicas tanto de tipo gramatical como social. Mientras la gran mayoría de los estudios sobre la alternancia de códigos hasta la fecha se ha centrado en la forma oral de la misma, mi intención en este trabajo es la de investigar la producción escrita de los individuos bilingües. En particular, aquí examino un tipo de texto concreto: la correspondencia electrónica entre bilingües en inglés y español.

Incluso desde antes del cambio de siglo (y de milenio), la tecnología ha ido transformando los modos tradicionales de comunicación social y personal. El número de cartas escritas a mano parece cada vez menor, mientras que el correo electrónico reemplaza el correo postal tradicional paulatina y (en ciertos casos) completamente. Debido a la relativa novedad de este modo de interacción tanto entre monolingües como entre bilingües, los estudios sobre la alternancia de lenguas en el correo electrónico son prácticamente inexistentes hasta el momento[1]. La presente investigación se propone dar un paso inicial en la exploración de la alternancia de lenguas en español e inglés en el nivel escrito. Mi objetivo aquí es doble. En primer lugar, tratar de averiguar si los individuos bilingües que normalmente alternan (o no alternan) las dos lenguas al hablar se comportan de igual modo delante del ordenador cuando se comunican con otros bilingües a través del correo electrónico[2]. En segundo lugar, asumiendo que estos individuos practiquen la alternancia de lenguas en el correo electrónico, intento explicar las funciones o razones por las que lo hacen.

Durante varias décadas, los investigadores han señalado de modo unánime una serie de funciones de tipo socio-pragmático que se encuentran presentes en el discurso de la alternancia de códigos. Gumperz (1982), McClure (1981), Valdés-Fallis (1976) y Zentella (1997) entre otros han ofrecido varias clasificaciones de estas funciones, las cuales son similares a lo largo de los diferentes estudios (por ejemplo: citas, repetición, exclamación, especificación del interlocutor, énfasis, aclaración, elaboración, foco, llamada o retención de atención, personalización ante objetivización, cambio de tema o cambio de rol, sólo por mencionar algunas de estas funciones). Mi hipótesis es que la mayor parte de estas funciones estaría también presente en la alternancia de lenguas escrita, particularmente en la correspondencia electrónica.

Para orientar al lector, en primer lugar localizaré y clasificaré las diferentes funciones socio-pragmáticas que típicamente se manifiestan en la alternancia de lenguas oral dentro del campo de la comunicación electrónica. Esto nos permitirá comparar y observar dichas funciones, lo cual a su vez nos ayudará a comprender mejor cómo éstas difieren o se asemejan en los dos campos, escrito (electrónicamente) y oral.

Metodología y objetos de estudio

A fin de lograr el propósito arriba explicado, analicé ciento veintidós mensajes electrónicos escritos por diez informantes. Los informantes se escogieron de acuerdo con dos criterios principales: bilingüismo español-inglés y uso de la alternancia de códigos en

---

[1] Hasta la fecha, sólo he localizado un resumen de un estudio llevado a cabo por Emanuela Dascalu (1999). En el mismo, la autora ofrece una comparación entre los mensajes electrónicos de tres grupos de individuos bilingües: inglés-bielorruso, inglés-coreano e inglés-rumano.

[2] Por correo electrónico aquí me refiero a las comunicaciones electrónicas convencionales, las cuales difieren sustancialmente de los *chats* como IRC (Internet Relay Chat) o IM (Instant Messenger). En estos últimos el intercambio de información se produce de un modo sincronizado y casi simultáneo –en "tiempo real"–. Por tanto asumo que los mecanismos de cambio de códigos que se produjesen serían diferentes en ambos tipos de comunicación, es decir, una distinción entre discurso planeado y discurso no planeado.

sus mensajes[3]. Consideramos que un individuo bilingüe es aquél que puede usar alternativamente dos lenguas (en este caso, español e inglés) con capacidad comunicativa[4]. De acuerdo con este criterio, todos los informantes eran bilingües competentes en español e inglés. Todos ellos poseían un título universitario equivalente a máster o superior. Con la excepción de uno (YM), todos residían en Estados Unidos y sus edades oscilaban entre los 30 y 50 años. Sin embargo, el origen y tipo de bilingüismo no fueron variables a considerar en este estudio[5]. Además, conviene aclarar que la alternancia de lenguas no era el modelo de comunicación (oral) habitual con la investigadora para ninguno de los informantes[6].

Por lo que respecta a los mensajes, no hubo más criterio de selección que el hecho de contener un discurso bilingüe. Una vez analizada la totalidad de los mensajes, procedí a clasificar el material bilingüe con alternancia de códigos según las diferentes funciones desempeñadas, siempre tomando como base las funciones socio-pragmáticas que tradicionalmente se han atribuido al discurso oral. La mayor parte de estos mensajes fueron escritos y dirigidos a la investigadora. Sin embargo, este hecho no entorpece la validez de los resultados ya que los informantes no eran conscientes de que su producción escrita estuviera siendo objeto de análisis alguno en el momento de la escritura.

Asimismo, un pequeño grupo de los mensajes analizados no fue dirigido a la investigadora, sino que se obtuvo por medio de colaboraciones externas. De este modo, todo el material analizado aquí ofrece garantías de constituir una producción escrita bilingüe completamente auténtica y espontánea por parte de los informantes. Por todo esto, los nombres propios se han sustituido por ficticios para proteger el anonimato de las personas mencionadas. De igual modo, las iniciales que aparecen entre corchetes al final de cada ejemplo corresponden a los nombres (reales o ficticios) de los informantes.

---

[3] Agradezco sinceramente la participación a todos mis informantes, así como la colaboración expresa y voluntaria tanto de María Victoria Yépez Lasso como de Leyre Goitia Pastor, quienes hicieron posible que mi recolección de datos fuese aún más extensa y variada. ¡Mil gracias a todos!

[4] Varias dicotomías aparecen en los estudios clásicos de bilingüismo. Las más conocidas son las de bilingüe compuesto y coordinado, el bilingüe folk y de élite, el precoz frente al adulto, el equilibrado frente al dominante. Sin embargo, algunas de estas distinciones han sido más tarde descartadas por investigadores que, como Jacobson (1977), proponen que la mayor parte de los hablantes bilingües muestran signos de diferentes tipologías al mismo tiempo. Dada la dificultad de "etiquetar" a los individuos bilingües, aquí sigo la definición de bilingüismo que propone Mackey (1968), una definición más neutral que concibe el bilingüismo como un concepto relativo, como explico arriba.

[5] Entre los informantes había una gran variedad en lo que al origen y tipo de bilingüismo se refiere. Así, el informante YM era originario de Ecuador mientras MV era de Argentina. Al mismo tiempo, BT era estadounidense pero aprendió español en España. Esta variedad explica el uso de vocabulario dialectal o expresiones coloquiales específicas de una determinada variedad del español en los ejemplos que se presentan aquí.

[6] Esta afirmación deriva de la observación personal del comportamiento lingüístico de los informantes por parte de la investigadora y no de la administración de un cuestionario científico. Por experiencia en estudios previos, parece evidente que los cuestionarios y entrevistas sobre el propio comportamiento lingüístico pueden arrojar resultados engañosos, en especial cuando se trata de la alternancia de códigos. Al tratarse de un fenómeno tradicionalmente estigmatizado, los individuos que normalmente emplean este modo de comunicación a menudo presentan dificultades admitiéndolo.

Resultados

En esta sección se analizan ocho de las funciones socio-pragmáticas atribuidas tradicionalmente a la alternancia de códigos oral: citas, énfasis, aclaración o elaboración, comentarios parentéticos, expresiones idiomáticas, cambios provocados, cambios estilísticos y necesidad léxica. Además, se encontraron dos tipos de funciones adicionales en el conjunto de mensajes: cambio de lengua como código secreto y cambio libre. Cada una de estas funciones se discute más abajo, seguida de ejemplos ilustrativos[7].

Citas

Las citas constituyen una de las razones principales detrás de la alternancia de códigos en el nivel oral. Esto ocurre cuando las palabras de alguien se reproducen en la lengua original en la que fueron pronunciadas y ello motiva un cambio de código. En mi corpus electrónico, las citas constituyeron un 10,6% del total de cambios de código. A continuación figuran algunos ejemplos que encontré en los que el cambio de código se usa para reproducir directa o indirectamente las palabras de otra persona.

Citas directas (estilo directo):

1) NO ME EXPLICA DE MOMENTO NADA PERO ME PONE [=DICE] "I have very strong feelings that it was him, it was not by chance that he moved into my office." (BM)
2) Y ME DIJO QUE "if you are, I'll definitely take the class!" Y LUEGO ME CONTÓ QUE YO OBTUVE LA grant […] "but please don't tell anyone, it's official but I'm not supposed to tell you." Y LUEGO JOHN ME MANDÓ UN MENSAJE "you got your grant, but I'm not supposed to tell you." (BM)
3) Y AL FINAL ELLA ESTABA MUERTA Y ESTABA HABLANDO CON DEBBIE, QUE LE DECÍA "well I guess you must have just missed that part of class!" (BM)
4) Y ME PREGUNTA "does it look corny?" Y YO LE DIJE QUE SÍ, Y ME CONTESTA "well I'm very corny!" (BM)

Citas indirectas (estilo indirecto):

5) DESPUÉS ME QUEDÉ PENSANDO POR LO QUE DIJISTE QUE that would make the other guy mad. (YM)
6) OTRA VEZ ME DIJO QUE EL CAMBIO EN Ling[uistics] FUE MOVIDA DE ALTURAS, QUE he almost said NO, but then he thought he had no excuse to do so, and besides, he did not want to leave yet. (YM)

---

[7] En todos los ejemplos, se usan mayúsculas pequeñas para el español y tipo normal para el inglés. En el Apéndice se incluyen tres mensajes íntegros.

Énfasis

La función enfática del cambio de códigos en el corpus el electrónico se manifiesta en idéntico porcentaje al de las citas presentado más arriba, es decir, el 10,6% del número total de cambios. En los ejemplos que siguen, la alternancia de códigos se usa como un recurso para enfatizar una idea en lugar de subrayar la palabra o frase como típicamente se hace al escribir a mano –equivalente a un cambio de entonación en el discurso oral–. Entre los usuarios de correo electrónico existe la convención bastante extendida de escribir en mayúsculas la palabra o palabras que de otro modo iría subrayada. De la misma manera podemos aquí considerar que el cambio de código constituye un modo de llamar la atención sobre una idea, modo sólo disponible para los individuos bilingües. Notemos que incluso el ejemplo (8) más abajo contiene ambas técnicas, el uso de mayúsculas y el cambio de código, para resaltar la palabra en cuestión.

7) Do you think that you could do me EL GRAN FAVOR DE ALGUNA MANERA VOLVER A COPIARLO? (GG)
8) QUÉ RELACIÓN MÁS RARA, LA DE VICKY Y TERE, MUY WEIRD! (BM)
9) ME ENCANTAN LAS NOTAS CRÍPTICAS Y LA TUYA ES CRIPTIQUÍSIMA. Awesome! (YM)
10) "PERIQUITA DE LOS PALOTES, A QUIEN USTEDES HAN ESCOGIDO PARA QUE LES REPRESENTE EN EL ECUADOR..." regardless DE QUE TRABAJE AQUÍ O ACULLÁ. (YM)
11) ASÍ QUE TE GUSTÓ MUCHÍSIMO LO QUE LLEVABA.... So embarrassing! YO NO ME PONGO COSAS ASÍ NI PARA CARNAVAL. (BM)
12) My midterm in Poli Sci was returned and I got a big A-, when I was expecting something a lot worse!!! QUÉ ALIVIO!!! (BT)

Aclaración o elaboración

Ésta es otra de las funciones socio-pragmáticas que típicamente se encuentra en la alternancia de códigos a nivel oral. En mi corpus, el 11,4% de los cambios de código respondían a una función de desarrollo o explicación de una idea, palabra o expresión apenas presentada. Así, en los ejemplos que figuran a continuación vemos cómo el individuo cambia de código para elaborar o aclarar algo ya escrito:

13) HOY ALMORZARÉ CON YOLANDA Y DE NOCHE TENEMOS REUNIÓN DE ESPAÑOL EN CASA DE ROSITA. I'll write to you late at night, I guess. (YM)
14) PERO SE DEJA LLEVAR POR EL VIENTO, YA VEO QUE ME VA A ESCUCHAR, she's very influenciable. (BM)
15) ASÍ QUE TE CUESTA CREERLO? CUANDO LO VEAS, TE MUERES, it's too much. (BM)
16) ME PARECE MUY RARO QUE VAYAN A LA FIESTA. They must be desperate for something to do! (BM)
17) I'm sure he'll appreciate it, AUNQUE LE DUELA. (BT)

18) You should know that that was NOT my intention. DE HECHO, NI SIQUIERA
    TUVE INTENCIÓN ALGUNA. (BT)

Comentarios parentéticos

Esta función está estrechamente relacionada con la anterior en el sentido de que el
cambio de código también constituye una explicación más profunda de lo que se acaba de
decir (o, en este caso, escribir). De hecho, los comentarios parentéticos en el corpus
electrónico se reflejan con idéntica frecuencia a la función de aclaración/ elaboración, es
decir, conforman un 11,4% del número total. La mayoría de las veces la frase que ha
cambiado de código aparece entre comas o entre paréntesis y sirve principalmente como
una elaboración de la idea. Sin embargo, incluso en los casos donde los paréntesis no son
gráficos, el mero hecho de cambiar de lengua para hacer un comentario establece de por
sí un paréntesis en el discurso.

19) Fdo. [sic], who has been really nice lately, ME CONTÓ QUE TE HABÍA ESCRITO Y
    LO QUE LE HABÍAS DICHO TÚ…. (YM)
20) BILL ME EXPLICA, in details, LO QUE PENSABA CUANDO YO LE LLAMÉ. (BM)
21) SI QUIERES IR CON ÉL (he offered a ride!), ESTÁ BIEN. (BM)
22) VOY A VER QUÉ DICEN DE LOS GRINGOS...(all I can tell them is what I already
    told them, i.e., that they'll pay the teacher, and make copies, and buy textbooks.)
    (YM)
23) ¿CÓMO SELECCIONARÍAS A LOS CANDIDATOS? [just checking!] (YM)
24) AÚN NO SÉ A QUÉ OFICINA ME MANDARÁN (or even whether I'll still have this
    computer!!), PERO POR AHORA SIGO AQUÍ. (YM)
25) This person would benefit from the prestige the award carries and could include
    it in his/her "ridiculum" vitae (QUE NO ES MOCO DE PAVO). (ZF)

Expresiones idiomáticas o rutinas lingüísticas

Algunos de los ejemplos de cambio de códigos nos revelan la dificultad de traducir
ciertas expresiones, frases hechas o muletillas de una lengua a otra. Es preciso aclarar
aquí que, incluso cuando se accede a un término más fácilmente en una lengua que en la
otra, esto no implica necesariamente que exista una deficiencia en la capacidad
lingüística del individuo. En la mayoría de los casos, esta dificultad se atribuye al
ambiente bicultural en el que una determinada situación se desarrolla y a la flexibilidad
lingüística que implica el receptor bilingüe y/o bicultural. Esto significa que ciertas
expresiones idiomáticas (o a veces vocablos, como veremos más abajo) pueden estar
hechas a medida para servir en un contexto cultural mejor que en otro. Como Zentella
destaca, "a code switch 'says it better' by capturing the meaning or expressing a point
more effectively" (1997: 101). Los cambios de código a causa de expresiones hechas o
muletillas lingüísticas forman un 10,6% del total en mi corpus electrónico, igualándose
así con el número de comentarios parentéticos y las aclaraciones o elaboraciones. En los

siguientes ejemplos sacados del corpus, las expresiones idiomáticas se han subrayado para que el lector las identifique fácilmente.

26) It is not light fare, but a feast to be digested, HAY QUE DARLE CASCO. (VT)
27) PUES believe it or not, YO TENGO PRESO A F. R. (GG)
28) YO HICE ALGO QUE NUNCA HICE EN MI VIDA: I called in sick! (BM)
29) PUES SI SE VA A HACER, count me in, please. (GG)
30) Just kidding, NO HE HABLADO CON NADIE. (BM)
31) NO HABÍA NADA QUE ROBAR, NI cd player, ASÍ QUE ALGÚN "would-be" CHORIZO [=LADRÓN] TUVO QUE CONFORMARSE CON UNA GAMBERRADA BASTANTE COSTOSA. (BT)
32) Y ME DIJO QUE HAY UNA PARTE QUE TENGO QUE RE-ESCRIBIR, ASÍ QUE ESTA NOCHE, OTRA all-nighter. (BM)

Cambios provocados

En el nivel oral, es frecuente que un cambio de código en un vocablo específico pueda provocar que el resto de la frase cambie de código también. De hecho, no es raro que un cambio por necesidad léxica (ver más abajo) cause un cambio provocado. De los siguientes ejemplos se desprende que este fenómeno está también presente en el cambio de códigos escrito[8]. De hecho, los cambios provocados aparecen con una incidencia del 9% en el corpus electrónico.

33) ESTÁ BUSCANDO PERSONAS PARA ESCRIBIRLE CARTAS DE RECOMENDACIÓN. ESTÁ PIDIENDO 5 **fellowships**. Wow, she's suddenly woken up! (BM)
34) SI NO LE VISTE, TE PERDISTE EL **ugly dress** of the year!!!!! (BM)
35) PUES AQUÍ ESTOY MUY **bored**....and the night is still young. (BM)
36) BUENO, ESPERO QUE NO TRABAJES DEMASIADO, ES UN **3-day weekend**, you should be sky-diving! (BM)
37) ASÍ QUE CUANDO TERMINES TU CLASE ESTARÉ YA EN EL **parking lot**, I'll be looking out for you. (BM)
38) TE DIJE QUE CONSEGUÍ UN CURRO DE **Research Assistant**? It's a work/study job, so the Federal Gov't pays my salary. (BT)

Además, podemos observar un ejemplo de lo que se conoce como "descarga anticipada" (*anticipatory triggering*). En este caso el elemento que provoca el cambio, usualmente una expresión o vocablo, sale de hecho *después* en lugar de antes de la parte que cambia[9].

---

[8] La(s) palabra(s) que provoca(n) el cambio de código en el resto de la frase se representan en negrita en todos los ejemplos.

[9] Este concepto está tomado de Haugen (1973) y Jacobson (1978). Ambos investigadores explican cómo la oración puede estar ya construida de un modo abstracto en la mente del hablante antes de que él/ella sepa en qué lengua se va a producir. Por tanto, si una palabra va a cambiar de código más tarde, es posible que eso desencadene un cambio en lo que precede inmediatamente a la palabra también.

39) LAURA ESCONDIENDO everyone's **drinks**! (BM)

Cambios estilísticos

Dado que los ejemplos aquí presentados provienen de correspondencia personal e informal y no de literatura propiamente dicha, un cambio estilístico en este caso se entiende como una técnica para dar "color" o más "sabor" al significado de una expresión. En este sentido, los cambios estilísticos están relacionados directamente con – de hecho, son difíciles de separar– los ya mencionados cambios enfáticos. En este corpus de mensajes electrónicos aparecieron ejemplos contados de este tipo de cambios, alrededor del 5,7% del número total de cambios registrados.

40) TE LO AGRADECERÍA a lot. MUCHOS thankyou. (GG)
41) SI TUVIERAS COCHE TE INVITARÍA PARA QUE COMAS FRESAS and ice-cream. (BM)
42) Coming soon: TU REGALO DE CUMPLEAÑOS.... (BM)
43) YA TE LO HABÍA DICHO YO! Call me M. the prophet! (BM)
44) Just another cold, windy day in Chi-town, PERO TIENE SU ENCANTO. (BT)

Necesidad léxica

Como hemos visto en el caso de las expresiones idiomáticas, los ejemplos que figuran más abajo muestran cómo un vocablo determinado puede ser producido más fácilmente en una lengua que en la otra. De hecho, algunos ejemplos aquí incluidos podrían pertenecer igualmente a la categoría de expresiones idiomáticas (y viceversa). Otras veces, como en los ejemplos (45) y (48), se debe a la terminología técnica o profesional, la cual es ocasionalmente más difícil de traducir. En otros casos la idea no puede expresarse en una lengua con el mismo grado de sutileza semántica que en la otra lengua. De cualquier modo, esta relativa dificultad –o, a veces, imposibilidad– de traducir no se debería interpretar como una falta de competencia en ninguna de las dos lenguas, sino como ejemplos donde el biculturalismo de nuevo juega un papel crucial. Como ya vimos en el caso de las expresiones idiomáticas, algunos vocablos pertenecen a una cultura específica y no pueden traducirse de modo preciso en una cultura diferente. Así, tenemos los términos "significant other" en (47), o "flake" en (49). Ninguna de estas palabras tiene un equivalente exacto en la cultura hispánica a menos que se use una paráfrasis que explique el concepto. Dictan las leyes de la economía lingüística. No hemos de sorprendernos, pues, cuando observamos que los cambios léxicos ocurren con una frecuencia mucho más alta que ninguna otra función: el 20,4% de todos los cambios registrados en el corpus electrónico.

45) ME CONFIRMÓ JUAN QUE FUE MUY OBVIO, Y NO SOLAMENTE EN LA produce section, TAMBIÉN EN EL check-out line (ELLOS ESTABAN EN EL express lane.) (BM)

46) CUANDO TRATÉ DE ABRIRLO, EL SISTEMA ME INDICÓ QUE EL file TENÍA UN VIRUS. ENTONCES TRATÉ DE ELIMINARLO CON UN command PERO NO LO ACEPTÓ Y ME ORDENÓ QUE HICIERA delete EL file [...] DE ALGUNA MANERA VOLVER A COPIARLO O QUIZÁ HACERME UN hard copy of the transcriptions? (GG)

47) ESTARÉ, CLARO, EN LA CENA, Y SUPONGO QUE MI significant other eres tú, ha, ha. TE VEO EN LOS awards? (BM)

48) ES MUY FÁCIL QUE TE ACEPTEN EL abstract. LUEGO, EL deadline ES EL 1 DE MARZO, TENGO EL call for papers SI LO QUIERES [...] LO VENDIMOS POR $4700, A VER SI PAGAMOS LOS debts, EL couch! (BM)

49) HOY ME ENTERÉ DE MUCHO gossip [...] PERO bad news, SUS ESTUDIANTES VAN A IR A MI CLASE [...]. HABLANDO DE ANSELMO, CUANDO YO ESTABA HACIENDO EL reader, EN SU ESCRITORIO ESTABA SU new flame [...] ESTOY MÁS DESILUSIONADA CON SOPHIE... ES LA flake MÁS GRANDE DEL MUNDO.... (BM)

50) LA VERDAD ES QUE ME MOLESTAN ALGUNAS COSAS, PERO POR OTRO LADO, COMO NO TENGO MUCHO say EN EL ASUNTO, PUES LO TOMO COMO VENGA.. (YM)

Cambios libres

Como ya he explicado más arriba, las categorías hasta ahora examinadas e ilustradas corresponden a las principales funciones socio-pragmáticas típicamente atribuidas en anteriores estudios al cambio de códigos oral para las que se encontraron equivalentes en los mensajes electrónicos. Sin embargo, debemos aclarar que no todos y cada uno de los cambios de código producidos realizan necesariamente una función específica. Como sugiere Zentella, "pinpointing the purpose of each code switch is a task as fraught with difficulty as imputing the reasons for a monolingual's choice of one synonym over another, and no complete accounting may ever be possible" (1997: 99).

Con esto no se pretende afirmar que el cambio de código sea un fenómeno arbitrario, sino que un cambio determinado puede tener múltiples interpretaciones con respecto a la función que desempeña. Por ejemplo, un cambio por necesidad léxica puede también funcionar como un gatillo para un cambio provocado. O un cambio para un comentario parentético puede servir al mismo tiempo como una aclaración o elaboración. O, como acabamos de ver en el caso de necesidad léxica, un cambio léxico puede ser al mismo tiempo una expresión idiomática. De este modo, se pueden encontrar cambios que desempeñan no una sino varias funciones pragmáticas simultáneamente.

Al mismo tiempo, parecen existir algunos cambios que no encajan en ninguna de las categorías hasta ahora vistas. Me refiero a estos casos con el nombre de "cambios libres"[10]. Los ejemplos (51)-(56) ilustran cambios que aparentemente no desempeñan una

---

[10] Huerta-Macías y Quintero (1981) llaman "expresiones informativas" ('informative utterances') a una gran parte de su corpus de cambio de códigos que no manifiesta ninguna función social en particular.

función socio-pragmática única o específica sino que más bien muestran una combinación ecléctica de diversas funciones (cambios provocados, énfasis, rutinas lingüísticas, etc.) Hasta el 8,1% de los cambios de código del corpus correspondían a esta categoría de "cajón de sastre".

51) Just to let you know que SOS LA PRIMERA QUE ME MANDA UN MENSAJE A ESTE account y A LA PRIMERA QUE CONTESTO.. (MV)
52) YO ESTOY DE ACUERDO on the group nomination. (GG)
53) UNA ÚLTIMA COSA: don't be too excited about LAS SERIES. (BM)
54) QUÉ PIENSA? Is he running out of time? SE VA YA, a last effort before the crunch? Y VIENE SIN ANUNCIARSE? MUY MAL, it's time to move on.... (BM)
55) SÓLO QUERÍA FELICITARTE DE NUEVO for a job well done. (TA)
56) GRACIAS POR TU SIMPATÍA AYER; QUE NECESITABA DESCARGARME DE ESA MANERA... let it out Y DESPEJARME UN POCO. ME HIZO BIEN. (BT)

Cambio como código secreto

Al mismo tiempo que el cambio de códigos puede usarse para comunicarse con los individuos del mismo grupo social, racial o cultural, como una seña de identidad, también puede emplearse como un mecanismo de exclusión. El proceso de exclusión se hace efectivo simplemente cambiando a una lengua que una tercera persona no entiende (situación en la cual un monolingüe susurraría o usaría un eufemismo). Este tipo de función constituye el contrario de lo que tradicionalmente se ha llamado cambio de códigos situacional (*situational code-switching*)–es decir, cambiar de lengua para poder comunicarse con un interlocutor que no habla la lengua en uso, proceso también conocido como selección idiomática (*language choice*).

En el corpus electrónico, los intentos de excluir a otras personas (quienes podrían leer el mensaje en cuestión) originaron cambios de código para proteger la información en 1,6% de los casos. El contexto del ejemplo (57) es el de una persona que está solicitando trabajos en otras instituciones y no desea compartir el lugar de su próxima entrevista con otros compañeros de trabajo y/o supervisores. En el ejemplo (58) la persona que escribe fue sorprendida escribiendo sobre otra persona y usó el cambio de códigos para mantener su anonimato.

57) Y ADEMÁS, ME LLAMARON PARA UNA ENTREVISTA at that place. (YM)
58) PUES, AQUÍ ESTABA CONTÁNDOTE COSITAS DE you know who, Y LLEGA JUAN Y TUVE QUE CANCELAR MI MENSAJE.... (BM)

Resumen y conclusiones

La llamada "autopista de la información" provee una nueva tierra de cultivo para el uso del cambio de códigos en la comunicación escrita de los individuos bilingües. Los ejemplos aquí presentados demuestran que incluso bilingües que normalmente no usan el cambio de códigos al hablar con un interlocutor sí lo emplean al escribir mensajes electrónicos al mismo interlocutor. Es más, mientras el cambio de códigos ha acarreado siempre una especie de estigma social, parece ser más aceptable en la comunicación escrita informal. Se puede conjeturar que, dado que el correo electrónico es un medio de comunicación personal, en teoría no observable o sometido a juicio por otros, tal estigma no existe. Estos individuos bilingües competentes, con independencia de su origen y tipo de bilingüismo, pueden permitirse el lujo de expresarse de este modo al escribir a otros bilingües.

Las funciones socio-pragmáticas y estilísticas desempeñadas por estos cambios han demostrado ser aquí prácticamente idénticas a las observadas hasta ahora en la producción oral. Esto era de esperar, dada la naturaleza de la comunicación personal electrónica, un medio relativamente informal y espontáneo que se asemeja más a un diálogo real que a una carta tradicional. Puesto que los mensajes electrónicos se escriben normalmente de modo rápido, el cambio de códigos por necesidad léxica aparece como una de las motivaciones más importantes. También hemos observado cómo el cambio de códigos se puede emplear como una técnica para enfatizar, añadir color o subrayar una idea, en ausencia de otros métodos más tradicionales disponibles al escribir a mano. Finalmente, el cambio de códigos en mensajes electrónicos puede servir como un código secreto entre los interlocutores. Aunque esta función se puede encontrar a nivel oral de igual modo, es idiosincrásica de un sistema de comunicación no privado como es el correo electrónico, donde la intimidad no siempre está garantizada.

Un denominador común de los mensajes bilingües analizados aquí es la habilidad de los informantes para manipular las dos lenguas con efectos tanto estilísticos como comunicativos. A pesar del número limitado de participantes, el estudio llevado a cabo en este corpus no deja duda de que: a) los individuos bilingües plenamente competentes en las dos lenguas pueden cambiar –y cambian– de código de modo efectivo al escribir mensajes electrónicos informalmente a otros bilingües; b) estos individuos poseen un gran conocimiento lingüístico y cultural de los matices tanto del español como del inglés para ser capaces de cambiar de una a otra lengua; y c) en lugar de ser un fenómeno caprichoso o arbitrario como se ha insinuado, este modo de expresión escrita también desempeña aquellas funciones socio-pragmáticas y estilísticas específicas que otros investigadores ya han observado en el cambio de códigos oral. Se necesitan más estudios en este campo del cambio de códigos escrito para poder corroborar los resultados presentados aquí.... De cualquier modo, lo que Zentella sugería de los bilingües en el cambio de códigos oral –"a way of saying that they belonged to both worlds, and should not be forced to give up one for the other" (1997: 114)– puede ahora extrapolarse al cambio de códigos escrito también.

Bibliografía

Emanuela Dascalu, A. C. (1999). The form and function of code-switching in bilingual writing: A comparative analysis of English email messages written by Belarusian/English,

Korean/English, and Romanian/English bilinguals. *The Tulsa Graduate Review.* Disponible: <http://www.utulsa. edu/tugr/tugr99/codeswit.html>.

Gumperz, J. (1982). Conversational code-switching. En J.Gumperz (ed.), *Discourse strategies* (pp. 59-99). Cambridge: Cambridge University Press.

Haugen, E. (1973). Bilingualism, language contact, and immigrant languages in the United States: A research report, 1956-1970. En T. Sebeok (ed.), *Current trends in linguistics* (pp. 505-91). The Hague: Mouton.

Huerta-Macías, A. y Quintero, E. (1981). Codeswitching: All in the family. En R. Durán (ed.), *Latino language and communicative behavior* (pp. 153-68). Norwood, NJ: Ablex.

Jacobson, R. (1977). The social implications of intra-sentential code-switching. *New directions in Chicano scholarship (special issue of The New Scholar)*, 6, 227-56.

Jacobson, R. (1978). Code-switching in South Texas: Sociolinguistic considerations and pedagogical applications. *Journal of the Linguistics Association of the Southwest*, 3, 20-32.

Mackey, W. F. (1968). The description of bilingualism. En J. Fishman (ed.), *Readings in the sociology of language* (pp. 554-84). The Hague: Mouton.

McClure, E. (1981). Formal and functional aspects of the codeswitched discourse of bilingual children. En R. Durán (ed.), *Latino language and communicative behavior* (pp. 69-92). Norwood, NJ: Ablex.

Valdés-Fallis, G. (1976). Social interaction and code-switching patterns: A case study of Spanish-English alternation. En G. Keller *et al.* (eds.), *Bilingualism in the bicentennial and beyond* (pp. 86-96). Nueva York: Bilingual Press.

Zentella, A. C. (1997). *Growing up bilingual: Puerto Rican children in New York.* Malden: Blackwell.

Apéndice: Ejemplos de tres mensajes electrónicos en su integridad

Mensaje # 1:

From: YM
Date: Thu, 12 Mar 1998 10:27:01 -0500

Hola!

I already read this one at home, but I'm answering from here...

Entonces avísame cuando te digan algo más sobre el chiquillo. Se alegrará si le dic que sí.

Y qué bueno que te haya gustado el menú, aunque ya sabes que yo no voy a preparar nada...

Las cifras tendrán que esperar pues hoy tengo día fuerte (y tú también, si mal no recuerdo...) Hoy almorzaré con Y. y de noche tenemos reunión de Español en casa de R. I'll write to you late at night, I guess.

Recién entendí lo de one-night stands: estabas jugando con las palabras, no? Usando "stand" como "estar parada"? ja ja ja

One more thing: Fdo., who has been really nice lately, me contó que te había escrito y lo que le habías dicho tú (y yo le dije que algo me habías comentado). I kind of repeated what you had said about your preferences. Y también vi su página web, y creo que deberías try it... qué te parece tener a una well known writer and poet entre tu faculty, ha? Cómo puede ser engañosa la propaganda! Pero hay que reconocer que él si tiene guts!

Otra vez me dijo que el cambio en Ling. fue movida de alturas, que he almost said NO, but then he thought he had no excuse to do so, and besides, he did not want to leave yet...

Talk to you later.

Mensaje # 2:

From: GG
Date: Thu, 4 Jun 1998 21:39:03 -0700 (PDT)
Subject: Re: La cena...

Hola Cecilia.

Pues si se va a hacer, count me in please. About the wine, I think that's a very good idea; each one should bring a bottle o wine or not for those who don't drink. We, or someone should call a más tardar tomorrow morning to give the Biltmore a final count, no crees? Bueno, ciao por el momento.

Mensaje # 3:

From: BM
Date: Tue, 20 Apr 1999 12:29:24 -0700 (PDT)
Subject: Acquaerobics!

Rápidamente un news flash, para que te mueras de la risa... Hoy en acquaerobics estábamos en el deep... Había una chica enfrente de mí que lo estaba pasando bastante mal, se notaba que estaba súper cansada. Pues, cuando hicimos los power-pops me parecía que no tenía un belt! Pero luego pensé, there's no way... Bueno, tenía razón, no había puesto un belt, te lo puedes creer? Y al final ella estaba muerta y estaba hablando con D., que le decía "well I guess you must have just missed that part of class!" No sé cómo ella no se dio cuenta, aun en el agua tú ves un poco los belts... Y es que yo lo había pensado, pero luego pensé, a lo mejor lo tiene in front, no-one is that dumb! Pues sí...

Espero que estés mejor.

Hasta luego!

El uso de tú, usted y uno en el español de los colombianos y colombo-americanos

Luz Marcela Hurtado
Central Michigan University

Abstract

The study explores the influence of linguistic factors such as specificity of reference, verbal tense, mood and aspect in variable subject expression, in the Spanish of Colombians living in Miami. Our starting point is that the nonspecific references favor explicit subject pronouns. Given this, and considering Cameron's previous findings on the use of non-specific *tú,* we analyze the nonspecific references with *tú, usted* and *uno.* Moreover, keeping in mind Morales' research on arbitrary pronouns, we look at the effect of verbal aspect. Two varieties of Colombian Spanish (Coastal and Andean) were analyzed to test potential dialectal differences. Varbrul results for nonspecific *tú* indicate that the effect of specificity goes in the same direction as in other Latin American varieties. However, when comparing previous results from Santiago (Chile) we observe that nonspecific *usted* has no influence in subject expression. Moreover, there are no differences between Colombian and Madrid's use of nonspecific *usted.* In relation to verbal aspect, it was found that imperfective verbs favor the use of subject pronouns, leading us to consider that this syntactic factor has a clearer influence than dialect, and it is linked to the characteristic of specificity.

Introducción

La variable expresión del sujeto en español ha sido estudiada desde la gramática tradicional, la sintaxis generativa, la pragmática y la sociolingüística. Desde estas perspectivas, se ha señalado que la necesidad de aclarar el referente, los grados de conectividad discursiva y la expresión de información nueva o contrastiva son algunos de los factores que determinan la expresión explícita del sujeto. Con el análisis de distintas variedades del español, como el de los puertorriqueños (Cameron 1993, 1996; Flores 2002; Hochberg 1986), méxico-americanos (Silva-Corvalán 1982, 1994), madrileños (Cameron 1996; Enríquez 1984), andaluces (Ranson 1991) y colombo-americanos (Hurtado 2001), se ha planteado la posibilidad de la existencia de diferencias interdialectales. Algunos de los primeros estudios explicaron la expresión explícita del sujeto como producto de la necesidad de resolver la ambigüedad de la forma verbal: la ambigüedad generada por la elisión de /-s/ en la conjugación de segunda persona, propia de variedades como las de la zona circuncaribe, Andalucía y Chile. Precisamente, el estudio de Hochberg (1986) fue uno de los primeros en abordar la idea de la influencia de la ambigüedad de la forma verbal en el español de los puertorriqueños. Según la autora, los puertorriqueños de Boston expresaban más sujetos pronominales para compensar la elisión de /-s/ en la conjugación de 2ª persona (Hipótesis de Compensación Funcional).

Tras el estudio de otras variedades como el español de Andalucía (Ranson 1991) y el español de Puerto Rico (Cameron 1993, 1996), se plantearon argumentos en contra de la influencia de la ambigüedad por elisión de /-s/ en las terminaciones verbales de segunda persona. El primero de estos estudios apunta a la influencia de factores como la correferencia, es decir, la expresión explicita del sujeto por la necesidad de aclarar el referente cuando no hay marcas contextuales. El segundo muestra que la expresión del sujeto ocurre ante un cambio de referente (o de sujeto) o cuando se trata de referencias menos específicas (con el uso de pronombres impersonales). De igual manera, aunque en el análisis realizado con méxico-americanos residentes del este de Los Ángeles (variedad que conserva /-s/) se observó un aumento de sujetos explícitos en casos de ambigüedad producto de la coincidencia de las conjugaciones entre la primera y la tercera persona del singular, en tiempos como el pretérito imperfecto y los modos condicional y subjuntivo, Silva-Corvalán (1982) también señala que la correferencialidad con el sujeto precedente es un factor determinante en la expresión del sujeto.

Un estudio más reciente, Hurtado (2001), en el que se contrastan las variedades costeña (variedad que elide /-s/) y andina (variedad que conserva /-s/) del español hablado por colombianos residentes en el sur de Florida, indica que los sujetos explícitos son utilizados para establecer las relaciones entre las cláusulas cuando el grado de conectividad/continuidad del sujeto decrece. Del mismo modo, Flores (2002), en su estudio de la expresión del sujeto por parte de los puertorriqueños de Nueva York, observa que la distancia con la mención previa es relevante, ya que no se favorecen los usos explícitos cuando el sujeto se menciona en la cláusula previa con la misma función.

Por consiguiente, los estudios interdialectales indican que identificar el referente es una de las funciones básicas del sujeto explícito. A este respecto, Silva-Corvalán agrega que un uso más frecuente de pronombres de sujeto se presenta en casos en que se hace referencia a la función de los participantes de la conversación (2001: 155). Un aspecto importante que la autora menciona es la relación de esta función discursiva semántica-pragmática de correferencialidad con la función pragmática del tiempo verbal. A partir de la clasificación de Hochberg (1986), Silva-Corvalán (2001) añade que el porcentaje de expresión de sujetos pronominales aumenta desde los verbos sin sincretismo de persona (Tipo A: pretérito y *ser* en presente de indicativo, 27%), a los verbos con sincretismo entre la segunda y tercera persona del singular (Tipo B, 33%) y a los verbos con sincretismo entre la primera-tercera y segunda persona (Tipo C, 33%). Es decir, que se expresa menos el sujeto con el pretérito, y el porcentaje aumenta con tiempos como el imperfecto y el condicional (Tabla 1).

	Tipo A		Tipo B		Tipo C	
	N	%	N	%	N	%
Prons. expresados	105/387	27	236/718	33	172/479	36

Tabla 1. Expresión de sujeto pronominal según el tipo de verbo (p< . 02).
Fuente: Silva-Corvalán (2001: 163).

Otro aspecto analizado tiene que ver con los casos en los que los pronombres, además de indicar referencias inequívocas/específicas (que señalan la existencia de un sujeto determinado como el hablante o el oyente), pueden estar referidos a un sujeto indeterminado, general, que puede incluir al hablante, al oyente, o excluir a los dos. En el trabajo de Cameron (1996) se dilucida la influencia del factor de *especificidad referencial* en la expresión del sujeto, ya que muestra un aumento del porcentaje de expresión de sujetos cuando el referente es menos específico [-espec] (Tabla 2).

	San Juan		Madrid	
		N		N
Tú [+espec]	48%	145	40%	58
[-espec]	69%	188	19%	150

Tabla 2. Especificidad del referente en San Juan y Madrid.
Fuente: Cameron (1996: 89).

Además, al comparar los resultados de Puerto Rico con los de Madrid (de su mismo estudio), observa diferencias a nivel dialectal: "[-spec.] *tú* is the source of rate differences for 2sg-pronominal expression between San Juan and Madrid" (1996: 103). Cameron explica dichas diferencias basándose en la teoría de la gramática generativa: en la variedad de Madrid se selecciona la opción del Pro-arbitrario, la cual favorece los sujetos nulos cuando hay referencias arbitrarias (no-específicas). En el dialecto latinoamericano (San Juan) el *tú* no-específico requiere más información léxica (el sujeto pronominal) ya que el referente es menos asequible para el oyente. En cambio, el *tú* específico favorece sujetos implícitos porque el hablante asume que el oyente identifica el referente más fácilmente (Teoría de la Accesibilidad de Givon 1983, y Ariel 1990).

Hipótesis

Algunos estudios han mostrado la falta de validez estadística para la influencia del factor de ambigüedad, la influencia de factores como la correferencia y la especificidad, y la necesidad de seguir analizando la expresión del sujeto en otras variedades del español. En este estudio nos proponemos encarar la influencia de la especificidad del referente, considerando dos variedades del español colombiano (andino y costeño). Contribuiremos al estudio de la especificidad referencial al analizar los usos de *usted* específico y no-específico, y al compararlos con los resultados de otros dialectos latinoamericanos mencionados por Cameron (1996).

Partimos de la idea que, al ser la referencia no-específica la promotora de la expresión del sujeto, el aspecto y el modo verbal son dos factores muy relacionados con estos usos: la referencia no-específica está condicionada por aspectos semántico-pragmáticos, como la postura que el hablante asume frente a su enunciado (hecho o posibilidad/irrealidad) y al carácter terminativo de la acción. Integramos en nuestro análisis el tiempo, modo y aspecto verbal como factores que favorecen esos usos generalizadores. Además, opinamos que no sólo debe incluirse una perspectiva temporal y modal en el estudio, sino también aspectual, ya que estudios previos de Hernanz (1990) y Morales (1995) apuntan que los usos generalizadores (no-específicos) ocurren más con los verbos de aspecto no-terminativo.

Metodología

Las oraciones en este trabajo se seleccionaron de 46 entrevistas/conversaciones (individuales y grupales) realizadas con colombianos y colombo-americanos del condado de Miami-Dade, Florida, a finales de 1999 y comienzos del año 2000. Hubo 26 mujeres y 20 hombres, con edades que oscilaban entre los 20 y los 70 años.

Para la selección de las oraciones se tuvo en cuenta las terminaciones verbales correspondientes a las personas del singular, y se incluyeron todos los casos en los que había variación en nuestra muestra. Por esto, se integraron al análisis oraciones que alternaban sujetos explícitos e implícitos tales como *no sé qué/yo no sé qué,* y sujetos postverbales. 3039 oraciones fueron clasificadas a partir de las variables lingüísticas de persona y especificidad referencial, tiempo y modo verbal, aspecto verbal y variedad dialectal. Las muestras fueron sometidas al análisis estadístico Varbrul, en su versión Goldvard para Mackintosh (Rand y Sankoff 1990) que permitió analizar a la vez las variables y su relevancia.

Persona y especificidad referencial

El uso de pronombre con referencias no-específicas como *tú,* ha sido analizado por algunos autores como Hernanz (1990) en el caso del español, y Laberge y Sankoff (1980) en el caso del francés. Se ha establecido que este pronombre se utiliza como sustituto de *uno,* es decir, como una clase de impersonal y como un pronombre anafórico de *uno*: se usa para expresar generalizaciones tan vagas que pueden incluir al hablante, al oyente o a alguien más. En la medida que se distinguen dos tipos de usos, uno, en el que el hablante hace referencias directas sobre sí mismo, se dirige al oyente, o habla sobre terceras personas en las referencias específicas, y el otro, un uso generalizador en las referencias no-específicas, clasificamos las referencias específicas y no-específicas de la siguiente manera: 2s-*tú* [+especifico]. 2s- *tú* [- específico]. 2s-*usted* [+específico]. 2s- *usted* [-especifico], *Uno* [-especifico]. Un caso de referencia no-específica de la segunda persona del singular *tú* es el ejemplo (1), en el que el entrevistado está hablando de cómo fue su llegada a Estados Unidos, y lo hace utilizando el pronombre *tú:*

> (1) C: Pero ehh cuando <u>tú ya tomas</u> la decisión de venirte, entonces ya la cosa eh distinta. Entonceh, uno ve la realidad, porque no es [I: no es sólo venir], no es sólo venir, pero entonces <u>tú ya ves</u> la realidad y que aquí tú todo, mijita, te cuesta porque aquí no cuentas <u>tú</u> con nada, así que a trabajar mijita, y en lo que sea. (Casete 2, B, 203, 6)[1]

---

[1] Convenciones usadas en los ejemplos: C u otra letra: el entrevistado; información entre paréntesis: (Número de casete/número del contador de la transcriptora/número de entrevista).

Éste es un caso en el que, como lo expresa Hernanz, el uso no-específico es una estrategia pragmática del hablante para "eludir responsabilidades, amparándose en una referencia que lo incluya a él y a otros que pueden hallarse en circunstancias semejantes a las suyas" (1990: 163).

En el fragmento (2) se observa tanto la referencia específica con *usted* como la no-específica con *uno*. En el primer caso, el entrevistado hace referencia a lo que le dijo a una mesera de una cafetería cubana, es decir un referente específico y, en la segunda, utiliza el *uno* con valor genérico, con el que posiblemente se está incluyendo:

> (2) I: Le digo -No, *usted es* la que lo está tomando mal. Por favor, yo estoy llamando papaya, porque es el nombre verdadero de la fruta y, no solamente porque es el nombre verdadero de la fruta, sino que nosotros lo llamamos así en Colombia también. Si *usted sabe,* si *usted nota* mi acento o mi modo de hablar, o alguna cosa, o *se da cuenta* que no soy cubano, *debe* pasarlo, ¿no? en lugar de hacerme el reclamo, *debe* pasarlo [...] Y son cosas que *uno tiene* que aprender, y es bueno estar en contacto y asistir a sitios de diferentes grupos étnicos para *uno ir teniendo* conocimiento de todo. (Casete 17, A, 30, 42)

Puede observarse que la referencia no-específica necesita ser establecida en el discurso mediante una primera mención explícita de *uno*. En el ejemplo (2), si el hablante no introduce explícitamente la referencia no-específica con *uno,* habría una situación de ambigüedad con el referente de la cláusula anterior *usted.*

Por último, el ejemplo (3) es un caso de *usted* no-específico en el que hablante utiliza el pronombre para referir su situación y la de la comunidad:

> (3) J: La comunidad se dio cuenta, nos dimos cuenta todos los que éramos. Porque nos dimos cuenta de que como se logra en este país es uniéndose. Y si *usted pelea* unido, ellos lo escuchan, pero si *usted se para* solo, nadie le para bolas. (Casete 3, B, 105, 10)

Perspectiva temporal y modal

Como se había evidenciado en la introducción, Silva-Corvalán propone que el tiempo verbal es un factor de posible influencia en la expresión del sujeto dadas sus características pragmáticas de factual/irreal, dinámico/no dinámico. Para analizar el grado de influencia de la perspectiva temporal y modal en la expresión del sujeto, no seguiremos la clasificación iniciada por Hochberg, es decir, según el grado de ambigüedad en la forma verbal, sino que utilizaremos una clasificación temporal desde la perspectiva del hablante y con una noción de tiempo como la de un tiempo subjetivo del que habla (Alarcos 1973). Consideramos el tiempo verbal como una categoría deíctica con la que se expresa una situación con respecto a un punto de origen, el cual puede coincidir con el momento de la enunciación y tener referencias directas con un pasado, presente y futuro. Por lo tanto, los verbos se clasificaron en torno a las relaciones de anterioridad (pretérito, pretérito pluscuamperfecto, pretérito perfecto compuesto, futuro perfecto y condicional perfecto) como en *No creí que estuvieras enfadada conmigo,* simultaneidad (presente, algunos casos con pretérito imperfecto) como en *Dice que esta ahora en la radio,* y posterioridad (futuro, condicional, usos de cortesía) como en *Dice que saldrá en un rato* y *Dijo que saldría en un rato,* siendo esta última una oración en la que se indica posterioridad en relación a un momento anterior al origen.

Con el fin de integrar la perspectiva modal a esta clasificación, consideramos en factores aparte aquellos casos en los que además de una relación temporal, hay un contenido modal relacionado con la irrealidad o el alejamiento en general (pueden tratarse de formas del condicional y del subjuntivo). También se tuvo en cuenta lo que Rojo y Veiga (1999: 2894-2909) llaman *dislocados* o los usos de formas verbales que normalmente expresan posterioridad para expresar simultaneidad con un valor adicional de incertidumbre que no poseían inicialmente: *en esos momentos serán las cuatro* (oposición modal de incertidumbre/no certidumbre).

Aspecto verbal

En este grupo de factores, clasificamos los verbos según los matices morfológicos de terminativo y no terminativo. Dentro de esta perspectiva, consideramos lo que Alarcos (1973) denomina el aspecto sintagmático y De Miguel (1999) denomina como el aspecto flexional. Con el primer término se hace referencia al término virtual del proceso en el que se oponen las formas simples a las compuestas, siendo éstas las que expresan el límite. Según Cartagena (1999) los tiempos compuestos retrospectivos, es decir los formados con *haber + participio* implican la perfección de los procesos que designan, pues éstos ya se han realizado dentro del ámbito y momento temporales referidos (1999: 2939). En cuanto al aspecto flexional, éste indica el término real del proceso como en el caso de las formas de pretérito perfecto (terminativo) y del pretérito imperfecto (no-terminativo).

Tendremos en cuenta que la forma del participio indica el término del proceso, el gerundio no indica término y el infinitivo no tiene referencia a término alguno (Alarcos 1973: 80). La forma *ir a + infinitivo* indica que la acción no es terminativa y las formas compuestas perifrásticas con gerundio se consideran en este trabajo como de acción no terminativa.

Variedad dialectal

Cada ejemplo fue clasificado según el dialecto al cual pertenecía el habla del informante. Aunque el español de los colombianos es muy heterogéneo, se tuvieron en cuenta dos variedades principales, es decir los dialectos andino (o del interior) y costeño. La división por dialectos de los hablantes colombianos se hizo según la clasificación de José Montes (1982: 23-27). Montes toma como criterios la realización de /-s/ implosiva (criterio fonético), el tuteo, voseo y usted (criterio sintáctico), y la división de toda la región costera, atlántica y pacífica como parte del dialecto costeño y las zonas del interior como parte del dialecto andino (criterio geográfico).

El dialecto del interior (andino) se caracteriza por el uso del *usted* tanto en situaciones formales e informales. Es la forma en que se dirigen los miembros de la familia y los amigos del mismo sexo. En cuanto el dialecto costeño el uso de *tú* es más generalizado y se utiliza como forma de confianza. Vale la pena hacer la salvedad que estos usos varían a medida que se avanza al interior del país, y también varían de acuerdo con el contexto, la clase socioeconómica y la edad del hablante.

Los participantes de este estudio tienen orígenes variados pero, por sus rasgos dialectales, están circunscritos a una de las dos variedades principales: 21 hablantes del dialecto costeño y 25 del andino. En cuanto a los nacidos en EE.UU., fueron clasificados con base en las características de su variedad y la de los padres, por lo que entre los entrevistados nacidos en EE.UU. contamos con 5 del dialecto costeño y 3 del andino.

Resultados

Para observar el grado de influencia de los factores anteriormente descritos, nos remitimos a los resultados del análisis de regla variable (Varbrul). El cómputo seleccionó como significativos (al nivel 0,05) todos los factores incluidos. En la medida que ninguno de los factores analizados fue eliminado por el programa, para determinar el nivel de influencia de los grupos se calculó la diferencia numérica entre el peso Varbrul más bajo y el más alto (alcance = *range*). En orden de mayor a menor alcance se encuentran el grupo de la especificidad del referente (51), el tiempo y modo verbal (36), aspecto verbal (15) y, por último, el dialecto (8) (Tabla 3). Para interpretar los pesos Varbrul de los factores de cada grupo hay que considerar que los pesos por encima 0,50 favorecen la expresión de sujetos explícitos, y los pesos por debajo de 0,50 no la favorecen.

especificidad (*Range:51*)				
	e/N	%	Peso	% total datos
Yo	538/1087	49	,47	35
tú [+espec]	146/396	36	,38	13
[- espec]	165/277	59	,55	9
ud. [+espec]	58/205	28	,33	6
[- espec]	39/64	60	,63	2
Uno	321/372	86	,85	12
él/ella	271/683	42	,39	20

tiempo y modo (*Range:36*)				
	e/N	%	Peso	% total datos
factual:				
anterior	464/926	50	,63	30
simultáneo	928/1651	56	,48	54
posterior	48/110	43	,39	3

irrealidad/alejamiento:				
anterior	18/46	39	,32	1
simultáneo	66/269	24	,27	8
posterior	14/37	37	,35	1

aspecto verbal (Range: 15)				
terminativo	265/723	36	,38	23
no-terminativo	1273/2316	54	,54	76

dialecto (Range: 8)				
Andino	823/1739	47	,46	57
Costeño	715/1300	55	,55	42

| **TOTAL** | 1538/3039 | 50 | ,35 | 100 |

Input: .51 *Significance: .000*
Log likelihood: -1858.921 *Total Chi-square: 1243.0211* *Chi-square/cell: 1.1198*

Tabla 3. Resultados del Análisis de Regla Variable de la influencia de la especificidad referencial, dialecto, tiempo, modo y aspecto verbal en la expresión de sujetos explícitos (e).

En cuanto al factor de persona y especificidad referencial, se evidencia que los usos no-específicos o generalizadores de *tú*, *usted*, *uno* favorecen la expresión explícita del sujeto, en la medida que poseen los porcentajes (59, 60 y 86) y pesos Varbrul más altos (0,55 0,63 y 0,84). Los pesos más bajos pertenecen a las referencias específicas con *tú*, *usted* y a la tercera persona singular *el/ella* (0,38 0,33 y 0,39) En términos generales se observa la misma tendencia en los datos, es decir que entre más generalizadora es la referencia más uso de sujetos explícitos.

La manera como comúnmente se introducen los nuevos referentes puede ser parte de la explicación del comportamiento reflejado en los datos. Según Givon (1983), siempre que una referencia (sujeto) es introducida en el discurso por primera vez, el hablante intenta establecerla de manera explícita a fin de que su oyente la identifique. Hay algunas referencias más definidas que el hablante supone identificables de manera única por el interlocutor y, por ello, no ameritan una realización explícita del sujeto. Sin embargo, con la referencia no-específica de *tú*, *usted* y *uno*, a la vez que el hablante tiene que establecer una referencia, también tiene que apuntar a su rasgo de generalización, lo que posiblemente se traduce en un uso mayor de pronombres explícitos. En el caso de *uno*, esta forma implica una referencia con la que el hablante no está familiarizado previamente y esto hace necesario que se exprese explícitamente. Con respecto al uso de *usted* no-específico, su expresión es más variable que en el caso de *uno*, pero se encuentra también condicionada por aspectos contextuales como quién es el sujeto previamente mencionado y la forma verbal utilizada.

En relación con las variables de tiempo, modo y aspecto verbal, los resultados indican que estos factores tienen un grado de influencia. En el grupo de factores en el que se incluyó la referencia temporal con respecto al punto de origen (anterioridad, simultaneidad y posterioridad), los pesos Varbrul menores de 0,50 indican que no se favorece la expresión del sujeto en las relaciones de simultaneidad y posterioridad. En cuanto a las relaciones de anterioridad (en el que incluimos las referencias con pretérito e imperfecto), se presenta el peso más alto (,63) cuando se trata de la modalidad factual. Aunque la tendencia de la influencia no es tan clara, podemos observar un aumento de los porcentajes y pesos cuando se trata de este contenido modal factual. Es decir que, entre más contenido de irrealidad/de alejamiento, se expresan menos sujetos explícitos.

El grado de influencia es mucho más evidente en el grupo de aspecto verbal. Conforme a los resultados, los verbos no-terminativos/imperfectivos (p. ej. el pretérito imperfecto) influyen más en la expresión de sujeto (,54) que los terminativos/perfectivos (p. ej. el pretérito) (,38). Esta tendencia puede apoyar nuestra hipótesis de partida ya que los resultados de la especificidad referencial apuntan a que es ese contenido de generalidad e impersonalidad determina la expresión del sujeto, y de acuerdo con el estudio previo de Hernanz (1990), el aspecto y tiempo verbal actúan como operadores genéricos. De igual manera, Morales (1995) evidenció que los pronombres arbitrarios *uno* y *tú* no ocurrían u ocurrían pocas veces con el pretérito. Por lo tanto, estos resultados apoyarían a Silva-Corvalán (2001) cuando plantea que los sujetos expresos se expresan menos con verbos en pretérito y más con el modo condicional y el subjuntivo. Sin embargo, los resultados de nuestro estudio apuntan a que es la categoría aspectual (una categoría más sintáctica que pragmática en nuestra clasificación) la que tiene una influencia más clara. Asimismo, además de la influencia de las pautas semántico-pragmáticas evidenciadas con el factor de especificidad del referente, se señala que las pautas sintácticas del factor de aspecto verbal tienen mayor influencia en la expresión del sujeto que el tiempo y modo verbal. Como apoyo a estos resultados sobre el aspecto verbal, la tabulación cruzada entre los factores de especificidad del referente y el aspecto (Tabla 4) muestra como las referencias no-específicas de *tú, usted* y *uno* con verbos no-terminativos (imperfectivos) favorecen la expresión del sujeto (62%, 65% y 87%).

	tu [+espec]		tu [-espec]		ud. [+espec]		ud. [-espec]		uno	
	(e)/N	%	(e)/N	%	(e)/N	%	(e)/N	%	(e)/N	%
no-term.	118/270	40	161/261	62	50/131	38	39/60	65	317/366	87
term.	28/126	22	4/16	25	8/74	11	0/4	-	4/6	67

Tabla 4. Tabulación cruzada sobre efecto de especificidad referencial y aspecto en expresión del sujeto.

Influencia del factor dialectal

A pesar del alcance (*range*) de los pesos, Varbrul indicó que este grupo es el que menos afecta la expresión de sujetos explícitos. Los pesos nos permiten apreciar que el grupo andino favorece más los sujetos explícitos[2]. Además, estos resultados adquieren más relevancia cuando se compara sus porcentajes con los de los estudios previos.

En el estudio de Enríquez (1984), también realizado en Madrid, se muestra un comportamiento semejante con respecto al *tú*[3] con referencias no-específicas (Tabla 5), es decir, una disminución en el uso de pronombres *tú* con referencias no-específicas.

Pronombre		Madrid (Enríquez)		Andino	
		(e) / N	%	(e)/ N	%
Tú	[+ espec]	130/391	33	54/163	33
	[-espec]	88/983	9	65/124	52
Ud.	[+ espec]	261/343	76	55/194	28
	[- espec]	95/107	89	37/60	62

Tabla 5. Porcentaje de expresión de sujetos explícitos (e)
en Madrid (Enríquez) y la variedad andina de Colombia.

Los resultados de Enríquez se ajustan al patrón de Cameron, al encontrarse una reducción en la expresión del pronombre *tú* cuando su referencia no es específica (9%). Ya que este uso de *tú* no-específico se asemeja en proporción a los usos de *nosotros*, *vosotros* y *ellas*, Enríquez explica que esa conducta similar (poca expresión del sujeto) se basa en el hecho de que la categoría de persona no se borra por completo en estos usos generalizadores porque se indica un *yo* (oculto) y además que por su indeterminación son los más reacios a presentar el pronombre expreso. No obstante, la explicación de Enríquez no cobija el caso de *usted* no-específico.

La comparación de los porcentajes de estas dos variedades (conservadoras de /-s/ implosiva), sustentan las observaciones de Cameron (1992, 1996) en cuanto al uso del *tú* con referencias no específicas, y en cuanto a las diferencias que este aspecto plantea entre las variedades latinoamericanas y las peninsulares. Sin embargo, al considerar el comportamiento de *usted* con referencias no-específicas, observamos que el porcentaje aumenta en los dos dialectos (andino: 62% y Madrid: 89%).

Con respecto a la variedad costeña y a las variedades que eliden la /-s/ implosiva, en las Tablas 6 y 7 presentamos los resultados de este estudio con relación a las variedades de San Juan (Cameron 1992, 1996), Buenos Aires (Barrenechea & Alonso, 1977), Santiago (Cifuentes 1980) y Sevilla (Cameron, 1996), variedades comparadas previamente por Cameron (1996), con el fin de dilucidar si se mantienen las diferencias

---

[2]En relación al factor de especificidad del referente, Hurtado (2001) ya había evidenciado que la dirección del efecto es la misma en los dos dialectos, dados los porcentajes y pesos Varbrul de cada pronombre específico y no-específico.

[3] En esta tabla no presentamos los usos de *uno* ya que no fueron incluidos en el estudio de Enríquez. Además, el método estadístico utilizado por Enríquez no aporta información sobre el *peso*, por lo que se comparan sus resultados con los de nuestro estudio y los de Cameron en términos de porcentajes.

entre las variedades latinoamericanas en oposición a las peninsulares.

| | San Juan | | Costeño | |
Persona	(e) / N	%	(e) / N	%
tú [+espec]	70/145	48	92/233	39
[-espec]	130/188	69	100/153	65
uno [-espec]	33/39	85	141/164	86
ud. [+espec]			3/11	27
[-espec]			2/4	50

Tabla 6. Porcentaje de pronombres explícitos (e) y la especificidad referencial en San Juan (Cameron 1996) y el dialecto costeño de Colombia.

En la Tabla 6, se aprecia que en la variedad de San Juan y la costeña de este estudio, la tendencia de los datos va en la misma dirección, es decir que, cuanto menos específico es el referente, más porcentaje de pronombres explícitos (tú no-específico 69% y 65%, uno 85% y 86%). De modo similar, los resultados de los usos de tú específico y no-específico de los mencionados dialectos caribeños y los del Cono Sur siguen apoyando la idea de Cameron (1996) sobre las similitudes entre los dialectos latinoamericanos, ya que en Buenos Aires y en Santiago (Tabla 7) el tú no-específico alcanza porcentajes más altos (55% y 65% respectivamente).

	Sevilla	Buenos Aires	Santiago
Tú/vos [+spec]	42%	31%	43%
Tú/vos [-espec]	18%	55%	65%
Uno[-espec]	92%	79%	60%

Tabla 7. Comparación dialectal.
Fuente: Cameron (1996: 90).

Con base en éstos y en los porcentajes de Sevilla, al igual que Cameron también vemos que los dialectos de la Península Ibérica y los dialectos latinoamericanos se oponen en cuanto a las referencias de tú no-específico. Con respecto a la expresión de uno, vemos que se borran las diferencias entre lo peninsular y lo latinoamericano ya que, aunque se observa una disminución en los porcentajes de los latinoamericanos, en los tres dialectos se favorecen los usos explícitos (92%, 79% y 60%). Sin embargo, al incluir los datos de usted con referencias específicas y no-específicas de Cifuentes (1980), la similitud del comportamiento de los datos para los dialectos latinoamericanos queda cuestionada, ya que en esta variedad el porcentaje de expresión de *usted* con referencias no-específicas disminuye (Tabla 8).

Pronombre	(e) / N	%
Tú [+espec]	193/453	43
[- espec]	37/57	65
Usted [+espec]	67/126	53
[- espec]	6/16	38
Uno [- espec]	147/243	60

Tabla 8. Frecuencia de pronombres explícitos en el habla culta de Santiago de Chile. *Fuente: Cifuentes (1980: 747).*

Conclusión

El presente estudio sobre la expresión variable del sujeto proporciona validez estadística al efecto de la especificidad el referente. En el caso de los resultados de *tú* con referencias no-específicas, la comparación de los dos dialectos analizados (el andino y el costeño) con los estudios previos evidencia que la tendencia de la influencia es la misma en los dialectos latinoamericanos y que se opone a los dialectos peninsulares. Sin embargo, el análisis de las referencias específicas y no-específicas con *usted,* en relación con los dialectos colombianos y las variedades de Madrid y Santiago, cuestiona la oposición planteada por Cameron entre lo latinoamericano y lo peninsular. Por esto, y a pesar de que la teoría de la accesibilidad es adecuada en la explicación de la influencia de la especificidad del referente en la expresión del sujeto, resulta insuficiente plantear una explicación de tipo meramente pragmática, o sea, que cuanto más definida/específica la referencia de la segunda persona, más accesible o identificable para el oyente, y por ello se utiliza menos el pronombre explícito. El hecho que en las variedades madrileña (Enríquez) y la santiaguina (Cifuentes) se den las dos opciones planteadas por Cameron (1996), sugiere que la explicación tiene que ir más allá de la opción de la accesibilidad o la del *pro-arbitrario*. Además, y como Silva-Corvalán señala, un elemento que puede estar influyendo en estos resultados es el que se hayan utilizado métodos diferentes de recolección y análisis de datos, que no permiten generalizar a nivel dialectal.

Así, basados en los resultados sobre el aspecto verbal, proponemos que además de la influencia de un factor semántico-pragmático como lo es la especificidad del referente, la explicación para la expresión variable del sujeto puede encontrarse al nivel sintáctico, es decir, en el aspecto no-terminativo de la acción.

Bibliografía

Alarcos Llorach, E. (1973). *Estudios de gramática funcional del español*. Madrid: Gredos.

Alarcos Llorach, E. (1994). *Gramática de la lengua española*. Madrid: Espasa Calpe.

Ariel, M. (1990). *Accessing noun-phrase antecedents*. London: Routledge.

Cameron, R. (1993). Ambiguous Agreement, Functional Compensation, and Nonspecific *tú* in the Spanish of San Juan, Puerto Rico, and Madrid, Spain. *Language Variation and Change*, 5, 305-334.

Cameron, R. (1996). A Community-based test of a linguistic hypothesis. *Language in Society*, 25, 61-111.

Cartagena, N. (1999). Los tiempos compuestos. En I. Bosque y V. Demonte (eds), *Gramática descriptiva de la lengua española*, 2 (pp. 2937-2975). Madrid: Espasa.

Cifuentes, H. (1980). Presencia y ausencia del pronombre personal subjeto en el habla culta de Santiago de Chile. *Boletín de Filología de la Universidad de Chile*, 31, 743-752.

De Miguel, E. (1999). El aspecto léxico. En I. Bosque y V. Demonte (eds), *Gramática descriptiva de la lengua española 2* (pp. 2977-3060). Madrid: Espasa.

Enríquez, E. (1984). *El pronombre personal de sujeto en la lengua hablada en Madrid*. Madrid: Instituto Miguel de Cervantes.

Flores, N. (2002). *Subject personal pronouns in Spanish narratives of Puerto Ricans in New York City: A variationist study*. Tesis de doctorado, The City University of New York.

Givon, T. (1976). Topic, pronoun and grammatical agreement. En C. Li (ed.) *Subject and topic* (pp. 149-185). Nueva York: Academic Press.

Givon, T. (1983). *Topic continuity in discourse*. Amsterdam: John Benjamins.

Givon, T. (1995). *Functionalism and grammar*. Amsterdam: John Benjamins.

Hernanz, M. L. (1990). En torno a los sujetos arbitrarios: La segunda persona del singular. En V. Demonte y B. Garza (eds.), *Estudios de lingüística de España y México* (pp. 151-178). México: Universidad Autónoma de México.

Hochberg, J. (1986). Functional compensation for /s/ deletion in Puerto Rican Spanish. *Language*, 62, 609-621.

Hurtado, L. M. (2001). *La variable expresión del sujeto en el español de los colombianos y colombo-americanos residentes en el condado de Miami-Dade*. Tesis de doctorado, University of Florida.

Laberge, S. y Sankoff, G. (1980). Anything you can do. En G. Sankoff (ed.), *The social life of language*. Philadelphia: University of Pennsylvania.

Montes, J. J. (1982). *El español de Colombia: Propuesta de clasificación dialectal*. Bogotá: Separata del Instituto Caro y Cuervo.

Montes, J. J. (1996). Colombia. En M. Alvar (ed.), *Manual de dialectología hispánica: El español de América* (pp. 134-145). Barcelona: Editorial Ariel.

Morales, A. (1995). The loss of the Spanish impersonal particle se among bilinguals. En C Silva-Corvalán (ed.), *Spanish in the four continents* (pp. 148-162). Washington: Georgetown University Press.

Rand, D. y Sankoff, D. (1990). *GoldVarb: A variable rule application for the Macintosh. (Version 2.0)*. Montreal: Centre de Recherches Mathématiques, Université de Montréal.

Ranson, D. (1991). Person marking in the wake of /s/ deletion in Andalusian Spanish. *Language Variation and Change*, 3, (2), 133-152.

Rojo, G. y Veiga, A. (1999). El tiempo verbal. En I. Bosque y V. Demonte (eds.), *Gramática descriptiva de la lengua española 2* (pp. 2867-2975). Madrid: Espasa.

Silva-Corvalán, C. (1982). Subject Expression and placement in Mexican-American Spanish. En
    J. Amastae y L. Elias-Olivares (eds.), *Spanish in the United States* (pp. 93- 120). Nueva
    York: Cambridge University Press.
Silva-Corvalán, C. (1994*). Language Contact and Change: Spanish in Los Angeles.* New York:
    Oxford University Press.
Silva-Corvalán, C. (2001). *Sociolingüística y pragmática del español.* Washington, DC:
    Georgetown University Press.

Language contact and interference in Saint Andrews, Old Providence and Ketlina

Angela Bartens
University of Helsinki

Abstract

In this paper, I am discussing the concrete interference phenomena produced by the language contact situation the three languages spoken on the Colombian islands Saint Andrews, Old Providence and Ketlina, viz. Islander or the local English-based creole which is an off-shoot of Jamaican Creole, Caribbean Standard English and Spanish, are participating in. I will first present examples of the interference of Spanish on Islander and on Standard English, which consists of two different types of calquing, then turn to the manifold cases of the interference of Islander on Standard English and finally to creole interference and interlanguage phenomena in Spanish as well as to code-switching. I will also compare my results with those obtained in research on a historically related creole, the English-based creole of Port Limon, Costa Rica.

Introduction

I have discussed both the historical circumstances which lead to the formation of the English-based creole of the archipelago and the current sociolinguistic situation in detail elsewhere (Bartens 2001 & forthcoming). In this paper, I will concentrate on the concrete interference phenomena produced by the language contact situation the three languages in question, viz. Islander or the English-based creole which is an off-shoot of Jamaican Creole, Caribbean Standard English and Spanish, are participating in. The occurrence of these interference phenomena constituted the motivation for the practically-oriented contrastive grammar I published in 2003. I will also compare my results with those obtained in research on a historically related creole, the English-based creole of Port Limon, Costa Rica.

Language Contact and Interference

The three languages in question have been in intense contact for many decades now, at least half a century if the massive Hispanization of the school system in the 1950es is taken as the beginning point[1].. By consequence, it is not at all surprising that in all of them there should be concrete manifestations of both contact and interference. However, it is interesting to note that the interference phenomena should be quite different in each language. The influence of Spanish on Islander and, by extension, indirectly also on Standard English, has lead to massive calquing[2]. The influence of Islander on Standard English is above all grammatical. Finally, the

---

[1] I presume Spanish does not influence Standard English directly because the presence of Standard English is so weak.

[2] Conversely, there is hypercorrect marking of the past (participle). This also applies to the 3rd pers. sing. of the present tense of the verb.

interference of Islander combined with interlanguage phenomena causes performance errors in the Spanish spoken by native speakers of Islander. However, these are ironed out by the time students finish their secondary education.

Grown-up Native Islanders tend to adhere to the prestigious Spanish norm of Bogotá but young people adopt more and more phonetic features and vocabulary and idiomatic expressions from school mates and friends who speak the stigmatized Costeño variety of Spanish. For most speakers, code-switching is used by necessity ("crutching"; Zentella 1997) and it does not constitute the unmarked discourse mode observed in speech communities which meet certain social criteria (*cfr.* Myers-Scotton 1993).

Let us now turn to some examples of interference phenomena. Examples marked with an asterisc are examples of the errors most frequently commited by high school students according to English and Spanish teachers, respectively.

Interference of Spanish on Islander and on Standard English

Calquing
(1) I have ten years working at the Bolivariano. < Tengo diez años trabajando
        en el Bolivariano. (AB-1)
(2) Ihn no riich yet. < llegar (AB-1)
(3) They don't even want to go to church in these days. < en estos días (Lolia
        Pomare's talkshow, 31.3.2001)

Merged Calques
(4) I gwain complete twelve at 21 of December. < cumplir (AB-1)
(5) So this is the other theme. < tema, cf. Engl. topic. (Juan Ramírez'
        talkshow, 16.3.2001)
(6) You jus' stay pending. < estar pendiente (Wayne Kelly's talkshow,
        30.3.2001)

Interference of Islander on Standard English

Pronunciation
(7) Sometime is need to korrek … we need to korrek certain aspek of our
        attitude… socially, politically, religiously, culturally, in order to construk and
        to organize ourself as a community. (Juan Ramírez' talkshow, 26.3.2001)
(8) And we are taking up other patterns, other cultural moggle (< models)
        and use them. (Juan Ramírez' talkshow, 26.3.2001)
(9) If we persis', then we might reach the goal. (Juan Ramírez' talkshow,
        26.3.2001)

Lack of Concordance between Subject and Verb, Especially 3rd
Pers. Sg. of the Verb***
(10) The three from civil society that was selected was Dr. Juvencio Gallardo,
        Mr. Felix Mitchell Modem who represent the youth and this host, Juan
        Ramírez Dawkins. (Juan Ramírez' talkshow, 15.3.2001)
(11) It read as follow:…(Bill Francis' talkshow, 26.3.2001)

No Making of Past (Participle) of the Verb***
(12) We have suffer and we are suffering in dis life. (Juan Ramírez' talkshow, 27.3.2001)
(13) That doesn't mean that I don't fcrgive the man who steal it. (Bill Francis' talkshow, 26.3.2001)[3]

The Verb to be***
(14) We is one of the most outstanding communities of the island. (Alfredo Newball, Teleislas, 25.3.2001)
(15) So that di problem. (student in Dulph Mitchell's class, 15.3.2001)

Use of Other Auxiliary Verbs, Including No Inversion in Interrogative Sentences
(16) Sweet potato no have seed. (Providence Baptist Primary, 4.4.2001)
(17) What it means? (Penny Bryan)

Passive
(18) Some decision have taken there provisionally. (Juan Ramírez' talkshow, 15.3.2001)

Negation

Global negation
(19) You don't have family in Providence? - Yes, ma'am. (AB-1)

Multiple negation
(20) They didn't saw no sign, nobody no policeman to tell them that it will not...that it will prohibited to park there, nor nothing like this. (Juan Ramírez' talkshow, 26.3.2001)
(21) I will not take no step against you. (Bill Francis' talkshow, 26.3.2001)

Emphatic negation with at all
(22) We will not give up absolutely at all. (Juan Ramírez' talkshow, 26.3.2001

Pronouns

2nd. pl. you all
(23) What you all think about that? (Dulph Mitchell,15.3.2001)

Case
(24) Whether you want to believe it or not, that happened to we. (Wayne Kelly's talkshow, 30.3.2001)

---

[3] Anticipating the discussion in 3. below, I would like to point out that Isabel Fernández Judge and especially her mother María Judge Hudson are untypical Sanandresan informants in that their code-switching is very fluent. In the following examples, Spanish is reproduced in bold print, words which clearly belong to the Standard English register are underlined and utterances in Creole are reproduced in ordinary print.

Reflexive pronouns
(25) That is one of the thing that we have to shake up and wake up
wiself…(Juan Ramírez' talkshow, 26.3.2001)

Ellipsis of dummy pronoun

it + *copula.*
(26) Ø Is fundamental these observation, these recommendation.. (Juan
Ramírez' talkshow, 27.3.2001)
there + *copula.*
(27) Sometime Ø is need to korrek' […] certain aspek' of our attitude. (Juan
Ramírez' talkshow, 26.3.2001)
it + *other verb.*
(28) Nevertheless, Ø permit us to pass a good time. (Juan Ramírez' talkshow,
26.3.2001)

Nominal Plural

*No marking of nominal plural.****[4]*
(29) One of the thing I wanted to comment is… (Juan Ramírez' talkshow, 27.3.2001)

*"Creole plural".****
(30) I remember I had to carry my shoes dem by Mr. Murton. (Juan Ramírez'
talkshow, 26.3.2001)

No Making of Morphological Genitive/Possessor
(31) Coco voice had changed. (Ramírez Dawkins 1996: 33)

Article/Nominal Determiner
(32) We need to set up strategy for the using of the territory. (Juan Ramírez'
talkshow, 15.3.2001)
Comparative
(33) I believe that we have the most sweetest kind of mangoes in the whole
world. (Ramírez Dawkins 1996: 20)

No Morphological Marking of the Adverb
(34) Sometimes we hear that they are behaving bad in school. (Lolia
Pomare's talkshow, 31.3.2001)

Insecurity (and Calquing) in the Use of Prepositions
(35) There is something we have to think on. (Juan Ramírez' talkshow,
16.3.2001)
(36) We don't know to valorize the effort of what a neks person is doing in
behalf of our own benefit as community. (Juan Ramírez' talkshow,
26.3.2001)
(37) Really, very, very soon, we will be discriminated completely and we

---

[4] The limited number of examples given in 2.1. by no means reflects frequency.

won't be able to go anywhere except Colombia. (Juan Ramírez' talkshow, 26.3.2001)

Use of concern *as a preposition*[5]
(38) The other day we were talking concern attitude. (Juan Ramírez' talkshow, 26.3.2001)

Topicalization
(39) The touris', he did not let go of the bag but it seems like one of the
    assaulters they had a gun. (Juan Ramírez' talkshow, 26.3.2001)

Idiomatic Expressions
(40) Please seat, Jeremy! (Providence, Genoveva Robinson, 3.4.2001)
(41) Sit down good, Shelley! (teacher Central Baptist School, 23.3.2001)
(42) Try like so. Cf. Span. Inténtalo así. Engl. Try it like this. (teacher Central
    Baptist School, 23.3.2001)

Creole Interference and Interlanguage Phenomena in Spanish

Pronunciation***
(43) carro ['karo] "car" (AB-1)

Nominal Gender***
(44) Dijeron que no podían entregarlo. < la moto 'They said they couldn't
    hand it (the motorbike) over.' (Peter Bent, Voice of the Islands, 27.3.2001)

Article Use
(45) Nuevamente desde Ø tres hasta Ø seis de la tarde estará Padre Robert
    aquí mañana. 'Father Robert will be here again from 3 to 6 p.m. tomorrow.'
    (Service in San Francisco de Assis, 8.4.2001)

Verbal Person***
(46) Tú es de Medellín o Cali? 'Are you from Medellín or Cali?' Correct: Tú
    eres de Medellín o [de] Cali? (AB-1)

Analogy/Regularization of Verb Paradigms***
(47) comiba 'ate' Correct: comía (Delfina Ariza Vega's elementary level students)
(48) Yo he escribido. 'I have written.' (correct: escrito; AB-1)

Reflexivity
(49) Yo empecé a burlar de ella. 'I started making a mockery of her.' Correct:
    Yo empecé a burlarme de ella. (student in Delfina Ariza Vega's class)

---

[5] However, Spence Sharpe (1997, 1998) reports that the Limon community is undergoing massive language shift and that 86% of the Afro-Limonese interviewed by her do not wish to transmit the Creole to their children (1998: 110).

Code-switching

(50) The idea is to share wid de oder wan dem. (AB-1)

(51) Dem still sellin' dat land, **hombre**! (Peter Bent's talkshow, 27.3.2001)

(52) Plenty **biólogos marinos** participate ina di **taller**. (Providence,
   Stanley, 2.4.2001)

(53) Dey gwain **violar**-im. (María Judge Hudson)

(54) They made the **molduras** over de window dem. (María Judge Hudson)

Comparison with the Situation of Port Limon, Costa Rica

The speech community of Port Limon, Costa Rica, studied by Herzfeld (e.g., 1983), Portilla (e.g., 1996), Spence Sharpe (1997, 1998), and Winkler (1998) has much in common with the community of Saint Andrews: the English-based creole is also essentially descended from Jamaican. Until the 1940es, the creole speakers lived isolated from mainstream Costa Rican society. Since then, Hispanization has taken its course and the creole speakers are in the minority in the Province of Limon. English language schools were prohibited in 1953. Today, only people older than 60 do not speak Spanish fluently. For those under 35 years, Spanish tends to be their L1. Spanish has invaded all domains of language use. Because of the advanced stage of bilingualism, creole interference on the Spanish spoken by the Afro-Limonese is limited, largely restricted to the substitution of Spanish rolled /r/ by a single flap that we have observed in Saint Andrews (*cfr.*. ex. 43) and the categorical use of subject pronouns (Winkler 1998: 4). Here, as in Saint Andrews and other communities undergoing language shift, language choice depends on the language competence of the interlocutor (Spence Sharpe, 1997).

But there are also important differences: Winkler (1998) reports that there is extensive code-switching in Port Limon, that it is used for diverse functions (discursive, identity, etc.), and that it is both intra- and intersentential. On the contrary, we have stated that code-switching mostly arises out of necessity in Saint Andrews, leading to bare noun insertion. In both communities, code-switching occurs with tag questions and Spanish discourse markers:

(55) Gimme a kiss, **no**? (Isabel Fernández Judge)

(56) No, **o sea,** I personally believe that if the person is not interested to
   learn...(student in Dulph Mitchell's class, 15.3.2001)

but in the pertinent literature this type of code-switching is usually considered to reveal limited competence in the L2, incomparable to other types of code-switching which require full competence in both languages (*cfr.* Gardner-Chloros 1995: 85).

Winkler (1998: 162-163) found only two calques to be frequent: *have x years,* cf. Span. *tener x años,* and *make tarea/exam,* cf. Span. *hacer una tarea/un examen.* I have classified the majority of Winkler's "loan shifts" like *actually* < Span. *actualmente*, Engl. *currently*, *selection* < Span. *selección*, Engl. *national team, time* < Span. *tiempo*, Engl. *weather*, under "merged calques" (*cfr.*. 1.1.2.). To a very limited extent, this may contribute to the impression that calquing is much more frequent in Saint Andrews.

Finally, Spanish loanwords have been morphonologically integrated into Limonese Creole: People talk about going *pasearing* (Span. *pasear* "go for a walk/ride/on a trip"), about decisions which *afectering* the community (Span. *afectar* 'affect'), about *habitants* (Span. *habitantes* 'inhabitants'), *quimic* (Span. *química* 'Chemistry'), etc. (Winkler 1998: 147-148). The following example is the only one I have encountered in my corpus so far:

(57) Them dispress it. Cf. Span. *despreciar* 'despise' (AB-1)

How can these pronounced differences in two communities which are seemingly so similar be explained? Winkler (1998:24) believes that the Creole of Limon has been and will be maintained because the speakers are aware of its link to a prestige language (English) on the one hand and to other communities speaking very similar English-based varieties on the other. Limonese speakers are able adjust their speech to different registers and they identify Limonese Creole and ethnic identity with race which in turn leads to a strong loyalty towards them. Interethnic marriages contribute to language shift both in Saint Andrews and in Port Limon.

Only a small fraction of the Saint Andrews Native Islander community and especially the Old Providence community still identify with British culture and are able to range up and down on the creole continuum. While Afro-Costaricans profit from being bilingual—they are preferentially hired in the tourist industry and in import/export businesses—Native Islanders are only now becoming aware of the utility of speaking a more or less standard variety of English in those domains. During the decades of forced Colombianization, the ties to other English Creole speaking communities were violently severed. The fate of language loyalty has not been much better. The Hispanization has lasted much longer on Saint Andrews than in Port Limon: At least until the revolution of 1948, Afro-Costaricans did not consider themselves as such but planned to return to Jamaica from where they had emigrated over a hundred years later than their Sanandresan brothers. Finally, the most virulent conflict on Saint Andrews is taking place between two groups of Afro-Colombians: the Native Islanders and immigrants from the Caribbean Coast, especially Cartagena. Should we look for the reasons behind the different linguistic behavior of the two speech communities in this type of circumstances?

In speech communities where there is both language contact and language conflict, individual and even situational differences tend to be very big (*cfr.* Sarhimaa 1999). It is possible that my results differ at least to some extent from those obtained by Winkler because of the idiosyncracies of our respective informants.

Conclusion

Language contact produces different kinds of interference phenomena on Saint Andrews. Especially English teachers and their students find it hard to distinguish between Standard English and Creole structures and Spanish calquing. When a curriculum for teaching Islander will be elaborated, the corresponding teachers will have the same problem. It was above all Sanandresan English teachers who asked me during my first stay in the islands to write a contrastive grammar of the three languages. Considering the interference phenomena discussed above I believe that I have demonstrated the utility and the necessity of this project which I developed with the aid of the Finnish Academy (*cfr*. Bartens 2003).

References

Bartens, A. (2001). *A sociolinguistic survey of San Andrés Island, Colombia*. Paper presented at the SPCL meeting, Coïmbra.

Bartens, A. (2003). *A contrastive grammar islander-caribbean standard English-Spanish*. Helsinki: The Finnish Academy of Science and Letters.

Bartens, A. (forthcoming). *Life-lines. Spanish and (Creole) English in San Andrés Island, Colombia*. Helsinki: The Finnish Academy of Science and Letters.

Edwards, J. (1968, November). *Social linguistics on San Andres and Providence Islands*. Paper presented to the American Anthropological Society Convention, Seattle, Washington.

Gardner-Chloros, P. (1995). Code-switching in community, regional and national repertoires: The myth of the discreteness of linguistic systems. In L. Milroy, & P. Muysken (eds.), *One speaker, two languages. Cross-disciplinary perspectives on code-switching* (pp. 68-89). Cambridge: Cambridge University Press.

Herzfeld, A. (1983). The Creoles of Costa Rica and Panama. In J. Holm (ed.), *Central American English* (pp. 131-156). Heidelberg: Gross.

Myers-Scotton, C. (1993). *Social motivations for codeswitching: Evidence from Africa*. Oxford: Oxford University Press.

Portilla, M. (1996). Una ortografía para el criollo inglés de Costa Rica. *Filología y Lingüística* XXII,2, 87-103.

Ramírez Dawkins, J. (1996). *The soldier dem de come/Ahí vienen los soldados and/y The mango tree/El palo de mango*. Santiago de Cali: Univalle.

Sarhimaa, A. (1999). *Syntactic transfer, contact-induced change, and the evolution of bilingual mixed codes. Focus on Karelian-Russian language alternation*. Helsinki: Finnish Literature Society.

Spence Sharpe, M. (1997). A case study of language shift in progress in Port Limon, Costa Rica. *Filología y Lingüística*, XXIII,1, 225-234.

Spence Sharpe, M. (1998). Language attitudes of Limon Creole speakers. *Filología y Lingüística*, XXIV,1, 101-112.

Winkler, E. (1998). *Limonese Creole: A case of contact-induced language change*. Unpublished dissertation, Indiana University, Bloomington.

Zentella, A. C. (1997). *Growing up bilingual. Puerto Rican children in New York*. Malden, MA & Oxford, UK: Blackwell.

Birds and plants: Syntactic constraints on fluency in discourse in Quechua-Spanish bilingual children[1]

Liliana Sánchez, José Camacho and Thomas M. Stephens
Rutgers University

Abstract

In this paper, we present an exploratory study to investigate the effects of differences in syntactic structures between L1 and L2 on the L2 acquisition of formal academic registers. We analyze data obtained by Zúñiga, Sánchez and Zacharías (2000) from L1 Quechua-L2 Spanish bilingual children, ages 9-10 years old. We focus on the fluency breakdowns in the children's responses to a story retelling task that included two narratives: one on a non-academic topic and another on an academic topic. Both stories contained two types of complex structures: coordinate and subordinate. While coordination and subordination differ greatly between the children's L1 and L2, subordinate structures exhibit more morphological and syntactic differences. We propose that differences in the syntactic representation of complex structures are a predictor of fluency breakdowns. As complex structures are more frequently used in academic registers, the difficulty in their acquisition correlates with a greater lack of fluency in oral narratives on academic topics than in narratives on non-academic topics.

Differences in syntactic structures in L1 and L2

We consider coordinate and subordinate structures as predictors of fluency breakdowns. These types of structures differ greatly in Spanish and Quechua as illustrated by examples (1) and (2):

(1) Huk punchay-si ka-sqa huk vieja-cha wasi-n-pi tiyaku-sqa, chay sara-ta tarpuku-sqa
One day-evid be-past one old woman-dim house-3p-loc live-past, that corn-acc sow-p
'One day an old woman lived in her house and sowed corn'

(2) **Hinaspa** qillutha-ta pichiranga-cha-ta tariru-ku-sqa
Then yellow-acc bird-dim-acc find-reflexive-p
'And then she found a yellow little bird'

(3) Un día una viejita estaba sembrando maíz **y** se encontró un pajarito amarillo
'One day an old woman was sowing corn and she found a little yellow bird'

---

[1] Thanks to Jennifer Austin, Clancy Clements and Jacqueline Toribio for their comments and suggestions and to Cristina Atoche for her invaluable help during the coding process. All errors are ours.

While in Spanish sentence and discourse coordination may not differ, as illustrated in sentence (3), Quechua is a language in which oral discourse is characterized by a higher frequency of use of adverbial connectives such as *hinaspa* 'then,' as illustrated in (2). Additionally, in Quechua, coordination morphemes usually carry information about conjunction of events and distributive or collective readings for participants in an action, but are seldom used as connectives in discourse (see Camacho and Sánchez 1996).

Differences in subordination between Quechua and Spanish are greater. While subordinate clauses in Quechua are invariably nominalizations (see Lefebvre and Muysken 1989), that is, they have verbs marked for person but not marked for tense or any other verb-related functions (something akin to the use of gerunds in English), in Spanish subordinate clauses have fully inflected verbs. The contrast is shown in sentences (4) and (5):

(4) Chaymantapis ruruchan-kuna [wichi-**pti-n** kaqmanta] wiñamu-sqa musuq
    then those fruits-pl throw-nom-3p there-abl   grow-past   new
    "Then from these fruits seeds, new (plants) grow"
(5) Estos frutos contienen semillas [de las cuales nacerán nuevas plantas]
    "These fruits have seeds from which new plants will grow"

Herein we will explore the differential processing and production difficulties that coordinate and subordinate structures pose for L2 Spanish learners who are native speakers of Quechua. We will establish that there is a greater difficulty in the processing and production of subordinate vs. coordinate structures. Since academic discourse has a higher frequency of subordination, a greater difficulty in processing and producing subordinates could explain why there is a low level of fluency in academic registers among Quechua-Spanish bilingual students.

Levels of L2 Attainment

Another important aspect of our proposal is that we embrace the view that bilingualism can enhance intellectual and academic abilities. We adopt Cummins's (1981) proposal according to which minority children experience difficulties in the acquisition of a majority language as a language of instruction; these difficulties occur when their development in the two languages has not been promoted. We will focus on the consequences of the incomplete mastery of syntactic structures in the L2 on the proficiency-level in academic register. Our specific claim is that the lack of ability to process and produce subordinate structures in the L2 has a direct impact on fluency in academic discourse that contains such structures.

Definition of fluency breakdowns

We adopt a very narrow definition of fluency taken from Rehben, who defines fluency as follows: "Fluency of speech means that uttering and planning/controlling are to be executed at least partly simultaneously" (1987: 99). In analyzing the fluency of

Turkish-German L2 learners, he notices that duration of pauses in Turkish, the native language is shorter, and within-utterance pauses do not occur. However, in the L2, repairs are structured in ways not found in L1 utterances. He found pauses, tentative versions of words, self-interruptions, improved versions, new starts and formulaic speech, all of which appeared in the L2 oral production analyzed in this paper. Examples (6) and (7) demonstrate pauses, tentative versions of words and new starts that we interpreted as fluency breakdowns[2].

(6) Bird Story (Story 1)
    *CHI: **mm# <has >[/] has** hecho comer trigo su pan y agua 'umm,
    you have made it eat wheat, his bread and water'
(7) Plant Story (Story 2)
*CHI: **<de ahí >[/] de ahí** había unas frutos 'from there, there were some fruits'
*CHI: **frutos [/] ese fruto # eh # de** ese fruto otro nuevo crecía 'fruits, that fruit,
    uh, from that fruit another would grow'

We are aware that there is a great variety of factors affecting fluency in second language speech. We agree with Sajavaara (1987: 54) that difficulties increase the further away one moves from naturalistic L1-type language acquisition because the system is bound to be correspondingly defective and dependent on explicit formal properties; it also becomes more fragile and more liable to malfunction due to external factors, since greater performance potential is required for second language processing. Sajavaara refers to the lower levels of automaticity achieved by L2 learners. The fact that the students whose speech we analyze in this paper live in a language contact situation should ameliorate their chances at L2 speech performance. However, the specific task involved in this study does not represent a naturalistic context for L2 production; we predict that the participants will depend more heavily on structural properties of the language.

Participants

We analyzed the oral production of 39 Quechua-Spanish bilingual children ages 9-16 living in a language contact situation in Southern Peru. The children were in grades five and six in a Spanish monolingual program. They all come from rural areas from five departments in the Southern Andes of Peru (Apurimac, Ayacucho, Cuzco, Huancavelica, Puno). In order to investigate the effects of level of proficiency on fluency, the children were divided in two groups according to the number of years of exposure to Spanish they had received. Group I had on average been exposed to Spanish after they were eight years old, while Group II had on average been exposed to Spanish after the age of three. Since

---

[2] The pound sign (#) symbolizes a pause, a word or a fragment of a word between the symbols < > a tentative version of a word or segment and the slash between brackets ([/]) a new start. In the coding we used the symbols in the CHILDES CHAT system.

the children live in a language contact situation, we assumed a longer period of exposure to Spanish could indicate a higher level of development of vocabulary and grammar.

Data collection methods

The data collected by Zúñiga *et al.* (2000) were gathered using a story re-telling task in the target language. Their original study used two different narratives on relatively familiar topics in order to distinguish between fluency in oral narratives in a non-academic register (bird story) and in an academic style (plant story). The two stories were read to each subject in Spanish by a Quechua-Spanish bilingual interviewer. Interviews were conducted in the children's schools outside the classroom, most frequently in the school's library. The students re-told them in Quechua first and then in Spanish. In this paper, we focus on their Spanish versions only. However, we do take into account the fact that the original task presumed that the children activated first their Quechua lexicon and grammars and only later were the Spanish lexicon and grammars activated. Because they did the same for both tasks, it should not affect differences in fluency breakdowns for coordinates and subordinates. The input the children received appears in (8) and (9):

(8) Bird Story

Un día una viejita estaba sembrando maíz y se encontró un pajarito amarillo. El pajarito estaba enfermo y no podía volar. La viejita lo llevó a su casa, lo abrigó y le dio un remedio. Al otro día el pajarito estaba sano. Entonces la viejita le dio de comer trigo, pan y agua. La viejita le puso de nombre Pío Pío y todos los días el pajarito canta para la viejita (Zúñiga *et al.* 2000: 53). "One day, an old lady was planting corn and found a little yellow bird. The bird was sick and could not fly. The old lady took it home, wrapped it up and gave it medicine. The next day, the little bird was cured. Then, the bird gave it wheat, bread and water to eat. The old lady named it <u>Pio Pio</u>, and every day the little bird sings for the old lady".

(9) Plant Story

Muchas plantas empiezan su ciclo de vida como semillas. Las semillas germinan dentro de la tierra y de ellas salen las raíces y el tallo. Cuando el tallo crece, del tallo salen ramas y hojas. Hay plantas con flores que después se convierten en frutos. Estos frutos contienen semillas de las cuales nacerán nuevas plantas (Zúñiga *et al* 2000: 58). "Many plants begin their life cycle as seeds. Seeds germinate inside the earth; roots and the trunk grow out of them. When the trunk grows, leaves and branches stem from it. There are plants with flowers that later become fruits. These fruits contain seeds out of which will grow new plants".

Hypotheses

The bird story is syntactically less complex, since it involves simple sentences and coordination of simple sentences. The plant story, on the other hand, is syntactically more complex: it has complex subordinate clauses that are not part of the children's L1. Given these differences, if there is a correlation between the language input perceived by the children and their linguistic output in this task, we predict the following hypotheses:

A. The response to Story 1 should show a higher frequency of coordinate structures than the response to Story 2.
B. The response to Story 2 should show a higher frequency of subordinate structures than the response to Story 1.

We hypothesize that fluency breakdowns are related to failure to process and orally produce subordinate structures; therefore, the data should provide evidence confirming the following hypothesis:

C. In general, there should be fewer fluency breakdowns in Story 1 than in Story 2.

Additionally, we assume that in a language contact situation, more exposure to the L2 reflects a higher level of proficiency in that language. Thus, students with longer exposure to and interaction in the L2 will perform better than those exposed to the L2 for fewer years. Therefore, we expect the following hypotheses to be confirmed:

D. Group I should have more breakdowns in fluency than Group II in Story 2.
E. Group I should have a higher frequency of breakdowns before subordinates than Group II in Story 2.

Results

Table 1 shows the average results for Group I and Group II. Group I had, on average, a lower percentage of coordinate structures in both Story 1 (bird story) and Story 2 (plant story) than Group II (20.12% vs. 15.53% for Story 1 and 7.62% vs. 3.72% for Story 2). For subordinate structures, Group I had a lower percentage than Group II in Story 1 (0.98% vs. 1.52%), but, surprisingly, their production of subordinate structures was slightly higher in Story 2 (4.27% vs. 2.74%). Thus, with the exception of subordinates in Story 2, Group I had lower frequencies of production of complex structures than Group II.

	% of Coordinate structures Story 1/ utterances Story 1	% of Coordinate Structures Story 2 / utterances Story 2	% of Subordinate Structures Story 1 / utterances Story 1	% of Subordinate structures Story 2 / utterances Story 2	General Fluency Breakdowns Story 1 / utterances Story 1	General Fluency breakdowns Story2 / utterances Story 2	Fluency Breakdown before subordinate factor Story 1	Fluency Breakdowns before subordinate factor Story 2	Age of initial exposure to L2
Input	4	1	0	3	-	-	-	-	-
Group I	20.12%	7.62%	0.98%	4.27%	35.07%	35.25%	0.16	1.6	8-12
Group II	15.53%	3.72%	1.52%	2.74%	36.72%*	33.37%*	0	1.5	3-7

Table 1. Average results for Group I and Group II.
*These percentages include the responses of two individuals who had a very high frequency of fluency breakdowns; without them these percentages drop to 31.62% and 26.91%, respectively.

Fluency breakdown patterns seem unexpected at first sight. For Story 1, Group I had a slightly lower frequency of breakdowns (35.07% vs. 36.72%). However, this is due to a very high percentage of fluency breakdowns for two individuals in Group II (88.9% and 61.1% respectively). If those two individuals are not included in the sample, the fluency breakdown average for Group II drops to 31.62%. For Story 2, the breakdown average for Group I is lower than for Group II (35.25% vs. 33.37%), if the above-mentioned individuals are not taken into account, the average for Group II lowers to 26.91%.

We have devised what we call the Fluency Factor (FF) to compute fluency breakdowns before subordinates. Since speakers may have had fluency breakdowns while unsuccessfully attempting to produce a subordinate, we counted the percentage of total breakdowns over the number of successful subordinates. If no successful subordinates were produced, we included the total number of breakdowns before (unsuccessful) subordinates. Using the FF, Group I had more breakdowns before subordinates in both stories than Group II (0.16 vs. 0 and 1.6 vs. 1 respectively). Note that Group II both produced more subordinates in Story 1 and had fewer breakdowns while producing them. For Story 2, although they produced fewer subordinates, they also had fewer breakdowns.

These results partially confirm our initial hypotheses. Hypotheses A and B are confirmed, as both groups showed higher percentages of coordinate structures in Story 1 than in Story 2 and lower percentages of subordinate structures in Story 1 than in Story 2. Furthermore, the breakdowns in fluency could not be attributed to a lack of access to the vocabulary necessary to produce the stories. Examples (10b) and (11b) illustrate the production of the appropriate lexicon without the expected subordinate clause present in the target forms (examples 10a and 11a):

(10)   a. Hay plantas con flores que después se convierten en frutos "there are plants with flowers that later on become fruits"
        b. Se secan y se convierten en # frutos "they dry and become fruits"
(11)   a. Estos frutos contienen semillas de las cuales nacerán nuevas plantas "These fruits contain seeds from which new plants will grow"
        b. Una planta crece <de la tierra > [/] de la semilla "a plant grows from the earth, from the seed"

Hypothesis C is confirmed in part: on average there were slightly more fluency breakdowns in Story 1 than in Story 2. However, within Group I, Story 1 fluency breakdowns were almost the same as Story 2 breakdowns. The fact that hypothesis C was not totally confirmed may be due to the difference in the production of the two narratives. Whereas the bird stories were elicited without requiring the constant intervention of the interviewers, the plant stories required such intervention more frequently. This is illustrated in example (12):

(12)   Plant Story
        *GJL: ¿después? "then?"
        *AEV: <después > [/] después tiene flor "then, it flowers"
        *GJL: ya. "OK"
        *AEV: después tiene plantitas # en el suelo "then, there are plants in the ground"
        *GJL: bien "good"
        *AEV: ese nomás he comprendido "that's all I understood"
        *GJL: bien "good"
        *GJL: ¿qué pasa con algunas flores? "what happens to some flowers?"
        *AEV: se crecen "they grow"
        *GJL: ya ¿cómo crecen? "OK. How do they grow?"
        *AEV: verdes crecen "they grow green"

The average results also confirm hypothesis D if the results from the two participants in Group II who produced an unusually high percentage of fluency breakdowns are not included (35.25% vs. 31.62%). Hypothesis E was not confirmed: there was no significant difference between both groups in the production of subordinates in Story 2. Thus, years of exposure to the L2 do not seem to be a relevant factor in the ability to produce subordinates without fluency breakdowns. Other interesting results are that, in general, there were lower levels of fluency breakdown before subordinates in Story 1 than in Story 2 for both groups. This observation supports the contention that the complexity of syntactic structure has an effect on fluency among L2 learners.

Conclusions

In this preliminary study on the effect of differences in complex syntactic structures in L1 and L2 on fluency in academic registers, we have found evidence (for example, the frequent interaction with the interviewer) in favor of a higher degree of difficulty in the oral production of a fragment that contains more complex structures among bilingual students. We have also found evidence that oral production of a fragment based on input that lacks subordinate structures produces fewer breakdowns in the group with more years of exposure to L2. Fluency breakdowns in Story 2 were more frequent in the group with fewer years of exposure to L2.

We propose the FF as a measure of fluency breakdowns relative to production of subordinate structures or attempts to produce them. The FF allows us to identify incomplete or frustrated production of subordinates as a predictor of fluency breakdowns. Our data also confirm Rehben's definition of fluency and illustrates how L2 production is dependent on a formal property, as Sajavaara suggests, in this specific case, a syntactic structure.

References

Camacho, J. & Sánchez, L. (1996). Three types of conjunction. In K. Kusumoto (ed.), *Proceedings of the 26ᵗʰ Northeastern Linguistic Society Conference* (pp. 31-42). Amherst, MA: GSLA Publications.

Cummins, J. (1981). *Bilingualism and language minority children*. OISE Press. Toronto.

Lefebvre, C. & Muysken, P. (1989). *Mixed categories: Nominalizations in Quechua*. Dordrecht: Kluwer Academic.

Rehben, J. (1987). On fluency in second language speech. In H. Dechert and M.Raupach (eds.), *Psycholinguistic models of production* (pp. 97-105). Norwood, NJ: Ablex Publishing Corporation.

Sajavaara, K. (1987). "Second Language Speech Production: Factors Affecting Fluency". In H. Dechert and M.Raupach (eds.), *Psycholinguistic models of production* (pp. 45-65). Norwood, NJ: Ablex Publishing Corporation.

Zúñiga, M., Sánchez, L. & Zacharías, D. (2000). *Demanda y necesidad de educación bilingüe: lenguas indígenas y castellano en el sur andino*. Lima: Ministerio de Educación.

The acquisition of *ser* and estar
in a bilingual child

Emily Krasinski
Universidad de Puerto Rico

Abstract

The semantic distinction between the Spanish copulas *ser* and *estar* is apparently acquired error-free by monolinguals. Within the slobinian framework, this would indicate that the distinction is found in the initial semantic space of early child language. In the present case study of a child who learned Spanish and English simultaneously, it was found that the child exhibited early uses of the copulas that were uncharacteristic of monolingual children's forms. Among the incorrect uses of the copulas were precisely those in which Spanish speakers have a choice to make between the copulas on semantic grounds. The results indicate that a "natural" initial semantic space cannot easily be inferred from early child language, given that simultaneous acquisition can impart conflicting influences.

Introduction

In spite of all the non-adult forms that children produce during the language-acquisition process, it is well documented that there are many linguistic forms that children learning their native language acquire with little or no errors. This phenomenon of early and/or errorless acquisition and its opposite, structures that children have difficulty mastering, has been used by linguists of different theoretical persuasions to support their particular theories of language acquisition. For example, the paradigm of errorless acquisition of linguistic structures is used by generativist linguists to support the theory of parameter setting and UG (e.g. Hyams 1986; Roeper & Williams 1987). The paradigm has been used by the creolist D. Bickerton (1981, 1984, 1999) to support his language bioprogram hypothesis, and the model has been used by the acquisitionist Dan Slobin (1973, 1985), to support his hypotheses of operating principles, basic child grammar, and initial semantic space. This study examines acquisition data within the slobinian framework, and is specifically concerned with the hypothesis regarding initial semantic space.

Originally Slobin had what can be called a "process approach" in his view of language acquisition, as opposed to the generativists' "content approach" (Bowerman 1985). Slobin (1973) had proposed that a child is not born with innate knowledge of structures but with a set of universal information-processing principles that are used to process and analyze linguistic input. He called these operating principles. The original model was expanded in Slobin (1985) to include the idea of a universal basic child grammar, as the earliest result of operating principles. As Bowerman (1985) pointed out, "through this proposal 'content' has reentered the 'process' approach, but this type of content differs... in that it concerns semantic organization rather than syntactic form" (footnote, p. 1261). What Slobin proposed was a set of predisposed categories of meaning which he called "notions", represented in a child's initial semantic space. "When functors are first acquired, they seem to map more readily onto a universal set of basic notions than onto the particular categories of the parental language"(Slobin 1985: 1174).[1]

In this light, errorless acquisition of a semantic distinction that has consequences in the adult grammar the child is exposed to is evidence of the distinction being part of or close to initial semantic space. In contrast, if the child's initial semantic space seeks a semantic distinction that the input language does not make, Slobin posits that the child will seek a way to make the distinction in non-adult (does this mean incorrect/ ungrammatical? If so, I might add that in there/change it) ways. This study focuses on the Spanish copulas *ser* and *estar,* acquired apparently without errors by monolingual Spanish-speaking children.

The semantic difference between *ser* and *estar* has traditionally been seen as attributing permanent or inherent qualities to the subject of *ser* and transitory or accidental qualities to the subject of *estar* (Gili Gaya 1961; Stockwell, Bowen & Martin 1965). For instance, *ella es bonita*, literally "she is pretty", means "she is a pretty girl/woman", while *ella está bonita*, literally "she is pretty", means "she is looking pretty today". Although in a very general way this semantic difference can be seen to pervade all contexts of *ser* and *estar*, syntactically there are environments where *ser* is categorical and others where *estar* is categorical. The following represents their distribution:

	ser	*estar*	
progressive	-	+	*está lloviendo*
locative	-	+	*el libro está en la mesa*
pred. adj. (transitory)	-	+	*ella está bonita*
pred. adj. (inherent)	+	-	*ella es bonita*
pred. noun	+	-	*ella es médico*
possessive	+	-	*eso es mío*
temporal adverb	+	-	*la reunión es a las diez*

As can be seen, it is only in the case of predicate adjectives that a choice must be made on semantic grounds, depending on whether the attribute is perceived as inherent or transitory.[2]

Brown's seminal 1973 study found that English monolingual children at first omit the copula in copular sentences. Upon examining the data from seven monolingual Spanish-speaking children (Villamil 1983), I also found that at first, like their English-

---

[1] Similar proposals have since been put forth, e.g., Pinker (1989) and O'Grady (1997, 1999).

[2] There appears to be a change in progress among some speakers within certain Spanish-speaking communities, including Puerto Rico, whereby *estar* is replacing certain contexts traditionally attributed to *ser*, such as *cuando yo ehtaba muchacho* (Ortiz in press). However, this phenomenon does not affect the present study.

speaking counterparts, these Spanish-speaking children also omitted the copulas. It is apparently the case, however, that when children do begin to use both copulas, they are used without error insofar as a form of *ser* is never used where a form of *estar* should be and vice versa. I found no errors in the data of these children. Using the paradigm of errorless versus delayed acquisition to infer initial semantic space, this would imply that the semantic distinction is accessible in initial semantic space.

However, consider the case of a child acquiring two languages simultaneously where one language marks the semantic distinction between *ser* and *estar* (as does Spanish) and the other language conflates the distinction (as does English). If the distinction is easily accessible then it should give the child no trouble in the language where the distinction is made. The child might even seek a way to mark the distinction in the language in which it is conflated, in this way using the slobinian operating principle which has the child avoiding plurifunctionality of form "If you discover that a linguistic form expresses two closely related but distinguishable Notions, use available means in your language to distinctly mark the two Notions" (1985: 1254). Let us turn to the data of my subject to see whether this was done.

The subject, my son, Zevio, was born in Puerto Rico, one of the three Spanish-speaking islands in the Caribbean. My husband and I had made the decision to raise him bilingually from birth, using the following logistics: when alone at home with the boy, I would only use Spanish (I also learned Spanish and English simultaneously as a child). My husband, a native English speaker, only spoke English to him. When my husband and I were with him together, we would all speak English to him, because my husband and I speak English to each other. His older sister, Jennifer, 6 years older than Zevio and also a native bilingual, spoke whichever language she felt like to him. We did not try to control her language. Zevio attended an all-Spanish day-care center from two years of age. He began attending an all-Spanish nursery school at 3 years and 4 months. My husband (also a linguist) and I began collecting data on the boy in traditional diary fashion from his earliest utterances. He was also video-taped regularly.

Results

When I began to look at Zevio's acquisition of the English and Spanish copulas it was at first rather difficult to determine what might count as a copula, because he used a filler syllable, [e], so ubiquitously. Zevio used [e] in copula position in both English and Spanish utterances but at the height of its use it was also found preceding most content words. For instance, he would say things like, [e] *allí* [e: tat e 'tatete] ("there cat sit"). As more adult-like functors began to appear [e] became less ubiquitous; there appeared more frequent utterances with zero copula in addition to utterances that restricted [e] to positions of functors, including copula position. Some examples are given in Table 1. This early period I have designated Period I.

Age	filler [e]	8
2;4.28	[e 'tita e 'pato] =*Tita está en mi cuarto* ('Tita is in my room')	
2;5.3	plane [e] up, plane [e] down = the plane is up, the plane is down	
2;5.4		[titi'ti no] plane [no no] = 'it's not a bird, it's not a plane
	[e 'fusiman] it's Superman'	
2;5.16		mamita off [e] phone = mamita is off the phone
2;5.17		[a÷oda klin] = *ahora* clean ('now it's clean')
2;5.18		[fi:n 'mala] = queen *mala* ('the queen is bad')
2;5.22		mami sick = Mommy is sick

Table 1. Period I: Use of filler [e] and 8 in copula position (selected examples).

Period II (Table 2) began at 2;6.3 with the first recorded instance that contained a form phonologically resembling a Spanish copula ([es]). Because all the copula-like forms used during this approximately one-month period consisted of [e], [es], or [is], over all environments, it can be assumed that these were variants of one copula undifferentiated by language or semantics.[3]

Age	Be	*ser*	*Estar*
2;6.3			*aquí* [es] *papel* [es ti'tito] ('here is a small paper')
2;6.24			¿Dónde Tita[is]? ('Where is Tita?')

---

[3] An additional problem in distinguishing between the filler [e] and identification of copula use is the phonological characteristic of Puerto Rican Spanish of using the allophones [h] or ø for final /s/. Interestingly, Zevio had a tendency to over pronounce final [s] when he began to use it.

2;6.24			M: *Y este...¿está alegre o está triste?*_('And this one...is it happy or sad?')
2;6.24		Z: [es] triste.	
2;6.24		[əs] *una* [fole'tita] ('it is a flower')	
2;6.24			[e wawaw es elen...legando] ('the dog is barking')
2;6.26			[es]*uno manzana* ('it is an apple')
2;6.30	[e lilo] one[es] a red one ('the little one is a red one')		

Table 2. Period II: Use of variants [e] / [es] / [is] for aux/copula (undifferentiated for language).

A variant of *está*_first appeared at 2;7.9 in auxiliary position, [e'ta mi'Zandc] (= *te está mirando* 'he's looking at you'), which introduced Period III. In addition, Zevio began to differentiate between languages, using a form of *be* for English and forms of *ser* and *estar* for Spanish. However, for many months *ser* and *estar* were used in ways that were uncharacteristic of monolingual Spanish-speaking children. For example, **yo soy aquí* instead of *yo estoy aquí* 'I am here', **cuando yo e(s)taba un bebé* instead of *cuando yo era un bebé* 'when I was a baby', **es mojado* instead of *está mojado* 'it's wet', and **Qué está 'hueso' en inglés?* Instead of *¿Qué es 'hueso' en inglés?* 'What is 'hueso' in English?' (meaning *¿Cómo se dice 'hueso' en inglés?* 'How do you say 'hueso' in English?') At first glance the choice of a form of *ser* and *estar* seemed to be random, but a closer look showed otherwise.

Table 3 shows the order of emergence of forms of *ser* and *estar*. It turns out that many of the errors occurred because Zevio did not have an accessible form yet. Since he did not produce *estoy* (first person present singular of *estar*) for instance, until he was 3 and a half, in all contents where *estoy* was required before 3 and a half, he used *soy* (first person present singular of *ser*), e.g., **yo soy aquí*. He did not produce era until he was 4 years of age, thus, in contexts requiring *era* (past imperfect of *ser*) he used *estaba* (past imperfect of *estar*), e.g., **cuando yo e(s)taba un bebé*. Eliminating this type of error, the environment having the greatest percentage of errors turned out to be that of copula + predicate adjective. This is precisely the environment where a native speaker has to make a choice on semantic grounds in assigning transitory or inherent attributes to the subject. Even though Zevio had both forms needed, *es* and *está*, at his disposal, he did not seem to make the distinction at first.

Period	Age	*ser*	*Estar*
II	2;6.8	<u>es</u>	
III	2;7.9		*está* (imitation)
	2;8.7		*estaba*
	2;8.18	*soy* (imitation)	
	2;9.4	*soy* (spontaneous)	
	2;9.23		*está* (spontaneous)
	2;10.1		*están*
IV	3;6.23		*estoy*
	3;11.30	*sea*	
	4;2.14	*era*	

Table 3. Periods II, III, and IV: Order of emergence of forms of *ser* and *estar*.

More forms of *ser* co-occurred incorrectly with transitory attributes during Period III than of the correct *estar*. This was reversed in Period IV. His awareness at some level of the choice to be made was explicit in the following self-correction at 3;10 during Period IV, in which were recorded a few overextensions of *estar*: *está mágico... es mágico... es una culebra bueno*.

Discussion

It took Zevio quite a while, about a year, to acquire the semantic distinction, yet it does not seem to give monolingual children any trouble whatsoever. If the semantic distinction is close to initial semantic space as the paradigm of errorless acquisition would predict judging from its errorless acquisition by monolinguals, then Zevio should have put the distinction into use easily in Spanish, even though English conflates the distinction. I argue that this is not necessarily the case.

Bowerman (1985) discusses a relevant example concerning the acquisition of *if* and *when* by English-speaking children. In English, *when* is used to introduce antecedent events that are assumed will take place (for instance, *When daddy comes home..., When I get bigger...*), while *if* is used with antecedent events that are not certain to come to pass (for instance, *if I get my graham cracker in the water it'll get all soapy; if somebody takes the newspaper I'll be sad*). English-speaking children never confuse the two from the very beginning of their use. Yet there are many languages that use only one form to introduce clauses expressing both certain and uncertain events, for example Dutch (*als*), and German (*wenn*). If these are plurifunctional forms, argues Bowerman, then "...we would predict that in learning a second language like English that provides distinct forms,

[Dutch and German-speaking children] should find it natural and easy to map the two forms onto their correct functions" (Footnote 22, p. 1290). She then gives an example of a 4-year-old Dutch girl learning English who had trouble with this distinction for many years. She argues that the ease with which English-speaking children learn the distinction.

> [...] makes it unlikely that the two notions are conflated in starting semantic space. On the other hand, the ease with which children learning languages that do not make the distinction extend a single form across both meanings suggests that the conflation can readily be made. In short, *both organizations are apparently accessible to children from the start of their acquisition of grammatical markers for this semantic domain.* They can readily adopt whichever one is displayed in their language, at least assuming the meanings are clearly marked (1985: 1291).

Bowerman believes, as does Slobin, that there is a prelinguistic structuring of semantic space that may favor certain schemes for initial grammaticalization, and thus would be more "natural". But unlike Slobin, who posits that the possibility of alternative structures does not exist from the beginning but becomes accessible through maturation and additional exposure to the input language, Bowerman's position is that different means are available from the beginning according to an accessibility hierarchy (see Bowerman 1985 for a discussion of grounds for a hierarchy) allowing for the immediate influence of the input language.[4] She argues that starting semantic space is very flexible and slants toward the input language from the start:

> My proposal is that children *can* partition given conceptual domains in more than one way, but that, all things being equal, they may favor certain schemes [...] This hypothesis preserves what is most attractive about the Basic Child Grammar hypothesis, the idea that some methods of categorizing a domain may be particularly likely or natural for children. however, "all else" is often *not equal, since, among other things, children are exposed to different languages* (1985: 1305).

As to the *ser-estar* distinction, Bowerman's hypothesis makes sense of the monolingual and bilingual data and puts into question the possibility of inferring particular categories of meaning in initial semantic space from errorless acquisition. As mentioned earlier, the distinction seems to be available to monolingual Spanish-speaking

---

[4] Note that the contrasting Slobin and Bowerman positions somewhat resemble the controversy in UG between the maturation hypothesis (e.g., Wexler 1999) and the strong continuity hypothesis (e.g. Lust 1999). Slobin and Bowerman, however, refer to semantic rather than syntactic structure.

children from the beginning. If semantic space is as influenced by the input language as Bowerman believes, then a child learning English and Spanish simultaneously would be facing conflicting influences on his or her semantic space. If an input language can have immediate consequences on semantic space then it could also have consequences on the other input language. In Zevio's case either the conflation in English was generalized to Spanish, causing what has been traditionally been called "interference", or the more "natural" scheme in starting semantic space is to conflate the distinction, and the combination of the "natural" scheme plus the influence from English caused the generalization to Spanish. In any case it is difficult to infer what is more "natural".

Zevio's acquisition of the *ser - estar* distinction was somewhat similar to that documented for non-native speakers of Spanish (Van Patten 1985). However, this may not necessarily be the case for all children acquiring English and Spanish simultaneously. In looking at bilingual data from children learning French and German, Meisel (1986) found that in some areas of the grammar one of the bilingual children seemed to behave more like a second-language acquirer than like a monolingual child, and this phenomenon has been documented by others (e.g. Park 1981). However, this was not typical of all the bilingual children studied.

It makes sense that, even in simultaneous acquisition, in any particular area of the grammar one or the other language will first influence semantic space. If the first language to influence semantic space is the one that conflates a distinction, then it will be harder to make the distinction easily in the other language and the bilingual child will behave somewhat like a second-language learner in that particular area for a while. On the other hand, if the language that makes the distinction has influenced semantic space first and is clearly marked, then it will not cause any trouble but will also be easily conflated in the other language. Research into other cases of simultaneous acquisition would further reveal how likely both scenarios are.

References

Bickerton, D. (1981). *Roots of language*. Ann Arbor, MI: Karoma.

Bickerton, D. (1984). The language bioprogram hypothesis. *The Behavioral and Brain Sciences*, 7, 173-221.

Bickerton, D. (1999). Creole languages, the language bioprogram hypothesis, and language acquisition. In W. C. Ritchie & T. K. Bhatia (eds.), *Handbook of child language acquisition* (pp. 195-220). San Diego, CA: Academic Press.

Bowerman, M. (1985). What shapes children's grammars? In D. Slobin (ed.), *The crosslinguistic study of language: Vol. 2. Theoretical issues* (pp. 1257-1319). Hillsdale, NJ: Erlbaum.

Brown, R. (1973). *A first language*. Cambridge, MA: Harvard University Press.

Gili Gaya, S. (1961). *Curso superior de sintaxis española*. Barcelona: Bibliograf, S.A.

Hyams, N. M. (1986). *Language acquisition and the theory of parameters*. Dordrecht: Reidel.

Lust, B. (1999). Universal grammar: The strong continuity hypothesis in first language acquisition. In W. C. Ritchie & T. K. Bhatia (eds.), *Handbook of child language acquisition* (pp. 111-155). San Diego, CA: Academic Press.

Meisel, J. M. (1986). Word order and case marking in early child language. Evidence from simultaneous acquisition of two L1s: French and German. *Linguistics*, 24, 123-183.

O'Grady, W. (1997). *Syntactic development*. Chicago: University of Chicago Press.

O'Grady, W. (1999).The acquisition of syntactic representations: A general nativist approach. In W. C. Ritchie & T. K. Bhatia (eds.), *Handbook of child language acquisition* (pp. 157-195). San Diego, CA: Academic Press.

Ortíz, L. (in press). Extensión de *estar* en contextos de *ser* en el español de Puerto Rico: ¿Evolución interna o contacto de lenguas? *Boletín de la Academia Puertorriqueña de Lengua Española*.

Park, T. (1981). *The development of syntax in the child. With special reference to German*. Innsbruck: Innsbrucker Beitrage zur Kulturwissenschaft 45.

Pinker, S. (1989). *Learnability and cognition: The acquisition of argument structure*. Cambridge, MA: MIT Press.

Roeper, T. & Williams, E. (eds.). (1987). *Parameter setting*. Dordrecht: Reidel.

Slobin, D. I. (1973). *Suggested universals in the ontogenesis of language*. In C. A. Ferguson & D. I. Slobin (eds.), *Studies of child language development* (pp. 175-208). New York: Holt.

Slobin, D. I. (1985). Crosslinguistic evidence for the language-making capacity. The crosslinguistic study of language. In D. I. Slobin (ed.), *The crosslinguistic study of language: Vol. 2. Theoretical issues* (pp. 1157-1256). Hillsdale, NJ: Erlbaum.

Stockwell, R., Bowen, J. D. & Martin, J.W. (1965). *The grammatical structures of English and Spanish*. Chicago: The University of Chicago Press.

Van Patten, B. (1985). The acquisition of *ser* and *estar* by adult classroom learners: A preliminary investigation of transitional stages of competence. *Hispania*, 68, 399-406.

Villamil Silvey, B. (1983). *Desarrollo de las categorías tempo-aspectuales en niños puertorriqueños entre las edades de 1;0 a 3;2*. Unpublished master's thesis, University of Puerto Rico.

Wexler, K. (1999). Maturation and growth of grammar. In W. C. Ritchie & T. K. Bhatia (eds.), *Handbook of child language acquisition* (pp. 55-109). San Diego, CA: Academic Press.

Variation of voice onset time in Quechua-Spanish bilinguals

Michael D. Pasquale
Cornerstone University

Abstract

Phonological variation in a language can result from language contact and bilingualism. This paper looks at the voice onset time (VOT) of the Quechua voiceless consonants /p, t, k, q/ in native Quechua speakers in a speech community in contact with Spanish. Spanish is a short-lag VOT language. It is hypothesized that if Quechua has a long-lag VOT, then Spanish would influence the Quechua of bilingual speakers, resulting in shorter VOT of Quechua voiceless stops. It is also predicted that Spanish-dominant bilinguals would have relatively shorter VOT in Quechua than Quechua-dominant bilinguals. All bilingual speakers in this study have a shorter VOT in the plain voiceless consonants /p, t, k/ and the aspirated consonants /p^h, t^h, k^h, q^h/ in their L1 (Quechua) than monolingual Quechua speakers. It is argued that this difference in the L1 is due to influence from the L2 (Spanish). Differences between Spanish-dominant and Quechua-dominant bilinguals are also seen.

Introduction

Language contact and bilingualism are settings in which linguistic change in both language systems may be involved and cross-linguistic influence may occur at any linguistic level. One area of research in sociolinguistics and second language acquisition has been on variation at the phonetic and phonological levels of a language as a result of contact with another. That research has many focused on the influence of one's first language (L1) on the pronunciation of a second language (L2). On the other hand, virtually no acoustic analyses have been conducted on the impact of a second language on the first or "reverse transfer" (*cfr*. Selinker 1969, 1972). The most common elements transferred in such circumstances are lexical items, but structural elements, such as syntactic units and phonological segments, may also be transferred from the L2 to the L1 in an intense language contact situation (Thomason and Kaufman 1988). In such situations it is possible to have L1 allophones become phonemes as a result of contact with an L2 (*Ibid.*). When there is strong cultural pressure, the amount of intensity of the contact situation increases and a loss of phonemic contrasts is also possible (*Ibid.*). This cultural pressure refers to the status or power of the L2 in the speech community and the resultant degree of influence it may have on the L1.

    The speech community of Urubamba, Peru is the one investigated in this paper. Quechua is the first language of a large portion of the population, but Spanish is taught in schools and is used in an official capacity in village government. The result is a continuum of speakers, from those who are monolingual Quechua speakers to those who are monolingual Spanish speakers. In between are those who are bilingual but are stronger in either Quechua or Spanish. There is no doubt that this is an intense language contact situation and that, at least in educational and official areas, Spanish exerts a great deal of pressure on the basis of its power and prestige.

Theoretical Background

The aim of this paper is to investigate evidence of reverse transfer in Quechua-Spanish bilinguals, specifically documenting the voice onset time (VOT) of the voiceless stops /p, t, k/ in Quechua. Evidence of reverse transfer in a bilingual speaker may shed light on the nature of a bilingual's phonological system. Flege's Speech Learning Model (Flege 1995) proposes that sounds from both the L1 and the L2 coexist in the same phonological space and that sounds in bilinguals' L1 may vary from monolinguals' phonetic categories as a result of creating new phonetic categories for L2 sounds. The existence of reverse transfer in this situation lends support to Flege's hypothesis.

The Study

In this paper, I will compare the voice onset time (VOT) of /p, t, k/ in Spanish and Quechua. First, a comparison between monolingual Spanish and monolingual Quechua speakers will establish a background of VOT lengths in Quechua in comparison to Spanish. Second, the VOT of Quechua voiceless stops will be examined in bilingual speakers and compared with that of monolingual speakers to see if there is a significant difference in length due to contact with Spanish. The hypothesis is that if Quechua has a long-lag VOT, then it would be shortened due to contact with Spanish, which has a short-lag VOT.

All of the bilingual speakers had Quechua as a first language but with differing degrees of proficiency in Spanish. The bilingual speakers were separated into two groups: Quechua-dominant and Spanish-dominant bilinguals. The determination of dominance was done following the interview in which information on age of Spanish acquisition, place of acquisition, and subject self-evaluation was gathered. The interviewer also gave each speaker an evaluation based on the ability to use Spanish during the interview.

Each Quechua-speaking subject read from a word list. The voiceless stops under evaluation were all in word-initial position. The language data collection was recorded using a cassette tape recorder (Sony TCM-929) equipped with an external microphone (Sony ECM-T6). The VOT was measured using the acoustic program Praat (version 3.9.10). In order to measure the VOT of voiceless stops, a sound file was opened in Praat. A waveform and a spectrograph were then created for each word. The waveform was marked at the onset of the release of the stop and at the place where voicing begins. The duration of the VOT was then measured by subtracting the first number from the second.

Results

Spanish Voice Onset Time

The VOT is the amount of time between the release of a voiceless stop consonant and the beginning of voicing of the following vowel (Lisker and Abramson 1964). A zero value for VOT occurs when the release and voicing are simultaneous. The VOT can be classified as "short-lag" or "long-lag" based on the length of VOT. Generally, a VOT between 0 and 20 milliseconds (ms) is considered a short-lag VOT, while a VOT longer than 40 ms is considered a long-lag VOT (Lisker and Abramson, 1964, 1971). Keating (1984) uses a slightly different range for determining VOT lag-time. Short-lag VOTs are between 20-35 ms, depending on place of articulation. A velar stop, for example, would have a longer VOT than a bilabial stop. Long-lag VOTs would be any value over 35 ms. Generally, unaspirated voiceless stops have a shorter VOT than aspirated voiceless stops (Cho and Ladefoged 1999).

Spanish is an example of a language with short-lag VOT values for voiceless stops, /p, t, k/ (Flege 1988). Previous measurements of Spanish VOT have been conducted by Williams (1977), Flege and Eefting (1987), and Rosner et al. (2000).

Rosner et al. (2000) makes the case that VOT values in Spanish differ according to regional variety. They contrasted their data from Castilian Spanish with the data found by Williams (1977) from Latin American speakers.

Variety	Source	/p/	/t/	/k/
Guatemalan	Williams (1977)	9.8	10.3	25.7
Venezuelan	Williams (1977)	14.0	20.6	32.6
Peruvian	Williams (1977)	15.2	16.2	29.7
Puerto Rican	Flege & Eefting (1987)	18	22	38
Castilian	Rosner et al. (2000)	13.1	14.0	26.5

Table 1. VOT (ms) of voiceless stops in five varieties of Spanish.

The results shown in Table 1 establish a short-lag VOT for Spanish, i.e. no aspiration of voiceless consonants. These results are confirmed by measuring the VOT of monolingual Spanish speakers in the Urubamba speech community in Peru. The three monolingual Spanish speakers had average VOT values that corresponded with values in Table 1. Table 2 shows the VOT values for monolingual Urubamba Spanish speakers.

Speaker	/p/	N	/t/	n	/k/	n
S1	16.3	6	18.8	17	35.6	6
S2	13.1	9	17.6	19	31.3	10
S3	16.1	6	21.5	11	34.3	9
Mean:	15.2		19.3		33.7	
Std. Dev.	1.79		2.00		2.21	

Table 2. VOT (ms) of Spanish plain stops in three Peruvian monolinguals.

The monolingual Spanish speakers of the Urubamba speech community show VOT values for /p,t,k/ that correspond to those found in Table 1. Specifically, data in Table 2 corresponds to data found by Williams (1977).

Quechua Voice Onset Time

There have been no studies that I am aware of that measure Quechua VOT of voiceless consonants. It has been established by Andean dialectologists that in the Cusco variety of Quechua, there is a 3-way distinction in voiceless stops – plain, aspirated, and glottalized (e.g., Wölck, 1987, p. 72). The following data are from monolingual Cusco Quechua speakers for /p, t, k/.

Speaker	/p/	n	/t/	n	/k/	n
Q1	22.4	9	25.75	8	43.5	12
Q2	17.0	10	25.1	14	42.2	13
Q3	18.25	8	20.3	6	43.0	10
Q4	17.5	13	25.8	5	40.6	10
Mean:	18.78		24.2		42.32	
Std. Dev.	2.46		2.64		1.27	

Table 3. VOT (ms) of Quechua plain stops of Monolingual Quechua speakers.

When comparing the VOT of /p,t,k/ between monolingual Spanish and monolingual Quechua speakers, we find that there are significant differences in average VOT for /t/ and /k/, but not for /p/. Table 4 presents t-tests that compare the VOT of monolingual Quechua and monolingual Spanish speakers.

/p/	t = -2.14	SD = 2.22	p = *n.s.*
/t/	t = -2.69	SD = 2.41	p < .05
/k/	t = -6.59	SD = 1.71	p < .001

Table 4. Comparison of VOT between monolingual speakers of Spanish and Quechua.

There is a significant difference (< .05) that distinguishes the VOT of /t/ between groups of monolingual speakers. Monolingual Spanish has a mean of 19.3 ms for /t/ and monolingual Quechua has a mean of 24.2 ms. There is an even greater difference between the two groups for the VOT of /k/ (< .001). Monolingual Spanish VOT is 33.7 ms for /k/ while monolingual Quechua has the mean of 42.32 ms for /k/. While there is not a significant difference between VOT lengths of /p/ in these two groups of speakers, the VOT for monolingual Spanish speakers, 15.2 ms, is shorter than that of monolingual Quechua speakers, 18.78.

Quechua-Spanish Bilingual Speakers' Voice Onset Time

In the Urubamba speech community, the VOT values for /t/ and /k/ are shorter in the speech of monolingual Spanish speakers than they are in monolingual Quechua speakers. I have hypothesized that this will shorten the VOT of /t/ and /k/ in bilingual speakers. Tables 5 and 6 present the measurements of VOT of /p, t, k/ for Quechua-dominant and Spanish-dominant bilinguals respectively. If we compare the results between the two groups of bilingual speakers, we will find some differences. Table 7 presents the statistical significance of VOT for both groups of bilingual speakers. When we compare the VOT values we find significant differences for /p/ and /k/, but not /t/.

Speaker	/p/	n	/t/	N	/k/	n
QB1	17.8	10	19.7	10	37.25	12
QB2	17.1	10	21.1	10	35.75	12
QB3	18.4	14	23.6	9	35.3	12
QB4	18.2	9	20.7	7	34.6	10
QB5	17.3	12	22.0	12	34.3	10
QB6	18.3	11	23.6	8	38.0	11
QB7	19.0	9	21.75	8	35.2	11
QB8	20.1	7	23.1	7	34.7	10
Mean:	18.27		21.9		35.6	
Std. Dev.	0.959		1.42		1.32	

Table 5. VOT (ms) of Quechua plain stops of Quechua-Dominant bilingual speakers.

Speaker	/p/	n	/t/	n	/k/	n
SB1	15.0	14	22.2	10	31.8	15
SB2	16.5	10	23.12	8	34.5	13
SB3	17.8	11	21.3	8	34.1	13
SB4	15.5	14	20.0	11	32.87	16
SB5	16.9	11	20.6	9	35.2	11
SB6	18.2	10	23.5	10	34.6	11
SB7	17.4	13	20.7	7	34.4	12
Mean:	16.8		21.6		33.9	
Std. Dev.	1.18		1.34		1.18	

Table 6. VOT (ms) of Quechua plain stops of Spanish-dominant bilingual Speakers.

/p/	t = 2.75	SD = 1.07	p < .01
/t/	t = 0.436	SD = 1.38	p = *n.s.*
/k/	t = 2.63	SD = 1.26	p < .05

Table 7. Comparison of VOT for both groups of bilingual Speakers.

Summary for Quechua plain /p/, /t/, /k/

	Quechua monolinguals	Bilingual: Quechua-dominant	Bilingual: Spanish-dominant	Spanish monolinguals
/p/	18.78	18.27	16.8	15.2
/t/	24.2	21.9	21.6	19.3
/k/	42.32	35.6	33.9	33.7

Table 8. Mean VOT for monolingual and bilingual Speakers.

If we compare the VOT of /p, t, k/ of bilingual speakers with that of monolingual speakers, we find that there may be some influence from Spanish. The mean VOT of bilingual speakers and monolingual speakers for /p/, /t/ and /k/ are compared in Table 8. The VOT for these phones are different between monolingual Spanish and monolingual Quechua speakers.

The mean VOT for all three phones in bilingual speakers are shorter than those found in monolingual Quechua speakers. The mean VOT of each phone form a continuum with monolingual speakers at each end, the Quechua-dominant bilinguals closer to the monolingual Quechua speakers, and the Spanish-dominant bilinguals closer to the monolingual Spanish speakers.

Aspirated Quechua /p^h, t^h, k^h, q^h/

We can see further evidence of reverse transfer when the VOT is measured in voiceless aspirated stops in Quechua bilinguals. Voiceless aspirated stops, /p^h, t^h, k^h, q^h/ are distinguished from plain voiceless stops /p, t, k,q/ in terms of VOT. Plain stops have a shorter VOT while aspirated stops have a longer VOT. Tables 9 and 10 present the VOT of plain and aspirated voiceless stops in Quechua-dominant and Spanish-dominant bilinguals respectively.

	Mean VOT	n	T	SD	p
/p/	18.2	79			
/p^h/	40.9	21	- 30.0	3.08	< .001
/t/	22.1	68			
/t^h/	53.1	7	- 21.3	3.68	< .001
/k/	35.6	89			
/k^h/	76.1	21	- 39.4	4.24	< .001
/q/	37.7	32			
/q^h/	71.0	30	- 22.4	5.86	< .001

Table 9. VOT (ms) of plain and aspirated voiceless stops of Quechua-dom. Bilinguals.

	Mean VOT	n	T	SD	p
/p/	16.7	84			
/p^h/	30.5	14	- 16.0	2.93	< .001
/t/	21.7	64			
/t^h/	48.0	7	- 22.9	2.89	< .001
/k/	33.7	87			
/k^h/	49.2	14	- 15.2	3.54	< .001
/q/	37.8	16			
/q^h/	59.7	18	- 13.1	4.88	< .001

Table 10. VOT (ms) of plain and aspirated voiceless stops of Spanish-dom. bilinguals.

For each pair of plain and aspirated phones, each mean VOT is compared. In each case we find a significant difference between the means of the VOT of plain and aspirated phones in both Quechua-dominant and Spanish-dominant bilinguals. Therefore, aspiration is maintained in the speech of bilingual speakers.

Three of the four VOT mean totals of Spanish-dominant and Quechua-dominant bilinguals are significantly different. Table 11 shows the comparison between Quechua-dominant and Spanish-dominant bilingual speakers in terms of the VOT of / p^h, t^h, k^h, q^h/.

	Quechua-dominant	Spanish-dominant	
/p^h/	40.9	30.5	$p < .001$
/t^h/	53.1	48.0	*n.s.*
/k^h/	76.1	49.2	$p < .001$
/q^h/	71.0	59.7	$p < .001$

Table 11. Comparison of VOT (ms) of voiceless aspirated stops in bilingual speakers.

Aspiration between bilingual speakers is significantly different for / p^h, k^h, q^h/. In each case, the VOT was shorter for Spanish-dominant bilinguals than for Quechua-dominant bilinguals. The VOT for /t^h/ was found to be shorter in Spanish-dominant bilinguals, but not statistically significant.

Conclusion

While aspiration is maintained phonemically in the speech of bilingual speakers of Quechua, knowledge of Spanish does seem to have the effect of shortening the VOT of aspirated stops in Spanish-dominant bilinguals. Even the knowledge of Spanish in Quechua-dominant bilinguals generally shortened the VOT of both their aspirated and unaspirated stops. This study, therefore, provides evidence of reverse transfer in relation to voice onset time. This seems to indicate that the phonological systems of bilinguals do in fact reside in the same space, as postulated by Flege's SLM.

References

Cho, T., & Ladefoged, P. (1999). Variation and universals in VOT: evidence from 18 languages. Journal of *Phonetics, 27*, 207-229.

Flege, J. E. (1988). The production and perception of foreign language speech sounds. In H. Winitz (ed.), *Human Communication and Its Disorders, A Review 1988.* (pp. 224-401). Norwood, N.J.: Ablex Publishing Corporation.

Flege, J. E. (1991). Perception and production: the relevance of phonetic input to L2 phonological learning. In T. Huebner and C. A. Ferguson (eds.), *Crosscurrents in Second Language Acquistion and Linguistic Theories* (pp. 249-289). Amsterdam: John Benjamins.

Flege, J. E. (1995). Second-language speech learning: theory, findings and problems. In W. Strange (ed.), *Speech perception and linguistic experience: Issues in cross-language research*. (pp. 233-273). York: Timonium.

Flege, J. E., & Eefting, W. (1987). The production and perception of English stops by Spanish speakers of English. *Journal of Phonetics*, 15, 67-83.

Flege, J., Munro, M., & MacKay, I. (1996). Factors affecting the production of word-initial consonants in a second language. In R. Bayley and D. Preston (eds), *Second Language Acquisition and Linguistic Variation* (pp. 47-73). Amsterdam: John Benjamins.

Lisker, L., & Abramson, A.S (1964). A cross-language study of voicing in initial stops: Acoustical measurements. *Word*, 20, 384-422.

Lisker, L. & Abramson, A. (1971). Distinctive features and laryngeal control. *Language*, 47, 767-785.

Keating, P. (1984). Phonetic and Phonological Representation of Stop Consonant Voicing. *Language*, 60, 286-319.

Rosner, B., L. López-Bascuas, E., Garcia-Albea, J. E., & Fahey, R. P. (2000). Voice onset times for Castilian Spanish initial stops. *Journal of Phonetics*, 28, 217-224.

Selinker, L. (1969). Language Transfer. *General Linguistics*, 9, 67-92.

Selinker, L. (1972). Interlanguage. *International Review of Applied Linguistics*, 10, 209-31.

Thomason, S., & Kaufman, T. (1988). *Language Contact, Creolization, and Genetic Linguistics* Berkeley; CA: University of California Press.

Williams, L. (1977). The voicing contrast in Spanish. *Journal of Phonetics*, 5, 169-184.

Palomas, halcones y otros anglicismos semánticos en el español peninsular

Isabel Álvarez
University of Wisconsin, Oshkosh

Abstract

Spanish has borrowed from English extensively but these days with the arrival of new technologies and new forms of communication – Internet and cellular phones, particularly –Spanish has incorporated many Anglicisms to its active lexicon. This paper looks at semantic Anglicisms – both analogues and homologues – in the written media of Asturias, Spain, and the impact that this type of Anglicism has on the borrowing language. The study shows that while the presence of lexical Anglicisms is more noticeable in fields like sports, leisure or entertainment, semantic Anglicisms can be found everywhere. It also discusses how semantic Anglicisms can be accepted much more easily since very often they are not perceived as foreign words. Finally, the paper also discusses the attitude of the Royal Spanish Academy toward this type of Anglicism.

Introducción

Tras los atentados terroristas ocurridos en Estados Unidos el 11 de septiembre de 2001, el diario español *El País* repetidamente mencionaba a las *palomas* y los *halcones*, esto es, los partidarios de una solución pacífica y los partidarios de una solución bélica. Las dos palabras que dan título a este trabajo son sólo un reflejo de la abultada presencia de anglicismos en el español actual.

El español, como todas las otras lenguas, ha ido tomando prestadas palabras de muchas lenguas y hoy en día, sin duda, el inglés es la lengua que presta un mayor número de voces. Actualmente es tan abundante el número de palabras de procedencia inglesa que este tema es motivo de debate en distintos ámbitos: desde el director de la Real Academia Española, D. Víctor García de la Concha, quien ha llegado a afirmar que el anglicismo es una "injuria al español", hasta uno de los suplementos del diario *El País* titulado *Ciberp@ís*, que también mostraba cierta preocupación por la abultada presencia de anglicismos y las alteraciones que se están produciendo en la lengua a causa de Internet y la telefonía móvil. El asunto, por tanto, escapa lo estrictamente académico y es hoy tema habitual es muchos círculos, tal como muestran estas referencias.

Tradicionalmente se ha usado el término *anglicismo* para definir todas aquellas palabras o estructuras que llegan al español procedentes del inglés. Podemos encontrar anglicismos en todos los niveles de la lengua. El anglicismo más común es, sin duda, el anglicismo léxico, esto es, cuando la lengua receptora hace suya una voz inglesa. En ocasiones estos anglicismos aparecen en su versión original, mientras que en otros casos se modifican para ajustarlos a las normas ortográficas y fonéticas del español. Algunos ejemplos de anglicismos patentes o no adaptados son las voces *catering, brokers, light, marketing* o *pick-up*. Entre los muchos ejemplos de anglicismos léxicos adaptados, podemos mencionar las voces *cócteles, dopante, filme* o *folclore*.

En el nivel semántico también se pueden producir préstamos. En este caso, la lengua receptora recibe únicamente un nuevo significado para una palabra que ya existía. Los préstamos semánticos pueden producirse entre homólogos o entre análogos. Los primeros se producen entre una palabra inglesa y una española que no presentan ninguna analogía, pero que tienen algún contenido semántico en común. Los ya mencionados *halcón* o *paloma*, que adquieren los significados de sus equivalente ingleses *hawk* y *dove* respectivamente, y voces como *bandera*, con el significado de "espacio publicitario de forma rectangular que se inserta en las páginas web", *descargar*, con el significado de "transferir datos desde o a un ordenador" o *monitor* para referirse a la persona que supervisa que algo se realiza correctamente, son claros ejemplos de préstamos entre homólogos. En el caso de los otros préstamos semánticos, los análogos, nos encontramos con voces españolas que por su semejanza con voces inglesas adquieren significados que no poseían en español. Lodares (1993) los denomina "falsos amigos" y los define como "palabras inglesas que tienen un común origen etimológico e idéntica, o similar, ortografía que otras españolas y, sin embargo, sus significados en una y otra lengua son bien distintos". Los adjetivos *agresivo* y *ambicioso* son dos buenos ejemplos de anglicismos análogos. El primero de ellos se usa actualmente con el significado de "decidido a tener éxito" y el segundo sirve para calificar a un plan o proyecto a gran escala. Estos significados, que no están presentes originariamente en las voces españolas, proceden de los adjetivos ingleses *aggressive* y *ambitious*.

La sintaxis tampoco se ve exenta de anglicismos y con frecuencia nos encontramos con estructuras sintácticas de procedencia extranjera. El uso del llamado condicional de rumor o la voz pasiva con el verbo *ser* son dos ejemplos de anglicismos sintácticos frecuentes.

Queda patente que ningún nivel de la lengua escapa a la influencia de otras lenguas, pero la pregunta que debemos hacernos ahora es si todos estos anglicismos afectan a la lengua receptora, en nuestro caso el español, de la misma forma. Con frecuencia se alude a los problemas que pueden causar los anglicismos léxicos, que pueden resultar en combinaciones ortográficas o fonéticas imposibles en español. En ocasiones, incluso la morfología puede verse alterada, como ocurre con los anglicismos que terminan en consonante y que forman el plural sólo con el morfema –s, siguiendo las reglas del inglés. El anglicismo semántico, por el contrario, no presenta ninguno de estos problemas puesto que se trata de voces españolas que adquieren un significado nuevo.

Podría pensarse, por tanto, que el anglicismo semántico no presenta mayores problemas para la lengua receptora. Sin embargo, la realidad es muy distinta. Mientras que los anglicismos léxicos no pasan desapercibidos fácilmente, los anglicismos semánticos se esconden bajo ese "disfraz" de palabra española. Cualquier hablante de español podría decirnos sin mayores dificultades que *golf, gay, jazz, puzzle* y *rafting* son anglicismos. El mismo hablante, si le preguntáramos por la procedencia de las voces *audiencia, plana,* o *evidencia* en las oraciones recogidas en la prensa que aparecen en (1), tal vez respondería convencido que son voces perfectamente españolas.

(1)   La audiencia de Televisión Local Gijón.
        Internet con tarifa plana 24 horas.
        Contra esta evidencia empieza a imponerse otra.

Precisamente, es por esta apariencia de palabras españolas que algunos autores consideran que este tipo de anglicismo es el más peligroso para el sistema lingüístico receptor. El ya mencionado Lodares alude a este aspecto e indica: "una palabra de la lengua original acaba creando una nueva acepción en la lengua receptora; y la acaba creando sin mucha extrañeza entre sus hablantes que, acaso como conocen la propia voz sólo de oídas, no les llama la atención el uso novedoso que de ella se ha ido extendiendo desde distintos medios de comunicación" (1993: 101).. El hecho de que estos anglicismos no sean especialmente visibles hace que puedan incorporarse al léxico activo del español mucho más fácilmente.

En este sentido la actitud de la Real Academia Española (RAE) parece coincidir con la del resto de los hablantes. La RAE se muestra especialmente reacia a incorporar determinados anglicismos patentes, pero incorpora las nuevas acepciones procedentes del inglés con mucha más facilidad. En el diccionario de 1992, la RAE todavía no incluye los nombres de ciertos deportes de clara procedencia inglesa. En los casos de anglicismos léxicos que ya han sido aceptados por la RAE, el diccionario indica claramente que son de procedencia inglesa. Sin embargo, no ocurre lo mismo a la hora de incluir anglicismos semánticos: por ejemplo, se incluye como uno de los significados de la voz *audiencia*, el de "número de personas que reciben un mensaje a través de cualquier medio de comunicación" (1992: 161) y se indica que *alto el fuego* significa "suspensión momentánea o definitiva de las acciones militares en una contienda" (1992: 82), pero en ninguno de los casos se indica que estos significados proceden del inglés.

En el presente estudio se presentan los resultados de una investigación llevada a cabo en el Principado de Asturias, norte de España, en el verano de 2001. El objetivo de esta investigación era estudiar los anglicismos semánticos aparecidos en la prensa escrita en esa provincia. La investigación se centra exclusivamente en el diario *El Comercio*, decano de la prensa asturiana, publicado en la ciudad de Gijón. En este tipo de diarios, aunque se incluyen noticias internacionales procedentes de agencias de prensa extranjeras, hay menos lugar para las traducciones puesto que en muchos casos las noticias de ámbito regional o local tienen una mayor cabida. Por lo tanto, la hipótesis es que la presencia de estos anglicismos semánticos no sería el resultado de una traducción rápida, sino que se trataría de palabras que ya son frecuentes en el lenguaje de los periodistas.

A la hora de estudiar este tipo de anglicismos, una de las mayores dificultades es cómo determinar si cierto significado procede realmente del inglés. Martín Fernández se hace eco de las dificultades que plantea un estudio de este tipo cuando reconoce: "a veces estamos ante variantes del significado castizo, que admite esa y otras aplicaciones designativas según las necesidades de la comunicación; en ocasiones, aparecen significados existentes en español desde hace siglos, o se trata de acepciones fácilmente derivables de la antigua" (1998: 103). Para llevar a cabo el presente estudio se tomaron como criterio varios estudios previos sobre este tipo de anglicismo: Gómez Capuz

(1992), Martín Fernández (1998), Medina López (1998) y C. Pratt (1980), entre otros. También se consultaron el *Diccionario de español urgente* y el *Manual de español urgente*, ambos publicados por la Agencia EFE. El Diccionario de la RAE en su edición de 1992, el de María Moliner (1998) y el de Seco *et al.* (1999) fueron los principales diccionarios consultados para ver si el significado en cuestión se reconocía o si aparecía indicado como procedente del inglés. Para aquellas voces que no aparecían incluidas en ninguno de los estudios anteriores, se utilizó el diccionario del inglés Collins Cobuild (2001) para comprobar si el significado está presente en la voz inglesa correspondiente.

El estudio original recoge más de 140 anglicismos semánticos, pero en este trabajo se incluyen solamente algunos de los anglicismos semánticos más frecuentes así como algunos de los anglicismos semánticos de incorporación más reciente y que, por tanto, no aparecen recogidos en muchos de los estudios anteriores.

Entre los anglicismos semánticos más frecuentes cabe señalar los siguientes:

Americano/a. Según el diccionario de la RAE se usa este adjetivo para designar a los naturales de América o pertenecientes a esta parte del mundo. Sin embargo, por influencia del inglés, hoy en día se usa este adjetivo para designar a cualquier persona o producto procedente de los Estados Unidos de América. Su uso está tan extendido que la voz *estadounidense* apenas se usa hoy en día.

Arrestar. Esta voz tiene el significado de "detener o poner preso" aunque la RAE indica que se dice con más frecuencia de la milicia. El escritor Julián Marías en un artículo sobre los "falsos amigos" aludía al nuevo uso que se hace de este verbo por influencia del inglés y decía en tono irónico "me preocupa que se arreste a la gente en plena calle, como si viviéramos todos en un ejército y ya no se la detenga nunca" (2001: 12).

Billón. Si bien en español esta palabra tiene el significado de "un millón de millones", no es raro que hoy en día se use con el significado que tiene en Norteamérica, esto es, "mil millones". Estamos, por tanto, ante un anglicismo que puede ser causa de serias confusiones.

Duro, dureza, endurecer. En inglés el adjetivo *hard* puede significar, además de "duro" o "rígido", "difícil de realizar" y actualmente es muy común usar el equivalente español y sus derivados con este significado de clara procedencia inglesa.

Evidencia. La voz española significa "certeza clara, manifiesta y tan perceptible que nadie puede racionalmente dudar de ella" mientras que la voz inglesa *evidence* significa 'información usada en los tribunales para probar algo". En el español actual es frecuente encontrar esta palabra con el significado inglés. Lo correcto sería usar la voz *prueba*. Martín Fernández (1998) indica que el uso de la voz *evidencia* como sinónimo de *prueba* es más frecuente entre las comunidades bilingües de los Estados Unidos y que abunda sobre todo entre hablantes incultos. A la luz de los abundantes ejemplos encontrados creemos que no es el caso actualmente y que hoy su uso es bastante generalizado entre los hablantes, ya sean bilingües o no.

Entre los anglicismos semánticos de incorporación más reciente, un buen número de ellos tiene que ver con las nuevas tecnologías y el mundo de la informática y las comunicaciones. Algunos anglicismos semánticos de este tipo son *acceder*, *descargar*, *enlace*, *plana*, *portal* y *ventana* y hoy en día son ampliamente usados en español. Además de estos anglicismos, también se encontraron otros anglicismos semánticos en el campo de la política y las noticias internacionales o la publicidad. Entre estos anglicismos cabe destacar los siguientes:

Comerciales. En inglés, los anuncios publicitarios que aparecen en la radio o la televisión se denominan *commercials*. En las páginas dedicadas a la programación de televisión española en el verano de 2001 aparecía un espacio con el nombre de *infocomerciales*. Ni el diccionario de la RAE ni el *Diccionario del español actual* recogen este significado de la voz española. Se trata de un anglicismo totalmente innecesario puesto que en español existe una palabra con ese significado.

Compacto. Según la RAE este adjetivo puede aplicarse a los cuerpos de textura apretada o poco porosa y también es sinónimo de *denso*. En inglés, sin embargo, este adjetivo puede aplicarse a un casete, un coche o una cámara fotográfica y en ese caso su significado es "de tamaño pequeño". Este significado también está ahora presente en el adjetivo español.

Crucero. Pratt (1980) indica que cuando este nombre se usa con el significado de 'excursión realizada en un barco' es un anglicismo, pero este uso está ya generalizado. Además de este significado de precedencia inglesa, a esta voz española hay que sumarle un nuevo significado de idéntico origen. El verbo inglés *cruise* significa "mantener un vehículo a una velocidad constante y cómoda". Es este significado el que tiene la voz *crucero* en la expresión *velocidad de crucero*.

Fundamentalista. Se usa esta voz para designar a una persona que cree en la forma original de una religión. El *Diccionario de español urgente* advierte que es innecesario el uso de esta voz puesto que en español existe el término *integrista*.

Lavado. En español para referirse a la actividad de ajustar a la legalidad fiscal el dinero procedente de actividades o negocios al margen de la ley se usa el verbo *blanquear*, pero, por influencia del inglés que usa el verbo *launder* ("lavar") para aludir a esa actividad, actualmente en español también se usan el verbo *lavar* y sus derivados con ese significado.

Monitor. La RAE incluye diversos significados para esta voz, pero no incluye el de "persona que supervisa que algo se hace correctamente", significado que sí está presente en la voz homónima inglesa. Ninguno de los diccionarios de uso consultados se hace eco de este significado anglicado.

Pilotar. Según la RAE el significado de este verbo es el "dirigir un buque o un automóvil, un globo o un aeroplano". Sin embargo, actualmente también se usa con el significado de "probar una idea para poder decidir si introducirla a mayor escala", significado que toma prestado del verbo inglés *to pilot*.

Además de los anglicismos hasta aquí mencionados también se observaron otras voces españolas con significados anglicados cuyo uso parece ser más puntual o esporádico. Se trata de esas voces que Martín Fernández (1998: 7) cataloga de "usos meramente ocasionales, incluso individuales, sin arraigo en el sistema lingüístico español". Estos son algunos de esos anglicismos esporádicos:

Descansar en hechos.. El verbo inglés *rest* usado con la preposición *on* tiene el significado de "se basa en" o "depende de". Estamos, por tanto, ante una traducción literal de la frase verbal inglesa.

Estado del arte. Se trata de una traducción literal de la frase inglesa *state-of-the-art* que se usa con el significado de "hecho o realizado usando la técnica y la tecnología más modernas".

Excitante. Según el DRAE este adjetivo significa "que estimula la actividad de un sistema orgánico". Sin embargo, hoy en día se usa con el significado de "algo que hace a uno sentirse feliz o emocionado", que es uno de los significados del adjetivo inglés *exciting*.

Libre. El adjetivo inglés *free* tiene el mismo significado de "que goza de libertad" que en español. Sin embargo, usado con la preposición *of* (de) adquiere el significado de "que no tiene o que no está afectado por una cosa desagradable". Actualmente el adjetivo español también se usa con este significado anglicado.

Remarcar. Según la RAE, el significado de este verbo es el de "volver a marcar". Actualmente también aparece usado con el significado de "comentar, mencionar o destacar", significados presentes en el verbo inglés *remark*.

Sobrerreaccionar. Estamos ante una palabra de apariencia española, pero se trata de una traducción literal del verbo inglés *overreact* que significa "mostrar más emoción de la que se considera necesaria o apropiada".

Sin duda en muchos casos la lengua tiene la necesidad de nombrar o designar realidades nuevas y el préstamo es uno de los recursos posibles. Así, los anglicismos semánticos que tienen que ver con las nuevas tecnologías estarían, en cierto modo, justificados. Pero ¿podemos decir lo mismo de voces como *descansar en hechos*, *sobrerreaccionar* o *monitor*? Si en español existen palabras con estos significados, ¿por qué ese afán por importar nuevos significados? Habremos de concluir, por tanto, que se trata de significados que han sido nacionalizados innecesariamente y así hacemos nuestras las palabras de Lodares (1993) quien indica que el anglicismo semántico por paronimia es un procedimiento muy productivo, incluso podría decirse que arrollador, en la actualidad.

El escritor Francisco Ayala, en declaraciones con motivo de la feria del libro en Madrid en 1999, achacaba el general deterioro del lenguaje al mal uso que de él hacen los medios de comunicación. A la luz de los resultados de esta investigación creemos que hay bastante de verdad en esto. Se empieza a usar estas voces en la prensa y dado que son "aparentemente inocuas", en términos de Lorenzo (1996), pasan a ser de uso común sin mayores problemas.

Por todo esto creemos que, aunque el número de anglicismos semánticos es menor que el de anglicismos léxicos, son los anglicismos semánticos los que presentan una mayor amenaza para la lengua receptora.

Bibliografía

Agencia EFE. (2000). *Diccionario de español urgente*. Madrid: Ediciones SM.

Agencia EFE. (2000). *Manual de español urgente.*. Madrid: Cátedra.

Collins Cobuild. (2001). *English Dictionary for advanced learners, English grammar, English usage*. Londres: Harper Collins Publishers.

Ciberp@ís. (4 de enero 2001). Internet y los móviles aceleran los cambios en el lenguaje.

F.J. (1999). Ayala y Tomás Eloy Martínez quitan importancia a "la perversión" del castellano. *El País Digital*. <http://elpais.es/p/d/19991008/cultura/liber.htm>, (8 de octubre de 1999).

Gómez Capuz, J. (1992). Anglicismos en las noticias sobre la guerra del Golfo Pérsico. Visión actual del problema e intento de clasificación. *Lingüística Española Actual*, 14, 301-319.

Lodares, J. R. (1993). Penúltimos anglicismos semánticos en español. *Hispanic Journal*, 14, 101-111.

Lorenzo, E. (1996). *Anglicismos hispánicos*. Madrid: Gredos.

Marías, J. (2001, 29 de abril). Fastidiosos y muy embarazados. *El Semanal*.

Martín Fernández, M. I. (1998). *Préstamos semánticos en español*. Cáceres: Universidad de Extremadura.

Medina López, J. (1998). *El anglicismo en el español actual*. Madrid: Arco Libros.

Moliner, M. (1998). *Diccionario de uso del español*. Madrid: Gredos.

Pérez de Pablos, S. (1999). García de la Concha: El anglicismo es una injuria al español. *El País Digital*. <http://www.el-castellano.com/concha.html>, (9 de septiembre de 1999).

Pratt, C. (1980). *El anglicismo en el español peninsular contemporáneo*. Madrid: Gredos.

Real Academia Española (1992). *Diccionario de la lengua española*. Madrid: Espasa-Calpe.

Sánchez Macarro, A. (1991). La invasión del anglicismo en el español contemporáneo. En J. Jiménez Martínez y R. Morant Marco (eds.), *Actas del simposio sobre el español de España y el español de América*. Valencia: Universidad de Valencia y University of Virginia.

Seco, M., Andrés, O., y Ramos, G. (1999). *Diccionario del español actual*. Madrid: Aguilar Lexicografía.

Perspectivas socioculturales e históricas

Defensa del español:
La prensa en Nuevo México como espacio público en 1890-1911

Arturo Fernández-Gibert
California State University, San Bernardino

Abstract

During the last two decades of pre-stathood New Mexico (1890-1911) the Spanish-language press articulated a public defense of the language and rights of native New Mexicans. This discourse echoed the two-folded political agenda of prominent Hispanic New Mexicans: the quest for statehood, on one hand, and the retention of their mother tongue, on the other. The most essential heritage of *nuevomexicanos*, the Spanish language, was central for their cultural preservation and way of life. Around 1900, while most figures of the Spanish-speaking community believed their cultural practices were compatible with the new political status of New Mexico, some dared to advocate for the embracement of English as the language of the future *nuevomexicanos*. Notwithstanding the efforts of the Spanish-language press, on the eve of statehood the Anglo-centered institutions controlled the public discourse and failed to acknowledge the cultural practices of native New Mexicans. This would eventually lead to the erasure of their most powerful symbol, their Spanish language. Would Puerto Rico be in a similar situation on becoming a state? Is bilingualism desirable or convenient for Puerto Ricans? Bilingualism in New Mexico led to the shift of Spanish. Could this happen in Puerto Rico?

En 1846, Nuevo México fue invadido por el ejército de los Estados Unidos, como parte de la guerra que habría de finalizar en 1848 con la firma del Tratado de Guadalupe Hidalgo, por el que México perdía la mitad de su territorio en beneficio de la Unión americana. Ese año marcó el comienzo efectivo de la incorporación de este antiguo territorio español a los Estados Unidos, si bien este proceso habría de durar largo tiempo. Nuevo México no se convertiría en estado hasta 1912, y aun 90 años después, en 2002, goza de una idiosincrasia única entre todos los estados, que la distingue de sus vecinos en el suroeste de los Estados Unidos.

Hoy, más de 150 años después de la guerra entre México y Estados Unidos, este estado puede considerarse lingüísticamente absorbido por la lengua dominante en la sociedad estadounidense, el inglés. La extinción de la variedad más antigua del español de los Estados Unidos es inevitable y es sólo cuestión de pocos años. La generación que tuvo el español como lengua nativa está muriendo, y con ella, habrá desaparecido uno de los símbolos más identificadores de los neomexicanos, que vivió con ellos por unos cuatrocientos años. Las nuevas generaciones son todas monolingües en inglés, con la excepción de aquellos individuos que adquieren el español como segunda lengua, por razones profesionales, intelectuales o, incluso, familiares, pues desean poder comunicarse con sus ancianos abuelos que todavía lo hablan.

Este estado de cosas estaba lejos de la realidad que Nuevo México vivía hace unos cien años, en los años inmediatamente anteriores a ser admitido como estado. En 1890, el entonces Territorio de Nuevo México contemplaba una auténtica eclosión de periódicos en español desconocida décadas atrás. La circulación de una prensa en español sólo fue posible por la existencia de una comunidad lectora que se había alfabetizado en las escuelas del Territorio, y cuya lengua cotidiana era el español. Esta prensa en español pudo crear y mantener, durante varias décadas, una autonomía y una autorrepresentación cultural y política sin precedentes en los Estados Unidos (Meléndez 1997; Meyer 1996).

Ya casi había pasado medio siglo desde que los Estados Unidos habían llegado a Nuevo México, pero la lengua de la mayoría de los neomexicanos seguía siendo el español. Alarmado por esta situación, el congreso de los Estados Unidos había denegado una tras otra todas las peticiones llegadas del Territorio de Nuevo México para ser admitido como estado.

En los veinte años previos a la admisión de Nuevo México como estado, la prensa en español del Territorio defendió la estatalidad al mismo tiempo que los derechos lingüísticos de los neomexicanos, es decir, la defensa del idioma español. Esta doble reivindicación, aunque pudiera parecer contradictoria, fue el eje de un discurso político que se reflejó en las páginas de la prensa neomexicana en español. Uno de estos periódicos, *La Voz del Pueblo*, publicado en Las Vegas, Nuevo México, entre 1890 y 1927, puede servirnos para documentar cómo la lengua española era percibida por los neomexicanos, y cómo éstos, según se aproximaba el estatus de estado, se sentían impelidos a su defensa. También en las páginas de *La Voz del Pueblo* aparecían artículos en los que se expresaba la necesidad que los neomexicanos tenían de aprender el inglés, por su propio bien y, sobre todo, por el de las generaciones venideras.

Este discurso en favor de la enseñanza del inglés llegó a ser tan importante como el de la defensa del español, e insinúa un incipiente desplazamiento de actitud lingüística que se vería, en el futuro, confirmado por un desplazamiento lingüístico que tendría lugar a lo largo del siglo XX, bien documentado desde los años setenta (Hudson-Edwards y Bills 1980). Pero hace cien años, el español era parte integral de la identidad neomexicana. En los artículos de *La Voz del Pueblo*, la denominación de "habla español(a)" es equivalente a "raza mexicana", "gente mejicana", "nativos Hispano-Americanos" o, simplemente, "pueblo nativo". En el siguiente artículo, una traducción de un editorial de *El Paso Herald*, publicado el 16 de julio de 1911, se identifica a la población (neo)mexicana con su condición de hispanohablantes:

> Muy desafortunada es la preocupación en contra de nuestros conciudadanos y vecinos de habla-española que se ha echado de ver en algunas de las cartas recientemente publicadas bajo el tópico 'Nationality and Ladyship.' [...] los que han expresado sentimientos derrogatorios [sic] á la población de habla-española, como grupo racial, [...] no han hecho esfuerzo alguno para entender el carácter mejicano...

(*La Voz del Pueblo*, 5 de agosto, 1911).

A lo largo de este editorial, además, se hace una oposición entre conciudadanos, vecinos *de habla española* y los *de habla inglesa*. Parece que en vísperas de la estatalidad, podemos identificar a la población (neo)mexicana, o "pueblo nativo" de Nuevo México, con la población que habla español, frente a la población llegada de Estados Unidos, que habla inglés.

Hacia el final del período territorial, sin embargo, podemos observar un cambio en la percepción del papel que las dos lenguas van a desempeñar en el futuro inmediato, después de 1912. En el mismo ejemplar de *La Voz del Pueblo* que acabamos de citar, se reproduce un artículo publicado en *El Águila de Puerto Rico*. Según el editorialista de *La Voz del Pueblo*, lo vertido en el periódico boricua "también aplica a nuestro estado de cosas [en Nuevo México]":

> ¿Aprender el inglés? Sí, señor, hay que aprenderlo, si es que queremos seguir sirviendo para algo, porque, de lo contrario, ni para policías vamos á servir. [...] Pero esto que decimos de los que no saben inglés, es aplicable también á los que no saben español. ¿Aprender el español? Sí, señor, hay que aprenderlo, si es que se quiere servir para algo, porque, de lo contrario, ni para detectivos [*sic*] van a servir los que no lo sepan. [...] Esto es elemental, tan elemental, que no se comprende como el gobierno de Washington manda á Puerto Rico empleados que con dificultad se entienden con los nativos. Nosotros debemos aprender el inglés, pero los americanos deben aprender el español. [...] Tanto se equivoca el nativo que se resiste á aprender el inglés, como el americano que se resiste á aprender el español. El destino ha querido que Puerto Rico sea un pueblo bilingüe, y tendrá que hablar los dos idiomas todo aquel que quiera vivir la vida entera del país puertor[r]iqueño

(*La Voz del Pueblo*, 5 de agosto, 1911).

También desde Puerto Rico, en una carta dirigida a *La Voz del Pueblo* por el antiguo delegado territorial de Nuevo México, B. S. Rodey, recién nombrado juez federal en la isla boricua, se les advierte a los neomexicanos que el futuro del nuevo estado de Nuevo México es el inglés, y que el español es cosa del pasado:

> Tened presente, amigos míos, que [...] tod[o]s y cada uno de sus descencientes hablarán el Inglés como lengua nativa. Esto Uds. no lo pueden evitar, y es inútil evitarlo, aunque sé que Uds. no desean evitarlo. Si sus hijos no se instruyen en el Inglés el mal es para ellos, porque la inmigración crece de día en día, y dentro de diez a quince años, ó menos quizás, esos que Uds. llaman "Americanos" estarán en mayoría en todos los Estados del Sud[o]este y, como sucede en California, los que tienen en sus venas sangre Española estarán en minoría [...]

(*La Voz del Pueblo*, 18 de agosto, 1906).

En las palabras de Rodey se implica ya el abandono por parte de las futuras generaciones del español por el inglés, la lengua de los "Americanos" que en poco tiempo constituirían la mayoría de la población. El mensaje de Rodey articula un claro discurso asimilacionista por parte de uno de esos "Americanos" que había vivido en Nuevo México y ahora se encontraba en Puerto Rico, otro país de habla española.

No sólo los "Americanos" producían este discurso de la asimilación. Entre los mismos neomexicanos de habla española había voces en favor de una educación en inglés que convirtiese a los neomexicanos en ciudadanos que hablaran *el idioma nacional*, término usado en este tiempo para referirse al inglés. En mayo de 1907, con motivo de los ejercicios finales de las escuelas públicas de Albuquerque, el profesor Alfredo Sánchez dirigió un discurso a los asistentes que fue reproducido en primera plana en *La Voz del Pueblo*. Sánchez exhorta a la juventud neomexicana a aprender el inglés:

> Sobre todo, os aconsejo de aprender el idioma Inglés con perfeccion. Esto es absolutamente necesario. Es tan necesario para el desempeño de vuestros deberes como hombres y mujeres, como para el desempeño de vuestros deberes como ciudadanos Americanos. [...] No debemos olvidar que ... formamos parte de esta nacion, cuyo lenguaje nacional es el Inglés. [...] para nosotros, nativos de este territorio, el Inglés es de más importancia que el Español. Cuanto más pronto reconoscamos esto, tanto mejor será para nosotros. Aprended, pues, el Inglés primero, despues el Español, si es necesario, pero no olvideis que la parte que vosotros tendreis que desempeñar en los grandes negocios y destinos de este territorio, dependerá, casi por completo, de vuestra habilidad en hablar y escribir bien el Inglés

(*La Voz del Pueblo*, 25 de mayo, 1907).

Junto a estos discursos asimilacionistas surgieron, en vísperas de la estatalidad, otros en defensa del español. En febrero de 1911, en primera página, se insertaba un discurso titulado "Defensa de nuestro idioma", pronunciado por Aurora Lucero, en el que se defiende la necesidad de enseñar el español en las escuelas públicas del nuevo estado de Nuevo México:

> En el Territorio de Nuevo México se han operado muchos cambios política y socialmente y se ha dado solución á diversos problemas y ahora, [...] surge un nuevo problema [...] que se discute en cada aldea, en cada villor[r]io y en cada ciudad. [¿]Se continuará enseñando el idioma Español en nuestras escuelas públicas?" [...] El Español es la lengua de los hispano-americanos, el idioma de los Cort[é]s, De Soto, y de los Coronado y por más de tres centurias ha sido el lenguaje de los hogares del Territorio. [...] En el acta en que se habilita á Nuevo México para ser Estado, pasada por el Congreso, se provee que ninguna persona, excepto los que hablen, lean y escriban el Inglés, con corrección, será el[e]gible á la legislatura ó á los empleos públicos del mismo estado. [...] Es imposible concebir, como, [...] se habría de privar al pueblo de Nuevo México [...] de un derecho que [...] emana de la misma esencia de su calidad de hombres, [...] y como tal le ha sido garantizado [...] en la Constitución Federal [...]. Hacer pués, [...] con Nuevo México, [...] este tratamiento, [...] y esto en el momento [...] en el que se le dá la bienvenida á la hermandad de los estados, es no solo insultar gratuitamente la inteligencia de su pueblo, sino también llevar á cabo un procedimiento basándose

en principios tan insostenibles, que tal parece no llevar más mira que la de causar un ultraje. [...] Este idioma [el español], es el idioma de nuestros padres, es el nuestro, es y será en lo futuro el de nuestros hijos y el de los hijos de nuestros hijos; es el idioma que nos fué legado por los que descubrieron este nuevo mundo. Somos ciudadanos americanos, es cierto, y nuestra conducta levanta nuestra lealtad y patriotismo sobre de todo reproche. Necesitamos aprender el idioma de nuestra patria y eso estamos haciendo; pero no necesitamos, con tal motivo, negar nuestro orígen, ni nuestra raza, ni nuestra lengua, ni nuestras tradiciones, ni nuestra Historia, ni nuestro pasado ancestral, porque no nos avergonzamos de ellos ni jamás nos avergonzaremos; lo contrario, nos enorgullecen. [...] Así pues, en nombre de todo lo que es noble, grande y hermoso en la literatura del mundo, en el del agrandamiento del campo de acción para los intereses de nuestros negocios y en el de la expansión de las relaciones comerciales con nuestros vecinos; en el nombre de la juventud anglo sajona de este Territorio que donde quiera y con un empeño digno de excelente causa, trata de aprender el Español; en nombre de los derechos que tiene el pueblo de Nuevo México, como ciudadanos de esta gran República; en nombre de ese deber que hacia ellos existe, solemnemente y ante el mundo entero contraido en Guadalupe Hidalgo, en nombre de la honradez y la justicia, hagamos por todos los medios que nos fueren dables, que el idioma Español, no sea suprimido en las escuelas públicas de Nuevo México

(*La Voz del Pueblo*, 25 de febrero, 1911).

Esta encendida y razonada defensa del español resultaría de poco peso ante la evidencia de los hechos, que demostraron que la admisión de Nuevo México en la "hermandad de los estados" supuso la inclusión de este territorio, y su población nativa, en los círculos políticos, económicos y sociales de la sociedad angloamericana. La enseñanza del español fue eliminada, y en unas cuantas décadas, las nuevas generaciones ya sólo adquirirían el inglés como lengua nativa, pasando por un período transicional de bilingüismo en el que el español habría de ocupar una posición social subordinada al inglés. Todos los argumentos de Aurora Lucero no serían suficientes.

Genaro Padilla ha señalado muy bien cómo, una vez instalado el sistema político angloamericano y su discurso de exclusión de otras lenguas y culturas, la capacidad de los neomexicanos nativos de articular y controlar su propio discurso, en su propia lengua, fue reducida hasta hacerse insostenible y ser finalmente eliminada (1993: 207). Por cierto, como señala Deutsch, la historia del Suroeste de los Estados Unidos, incluyendo a Nuevo México, ha sido y todavía continúa siendo escrita con un olvido de esta realidad neomexicana nativa y una perpetuación de viejos estereotipos angloamericanos de dominación (1987: 5).

¿Resistiría el español en Puerto Rico la estatalidad? Su condición de insularidad, ¿la protegerá de la influencia progresiva del inglés? ¿Es posible —o deseable— un bilingüismo estable en la isla? El bilingüismo fue una situación prolongada pero transitoria en Nuevo México. ¿Es el bilingüismo el objetivo de los puertorriqueños? ¿Es ello plausible, o conveniente, para ellos? Éstas y otras preguntas quizás puedan responderse contemplando el pasado y el presente de Nuevo México, históricamente el primer territorio hispanohablante de lo que hoy son los Estados Unidos, en el que el español es hablado por recientes inmigrantes mexicanos, pero no forma parte de la vida de los descendientes de Aurora Lucero.

Bibliografía

Deutsch, S. (1987). *Not separate refuge: Culture, class, and gender on an Anglo-Hispanic frontier in the American Southwest, 1880-1940*. Nueva York/Oxford: Oxford University Press.

Hudson-Edwards, A., & Bills, G. D. (1980). Intergenerational language shift in an Albuquerque barrio. En E. L. Blansitt Jr. y R. V. Teschner (eds.), *A festschrift for Jacob Ornstein: Studies in general linguistics and sociolinguistics* (pp. 139-158). Rowley, MA: Newbury House.

Meléndez, A. G. (1997). *So all is not lost: The poetics of print in Nuevomexicano communities, 1834-1958*. Albuquerque: University of New Mexico Press.

Meyer, D. (1996). *Speaking for themselves: Neomexicano cultural identity and the Spanish-language press, 1880-1920*. Albuquerque, NM: University of New Mexico Press.

Padilla, G. (1993). *My history, not yours: The formation of Mexican American autobiography*. Madison, WI: University of Wisconsin Press.

La Voz del Pueblo: Semanario dedicado a los intereses y progreso del pueblo neo-mexicano (14 de junio, 1890-10 de febrero 1927). Las Vegas, Nuevo México; español e inglés.

El idioma español y la iglesia católica de los Estados Unidos: Algunas aproximaciones[1]

Antonio Medina-Rivera
Cleveland State University

Abstract

The Spanish language has an important role in the development and growth of the US Catholic Church. Although Spanish is not considered an official language by the U.S. government, the Catholic Church has already made that step in order to maintain the unity and diversity of the institution. During the last decade, the social and liturgical services provided in Spanish have been growing, and the Hispanic presence has been a sign of vitality. The history of the Spanish language within the Catholic liturgy coincides with the use of English as well. However, this path has not been easy and there is still opposition from those who believe in "One Church-One Language" and see Spanish as an element of division among U.S. Catholics. The present investigation provides information about the status and develoment of the Spanish language within the Catholic institution in the U.S., and proposes that the Catholic Church is one of the most important forces for maintaining it as the second language of importance in the U.S.

Introducción

El uso del idioma español en la iglesia católica de los EE.UU. ha ido incrementando dramáticamente durante los últimos años. Este aumento está directamente relacionado con el aumento de la población hispana en los Estados Unidos, que de acuerdo al censo de 2000 se elevó a 32,8 millones de personas, lo que equivale al 12% de la población total. Este porcentaje es aún mayor si nos referimos a la población católica de los Estados Unidos, que sobrepasa los sesenta y cinco millones, de ellos cerca de una tercera parte de origen hispano. En este sentido, la vinculación entre el idioma español y la iglesia católica en los Estados Unidos es inevitable. Es relativamente escaso lo que se ha investigado al respecto, y dentro de un proyecto amplio de investigación sería interesante investigar los siguientes aspectos:

- ¿Cómo se comenzó a utilizar el idioma español en el ambiente eclesial? ¿Qué factores lo favorecieron o lo obstaculizaron?
- ¿Qué políticas del lenguaje (directas o indirectas), estrategias, acciones, etc. existen dentro del ambiente eclesial para la preservación o la eliminación del idioma español?
- ¿Cómo se comparan estas políticas a las que se dan en ámbitos gubernamentales?
- ¿Existe un español escrito que se promueva a través de libros y folletos a nivel

[1] Este trabajo se realizó gracias a una beca de viaje otorgada por el Cushwa Center for American Catholicism de la University of Notre Dame durante el verano de 2000.

nacional, regional o local?
- ¿Qué características tiene este español cuando se le compara con otras variedades del español? ¿Existen guías para la escritura del idioma español en los Estados Unidos?
- ¿Cómo es el español de los no nativos que lo aprenden para trabajar con las comunidades hispanas de los Estados Unidos?

La presente investigación tiene como objetivo examinar la parte histórica y algunas de las políticas lingüísticas que se refieren al mantenimiento del idioma español en los Estados Unidos a través de la iglesia católica, de modo que sirva como referencia para futuras investigaciones en este campo de estudio.

El uso del vernáculo en la iglesia

Resulta indispensable comenzar esta investigación con un recorrido por la historia del idioma español y su relación con la iglesia católica en los Estados Unidos. Parte de esta información la recopilé en los archivos de la Universidad de Notre Dame y proviene de recortes, cartas y materiales inéditos que obtuve durante el verano de 2000. Antes de 1965, con la publicación de los documentos del Concilio Vaticano II, el uso de un idioma que no fuera el latín dentro de la liturgia católica de los Estados Unidos parecía algo remoto y difícil de alcanzar. En 1943, el Rev. H.A. Reinhold, de la diócesis de Pittsburgh, formó un grupo al que denominó St. Jerome Society ("Sociedad de San Jerónimo") para promover el uso del vernáculo en la liturgia. Dicha sociedad se trasformó posteriormente en 1948 en lo que se conoció como la Vernacular Society ("Sociedad Vernacular") cuyo líder más destacado fuera el coronel John K. Ross-Duggan. En 1963, el coronel Ross-Dugan se expresaba por carta:

> We need to align ourselves with our contemporaries in all the vernacular-minded countries- Germany, Holland, France, Jugo-Slavia Austria, Latin America, the Mission-lands, India, and so forth so that the full majority force of the majority opinion in favor of the use of national languages may be expressed, felt, have effect on the conservative Curia and others [...] (Carta al Chief Justice G. E. Tritschler, May 28, 1963).

Ya para esta fecha y previo al Concilio Vaticano II, el uso del vernáculo en la mayor parte de la misa y la incorporación de himnos en los idiomas nacionales era una práctica popular en muchos países del mundo con excepción de los Estados Unidos. En este país, el Traditionalist Movement y la Latin Mass Society eran dos de los grandes opositores al uso del inglés u otros idiomas en la liturgia. Ya para la muerte de Ross-Dugan en 1967, el vernáculo en los Estados Unidos se usaba en todos los sacramentos y bendiciones, y en toda la misa, con la excepción de la parte más solemne (*The New York Times*, 4 de febrero, 1967).

Junto al uso del inglés en la liturgia vino también el uso del español. En 1967, la inmigración hispana a los Estados Unidos era inminente: mexicanos en el suroeste de los Estados Unidos y en Illinois, y puertorriqueños en Nueva York y en otras partes del nordeste. En el suroeste de los Estados Unidos, por razones obvias, ya existían servicios en español para las comunidades hispanas. Incluso en 1925 existían dos parroquias hispanas en la ciudad de Chicago (Dolan 1992). Las diócesis de Los Ángeles y Chicago crearon programas para hispanos amparados bajo la idea de la americanización, lo más pronto posible, de sus feligreses. Veamos algunas observaciones de Dolan:

> In keeping with the spirit of the 1920s, the church in Los Angeles inaugurated an extensive Americanization program. The bishop of Los Angeles, John Cantwell, was a big supporter of this movement and received help from Knights of Columbus, who published a civics catechism in Spanish. Cantwell's successor, Francis McIntire, continued this emphasis on Americanization; during his episcopacy, the parish school became the principal agency in the Americanization of the Mexican population (1992: 374).

Similar a este caso era el del arzobispo de Chicago, George Mundelein, quien "was a staunch supporter of 100 percent Americanism" (Dolan 1992: 300) y que también utilizó la escuela parroquial como elemento fundamental para asimilar a los hispanos a la cultura dominante de los Estados Unidos. Las ideas de "melting pot" estaban vigentes durante esta época y las iniciativas controversiales para nosotros en el día de hoy de parte de los obispos eran bien recibidas por muchos ciudadanos. Por otro lado, cabe mencionar que grupos de católicos alemanes y polacos protestaron contra dichas medidas lingüísticas por considerarlas un atentado a la identidad cultural de muchos inmigrantes europeos, que se veían obligados a someterse al estilo irlandés que imperaba en la iglesia de los Estados Unidos durante la primera mitad del siglo XIX en los Estados Unidos.

El proceso de americanización que profesaban los obispos Mundelein, Cantwell y McIntire no parece haber tenido el éxito esperado, quizás porque la llegada de hispanos en los Estados Unidos siguió incrementando durante las décadas subsiguientes y no ha disminuido hasta el día de hoy. También la discriminación dentro de la iglesia y las diferencias culturales llevó a mexicanos y puertorriqueños a tener sus servicios religiosos por separado. En muchas iglesias, los mexicanos se veían obligados a sentarse en los bancos traseros del templo, mientras que los puertorriqueños tenían que celebrar misa en los sótanos o en los auditorios. A esto hay que añadir la observación de Matovina y Poyo (2000), quienes señalan el crecimiento de las iglesias protestantes y evangélicas dentro de las comunidades hispanas de los Estados Unidos, que se adelantaron a la iglesia católica al ofrecer servicios religiosos en español y por hispanos[2].

> In a 1951 report on the religious conditions of Puerto Ricans in New York, Encarnación Padilla de Armas and other Puerto Rican women opined that the "most striking aspect of the Puerto Rican situation is the constant and energetic activity of Protestants." Their report emphasized that Protestants offered extensive ministries in Spanish and that some

---

[2]Las diócesis participantes en este cuestionario son: Allentown (PA), Atlanta (GA), Austin (TX), Baker (OR), Baltimore (MD), Birmingham (AL), Boise (ID), Cheyenne (WY), Cleveland (OH), Fairtbank (AK), Hartford (CT), Honolulu (HI), Huntinburg (IN), Joliet (IL), Kansas City (KA), Lansing (MI), Lincoln (NE), Los Angeles (CA), Machester (NH), Memphis (TN), Milwaukee (WI), Norfolk (VA), Portland (ME), Portland (OR), Providence (RI), St. Paul (MN), St. Louis (MO), Phoenix (AR), San Diego (CA), San José (CA), Wilmington (DE).

eight hundred Puerto Rican ministers served in New York, where at that time was "not a single Catholic priest of Puerto Rican origin (2000: 98-99).

Los Caballeros de Colón desempeñaron también un papel importante en el mantenimiento y promoción de la cultura hispana en los Estados Unidos. En la convención estatal de Texas del año 1950 se manifiestan a través de una carta dirigida al Rev. T.J. Radtke:

> It is unfair to apply the standards of our Catholics as generally interpreted in the United States to the people whose Catholic tradition is entirely different . We have a tendency in the United States to pride ourselves on our strict Catholicity, that we have the best in the world. (Knights of Columbus State Convention, El Paso Texas. Letter to Rev. T. J. Radtke, Executive Secretary for the Bishop's Committee for the Spanish Speaking).

Estas palabras se refieren directamente a la realidad de Texas, cuya población hispana, según el censo de 1950, representaba un 25% de la población total. Los Caballeros de Colón señalan además desigualdades que desfavorecían al ministerio hispano, cuando se le comparaba al catolicismo dominante de los Estados Unidos. Este tipo de acción tomada por los Caballeros de Colón ayudó definitivamente al desarrollo del ministerio hispano dentro de la iglesia católica. Representantes religiosos de Texas, sobre todo de la ciudad de San Antonio, se convierten en portavoces de la creciente comunidad hispana. Como muestra de tal influencia, en el año 1969 el obispo Bernardin decide transferir la Oficina Nacional del Comité de Obispos para los Hablantes de Español de San Antonio a Washington, DC.

Mientras que en las ciudades del este los puertorriqueños en el este se enfrentaron a grandes dificultades, la iglesia del suroeste continuó su desarrollo con la fundación del Mexican American Cultural Center (MACC) en 1972, cuya misión consistía en atender las necesidades pastorales de la comunidad de habla hispana. A ellos les correspondió tomar medidas litúrgicas y catequéticas que se acoplaran a la idiosincrasia del mexicoamericano. Previa a la fundación de este centro, hay que reconocer la labor de los obispos de San Antonio, Lucey y su sucesor, Patricio Flores, en el mantenimiento del idioma español en el círculo litúrgico y eclesial de los hispanos del suroeste.

La década de los ochenta ha sido una de las de mayor importancia para el idioma español en el ambiente eclesial de los Estados Unidos. Dolan y Deck (1994) declaran que para el 1982 el Comité de Liturgia de los Obispos formó un subcomité dedicado exclusivamente a la liturgia hispana, cuyo logró principal fue elevar el español como lengua litúrgica de los Estados Unidos y el reconocer a los Estados Unidos como un país de habla hispana:

> Through the work of this subcommittee the U.S. bishops would petition Rome to consider Spanish as a liturgical language proper to the United States in 1984. Great satisfaction woul be felt by the member of the Hispanic liturgy subcommittee in January of 1985 when Rome confirmed Spanish as a liturgical language in the United States. This action gave the National Conference of Catholic Bishops authority over its own liturgical Spanish textes and freed it from the use of the confusing array of liturgical books produced by other

Spanish-speaking national bishops' conferences. From this base two significant accomplishments would be made: the development of a sacramentary (the book of prayers used by the priest at the Eucharist) updated for the U.S. Hispanic community and the official Roman recognition of the U.S. as a Spanish-speaking country (1994: 374).

El idioma español es una de las lenguas oficiales de la iglesia católica de los Estados Unidos (junto al inglés y otras lenguas indígenas) y se reconoce la existencia de una variedad de español propia de los Estados Unidos. Como política lingüística, esta estrategia de los obispos ha servido para unificar a la iglesia hispana de los Estados Unidos, que en la actualidad compone una tercera parte de los católicos del país.

Actualidad

Para examinar la actualidad de la iglesia católica de los Estados Unidos, me refiero aquí a dos documentos: un informe del Comité de Obispos para Asuntos Hispanos, titulado *Hispanic Ministry at the Turn of the New Millenium* (1999), y un cuestionario que envié a 100 diócesis de los Estados Unidos, con el fin de obtener información directa sobre el estatus del idioma español a nivel nacional. No obstante, antes cabría señalar algunos datos estadísticos para tener una mejor idea de la realidad de la iglesia católica de los Estados Unidos:

- Existe un total de 207 diócesis en los Estados Unidos (incluyendo las Islas Vírgenes, Guam, Puerto Rico y las diócesis con ritos orientales).
- De las 207 diócesis existentes, 178 ofrecen servicios específicos para la comunidad hispana, mediante una oficina para el ministerio hispano o una oficina multicultural.
- Existen 3617 parroquias que ofrecen servicios en español a sus feligreses, o sea, un 17,9% del total de parroquias que existen en el país.
- Hay 3617 sacerdotes de origen hispanos, lo que equivale solamente al 3,8% del número total de sacerdotes.
- Hay un total de 25 obispos activos de origen hispano que trabajan en los Estados Unidos, entre ellos el arzobispo de San Antonio.
- Se estima que un 67%-71% de los hispanos en los Estados Unidos son católicos.

Con respecto a la diversidad lingüística y cultural que existe en el país, los obispos se acogen a una de dos posiciones prevalecientes de acuerdo al informe del 1999:

(1) La mejor manera de atraer a los hispanos a la iglesia es asimilarlos al catolicismo y a la cultura dominante de los Estados Unidos, tan pronto como sea posible.
(2) Primero, es necesario que los hispanos se sientan como en casa en sus parroquias, lo cual se puede hacer proveyéndoles servicios especiales para los que hablan español. Tan pronto como la comunidad hispana haya adquirido

suficiente fuerza, la comunidad parroquial total puede discutir su incorporación dentro del catolicismo dominante.

La primera posición parece caracterizar a los obispos del nordeste, mientras que la segunda posición es típica del resto del país. La posición número dos podría resultar un tanto ambigua, según lo que los obispos entiendan por integración. Berry, Poortinga, Segall y Dasen (1992) distinguen entre asimilación e integración –aunque no descartan que en ocasiones las personas las malinterpreten– y ofrecen las siguientes definiciones: la asimilación se da cuando un individuo no desea mantener su identidad cultural y busca la interacción diaria con la sociedad o cultura dominante; por su parte, la integración ocurre cuando existe un interés de ambos grupos en mantener su identidad cultural y mantener a la vez la interacción diaria (1992: 278-279).

De las 100 diócesis a las que envié el cuestionario sobre el español y la iglesia católica en los Estados Unidos, 31 me lo regresaron con la información requerida. En este caso, 26 diócesis se identificaron con la posición #2, dos se identificaron con la posición #1, y tres no respondieron a la pregunta o no la consideraron suficientemente clara.

Los porcentajes de feligreses de cada diócesis varían entre el 0-4% (e.g. Manchester, NH) al 61% ó más (e.g. Los Ángeles, CA), aunque habría que aclarar que un porcentaje difícil de determinar de estos feligreses de origen hispano no hablan español o lo hablan con dificultad. Esto sería un dato para analizar parroquia por parroquia, ya que las observaciones varían de un lugar a otro. Mientras que hay hispanos de tercera, cuarta y quinta generación que vienen a los servicios que se ofrecen en español, hay otros que prefieren los servicios en inglés. Algunos hablantes, a partir de la segunda generación, reactivan su español a través de la parroquia por razones que van desde lo personal hasta lo puramente práctico. Por ejemplo, la llegada constante de inmigrantes hispanos obliga a los antiguos feligreses a mantener el español; los matrimonios que ocurren entre los recién llegados y los de otras generaciones ayuda también al mantenimiento del idioma español, y así sucesivamente.

Un total de 23 diócesis señaló que producen materiales escritos y ofrecen cursos o talleres en español. Estos materiales escritos constituyen una fuente fascinante para el estudio del español escrito que poco a poco se afianza en los Estados Unidos, un hecho que, como indica una carta de 1955 escrita por el Rev. Matthew H. Kelly y dirigida al arzobispo de Puebla, ya se percibía en esa fecha. Estos materiales escritos varían entre traducciones hechas del inglés de documentos oficiales de la iglesia estadounidense, libros de texto, folletos y cursos; incluso materiales producidos originalmente en español. Como el caso de cualquier material producido en un país hispano, estos materiales escritos abarcan desde materiales populares con poco trabajo de edición –bastante comunes–, hasta materiales muy bien editados y escritos para un público hispano en general. Un ejemplo del segundo grupo son las producciones en español de las casas editoras St. Mary's Press y Roa-Brown, y los que publica la Conferencia de Obispos de los Estados Unidos. Las ediciones en español de St. Mary's Press se basan en unas guías específicas y por escrito sobre cómo se debe escribir para el público hispano de los Estados Unidos, en un español que satisfaga a mexicanos, puertorriqueños, cubanos y hispanohablantes en general. La Conferencia de Obispos cuenta con unas normas similares, pero implementadas solamente a nivel oral entre los responsables de la edición de dichos materiales.

La última sección del cuestionario consistía de una serie de elementos que podrían caracterizar a las diócesis participantes. La tabla 1 muestra las diferentes características que se incluyeron en el cuestionario con los respectivos números que indican dicha característica para cada una de las diócesis que participaron en el cuestionario:

CARACTERÍSTICA	RESPUESTAS Máximo=31
1. Aumento en el número de misas en español	27
2. Fuerte oposición a las misas en español	1
3. Aumento del personal profesional que trabaja con los hispanos	16
4. Recursos y personal limitado para la oficina hispana en comparación con otras oficinas existentes	14
5. Problemas para conseguir sacerdotes que trabajen con los hispanos	15
6. Interés general de los sacerdotes para trabajar con los hispanos	13
7. Confrontación, segregación y problemas entre los hispanos y la cultura dominante	12
8. Mejoras importantes en el sentido de lograr un acercamiento entre hispanos y miembros de la comunidad dominante	19
9. Diferencias significativas entre el catolicismo estadounidense y el latinoamericano	14
10. Interés de personas en posiciones de poder de unificar a la iglesia: un solo idioma, una sola tradición	3
11. Interés de personas en posiciones de poder en mantener la diversidad: una iglesia, muchos idiomas, muchas tradiciones	22

Tabla 1. Características sobre el uso del español en las diócesis.

Resulta significativo destacar que 27 de las 31 diócesis encuestadas reconocen el crecimiento del idioma español en las misas (Característica #1) y que 22 señalan que existe un interés entre las personas en posiciones de poder en mantener la diversidad lingüística dentro de la iglesia (Característica #2). Las diócesis de Atlanta, Norfolk, VA y Wilmington, DE señalan la importancia de unificar la iglesia bajo un solo idioma y una sola tradición (Característica #10). Cabe señalar, que el crecimiento hispano en estas diócesis es más reciente y coincide con la misma actitud que prevalecía en lugares como

Los Ángeles y Chicago durante la década del 1920. El informe de los obispos hispanos de 1999 señala que esta actitud "de un solo idioma, una sola tradición" es más característica de la iglesia del nordeste, pero ninguna de las cuatro diócesis participantes (Allentown, PA; Providence, RI; Manchester, NH; Portland, ME) la identificó como característica de su diócesis.

Un total de 16 diócesis señaló un aumento en el personal profesional que trabaja con la comunidad hispana (Característica #3), mientras que 19 diócesis observan un cambio en los esfuerzos de mejorar las relaciones entre hispanos y miembros de la comunidad dominante (Característica # 8). Este aumento en el personal hispano lo menciona la mayoría de líderes hispanos con los que mantuve contacto para esta investigación; sin embargo las diferencias en recursos son limitadas si recordamos que una tercera parte de la población católica de los Estados Unidos es hispana, y que esta proporción podría acercarse al 50% si incluimos en ella a la población infantil y juvenil.

Conclusión

Es indiscutible la influencia que la iglesia católica de los Estados Unidos ha tenido en el mantenimiento del idioma español, comparable o quizás mayor que el impacto de los programas bilingües del sistema de educación escolar. En este sentido, la iglesia católica se une a otras fuerzas importantes para el desarrollo del idioma español, como la televisión –por ejemplo, la cadena Univisión disfruta de la cuarta audiencia más grande del país– o la radio –que en lugares como Los Ángeles cuenta con la mayor audiencia–.

El creciente número de misas en español, la producción de materiales escritos con un estilo propio –al que quizá podría denominarse como el español culto de los Estados Unidos–, el aumento en los cursos y talleres que se ofrecen en esta lengua, el aumento del personal profesional diocesano que atiende a la comunidad de habla hispana, todo ello constituye una muestra de una política lingüística –directa o indirecta– que ha favorecido al desarrollo y crecimiento del idioma español en los Estados Unidos. Mientras continúe la ola migratoria de hispanos hacia los Estados Unidos, esta tendencia del español no parece que vaya a cambiar, en una sociedad que se ha caracterizado por ser "a language graveyard for foreign tongues" (Rodríguez 2002). Por el momento, la iglesia católica, a pesar de oposiciones y confrontaciones de algunos sectores más conservadores que no conciben un modelo de iglesia multicultural y multilingüe, sigue sirviendo para que muchos mantengan, practiquen y renueven su español en los EE.UU.

Bibliografía

Berry, J. W., Poortinga Y. P., Segall, M. H. y Dasen, P. R. (1992). *Cross-cultural psychology: Research and applications*. Cambridge: Cambridge University Press.

Bishop's Committee on Hispanic Affairs (1999). *Hispanic ministry at the turn of the millenium*. Washington, DC: National Conference of Catholic Bishops.

Dolan, J. P. (1992). *The American catholic experience*. Notre Dame: University of Notre Dame Press.

Dolan, J. P. y Deck, A. F. (Eds.). (1994). *Hispanic catholic culture in the U.S.: Issues and concerns*. Notre Dame: University of Notre Dame Press.

Matovina, T. y Poyo, G. E. (Eds.). (2000). *Present e! U.S. Latino catholics from colonial origins to the present*. Maryknoll, NY: Orbis Books.

Rodríguez, G. (2002). English likely top tongue at home, abroad. *The New York Times*, 7. <http://www.ailf.org/pubed/pe_articles_nw040702a.htm>, (7 de abril de 2002).

Materiales de los Archivos de la University of Notre Dame:

Kelly, M. H. (marzo 1995). The Corpus Christi regional conference [...] *Our Catholic Southwest, (31)*.

One Million Catholics in Texas. (9 de mayo de 1950). Letter to T.J. Radtke, Executive Secretary: Bishops' Committee for the Spanish Speaking. Knights of Columbus State Convention, El Paso, Texas.

Ross-Duggan, John K. (28 de mayo de 1963). Letter to Chief Justice G.E. Tritscher.

Ross-Duggan, J. K. (4 de febrero de 1967). *New York Times*

La religión y la retención lingüística: el caso de una iglesia pentecostal en Santa Cruz, Isla Vírgenes estadounidenses

Alma Simounet
Universidad de Puerto Rico

Abstract

An emergency call has been issued by the United Nations in order to create an awareness of the "vanishing voices" or death of languages around the world. Although world languages like Spanish do not fall into this category, it is imperative that we take notice of multilingual contexts where a world language could possibly be lost due to lack of maintenance strategies within the speech community in question. This paper looks at religious institutions, specifically a Pentecostal church on the island of St. Croix, U.S. Virgin Islands, as the source of such protection resources for the retention of Spanish within a migrant community from Puerto Rico.

> Las lenguas del mundo están en su lecho de muerte. El noventa por ciento de ellas desaparecerá en los próximos cien años. Desafortunadamente, en ellas yace el conocimiento acumulado de la humanidad.
>
> Nettle y Romaine 2000
> *Voces en vías de desaparecer:*
> *La extinción de las lenguas del mundo*

La preocupación por lograr retener una lengua y así evitar su posible cambio, pérdida o, aún peor, su muerte, no es un fenómeno de este nuevo siglo y milenio. Hemos visto el evento ocurrir una y otra vez como parte casi inevitable de nuestro legado histórico en el planeta. De hecho, hemos sido testigos, hasta no hace mucho, de la lucha por retener lo que se nos quiere arrancar aun en suelo propio –léanse los casos de Hawai, Puerto Rico, los países bajo el antiguo imperio soviético y otros tantos más, los cuales sobrepasan lo que una hoja de papel puede sostener–. Sin embargo, no es hasta la publicación de tres textos, *Vanishing Voices* (Nettle y Romaine 2000), *Language Death* (Crystal 2000) y *Halte á la morte des langues* (Hagège 2000), además del aviso de urgencia emitido por la Unesco (Fenton 2002), que cobramos consciencia de la seriedad del problema. Es como si se nos hubiese dado lo que el inglés denomina un *wake-up call* ante lo que está sucediendo en la actualidad, y de forma vertiginosa más recientemente.

Aunque la situación del español, como una de las lenguas del mundo con cientos de millones de hablantes en su haber, no amerita que se le coloque en la lista de las lenguas en peligro de extinción, sí es primordial no perder de vista su situación, a veces precaria, en contextos donde ya forma parte del acervo lingüístico de un grupo étnico minoritario. No empero la posición de influencia del español en los Estados Unidos, no podemos ignorar que en muchos casos la situación se mueve en dirección de convergencia con el grupo mayoritario. Aunque seamos conscientes de que las estadísticas más recientes del censo estadounidense de 2000 apuntaban hacia el advenir de los llamados hispanos como el grupo minoritario más grande, originalmente pautado para 2020 y logrado de forma sorpresiva en 2004, sabemos que la realidad nos advierte que nunca debemos abandonar la lucha por la retención del español. Esto es así aun cuando vemos como cada día se oye más el español y éste cobra mayor importancia en el quehacer estadounidense.

El uso de nuestra lengua en los medios masivos de comunicación, en las etiquetas de productos, negocios y empresas, en la publicación de revistas y textos, etc., da a entender la toma de poder inminente que muchos anglo-hablantes temen sucederá antes de lo pronosticado. Pero lo cierto es que se dificulta cada vez más convencer al gobierno federal de que extienda la vigencia de los programas bilingües, por un lado y, por el otro, contrarrestar la xenofobia que se suscita, anclada en un miedo infundado. La situación ha promovido:

• Promulgación de proyectos de ley encaminados a la prohibición del uso del español y otras lenguas aparte del inglés en lugares de trabajo gubernamental.
• Cancelación de muchos programas bilingües.
• Intentos constitucionales para declarar el inglés como la lengua oficial de los EE.UU., y con ello desencadenar toda una serie de movimientos para quitarle al español el terreno que tanto le ha costado adquirir.

A la vez, observamos que todo lo antedicho se combina con el bombardeo cultural del inglés en todos los ámbitos del quehacer humano, de manera que la preocupación por la vida de la lengua queda vigente, no sólo desde la perspectiva de la comunidad sino también del individuo. Stavans (2000) entiende que los latinos en los EE.UU. han logrado detener la pérdida total de su lengua, algo que no sucedió con los grupos emigrantes de principios del siglo XX. No obstante, se hace imperativo no bajar la guardia, y estar siempre atentos, dada la importancia y fuerza penetrante del inglés en el mundo actual.

El caso que nos atañe aquí es el de un grupo migratorio de puertorriqueños en la vecina isla de Santa Cruz, que junto a Santo Tomás y a San Juan constituyen las Islas Vírgenes Estadounidenses. Aunque Santa Cruz formó parte de los dominios españoles, holandeses, ingleses, franceses, malteses (los Caballeros de Malta) daneses y, desde 1917, estadounidenses –lo que implica una situación compleja a nivel lingüístico y cultural–, lo cierto es que el inglés ha sido siempre la lengua predominante de Santa Cruz (Boyer 1983; Dookhan 1974). El siguiente comentario de Boyer recoge de forma sucinta el trasfondo que da pie a tal situación: "Ya que el inglés era la lengua dominante en las Islas Vírgenes desde 1850, el vehículo de instrucción en las escuelas era también el inglés. La mayoría del comercio de las Islas Vírgenes por buen tiempo había sido con pueblos anglohablantes. Los ingleses predominaron en Santa Cruz" (1983: 72).

Los puertorriqueños de Santa Cruz, en su mayoría provenientes de la pequeña isla de Vieques, al sureste de Puerto Rico, se movieron en oleadas hacia esa isla desde temprano en la segunda década de 1900 con el fin de ayudar a la fuerza laboral local con el cultivo de la caña de azúcar (Dookhan 1974). Otros movimientos migratorios ocurrieron en los años de 1930 y 1940, en respuesta a la posibilidad de obtener trabajo y mejores sueldos con el gobierno isleño (Boyer 1983). La oleada más reciente de puertorriqueños se debe a las ofertas de trabajo en la refinería de petróleo conocida como Hovensa, un consorcio entre la compañía norteamericana Hess Oil y Petróleos de Venezuela. La refinería es en la actualidad la más grande del mundo y constituye la mayor fuente de ingreso en Santa Cruz después del gobierno. Ante este cuadro nos encontramos con una colonia puertorriqueña que, de acuerdo al último censo de 2000 (Collins 2002), refleja un trece por ciento de la población total isleña. Sin embargo, según nuestra propia comunicación personal en febrero de 2002 con una representante de la Oficina de Educación Bilingüe de las Islas Vírgenes, una cifra de un 35 a un 40% podría resultar más fiable. Al margen de la exactitud de las cifras, entendemos que la representación de hispanohablantes en Santa Cruz es notable, sobre todo si le añadimos los inmigrantes de la República Dominicana, cuyo número aumenta de forma dramática cada año. De hecho, algunos visitantes comentan que Santa Cruz habla español. Luego, si son tantos los hispanohablantes, ¿por qué la preocupación por la posible pérdida de la lengua en el nivel personal y grupal?

Si examinamos los trabajos de algunos estudiosos del tema, encontramos que el fenómeno de retención, cambio o perdida lingüística es mucho más complejo de lo que parece a simple vista (véase por ejemplo Baker 2001; Dalby 2003; Fishman 1966; Grosjean 1982; Hamers y Blanc 2000; Haugen 1969). Son muchos los factores determinantes y se hace difícil predecir con exactitud el desenlace final de cada situación. Sin embargo, vale la pena detenernos brevemente en la explicación que utiliza Grosjean (1982) para ejemplificar la trayectoria lingüística típica de una familia de emigrantes a los EE.UU., desde la llegada de la primera generación, con padres nacidos en otros lugares, hasta la segunda, la de los hijos nacidos en el nuevo suelo. Grosjean indica que, aunque los caminos se mueven en varias direcciones, el grueso de la segunda generación toma el que la lleva hacia un bilingüismo que podrá mantenerse pero, con igual grado de posibilidad, podría desembocar en un monolingüismo en la segunda lengua, situación que Haugen (1969) describe en su trabajo con los noruegos en EE.UU. y precisamente la que nos preocupa en el trabajo que presentamos. Se sabe que tal descripción es general y que muchos la considerarían simplista, dada la complejidad del fenómeno. Sin embargo, no deja de preocuparnos dada la penetración casi total del inglés (Crystal 1997). La misma situación se da en las Islas Vírgenes, donde en setenta años el inglés criollo ha sufrido lo que se conoce como una *descriollización* como resultado del contacto con el inglés estándar americano (comunicación personal del profesor Highfield de la Universidad de las Isla Vírgenes el 21 de febrero, 2002).

Ante tal cuadro nos propusimos identificar todo lo que promulgara el uso del español en Santa Cruz. En concreto, no resulta extraño que se identificara la religión y sus instituciones como instrumentos viables para la retención lingüística. Así lo han evidenciado trabajos como el de Kroskrity con los indígenas tewa de Arizona (1993) y el de Reitz con los inmigrantes en Canadá (citado en Hamers y Blanc 2000: 298). De hecho,

Hamers y Blanc identifican la religión como uno de los cuatro factores más importantes para la retención lingüística, y el caso de Santa Cruz así lo ejemplifica.

Aunque son varias las iglesias en la isla que dan servicios en español (católica, pentecostal, adventista, etc.), la que seleccionamos respondía a la inicial necesidad de tener acceso a una fuente de datos. Nos referimos en concreto a una pequeña iglesia pentecostal en el sector de Mon Bijou, llamada "Mi Triunfo", el mismo lugar donde llevamos a cabo un trabajo etnográfico entre 1992-1995, a fin de identificar patrones de uso lingüístico y organización social entre la comunidad de feligreses puertorriqueños. Para la investigación presente, nos hemos servido de los datos correspondientes a esa etnografía, que también han servido para otro de nuestros trabajos recientes (Simounet 2004). En el estudio que nos concierne ahora, se pretendía responder a las siguientes preguntas de investigación:

1. ¿Cuáles son las lenguas y variedades empleadas en la iglesia y quiénes las usan?
2. ¿Qué aspectos de la actividad de la vida de la iglesia promueven el uso del español?

Metodología

A través de uno de los feligreses tuvimos acceso a la iglesia, sus miembros y sus frecuentes actividades. Bajo los parámetros propios de la investigación etnográfica, se utilizaron varios procedimientos: observación con y sin participación, grabaciones en audio, observaciones enfocadas de tres redes sociales (*focused observation*) y entrevistas. La recolección de datos comenzó en 1992 y se concluyó en 1995. Durante los primeros catorce meses se recogieron los datos de forma continua, ya que nos encontrábamos radicados en Santa Cruz. Luego se visitó la iglesia mensualmente para cotejar y confirmar los hallazgos que ya teníamos a mano.

De las redes sociales que promueve la iglesia para realizar sus responsabilidades, se escogieron tres: niños de cinco a once años, adolescentes y mujeres adultas, ya que entendimos que proveerían información pertinente para la óptica de nuestro estudio. Los quince niños representaban la generación del porvenir, ellos nos indicarían los patrones actuales de uso lingüístico en los hogares y los del futuro. Los catorce adolescentes nos mostrarían una generación con varios años de contacto con la población de habla inglesa y, por lo tanto, servirían como muestra del producto de tal contacto. Por su parte, las 31 mujeres adultas representaban el vínculo entre los emigrantes tempranos y la nueva generación, ya que en su mayoría eran cabeza de familia; muchas tenían trabajos fuera del hogar y en grandes números mostraban rasgos marcados de liderato en las actividades de la iglesia, especialmente en las clases bíblicas. Además, como las portadoras y promotoras de la cultura en el hogar, nos aportarían información incisiva sobre el escenario lingüístico hogareño.

Hallazgos

Lenguas y variedades empleadas y los grupos que las utilizan

Se observó el comportamiento lingüístico de los niños de entre 5-11 años antes y después del servicio o culto, mientras interactuaban en el patio y luego en la clase de estudios bíblicos, espacio en que se observó una riqueza sorprendente de material lingüístico. Los niños pequeños hablaban en español y los mayores ya se valían de una rudimentaria alternancia de código entre el español y el inglés; es decir, insertaban sustantivos y expresiones cortas. El español respondía a una variedad que se le conoce en Puerto Rico como español jíbaro y que podríamos llamar la variedad diastrática de la clase trabajadora de Puerto Rico. El segundo correspondía al llamado inglés cruceño, una variedad no estandarizada de origen criollo que en estos momentos se encuentra en proceso de cambio, tal como se mencionó anteriormente. Sin embargo, resulta conveniente señalar que en la clase de estudios bíblicos se requería que todos participaran en forma oral y escrita en español. Si durante una actividad los niños se entusiasmaban por responder y lo hacían en inglés, la maestra los guiaba de regreso al español. En una entrevista, la maestra nos explicó que había olvidado el poco español que sabía de niña, pero que, debido a su asistencia a la iglesia y a su preparación para la clase de Biblia, su dominio del español había "regresado" y ahora se sentía muy cómoda con él.

Los adolescentes, nueve hembras y cinco varones de entre 12 y 18 años de edad, utilizaban con sus pares la alternancia de código entre el ingles cruceño y el español de Puerto Rico en sus actividades antes y después del servicio. La clase bíblica nuevamente establecía el freno a la alternancia, aunque la maestra les aceptaba comentarios en inglés. Con sus padres y otros miembros de la iglesia recurrían al español. En las entrevistas realizadas con miembros de este grupo, los adolescentes aclararon que se consideraban cruceños que hablaban español, pero que preferían usar el inglés, especialmente la variedad cruceña entre ellos, aunque cambiaban al español cuando querían privacidad en su conversación. Cabe decir por lo tanto que esta población tiene un patrón de uso lingüístico variado: en la iglesia utilizan español con el pastor, otros miembros de la iglesia y hermanos pequeños, y usan inglés con sus pares y su maestra de Biblia; en la casa hablan español con sus abuelos y el código mixto o el inglés con sus padres; en la escuela hablan inglés cruceño mayormente para sentirse "parte del grupo", como algunos expresaron durante las entrevistas

La red de mujeres adultas, el grupo más numeroso con 31 personas, fluctuaba en edad entre los 23 y los 84 años. Algunas trabajaban fuera de la casa, pero en su mayoría eran amas de casa, casadas con o sin hijos y/o nietos con quienes asistían a los servicios. Los cónyuges de las mujeres, siguiendo el patrón descrito por otros investigadores de comunidades puertorriqueñas en los EE.UU. (Pedraza 1987), no pertenecían a la iglesia y no asistían ni tan siquiera a las actividades sociales de la misma. En cuanto al perfil lingüístico, las mayores eran hispanohablantes monolingües con un conocimiento muy limitado del inglés. Llegaron a Santa Cruz en la adultez y, al seguir la costumbre cultural de mantenerse en el hogar, sus contactos no iban mas allá de la familia. Las mujeres de mediana edad llegaron mucho más jóvenes –algunas incluso nacieron en Santa Cruz–. Tenían buen dominio del español y fluidez en el inglés cruceño. Las mujeres entre los 20 y los 30 años hablaban tanto el inglés local como el español, pero admitían sentirse más cómodas en el inglés cruceño. Una de ellas, la maestra de estudios bíblicos mencionada antes, era representativa del grupo. De madre puertorriqueña de Vieques y padre nacido en Santa Cruz pero hijo de puertorriqueños, esta mujer pertenece a la generación de puertorriqueños que, por nacer en Santa Cruz, se autodenominan cruceños. En su entrevista añadió que al reaprender el español en la iglesia ahora podía leer el periódico de Puerto Rico y escuchar las noticias en los canales de televisión provenientes de Puerto Rico también (Santa Cruz recibe ahora los canales Gem, Telemundo y Telemundo Internacional). En su opinión, la iglesia la había ayudado a rescatar el español.

Aspectos de la vida de la iglesia que promueven el uso del español

Para comprender el impacto de la iglesia en la vida de los puertorriqueños que asisten a ella, enumeraremos las siguientes actividades:

- Los miembros asisten al culto seis veces a la semana de siete a nueve de la noche.
- Los domingos, antes del culto, se realizan clases bíblicas a las cuales deberán asistir todos.
- Durante el culto se genera mucha participación espontánea en español.
- Durante la semana las mujeres se reúnen todas las mañanas para intercambiar preocupaciones, problemas y darse apoyo mutuo. Se traen futuros miembros. Toda la actividad es en español.
- Se organizan cultos especiales y se invitan a ministros puertorriqueños o se visitan otras iglesias pentecostales donde el vehículo es el español.
- Los domingos el culto finaliza con una comida puertorriqueña preparada por las mujeres. Aunque se escucha el inglés entre los adolescentes, resalta el uso del español.
- Cada semana se les asigna a los feligreses responsabilidades dentro de la iglesia que incluyen: la cena, la lectura de la Biblia, una predicación especial, visitas a la cárcel, al hospital y al asilo de ancianos. En todas se habla español.
- Se organizan y promueven viajes a Puerto Rico para asistir a reuniones con otras iglesias.
- Existen otras agrupaciones dentro de la iglesia como la Sociedad de Caballeros, la Sociedad de Damas, la banda musical y el grupo de maestros de Biblia.
- Se celebran fiestas para el cumpleaños del pastor, el día de los padres y el día de las madres.

Comenta Grosjean (1982) que "cuando la religión se vincula estrechamente con un grupo nacional particular y con su lengua, se convierte en una fuerza extremadamente poderosa en pro de la retención lingüística" (1982: 109). Es obvio que hay otros factores en la isla que promueven el uso del español, pero no podemos perder de vista el impacto de la pequeña iglesia en la vida lingüística de su comunidad de feligreses puertorriqueños.

Bibliografía

Baker, C. (2001). *Foundations of bilingual education and bilingualism*. Clevedon, UK: Multilingual Matters.

Boyer, W. (1983). *America's Virgin Islands: A history of human rights and wrongs*. Durham, NC: Academic Press.

Collins, D. (2002). *Summary of 2000 Census*. Documento inédito obtenido en la Biblioteca Pública de Christiansted, Santa Cruz.

Crystal, D. (1997). *English as a global language*. Cambridge: Cambridge University Press.

Crystal, D. (2000). *Language death*. Cambridge: Cambridge University Press.

Dalby, A. (2003). *Language in danger*. NY: Columbia University Press.

Dookhan, I. (1974). *A history of the Virgin Islands of the United States*. St. Thomas: Caribbean University Press.

Fenton, V. (21 de febrero de 2002). Half of the world's languages in danger of extinction, survey says. *The Daily News*, 21.

Fishman, J. (1966). *Language loyalty in the United States*. The Hague:Mouton.

Grosjean, F. (1982). *Life with two languages*. Cambridge, MA: Harvard University Press.

Hagège, C. (2000). *Halte á la morte des langues*. Paris: Editions Odile Jacob. Traducción al español de Antonio Bueno García (2002). *No a la muerte de las lenguas*. Barcelona: Gaidós.

Hamers, J. y Blanc, M. (2000). *Bilinguality and bilingualism* (2.ª ed.). Cambridge: Cambridge University Press.

Haugen, E. (1969). *The Norwegian language in America: A study in bilingual behavior*. Bloomington: Indiana University Press.

Kroskrity, P. (1993). *Language, history and identity: Ethnolinguistic studies of the Arizona Tewa*. Tucson, AZ: University of Arizona Press.

Nettle, D. y Romaine, S. (2000). *Vanishing voices*. Oxford: OUP.

Pedraza, P. (1987). Ethnographic observations of language use in a New York Puerto Rican community: Directions for language policy. Tesis doctoral no publicada. Universidad de Pennsylvania.

Simounet-Geigel, A. (2004). *The role of religious institutions in the deterrence of language attrition. Selected essays: the Guadaloupe papers*. Río Piedras: Sargasso/Editorial Universidad de Puerto Rico.

Stavans, I. (2000). *The essential Ilan Stavans*. Nueva York: Routledge.

La sociohistoria de la pérdida del español en la Nueva México

Ysaura Bernal-Enríquez
University of New México

Abstract

A study among 201 consultants in New Mexico and Southern Colorado reveals close ties between age and both current Spanish language ability and language use in several contexts confirming other studies of language loss in progress. It also finds a strong relationship between current ability in Spanish and sociohistorical factors in the acquisition of language, that is: childhood home language, age of learning English, and schooling through English. It relates the loss of Spanish ability to different conditions across generations or historical eras showing that Spanish has been lost in New Mexico and Southern Colorado in a mere two generations. It draws conclusions about how early bilingualism in the region has led to Spanish language shift, and proposes implications for parents, teachers, and political leaders both in the United States and Puerto Rico for intergenerational transmission or loss of Spanish.

Introducción

Los datos para el presente estudio fueron tomados de la *Encuesta sobre el Español de Nuevo México y el Sur de Colorado*, un proyecto dialectológico encabezado por Garland Bills y Neddy Vigil de la Universidad de Nuevo México. Para hacer uso de un solo término en referencia a toda la región, se le llamará "la Nueva México" tal como la nombraban los colonizadores españoles, mucho antes de la conquista de esta área por los Estados Unidos y de la división política actual (Villagrá 1610). Este estudio incluye 201 consultantes de ambos sexos, entre 20 y 96 años de edad. Para ser incluidos, todos tenían que ser nativos de la Nueva México y saber por lo menos un poco de español.

Los resultados de esta investigación indican de varias maneras que el idioma español de la región bajo estudio, lo que Lope Blanch ha denominado el "español tradicional" (1987), se está desplazando rápidamente hacia el inglés. También confirman la pérdida del español a través de las generaciones que los estudios de Bernal-Enríquez (1994, 2000, 2002), Chávez (1988), Floyd (1982), Hudson y Bills (1982) y Ortiz (1975), entre otros, habían encontrado en varios sitios de la Nueva México, y lo que Bills, Hernández Chávez, y Hudson habían documentado, mediante datos censales en todo el suroeste de los Estados Unidos (Bills *et al.* 1995; Hernández Chávez *et al.*. 2000; Hudson *et al.*. 1995).

Otros resultados de la presente investigación demuestran que los factores sociohistóricos, es decir, la lengua o lenguas del hogar en la niñez, la edad de aprender inglés, y los años de educación por medio del inglés tienen una fuerte relación tanto con la habilidad en español como con el uso actual. Los hechos lingüísticos sociohistóricos son la totalidad de la experiencia lingüística durante la niñez en los años de la formación lingüística y su efecto en el desarrollo de la habilidad en español.

Datos usados

La habilidad oral en español.. Primero, se evaluó la habilidad oral en español entre estos 201 encuestados usando segmentos de tres a cinco minutos de su conversación grabada, con criterios que incluían la gramaticalidad, la complejidad, la fluidez, la pronunciación, y el uso de anglicismos. Estas evaluaciones se asignaron en una escala de cuatro valores. El número 1 equivale a una habilidad en español "pobre o mínima"; el 2 representa una habilidad "moderada"; el 3, habilidad "buena"; y el 4, habilidad "completa". Por ejemplo, los de habilidad "1", aunque comprendan mucho más de lo que hablan, solamente pueden formar muy pocas frases, éstas con muchos errores gramaticales, muy poca fluidez, y siempre en el presente indicativo; el "2" equivale a poder producir más frases, vocabulario, y tiempos, con menos errores gramaticales y mayor fluidez que el primer nivel. El "3" se aproxima a una habilidad completa, con pocos errores y vocabulario más rico, y el "4" es como la habilidad de una persona monolingüe en español.

El uso actual del español y del inglés. Otros datos que se recaudaron de los encuestados fueron el uso actual del español y del inglés en varios contextos. Este uso fue codificado mediante una escala de cinco valores, en el que el valor "1" representa el uso de "todo inglés"; el valor "2", más inglés que español, o "más inglés"; el "3" equivale a "ambos iguales"; el "4", "más español", y el "5", "todo español". (El número de encuestados en cada análisis varía porque algunos no reportaron sobre todos los cuatro contextos del uso investigado.)

Agrupaciones de los encuestados por edad. Los entrevistados se agruparon según su edad al momento de ser encuestados entre 1993 y 1995. Estos grupos abarcan aproximadamente veinticinco años cada uno. Entre muchos sociólogos, veinticinco años representa la cantidad de tiempo equivalente a una generación dentro de una familia. Consideremos a los tres grupos por edad como si fueran "generaciones", aunque no lo son dentro de una misma familia. Los grupos se dividen de la siguiente manera: los "jóvenes" de 20 a 45 años de edad, los de "edad intermedia" de 46 a 71 años de edad, y los "ancianos" de 72 a 96 años.

Datos sociohistóricos. Tres variables de los hechos sociohistóricos fueron recopiladas: lengua del hogar durante la niñez, edad de aprender inglés, y años de educación por medio del inglés. Estos factores representan la experiencia lingüística durante la niñez en los años de la formación lingüística y su efecto en el desarrollo de la habilidad en español.

La lengua del hogar durante la niñez se catalogó de acuerdo con los siguientes criterios: "únicamente español", "ambas lenguas", y "únicamente inglés". La edad de aprender inglés se organizó en: "niñez temprana", 1 a 4 años; "edad escolar", de 5 a 13 años; "pospubertad", de 15 a 24 años; y "nunca lo aprendió", de ninguna edad. Mientras que la variable años de educación en inglés quedó dividida en cuatro grupos: de "0 a 4 años", de "5 a 8" años, de "9 a 12" años, y "más de 13 años" de escolaridad.

Habilidad en español por edad. En la Tabla 1, vemos los resultados de un análisis de varianza (ANOVA) de los grupos por edad, según la habilidad en español. Al examinar las medias de la habilidad en español, es evidente que la habilidad ha disminuido por edad al punto de que los jóvenes ya casi no lo dominan. La media de habilidad entre los "jóvenes" es 2.4, poco mejor que una habilidad "moderada"; entre los "intermedios" la media de habilidad es 3.1, equivalente a habilidad "buena"; y entre los "ancianos" es 3.7, o sea, está muy cerca a habilidad "completa" en español. El valor F de 43.77 es muy fuerte; indica que las diferencias de habilidad por edades son reales y significativas al presentar una probabilidad de .000.

La Figura 1 presenta los mismos datos que la Tabla 1. Ilustra que mientras más jóvenes son los consultantes, más baja es su habilidad en español. (Recordemos que la escala completa es de uno a cuatro, aunque el programa de gráficas usado no la muestre en los extremos de la figura.)

Grupos por edad	N	Media de habilidad en español	Valor	Prob.
Adultos jóvenes 20 a 45	64	2.3750		
Edad intermedia 46 a 71	79	3.0886		
Ancianos 72 a 96	58	3.6897	43.77	.000
Total	201	3.0348		

Tabla 1. Análisis de varianza de la habilidad en español según la edad

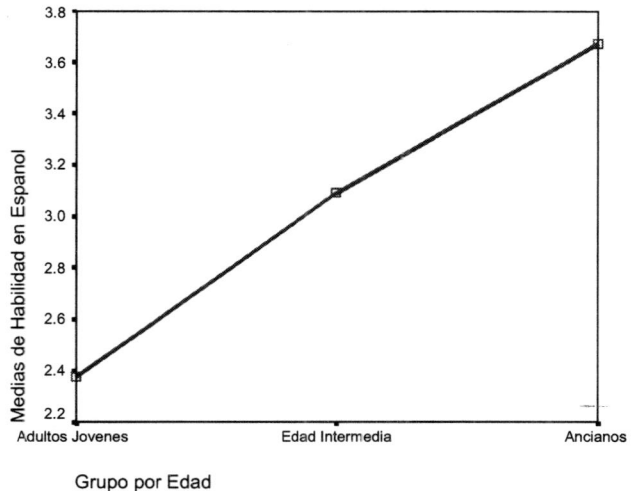

Figura 1. Medias de la habilidad en español según la edad..

El uso del español y el inglés

En el siguiente análisis, veremos que la disminución por edad en la habilidad en español vista en la Tabla 1 y Figura 1, a su vez, afecta el uso actual del español.

El uso con los amigos. En la Tabla 2 y en la Figura 2, los resultados de una tabulación cruzada del uso con los amigos, según la edad de los encuestados, nos demuestran que entre los "adultos jóvenes" el uso con las amistades tiende hacia el inglés, en cuanto que entre los "ancianos" tiende hacia el español. Entre los adultos de "edad intermedia", la tendencia es hacia el uso equilibrado de ambos idiomas.

Grupo por edad	El uso con los amigos					Total
	Todo inglés	Más inglés	Ambos iguales	Más español	Todo español	
Adultos jóvenes % fila	14 25,5%	15 27,3%	19 34,5%	4 7,3%	3 5,5%	55
Edad intermedia % fila	8 13,8%	4 6,9%	35 60,3%	7 12,1%	4 6,9%	58
Ancianos % fila	2 5,0%	1 2,5%	15 37,5%	9 22,5%	13 32,5%	40
Valor Pearson X2 44.710, df 8, p < .000						
Número de casos válidos 153						

Tabla 2. El uso con los amigos según la edad

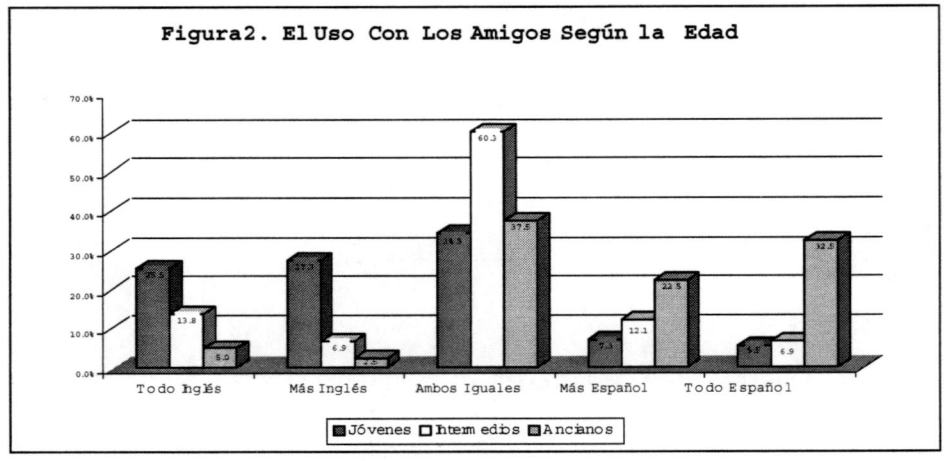

El uso de las lenguas con los esposos. El uso de las lenguas con el/la esposa/o es muy similar al uso lingüístico que hacen con las amistades, debido a que ambas variables representan contextos de intimidad entre coetáneos.

El uso de las lenguas con los niños. Contrario al uso lingüístico que se hace con personas de igual edad, el uso con los niños, por personas de todas las edades, tiende hacia el inglés. Sin embargo, aún con los niños hay aumento significativo en el uso del español, según aumenta la edad del encuestado. En la Tabla 3, podemos ver que los "ancianos" presentan el mayor porcentaje, 32%, en la categoría "todo español" con los niños; seguramente se debe a una reflexión de la superioridad en la habilidad lingüística entre estos hablantes. En contraste, los de "edad intermedia" lo usan "todo español" en un escaso 7% del tiempo, y los "adultos jóvenes" nunca usan "todo español" con los niños.

En la Figura 3, podemos apreciar más claramente las diferencias en el uso: los "ancianos", tienden hacia el español, mientras que los "jóvenes", hacia el inglés. Además, el uso del inglés con los niños disminuye con la edad, mientras que el uso del español tiende a aumentar con la edad. No obstante, todas las generaciones, incluso entre los "ancianos", suelen usar ambos idiomas con los niños, aunque los de "edad intermedia" siguen más este patrón. Por lo visto, el idioma más usado con los niños es el inglés, independientemente de la edad y de las habilidades lingüísticas de los adultos.

Grupo por edad	El uso con los niños					
	Todo inglés	Más inglés	Ambos iguales	Más español	Todo español	Total
Adultos jóvenes	13	15	8	3		39
% Fila	33,3%	38,5%	20,5%	7,7%		100%
Edad intermedia	22	19	22	5	5	73
% Fila	30,1%	26,0%	30,1%	6,8%	6,8%	100%
Ancianos	6	6	11	9	15	47
% Fila	12,8%	12,8%	23,4%	19,1%	31,9%	100%

Valor Pearson Xi2 36.443, df 8, p < .000
Número de casos válidos 159

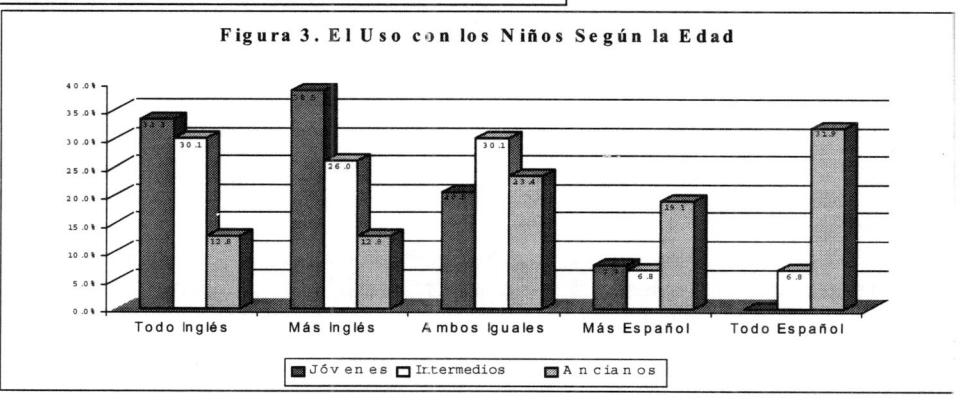

Figura 3. El Uso con los Niños Según la Edad

El uso lingüístico en el trabajo. Todos los grupos etarios usan (o usaban, en el caso de los ancianos) principalmente el inglés en el trabajo, aunque los "ancianos" usa(ba)n más español que los otros dos grupos de menor edad. En la Tabla 4, los "adultos jóvenes" y de "edad intermedia" siguen estos patrones casi de igual forma: el inglés solo o en alguna combinación con español, muy poco uso de "más español", y nunca "todo español". Únicamente entre los "ancianos" se usa(ba) "todo español" en el trabajo, aunque el porcentaje de ese uso es un escaso 7,4%.

Grupo por edad	El uso en el trabajo					Total
	Todo inglés	Más inglés	Ambos iguales	Más español	Todo español	
Adultos jóvenes	16	21	17	3		58
% fila	27,6%	36,2%	29,3%	5,2%		100%
Edad intermedia	18	15	20	3		56
% fila	32,1%	26,8%	35,7%	5,4%		100.0%
Ancianos	4	8	6	7	2	27
% fila	14,8%	18,2%	22,2%	25,9%	7,4%	100%
Valor Pearson Xi2 18.897, df 8, p < .015						
Número de casos válidos 141						

Tabla 4. El uso en el trabajo según la edad.

Consideramos que el uso lingüístico en el trabajo no sólo podría haberse dado con el público, sino también con los compañeros de trabajo, aunque todos, incluso los "ancianos", reportaron hablar principalmente en inglés con los gerentes. Con excepción de los trabajos relacionados con inmigrantes, ya fueran niños o adultos, en general, el inglés predomina con los jefes, ambos idiomas, con los compañeros de trabajo, y el casi exclusivamente en inglés, con el público. Hay que notar que entre los "ancianos", el tipo de trabajo generalmente ha sido manual y, por el hecho de que, aún en estos empleos en los EE.UU.. se requiere el inglés, éstos tuvieron que aprender inglés, pero solo lo necesario para poder realizar sus tareas.

Comparación del uso lingüístico según el contexto. En la Tabla 5 se muestran los resultados de las pruebas T sobre el uso, según los cuatro contextos investigados en el estudio. A saber, se comparan los contextos del uso para indicar si hay diferencias significativas. Así que la media del uso con los amigos (3.1078) y la de uso con esposa/o (3.2647) son muy parecidos y tienden, aunque levemente, hacia el español. Éstos son los dos contextos, entre adultos, de más intimidad, y era de esperar que se manejara más el español en estos escenarios que en otros.

En contraste, la media del uso lingüístico con esposo/a (3.2605), comparada con la media del uso con los niños (2.5714), también considerado un contexto íntimo, es significativamente diferente. La tendencia hacia "más español" ocurre con los amigos, mientras "más inglés" con los niños. La misma diferencia se nota cuando comparamos el uso con amigos y el uso con los niños. En otras palabras, se maneja mucho más inglés con los niños –la generación más joven– que con los compañeros o esposos de igual edad. Por otra parte, el uso en el trabajo tiende más hacia el inglés que el uso con la/el esposa/o o con los amigos. Esto era de esperarse ya que el contexto laboral no es tan íntimo como los otros dos escenarios. Como demuestran los datos, los valores T son fuertes y los resultados son significativos, con una probabilidad de .000 entre los contextos comparados. Sin embargo, no son significativas las diferencias del contexto de "uso con los amigos", comparado con "el uso con los esposos", ni del "uso con los niños", comparado con "uso en el trabajo".

De este análisis sobresale que la lengua que se usa con los niños tiende a ser fuertemente hacia el inglés, a pesar de que se trata generalmente de un contexto íntimo, en el que se esperaría más el uso del idioma familiar. Por lo tanto, los niños son expuestos a una cantidad mucho más reducida del español que los adultos, en lo que se supone que sea una situación de intimidad. Esto, natural y necesariamente afecta los procesos de adquisición lingüística y, por ende, la habilidad para aprender el idioma.

Contextos de uso en par	N	DF	Media de uso	Diferencias entre promedios	Valor	Prob.
Uso con esposo/a			3.2647			
Uso con amigos	102	101	3.1078	.1569	1.111	.269
Uso con esposo/a			3.2605			
Uso con niños	119	118	2.5714	.6891	6.591	.000
Uso con esposo/a			3.0729			
Uso en el trabajo	96	95	2.3021	.7708	4.684	.000
Uso con amigos			3.0317			
Uso con niños	126	125	2.5317	.5000	4.907	.000
Uso con amigos			2.8618			
Uso en el trabajo	123	122	2.2439	.6179	5.625	.000
Uso con niños			2.4483			
Uso en el trabajo	116	115	2.2845	.1638	1.388	.168

Tabla 5. Resumen de pruebas T en par entre cuatro contextos de uso

El uso lingüístico general, según la habilidad en español. Para poder facilitar el entendimiento del uso general según la habilidad en español, los cuatro contextos usados anteriormente fueron combinados para obtener un índice general. La Figura 4 nos permite observar la relación entre el uso y la habilidad en español. Vemos que la media del uso entre los de habilidad "pobre" es poco más que "todo inglés", y entre los de habilidad "moderada", "más inglés". El manejo lingüístico entre los que poseen habilidad "buena" incrementa a casi la mitad en ambos idiomas. No obstante, sólo los que muestran habilidad completa hacen mayor uso del español que del inglés. Es evidente que aún entre los que evidencian habilidad "completa" en español, el uso lingüístico general incluye bastante manejo del inglés.

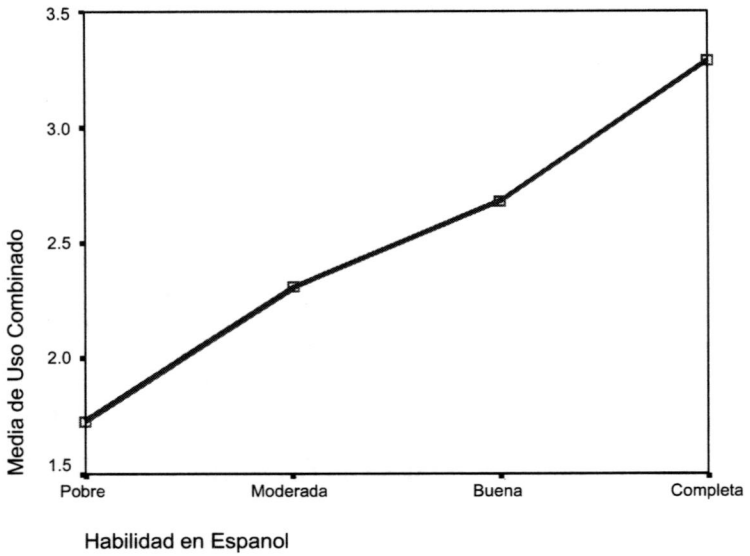

Figura 4. Medias de la habilidad en español y el uso general

Los factores sociohistóricos en el uso y la habilidad actuales

Los cuadros presentados en la sección anterior revelan que el uso y la habilidad disminuyen, según la edad de los hablantes; es decir, los grupos más jóvenes tienen menor habilidad en español y usan menos esta lengua que los otros grupos mayores. Esta situación se debe a los hechos lingüísticos sociohistóricos, entre ellos, a la experiencia lingüística durante la niñez, en los años de formación lingüística, y su efecto en el desarrollo de la habilidad en español (*language experience, exposure, input*), y a la interacción social a la que se refieren los estudiosos de la adquisición lingüística entre los niños (Garton 1992; Harris 1992; Snow y Ferguson 1977, entre otros). Los factores sociohistóricos se reflejan en tres variables principales, derivadas de los datos de los encuestados: (1) lengua del hogar durante la niñez; (2) edad de aprender inglés, y (3) años de escolaridad por medio del inglés.

La lengua del hogar en la niñez. Examinemos primero el efecto de la lengua del hogar en la niñez sobre la habilidad actual en español. Los encuestados indicaron el tipo de lengua manejada en el hogar durante la niñez, según los criterios: "sólo español", "ambas lenguas", o "sólo inglés". En la Tabla 6, los resultados del ANOVA nos muestran que las diferencias en la habilidad en español, según la lengua del hogar durante la niñez, son significativas. La media de habilidad entre los de "ambas lenguas", 2.42 sobre una escala de 4.0 puntos, decae un .82, casi un punto, de la media de 3.24 entre los del "español solamente". La media entre los de "inglés solamente" en el hogar decae otro .42 de un punto. (Nótese que los valores F de éste y los siguientes dos análisis de varianza son fuertes y significativos, con probabilidad de .000). La Figura 5 nos indica gráficamente los mismos datos. Es de notar que no hay tanta diferencia entre la habilidad en español que producen los hablantes de hogares bilingües en la niñez y los de hogares monolingües en inglés, contrario a lo que se demuestra entre estos dos grupos y los hablantes de hogares monolingües en español.

Lengua de hogar en la niñez	N	Media de habilidad en español	DF	Valor	Prob.
Español	156	3.24	Btw 2		
Ambos	36	2.42	W/in	20.549	.000
Inglés	8	2.00	197		
Total	200	3.05	199		

Tabla 6. La habilidad en español actual según la lengua del hogar en la niñez

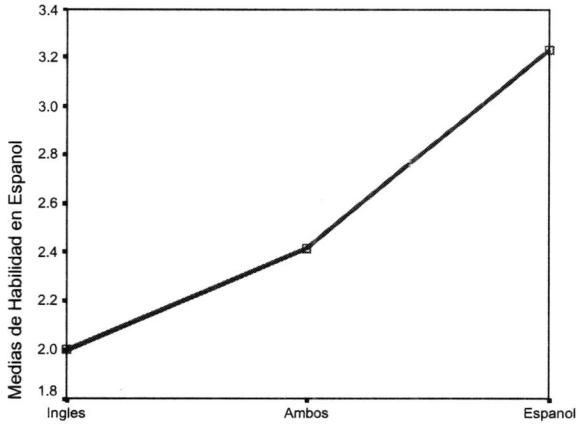

Figura 5. Medias de la habilidad en español según la lengua del hogar en la niñez

La edad de aprender inglés. Otro factor sociohistórico que se indagó en la encuesta fue la edad para aprender inglés. En la Tabla 7 y la Figura 6 se exponen los resultados de un análisis de varianza en torno a la habilidad en español y la edad para aprender inglés. Se puede ver que entre los que adquirieron inglés en la niñez temprana, es decir, entre las edades de uno a cuatro, la habilidad en español es 2.25, un cuarto de punto más alto que una habilidad "moderada".. Mientras que entre los que aprendieron inglés durante la "edad escolar", de los cinco a los trece años, la habilidad aumenta más de un punto a una habilidad "buena" en español, y entre aquellos que esperaron hasta la "pospubertad" para aprender inglés, la habilidad en español ascendió más de medio punto a una habilidad casi "completa". Es obvio que entre los que dicen nunca haber aprendido inglés la habilidad es "completa" por definición. El hallazgo principal que se desprende de estos datos es que mientras más temprano se adquiere el inglés, más baja es la habilidad para hablar en español en la adultez.

Edad de aprender inglés	N	Media de habilidad en español	DF	Valor	Prob.
Niñez temprana 1-4	48	2.2500	Btw 2		
Edad escolar 5-13	135	3.2519	W/in 194	22.569	.000
Pospubertad 15-24	7	3.8571			
Nunca lo aprendió	3	4.0000			
Total	193	3.0363	196		

Tabla 7. La habilidad en español según la edad de aprender inglés

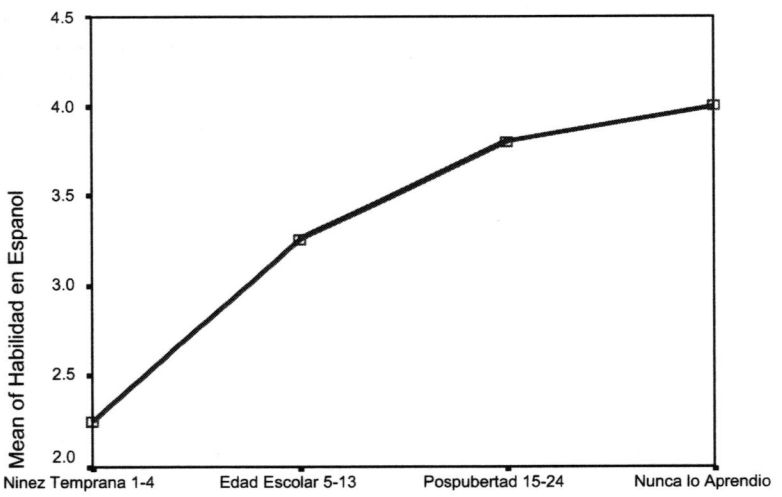

Figura 6. Medias de la habilidad en español según la edad de aprender inglés

La educación por medio del inglés. La tercera variable sociohistórica que parece estar ligada a la habilidad actual en español tiene que ver con los años de educación, en un contexto lingüístico en inglés. Sólo tres de los encuestados en la Nueva México, y todos mayores de ochenta años al ser entrevistados, recibieron su educación formal en español. Para investigar el efecto de la educación, según la lengua de enseñanza, se excluyeron del análisis estos tres sujetos. La Tabla 8 nos muestra los resultados del análisis de varianza de la habilidad que muestran en español en relación con los años de escolaridad en inglés. Entre los que cursaron de cero a cuatro años de escuela en inglés, la media de habilidad en español se aproxima la categoría de "completa", mientras que la media de los de cinco a ocho años de estudio se aproxima más a una habilidad "completa".. Estos niveles de escolaridad representan la educación primaria. Con un mayor número de años de educación en inglés, hay una gran disminución en la habilidad en español. Entre los que recibieron educación en la *high school*, es decir, de noveno a duodécimo grado, la habilidad en español baja a poco menos que una habilidad "buena", y entre los que recibieron educación universitaria, desciende sólo otra décima de un punto. En la Figura 7 se hace evidente que la educación formal en inglés se correlaciona fuertemente con la disminución de la habilidad actual en español.

Años de educación en inglés	N	Media de habilidad en español	DF	Valor.	Prob.
0-4 años	13	3.6154			
5-8 años	28	3.7500			
9-12 años	68	2.8971		11.583	.000
13+ años	80	2.7848			
Total	188	3.0266	187		

Tabla 8. La habilidad en español según los años de educación en inglés.

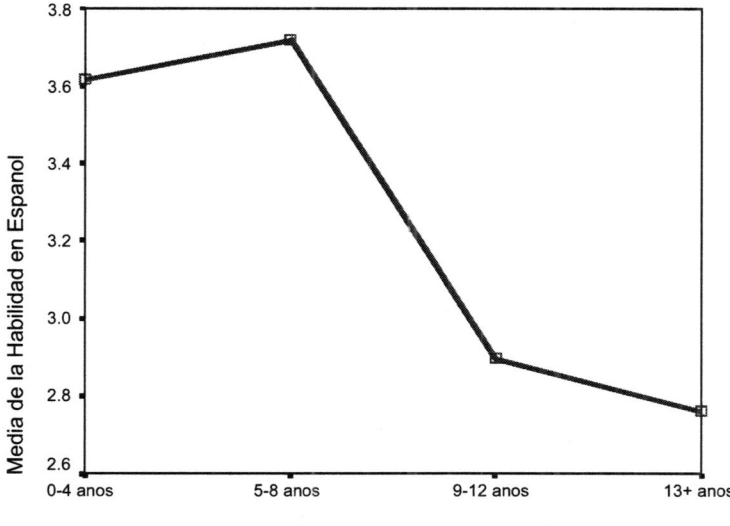

Figura 7. Medias de la habilidad en español según los años de educación en inglés

Conclusiones e implicaciones del estudio

La edad, la habilidad y el uso lingüísticos actuales. La edad está ligada íntimamente a la habilidad y al uso del español en los cuatro contextos estudiados. Las personas mayores de 70 años, muchos de ellos monolingües en español, tienden a tener un español total o casi totalmente desarrollado. Los entrevistados de edades entre 46 y 70 años, por lo general, también dominan bien el español, aunque la mayoría sufre de ciertas lagunas o falta de dominio en esta lengua. Los más jóvenes dominan mucho más el inglés y evidencian bastante dificultad en español.

El uso lingüístico actual varía según la habilidad que manifiestan en cada uno de los idiomas y según el contexto de uso. Los mayores de edad, como era de esperarse tomando en cuenta sus habilidades superiores, usan casi siempre el español con los esposos y con los amigos. Sin embargo, con los niños usan mucho más el inglés que con los adultos, aunque en comparación con los otros grupos, manejan más el español con personas de menor edad. En sus trabajos, las personas mayores solían usar ambos idiomas. En contraste, los jóvenes y las personas de edad intermedia manejan mucho más inglés: los de edad intermedia usan ambos idiomas con los esposo/as y con los amigos, y más inglés que español en el trabajo y con los niños; los jóvenes usan aún menos español con los esposo/as y con los amigos, y casi nunca hablan en este idioma en el trabajo o con los niños. Estos patrones de uso dependen, en gran medida, de la habilidad en español. Sin embargo, entre todas las edades se usa mucho menos español y, a su vez, mucho más inglés de lo que la habilidad en español permitiría.

Todo esto indica un ciclo descendiente de erosión en la habilidad en español y en el uso de esta lengua entre los grupos, según la edad, hecho que no sólo pronostica la posibilidad de contrarrestar el decaimiento del español, sino que predice el total derrumbamiento y desaparición del español tradicional entre los nativos de la Nueva México. Si estos procesos sociolingüísticos operan entre otros grupos de hispanohablantes en los Estados Unidos, como ha afirmado Hernández Chávez (1978, 1979, 1984, 1988, 1994, 2002), entonces, ni las grandes olas de inmigrantes, ni la creciente importancia de los hispanos en los Estados Unidos, ni la educación bilingüe servirán, a largo plazo, para mantener el idioma a través de las generaciones.

Los factores sociohistóricos. Los hechos históricos sociolingüísticos, o sea, las experiencias con el inglés y el español durante el período de la niñez influyen directamente en el desarrollo de la lengua española en el contexto de los Estados Unidos de la siguiente forma:

(1) Si se usa el inglés únicamente o en combinación con el español en el hogar durante la niñez, se le resta uso al español durante la formación inicial de la lengua, y ello conlleva la disminución de la habilidad como del uso actual en español.

(2) Si se aprende inglés a muy temprana edad, también tiene el efecto de erosionar la experiencia lingüística necesaria para adquirir el español a paso normal, porque compite con el español durante el período más crítico en la adquisición del español.

(3) Si la escolaridad se conduce mediante el inglés, especialmente si esta enseñanza trasciende los años de educación primaria, le sustrae uso al español en los años

en que se desarrollan normalmente las destrezas lingüísticas más avanzadas y académicas en español. El uso dominante del inglés, a su vez, disminuye más la habilidad en español, y causa que el niño deje de usar, casi por completo, la lengua más débil.

Estos hallazgos contradicen, por lo menos, en parte, la idea resguardada por la sabiduría popular y acentuada en el conocido lema de los educadores bilingües: "Bilingualism says Twice as Much". No cabe duda de que el bilingüismo es extremadamente valioso en la sociedad, y también sabemos que el aprendizaje de idiomas se logra de manera más rápida, más completa, y con mayor facilidad durante la niñez. Sin embargo, los resultados de este estudio nos llevan, inexorablemente, a la conclusión que el bilingüismo demasiado temprano, no sólo en la región de la Nueva México, sino en todos los Estados Unidos, conduce a la pérdida de habilidad y del uso del español.

Para muchos sociólogos, aproximadamente veinticinco años representa la cantidad de tiempo equivalente a una generación dentro del componente familiar. Consideramos a los tres grupos por edad como si fueran "generaciones", aunque no estén dentro de una misma familia. Los "ancianos" del estudio vivieron su niñez temprana alrededor de la época de la estadidad de Nuevo México. Los adultos de "edad intermedia" eran niños poco antes o después de la Segunda Guerra Mundial. Los "adultos jóvenes" tuvieron su formación temprana en la época moderna reciente. Si concebimos de esta manera las "generaciones", se puede documentar que la pérdida del español ha sucedido tan solo en el transcurso de dos generaciones, a partir de la incorporación de Nuevo México como estado en 1912. Basándonos en los análisis expuestos aquí, es posible predecir que en menos de cincuenta años ya no se hablará el español en Nuevo México, fuera de los recién inmigrados de México y de otros países hispanohablantes, y estos lo dejarán de hablar en menos de tres generaciones, y entre algunos en solo una generación.

Implicaciones para la educación en Estados Unidos. ¿Qué implicaciones tienen estos datos para el aula de clase y para el desarrollo del español en los Estados Unidos? Primero, se necesita usar más el español como medio de instrucción, durante muchas horas, mucho más durante el día escolar, y por muchos años. Segundo, no debe acelerarse la enseñanza del inglés, ya que los niños lo aprenderán de toda forma a través de los medios de comunicación y de la cultura anglosajona predominante en los Estados Unidos, y tercero, es necesario preparar mejor en español a los maestros, además de educar a los padres para que usen más español en la casa con sus hijos y en la comunidad, pues, es mediante el uso en todos estos contextos que los niños reciben el *input*, o sea, la exposición lingüística necesaria para adquirir el español en forma completa.

Implicaciones para Puerto Rico. ¿Qué implicaciones pudieran tener los resultados de este estudio en la Nueva México para el mantenimiento del español en Puerto Rico, una entidad política con muchas semejanzas al estado de Nuevo México (Hernández Chávez 1997). A pesar de que en Puerto Rico la educación pública se imparte en español, por cuestiones políticas ha habido esfuerzos por instituir la educación en inglés desde el nivel primario. Para que no se repita la realidad de Nuevo México en Puerto Rico, hemos resaltado aquí la situación que ha atravesado la lengua española en la Nueva México, en dónde, mediante la educación en inglés se ha producido una pérdida relativamente rápida del español; se puede decir que tal pérdida ha ocurrido en el transcurso de dos generaciones. Hubo un tiempo en la Nuevo México cuando sólo se hablaba el español.

Los negocios, las escuelas y las relaciones sociales se conducían en el idioma ancestral. Estaba aislada del resto del país, y los angloamericanos que venían se veían obligados a usar el español. Sin embargo, llegó el ferrocarril, que no sólo trajo un influjo de angloparlantes, también abrió el territorio a influencias nuevas de los estados que traían consigo la atracción del inglés. La constitución estatal estableció el bilingüismo, pero un bilingüismo que limitó estrictamente el uso del español en las escuelas y en el gobierno. La integración subsiguiente a la vida angloamericana –en la educación, en los empleos, en el servicio militar, en la cultura popular, y aun en la iglesia– inició el proceso, cada vez más rápido, hacia el monolingüismo en inglés. Estas fueron las condiciones explícitas para la aceptación de Nuevo México como estado de los Estados Unidos.

La historia de la lengua española durante los años de lucha por la estadidad de Nuevo México, documentada en los periódicos históricos por Fernández-Gibert (2001), y en las leyes y en las actas del Congreso de los Estados Unidos y de Nuevo México por Hernández Chávez (1994, 1996, 1997, 2002), nos lleva a pronosticar que la estadidad no se le concederá al pueblo puertorriqueño, mientras la lengua mayoritaria sea el español. Además, la idea que tienen muchos puertorriqueños de que el aislamiento, la distancia y la unidad étnica los protegerá de la incursión del inglés no es del todo confiable, ya que hoy día existen aviones; los nuyoricans regresan a la isla; los medios de comunicación en inglés son más frecuentes en los hogares puertorriqueños, y el comercio con los Estados Unidos se hace más común. Todos estos hechos poco a poco derrumbarían el supuesto aislamiento de Puerto Rico (Hernández Chávez 2002).

Bibliografía

Bernal-Enríquez, Y. (1994). La relación entre el uso y la proficiencia en al español de un barrio de Albuquerque. En P. M. Escarraz, L. D. Thomin, S. Weller y B. A. Zawaydeh (eds.), *Working papers in linguistics, Vol. 2* (pp. 117-124). Albuquerque: University of New Mexico Department of Linguistics.

Bernal-Enríquez, Y. (2000). Factores sociohistóricos en la pérdida del español del suroeste de los Estados Unidos y sus implicaciones para la revitalización. En A. Roca (ed.), *Research on Spanish in the United States: Linguistic issues and challenges.* (pp. 121-136). Somerville, MA: Cascadilla Press.

Bernal-Enríquez, Y. (2002). *Tesoro perdido*: Sociohistorical factors in the loss of the traditional Spanish language of *la Nueva México.* Tesis doctoral, University of New México.

Bills G., Hernández Chávez, E. y Hudson, A. (1995). The geography of language shift: Distance from the mexican border and Spanish language claiming in the southwestern U.S. *International Journal of the Sociology of Language*, 114, 9-27.

Chávez, E. (1988). Sex differences in language shift. *Southwest Journal of Linguistics*, 8, 3-14.

Fernández-Gibert, A. (2001). *La voz del pueblo: Lengua, texto y discurso en la prensa nuevomexicana (1890-1912).* Tesis doctoral, University of New Mexico.

Floyd, M. B. (1982). Spanish language maintenance in Colorado. En F. A. Barkin, E. A. Brandt y J. Ornstein-Galicia (eds.), *Bilingualism and language contact: Spanish, English, and Native American languages* (pp. 290-303). New York: Teachers College Press.

Garton, A. F. (1992). *Social interaction and the development of language and cognition.* Hillsdale, NJ: Lawrence Erlbaum Associates.

Harris, M. (1992). *Language experience and early language development: From input to uptake.* Hillsdale, NJ: Lawrence Erlbaum Associates.

Hernández Chávez, E. (1978). Bilingual education, language maintenance, and philosophies of bilingualism in the United States. En J. Alatis (ed.), *International dimensions of bilingual education* (pp. 527-550). Georgetown University Round Table on Languages and Linguistics. Washington, D.C.: Georgetown University Press.

Hernández Chávez, E. (1979). Bilingual, bicultural education: A fairytale. En E. Brière (ed.) *Language development in a bilingual setting* (pp. 48-57). Pomona, CA: National Multilingual Multicultural Materials Development Center.

Hernández Chávez, E. (1984). The Inadequacy of English immersion: Education as an educational approach for language minority students in the United States. En *Studies on immersion education: A collection for United States educator* (pp. 144-183). Sacramento, CA: California State Department of Education.

Hernández Chávez, E. (1988). Language policy and language rights in the United States: Issues in bilingualism. En T. Skutnabb Kangas y J. Cummins (eds.), *Minority education: From shame to struggle* (pp. 45-46). Clevedon Avon, England: Multlingual Matters.

Hernández Chávez, E. (1994). Language policy in the United States: A history of cultural genocide. En T. Skutnabb-Kangas y R. Phillipson (eds.), *Linguistic human rights* (pp 141-158). Berlin: Mouton de Gruyter.

Hernández Chávez, E. (1996). *The role of language policy in the loss of Spanish in New Mexico.* Ponencia presentada en el Fiftieth Annual Meeting of the Rocky Mountain Modern Language Association, Albuquerque, NM.

Hernández Chávez, E. (1997). *Las políticas lingüísticas en los períodos pre-estatales: Los casos de Nuevo México y Puerto Rico.* Tercer Seminario Internacional sobre la Lengua Española, Universidad Interamericana de Puerto Rico.

Hernández Chávez, E. (abril 2002). *La erosión de los derechos lingüísticos en Nuevo México.* Presentado en la XIX Conferencia Nacional del Español en los Estados Unidos, San Juan. Puerto Rico.

Hernández Chávez, E, Bills, G. y Hudson A. (2000). Spanish home language use and English proficiency as differential measures of language maintenance and shift. *Southwest Journal of Linguistics*, 19, 11-27.

Hudson, A., Hernández Chávez E. y Bills G. (1995). The Many faces of language maintenance: Spanish language claiming in five southwestern states. En C. Silva-Corvalán, (ed.), *Spanish in four continents: Studies in language contact and bilingualism* (pp. 165-183). Washington, DC: Georgetown University Press.

Hudson, A. y Bills, G. (1982). Intergenerational language shift in an Albuquerque barrio. En J. Amastae y L. Elías-Olivares (eds.), *Spanish in the U.S.: Sociolinguistic aspects.*(pp 135-153). Cambridge: Cambridge University Press.

Lope Blanch, J. M. (1987). El estudio del español hablado en el suroeste de los Estados Unidos. *Anuario de Letras*, 25, 201-208.

Ortiz, L. I. (1975). *A Sociolinguistic study of language maintenance in the northern New Mexico community of Arroyo Seco.* Tesis doctoral, University of New Mexico.

Snow, C. E. y Ferguson, C. (eds.). (1977). *Talking to children: Language input and acquisition.* Cambridge: Cambridge University Press.

Villagrá, G. (1610). Historia de la Nueva México, 1610/Gaspar Pérez de Villagrá: A critical and annotated Spanish/English edition (M. Encinias, A. Rodríguez y J. P. Sánchez eds., & trans, 1992). Albuquerque, NM: University of New México Press.

El desplazamiento intergeneracional del español en los Estados Unidos: Una aproximación

Patricia MacGregor-Mendoza
New Mexico State University, Las Cruces

Abstract

The use of minority languages generally wanes across generations, often being gradually abandoned by each new group in the face of the formal and informal social influence of the majority language. In the United States, Spanish is seen as atypical in terms of this pattern due to the overall size of the Latino population, its increasing nature, and the constant influx of Spanish speaking immigrants. Research using census data has found that these sociodemographic patterns of the US Latino population simply tend to mask, but do not hinder, the established pattern of generational language loss. Using a structured interview format, the present study examines the use and abilities of families of Spanish speakers across three generations. Although the small number of informants prevents sweeping generalizations to be made, the results of the study reveal that, for these informants, there are declines in overall Spanish use from generation to generation. Nonetheless, the findings were less certain as to what particular elements of Spanish are ceding ground to English. In all, the results reflect the diverse linguistic character of the Spanish speaking population on the border, and suggest that in order to better understand the nature of language loss on either an individual or community level, research needs to focus on not only the linguistic features that are or are not passed on, but also on the environmental factors that may keep the language alive from one generation to the next.

Introducción

Según los datos ofrecidos por el censo del año 2000, el español cuenta con más de 26 millones de hablantes (Census of Population and Housing 2000). Algunos perciben esta estadística como una amenaza a la dominación del inglés en los EE.UU., mientras que otros la ven como seña del vigor lingüístico de un grupo minoritario. La realidad del asunto queda en medio de estas dos perspectivas. Mientras el español es un idioma cada vez más ubicuo en los EE.UU., el inglés no corre ningún riesgo de ser reemplazado. Por otro lado, la estabilidad del español dentro de la comunidad de habla hispana no es tal que nos permite cantar victoria. Como han señalado otros estudiosos (e.g., Bills, Hernández Chavez y Hudson 1995) su vitalidad depende, en gran parte, del constante flujo de inmigrantes de países hispano-parlantes.

Antecedentes

La pérdida de un idioma minoritario como el español ante otro de mayor uso y supuesto valor económico como el inglés no es un tema nuevo ni restringido al contexto estadounidense. El efecto de este contacto entre idiomas de poder desigual tiende a perjudicar la retención del idioma minoritario tanto a nivel comunitario (Fishman 1991; Portes y Hao 1998), como a nivel del individuo (Pease-Álvarez y Winsler 1994; Wong-Fillmore 1991). Tal como señala Fishman (1966), el patrón tradicional sigue un ritmo muy conocido: los inmigrantes retienen el uso de su idioma de herencia en casa mientras se esfuerzan por aprender la lengua de la mayoría de su nuevo país. Los hijos de esta generación aprenden el idioma mayoritario fácilmente y sin acento mientras manejan el nativo de sus padres con más dificultad que ellos. La siguiente generación típicamente posee poca habilidad en la lengua de sus abuelos y utiliza la mayoritaria en todos los contextos, privados y públicos.

Crawford (1996) sugiere que hay varias situaciones que condicionan o al menos acompañan la pérdida de un idioma:

- Un descenso en el número total de hablantes.
- La preferencia por parte de los jóvenes de una comunidad por otro idioma.
- El uso reducido en entornos lingüísticos (como la iglesia, eventos culturales y la casa) donde el idioma antes gozaba de un empleo amplio y/o exclusivo.
- Un aumento en el número de padres de familia que dejan de alentar el uso del idioma entre sus hijos.

Examinar el desplazamiento lingüístico en los estados del suroeste de los EE.UU. que forman frontera con México presenta un reto sociolingüístico. La población de la región fronteriza está compuesta de una mezcla de individuos que varían de inmigrantes recién llegados hasta ciudadanos estadounidenses de ascendencia latina que pueden trazar sus raíces en la actual nación hasta antes de la formación de los EE.UU. La presencia de los inmigrantes en la zona, los lazos familiares que estrechan a través de los límites nacionales y el fácil ir y venir entre los dos países sirven para mantener el español como medio fundamental y cotidiano en la comunidad.

Las condiciones que determinan el uso de un idioma u otro en comunidades fronterizas no resultan tan claras. Al estudiar la comunidad bilingüe fronteriza en California, Aguirre (1982) notó que uno de los factores claves que promovía el uso de español fue una habilidad dominante en ese idioma. Amastae (1982) notó que en el Valle del Río Grande los hablantes acostumbran usar español en casa e inglés en lugares públicos con el fin de aspirar a un estatus socioeconómico más alto. En Laredo, Texas, Galindo (1996) encontró que el español perdía terreno cada día más frente al inglés tanto en ámbitos públicos como privados, con el fin de distinguirse de los hablantes de español en el lado mexicano.

Bills *et al.* (1995) y Bills (1997) han señalado que el mantenimiento del español en los EE.UU. es, hasta cierto punto, una ilusión creada por la densidad étnica de la población y proximidad a México. A partir de datos del censo, Bills y sus colaboradores encontraron que cuanto más dispersa la población y más alejada de la frontera, mayor es la posibilidad de que se desaparezca el español en las generaciones jóvenes. Señalan estos investigadores que si se cerraran las fronteras, veríamos con claridad el español desaparecerse con la misma facilidad y rapidez que hemos notado con otros idiomas minoritarios.

A la vez, si asumimos la noción de la pérdida de un idioma, surge la pregunta ¿cuáles elementos se pierden? Es decir, ¿cómo podemos evaluar y comparar la competencia lingüística de los informantes? La dificultad de la medida de las habilidades lingüísticas de los bilingües y sus posibles lagunas se exploran en detalle en un tratado completo y elocuente de Valdés y Figueroa (1994). Sin complicar el asunto demasiado, baste aclarar que lo que se pretende aquí no es establecer una medida universal para la competencia de los hispano-parlantes en los EE.UU., sino delimitar una serie de puntos para comparar entre informantes de diferentes generaciones. Con ese motivo, examinamos la producción de ciertos tiempos verbales (el presente del indicativo y subjuntivo, el pretérito) que González (1975) y Cohen (1980) sugieren que se exhiben regularmente en la gramática productiva de los niños méxicoamericanos a la edad de seis años. Asimismo, agregamos el futuro sintáctico, un tiempo verbal que no llega a establecerse completamente antes de que los jóvenes empiecen la escuela y reciban instrucción lingüística formal en inglés. Por último, incluimos una mini prueba de frases agramaticales para medir la sensibilidad a elementos morfosintácticos.

Sin embargo, somos conscientes de que si bien la precisión gramatical de los hablantes de diferentes generaciones representa un primer paso para medir su capacidad, no constituye una imagen completa de las habilidades lingüísticas de los informantes y los contextos en que las pueden ejercer. Como Pease-Álvarez (1993) y Hakuta y Pease-Álvarez (1994) nos recuerdan, es importante tratar de reunir datos que presentan un perfil lingüístico y sociolingüístico más completo de los informantes para mejor entender los motivos de sus usos de un idioma u otro. Además, mientras que las pruebas lingüísticas y las auto-estimaciones de habilidades lingüísticas son convenientes y fáciles, los investigadores nos advierten que tales datos no nos indican las situaciones en que prefieren emplear cualquiera de sus idiomas ni la frecuencia con que los hablan, ni con quienes, ni establece una manera independiente y objetiva de evaluar sus habilidades lingüísticas.

Considerando los argumentos previos, las preguntas que guían el presente estudio son las siguientes: (1) ¿Se puede percibir un desplazamiento del español hacia el inglés en un área de tan sólo cincuenta millas de distancia de la frontera con México? (2) Si es así, ¿qué elementos lingüísticos son más propensos a ilustrar este fenómeno?

Metodología

El presente estudio se llevó a cabo como proyecto final en un curso de *Adquisición del Español* dictado en el otoño de 2001. Se agradece enormemente el esfuerzo de los estudiantes que participaron en la recogida de datos. Cada uno de ellos tenía como tarea entrevistar a tres miembros de una familia hispana de generaciones distintas: abuelos, padres e hijos. No se impusieron restricciones de edad, sexo o competencia lingüística, y la selección de informantes se realizó a conveniencia de los investigadores.

El instrumento, adaptado de MacGregor-Mendoza (1999), que se utilizó para las entrevistas incluyó una encuesta estructurada que recogía información sociodemográfica, como edad y lugar de nacimiento, además de información sociolingüística que exploraba habilidades en inglés y español, el uso de estos idiomas en conversaciones con varias personas, el uso en diferentes tareas (p. ej., expresar emociones, lograr ciertos fines comunicativos, realizar ciertas acciones mentales) y las actitudes hacia ambos idiomas. La segunda parte del instrumento consistía en una serie de ejercicios guiados sobre la corrección de errores gramaticales y la producción de los tiempos verbales mencionados anteriormente. Al final los informantes interpretaron una historia ilustrada por una secuencia de seis dibujos. Los dibujos y la rúbrica para evaluar la narrativa proceden de la prueba oral de lengua española del examen de Advanced Placement (College Entrance Examination Board 1999).

Resultados

El cuerpo de datos que resulta consiste en 27 informantes, 9 de cada generación familiar. Los datos aportados por 4 de los 13 estudiantes no alcanzaron los estándares de fiabilidad y por consiguiente se eliminaron del análisis. Por esta y otras causas menores de carácter imprevisto relacionadas con el procesamiento de los datos, los resultados del presente estudio se presentan como preliminares.

Los análisis de los datos se efectuaron por medio del programa SPSS (*Statistical Package for the Social Sciences*). Como la gran mayoría de la información consiste de datos nominales, se aplicó la prueba de Chi-Square. Aunque con un número de informantes tan limitado es difícil alcanzar resultados estadísticamente significativos, las comparaciones que sí alcanzaron ese nivel de comprobación están notadas en las tablas para el beneficio del lector.

La información demográfica básica de los informantes se encuentra en la Tabla 1. La edad de los 27 informantes varía entre 8 y 88 años. En cuanto a la categoría de sexo, dominaba la participación de informantes femeninos (23 en total) en las tres categorías. Al examinar el lugar de nacimiento de los informantes, se reveló que cada generación familiar sucesiva reportaba haber nacido en EE.UU. con más frecuencia. Sin embargo, la sucesión de inmigración de los informantes no coincidía directamente con su estatus familiar (abuela/madre/hija).

Por ello, se calculó el nivel de inmigración de los informantes, lo cual resultó en los siguientes cuatro grupos: (a) seis inmigrantes, (b) once hijos de inmigrantes, (c) siete nietos de inmigrantes, y (c) tres informantes con más de tres generaciones nacidas en los EE.UU. y que, a efectos de nuestro estudio, se clasificaron como bisnietos de inmigrantes. La discusión de los datos se presentará con la base de esta división: inmigrantes como Nivel 0, hijos de inmigrantes como Nivel 1, nietos de inmigrantes como Nivel 2 y bisnietos de inmigrantes como Nivel 3.

Informantes por generación familiar		Informantes por nivel de inmigración		
Abuelo/a	9	Inmigrante	6*	Edades: 8-88
Padre/Madre	9	Hijo/a de inmigrante	11	Sexo: 23 mujeres y 4 hombres.
Hijo/a	9	Nieto/a de inmigrante	7	
		Bisnieto+ de inmigrante	3	

Tabla 1. Resumen de características demográficas de informantes.

De acuerdo con el nivel de inmigración de los informantes, el idioma que cada grupo reportó haber hablado, leído y escrito primero cambió sistemáticamente del español al inglés. Conforme al patrón familiar, el 100% de los inmigrantes aprendieron cada destreza en español primero. Los informantes del Nivel 1 aprendieron a hablar el español primero en sólo un 64% de los casos. En cuanto a leer y escribir, menos del 20% aprendieron estas destrezas en español primero. Ya para los informantes de los niveles 2 y 3, se observa que el inglés ha tomado casi por completo el lugar del español en las primeras experiencias lingüísticas. Hubo una excepción en el Nivel 3, en concreto una abuelita de 85 años de edad cuyas raíces en el suroeste parecían remontarse más allá de la inclusión de estos territorios en los Estados Unidos, aunque esta posibilidad no se pudo llegar a confirmar. La Tabla 2 resume esta información:

Primeros idiomas	Nivel 0 Inmigrantes N=6	Nivel 1 Hijo/a de inmigr. N=11		Nivel 2 Nieto/a de inmigrante N=7	Nivel 3 Bisnieto/a o más de inmigrante N=3		
Habló primero	Español 6	Español Inglés Ambos	7 2 2	Español 2 Inglés 5	Español Inglés	1 2	p≤.05
Leyó primero	Español 6	Español Inglés Ambos	2 8 1	Inglés 7	Español Inglés	1 2	p≤.01
Escribió primero	Español 6	Español Inglés Ambos	2 8 1	Inglés 7	Español Inglés	1 2	p≤.01

Tabla 2. Primer idioma hablado, leído y escrito por nivel de inmigración.

Las estimaciones que ofrecieron los informantes sobre sus habilidades en español e inglés, resumidas en las Tablas 3 y 4, reflejan estas primeras experiencias con sus idiomas. En cuanto al español, los inmigrantes (Nivel 0) reportaron tener más confianza en su habilidad para cada una de las cuatro destrezas –hablar, entender, leer y escribir–, a menudo con la calificación "Excelente" o "Bien". La mayoría de los hijos de los inmigrantes sólo emplean "Excelente" o "Bien" para las destrezas receptivas, es decir, la comprensión auditiva y la lectura. Para la expresión oral y la escrita –las destrezas productivas–, los informantes tienden a calificarse más negativamente. Los informantes del Nivel 2 reportan un patrón semejante al de los del Nivel 1, definiéndose más hábiles en la comprensión y la lectura del español, y dividiendo su capacidad de hablar y escribir casi igual entre las categorías de "Excelente/Bien" y "Regular/Mal". Los de Nivel 3, con la excepción de la abuelita mencionada anteriormente, reportaron que no poseen ninguna habilidad en el idioma de herencia de su familia.

	Nivel 0 Inmigrante N=6		Nivel 1 Hijo/a de inmigrante N=11		Nivel 2 Nieto/a de inmigrante N=7		Nivel 3 Bisnieto/a o más de inmigrante N=3		
Habla español	Exc./Bien Regular/Mal	3 3	Exc./Bien Regular/Mal	4 7	Exc./Bien Regular/Mal	3 4	Exc./Bien Nada	1 2	p≤.05
Entiend e español	Exc./Bien Regular/Mal	5 1	Exc./Bien Regular/Mal	9 2	Exc./Bien Regular/Mal	6 1	Exc./Bien Nada	1 2	p≤.01
Lee español	Exc./Bien Regular/Mal	5 1	Exc./Bien Regular/Mal	6 4	Exc./Bien Regular/Mal Nada	5 1 1	Exc./Bien Nada	1 2	
Escribe español	Exc./Bien Regular/Mal	5 1	Exc./Bien Regular/Mal Nada	4 6 1	Exc./Bien Regular/Mal Nada	3 3 1	Exc./Bien Nada	1 2	

Tabla 3. Habilidad en *español* por nivel de inmigración.

La información sobre las habilidades en inglés presenta una historia contrastiva. Los inmigrantes muestran mucha variedad en sus estimaciones de su segunda lengua, dividiéndose entre cada una de las calificaciones desde "Excelente" a "Nada". Para los informantes de los Niveles 1 a 3, no había duda. Todos se asignaron una calificación de "Excelente" o "Bien" en todas las destrezas de hablar, entender, leer y escribir inglés.

Destreza	Nivel 0 Inmigrante N=6		Nivel 1 Hijo/a de inmigrante N=11		Nivel 2 Nieto/a de inmigrante N=7		Nivel 3 Bisnieto/a o más de inmigrante N=3		
Habla inglés	Exc./Bien Regular/Mal Nada	2 1 1	Exc./Bien	11	Exc./Bien	7	Exc./Bien	3	p≤.05
Entiende inglés	Exc./Bien Regular/Mal Nada	2 3 1	Exc./Bien	11	Exc./Bien	7	Exc./Bien	3	
Lee inglés	Exc./Bien Regular/Mal Nada	1 1 4	Exc./Bien	11	Exc./Bien	7	Exc./Bien	3	p≤.01

Tabla 4. Habilidad en *inglés* por nivel de inmigración.

Para agregar más detalle al perfil lingüístico de los informantes, se incluyó una sección sobre el uso familiar de los idiomas, resumido en la Tabla 5. Aquí los informantes prestaron información sobre los idiomas en que suelen dirigir la conversación con varios miembros de su familia. Sus respuestas revelaron semejanzas a los datos de habilidad mencionados arriba. Como era de esperar, los inmigrantes del Nivel 0 emplean el español como medio de comunicación con todos sus familiares de forma casi unánime. Sólo un máximo del 70% de los informantes en el Nivel 1 demuestran una tendencia a hablar exclusiva o mayormente en español con sus abuelos, y el español baja a una incidencia del 50% de conversaciones con sus padres. Con familiares de su mismo rango familiar –los hermanos–, los de Nivel 1 se inclinan por opciones que cada vez más incluyen el inglés, ya sea "Sólo inglés" o "Ambos". Ya para los informantes del Nivel 2, el uso del español dentro de la familia decae aún más. Con sus abuelos, cerca de la mitad de estos informantes reporta hablar en español. Con sus padres, más del 50% de los informantes de Nivel 2 prefiere comunicarse mayor o completamente en inglés. Con sus hermanos, más del 50% de estos informantes realiza conversaciones sólo en inglés. Los del Nivel 3 nos enseñan el remate: el inglés se usa de forma exclusiva con todos los miembros de la familia –salvo la abuelita, que habla con sus hermanos en español.

	Nivel 0 Inmigrante N=6		Nivel 1 Hijo/a de inmigrante N=11		Nivel 2 Nieto/a de inmigrante N=7		Nivel 3 Bisnieto/a o más de inmigrante N=3		
Abuelos maternos	Sólo español	5	Sólo español Myrmte. español Ambos por igual	8 1 2	Sólo español Myrmte. inglés Sólo inglés	2 1 2	Sólo inglés	2	p≤.05
Abuelos paternos	Sólo español	5	Sólo español Ambos por igual Sólo inglés	7 2 2	Sólo español Sólo inglés	4 1	Sólo inglés	2	p≤.05
Madre	Sólo español	6	Sólo español Myrmte. español Ambos por igual Sólo inglés	5 1 3 2	Sólo español Ambos por igual Myrmnte. inglés Sólo inglés	1 1 4 1	Sólo inglés	2	p≤.01
Padre	Sólo español	6	Sólo español Myrmte. español Ambos por igual Sólo inglés	4 1 2 4	Myrmte. español Ambos por igual Myrmte. inglés Sólo inglés	1 2 3 1	Sólo inglés 2		p≤.01
Hermano s	Sólo español 4 Ambos por igual 1		Sólo español Myrmte. español Ambos por igual Sólo inglés	1 1 4 4	Sólo español Myrmte. español Sólo inglés	1 1 4	Sólo español 1 Sólo inglés 2		
Hermana s	Sólo español 4 Ambos por igual 2		Sólo español Myrmte. español Ambos por igual Sólo inglés	1 1 3 4	Sólo español Ambos por igual Sólo inglés	1 1 3	Sólo español 1 Sólo inglés 2		

Tabla 5. Idioma empleado para hablar con los siguientes familiares por Nivel de Inmigración*.
*Los informantes reportaron la información según sus condiciones familiares particulares.

Aparte de indagar sobre intercambios interpersonales, se preguntó a los informantes sobre sus preferencias lingüísticas para momentos privados de lectura y escritura (ver Tabla 6). Aquí se aprecia que sólo los informantes inmigrantes realizan estas actividades en español con algo de consistencia. Sin embargo, a diferencia de su uso oral con las familias, se observa en estos informantes la inclusión del inglés hasta para la lectura y la escritura. Para los informantes de los demás niveles de inmigración, el inglés domina y el español ocupa un espacio muy reducido.

	Nivel 0 Inmigrante N=6		Nivel 1 Hijo/a de inmigrante N=11		Nivel 2 Nieto/a de inmigrante N=7		Nivel 3 Bisnieto/a o más de inmigrante N=3		
Leer libros de escuela	español inglés cualquier idioma	1 2 1	inglés cualquier idioma	10 1	inglés cualquier idioma	6 1	inglés	2	
Leer por placer	español inglés	5 1	español inglés cualquier idioma	1 9 1	español inglés cualquier idioma	1 5 1	español inglés	1 2	
Escribir carta formal	español inglés cualquier idioma	2 1 1	inglés	9	inglés	7	inglés cualquier idioma	2 1	p≤.05
Escribir carta informal	español inglés	5 1	inglés cualquier idioma	9 2	inglés cualquier idioma	6 1	inglés cualquier idioma	2 1	p≤.01

Tabla 6. Idiomas de preferencia para actividades literarias por nivel de inmigración.

En otra sección de la encuesta se les preguntó a los informantes sobre sus preferencias lingüísticas para el discurso interior, o sea sumar números, pensar, soñar y rezar. Como es de esperar, los inmigrantes (Nivel 0) realizan estas actividades casi exclusivamente en español. La situación cambia por completo en los demás niveles de inmigración. A partir de los informantes de Nivel 1 –con entre un 64 a 90% que prefiere el inglés– se observa el rápido descenso del uso del español a favor del inglés en cada uno de los contextos.

Curiosamente se nota que el inglés ha invadido hasta el ámbito de la religión, uno de los entornos lingüísticos considerados casi inmunes por su alto enlace cultural. La información se encuentra en más detalle en la Tabla 7.

	Nivel 0 Inmigrante N=6		Nivel 1 Hijo/a de inmigrante N=11		Nivel 2 Nieto/a de inmigrante N=7		Nivel 3 Bisnieto/a o más de inmigrante N=3		
Sumar números	español cualquier idioma	5 1	inglés cualquier idioma	10 1	inglés	7	español inglés	1 2	p≤.01
Pensar	español cualquier idioma	5 1	inglés cualquier idioma	7 4	español inglés cualquier idioma	1 5 1	español inglés	1 2	p≤.01
Rezar	español cualquier idioma	5 1	español inglés	4 7	español inglés cualquier idioma	1 4 2	español inglés	1 2	
Soñar	español cualquier idioma	4 2	español inglés cualquier idioma	1 7 3	inglés	7	español inglés	1 2	p≤.05

Tabla 7. Idiomas de preferencia para lenguaje mental por nivel de inmigración.

Con el fin de medir de modo más objetivo la capacidad comunicativa de los informantes, se les pidió que completasen una serie de ejercicios orales. Para examinar la sensibilidad de los informantes a elementos morfosintácticos, escucharon una serie de ocho frases, cada una de ellas con un error. Los errores que se incluyeron pertenecen a cuatro diferentes tipos de discordancia:

(1) sujeto y verbo (e.g. "Mis amigos comemos dulces"),
(2) género de un sustantivo y un adjetivo (e.g. "José tiene zapatos viejas"),
(3) número de un sustantivo y un adjetivo (e.g. "María tiene dos carros verde"), y
(4) adverbio de tiempo y tiempo verbal (e.g. "Mañana yo fui a la tienda").

Cada frase manifestaba un solo error. Las ocho frases permitieron demostrar dos ejemplos de cada clase de error que se presentaron al azar en la serie. Se les pidió a los informantes que corrigieran cualquier error en cada una de las frases. Los resultados que aparecen en la Tabla 8 revelan el número de veces que los informantes de cada nivel lograron corregir los dos ejemplos de cada categoría. Notamos que en los niveles 0, 1 y 2 se realizaron más del 50% de las correcciones. Aunque los cuatro grupos no se diferenciaron a un nivel estadísticamente significativo, se pueden apreciar las tendencias entre ellos. Como cabía esperar, los inmigrantes no dejaron pasar ni un solo error. Los informantes del Nivel 3 acertaron en tres cuartos de las frases en casi todos los casos, mientras el 71% de los de Nivel 2 lograron corregir los errores en las cuatro áreas. Los de Nivel 3 demostraron niveles muy bajos de éxito.

Categoría de error*	Nivel 0 Inmigrante N=6	Nivel 1 Hijo/a de inmigrante N=11	Nivel 2 Nieto/a de inmigrante N=7	Nivel 3 Bisnieto/a o más de inmigrante N=3
Género	12 (100%)	17 (77%)	10 (71%)	1 (17%)
Sujeto-Verbo	12 (100%)	15 (68%)	10 (71%)	1 (17%)
Singular-Plural	12 (100%)	19 (86%)	10 (71%)	2 (33%)
Adverbio-Tiempo	12 (100%)	18 (81%)	10 (71%)	0 (0%)

Tabla 8. Correcciones morfosintácticas logradas por nivel de inmigración.
Los informantes recibieron dos ejemplos de cada error para corregir.

La Tabla 9 resume los datos de unos ejercicios gramaticales para evaluar la habilidad de los informantes de producir el pretérito y el futuro sintáctico. En el caso del pretérito, se observó un patrón semejante al de los ejercicios anteriores: los inmigrantes exhibían el grado más alto de eficiencia, y a partir de ahí descendía hasta llegar a los informantes de Nivel 3, quienes casi no pudieron producir la forma. En el caso del futuro sintáctico, si los inmigrantes no producían precisamente la forma solicitada, la suplantaban por otro tiempo verbal también aceptado como posible respuesta: el futuro perifrástico o el presente. Los de Nivel 1 también recurrieron a esta estrategia, mientras que los de Nivel 2 lo hicieron de manera menos consistente, a la vez que cometían errores de conjugación o se respaldaban en el inglés en ocasiones. A primera vista, los resultados indicaron un nivel de conocimiento mayor para el subjuntivo en el Nivel 2 que en el Nivel 0. En realidad, los inmigrantes optaron en este ejercicio por otras expresiones imperativas como "tiene que" o "debe", en lugar de dar la forma solicitada.

Tiempo verbal	Nivel 0 Inmigrante N=6	Nivel 1 Hijo/a de inmigrante N=11	Nivel 2 Nieto/a de inmigrante N=7	Nivel 3 Bisnieto/a o más de inmigrante N=3	
Pretérito	75 (96%)	125 (87%)	75 (82%)	2 (5%)	p≤.01
Futuro Sintáctico	34 (44%)	67 (46%)	48 (52%)	2 (5%)	p≤.01
Pres. Subj.	14 (47%)	18 (33%)	23 (66%)	3 (9%)	p≤.01

Tabla 9. Producción de formas del pretérito y futuro sintáctico por nivel de inmigración.
Los informantes recibieron dos ejemplos de cada error para corregir.

Por último se pidió a los informantes contar una historia a partir de una secuencia de seis fotos. Las narraciones se evaluaron utilizando la rúbrica del examen oral de español para el Advanced Placement (College Entrance Examination Board 1999). La rúbrica original, de 9 puntos, se redujo aquí a sólo 5 –la puntuación aumenta a medida que la narrativa alcanza una mayor calidad–. Como se puede apreciar en la Tabla 10, todos los informantes del Nivel 0 pudieron relatar una historia, mientas que entre los informantes de los otros grupos hubo varias personas que no lo pudieron hacer. De los que sí pudieron interpretar la historia de las fotos, lo hicieron a un nivel semejante al de los inmigrantes.

	Nivel 0 Inmigrante N=6	Nivel 1 Hijo/a de inmigrante N=11	Nivel 2 Nieto/a de inmigrante N=7	Nivel 3 Bisnieto/a o más de inmigrante N=3
No pudo producir narrativa		3	1	2
Mala			1	
Regular	2	4		
Competente	1	3	2	
Muy Buena	1	1	2	1
Excelente	1		1	

Tabla 10. Evaluación de la narrativa por nivel de inmigración.

Discusión

Los datos que se han presentado confirman la presencia de desplazamierto del español hacia el inglés en la zona fronteriza, pero no ofrecen detalles sobre la velocidad a la que ocurre. En los datos se distinguen algunos, pero no todos, de los factores que apuntan a la pérdida del español según las pautas marcadas por Crawford (1996). Primero, al contrario que en otros lugares, la proximidad entre el sur de Nuevo México y el límite nacional mexicano permite un tráfico constante de personas, estimado en más de 4,5 millones de desplazamientos a pie cada año sólo en El Paso, Texas –esta cifra no incluye las personas que llegan en vehículos o las que cruzan por pasos cercanos menos transitados (Bureau of Transportation Statistics, n.d.)–. Este alto tráfico en la frontera sirve para revitalizar el español constantemente en la comunidad de habla hispana en la zona, y detener así su desaparición. Sin embargo, los datos sociolingüísticos aquí recogidos indican que las personas de las generaciones más recientes optan por incorporar el inglés en sus vidas tantas públicas como privadas de manera progresiva. Aun en ámbitos culturales tradicionalmente protegidos, como la religión, vemos que el español ya no goza de resguardo seguro. Por último, a la vista de los datos sobre el idioma en que los informantes tienden a comunicarse con sus padres, se intuye que pocos acostumbran, y mucho menos exigen, que sus hijos les hablen en español. Tomados en conjunto, estos datos confirman el patrón tradicional señalado por Fishman (1966) y corroborado por Bills et al. (1995).

Sin embargo, los resultados de los ejercicios gramaticales presentan un perfil que sugiere una mayor retención del español de la que indicarían los datos sociolingüísticos, y quizá un ritmo menos apresurado para el desplazamiento del español al inglés. Esta situación se puede interpretar de varias maneras:

• El área del sur de Nuevo México representa un rincón de resistencia lingüística ante el poder del inglés.
• El grupo de informantes resulta más bien excepcional que típico.
• El instrumento de investigación no fue suficiente sensible para detectar diferencias lingüísticas entre los diferentes grupos.
• Los estudiantes se equivocaron al introducir los datos a la computadora.

Dada la larga tradición de estudios sobre el desplazamiento lingüístico que indican lo contrario, y el número limitado de informantes en el estudio, sería difícil afirmar que Nuevo México constituya un espacio de resistencia lingüística. Por lo tanto, preferimos adoptar una postura más conservadora y proponer que los resultados reflejan la influencia de uno o más factores excepcionales del grupo, instrumento o codificación.

Aunque sólo una reevaluación de estos elementos y la repetición del estudio con una muestra más amplia y variada nos ayudarían a explicar más precisamente el caso, las posibles limitaciones en los resultados no invalidan la información lograda en esta investigación. Pudimos confirmar que el desplazamiento sí está ocurriendo, incluso a una distancia mínima del país de origen de sus antepasados. Aunque no pudimos detectar con exactitud cuáles de los elementos lingüísticos son más propensos a perderse, pudimos apreciar una variabilidad entre su uso, lo cual todavía indica una inestabilidad en la vitalidad del español en los Estados Unidos y una existencia precariamente dependiente de la constante llegada de hablantes de países extranjeros.

El análisis en detalle del español de generaciones post-inmigrantes podría beneficiarse de planteamientos alternativos como el de Tse (2001). En vez de documentar la pérdida de un idioma de herencia, esta investigadora identifica los eventos y las dimensiones en la vida de sus informantes que han promovido la retención del chino, el japonés y el español, y que han dado pie al desarrollo de la lectura y la escritura. En sus conclusiones, Tse subraya que los factores más importantes para la "vitalidad" de un idioma minoritario son: (1) un grupo de amigos que utiliza el idioma de herencia; (2) el contacto con instituciones que valoraban el idioma, y (3) unos padres que hablan el idioma y estimulan su desarrollo (2001: 686; mi traducción). El análisis de las tendencias regionales y el de casos excepcionales como los descritos por Tse nos permitirá identificar los elementos lingüísticos propensos a sucumbir al dominio del inglés, tomar medidas para prevenir la pérdida del español entre familias y esperar rescatar de una futura extinción uno de los idiomas de herencia de más larga tradición en los EE.UU.

Bibliografía

Aguirre, A. Jr. (1982). Language use patterns of adolescent Chicanos in a California border town. En F. Barkin, E. A. Brandt y J. Ornstein-Galicia (eds.), *Bilingualism and language contact: Spanish, English and Native American languages* (pp. 278-289). New York: Teachers College Press.

Amastae, J. (1982). Language shift and maintenance in the Lower Rio Grande Valley of Southern Texas. En F. Barkin, E. A. Brandt y J. Ornstein-Galicia (eds.), *Bilingualism and language contact: Spanish, English and Native American languages* (pp. 261-277). New York: Teachers College Press.

Bills, G. D. (1997). New Mexican Spanish: Demise of the earliest European variety in the United States, *American Speech*, 72 (2), 154-171.

Bills, G. D., Hernández-Chávez, E. y Hudson, A. (1995). The geography of language shift: Distance from the Mexican border and Spanish language claiming in the Southwestern U.S. *International Journal of the Sociology of Language*, 114, 9-27.

Bureau of Transportation Statistics (n.d.). *Border crossing data. Incoming pedestrian crossings, US-Mexican border (Arizona, California, New Mexico and Texas) 1997.* <http://www.bts.gov/ programs/itt/cross/cross.html>, (29-6-2002).

Census of Population and Housing (2000). *P034. Language spoken at home for the population 5 years and over - universe: Population 5 years and over* [Data Set: Census 2000 Supplementary Survey Summary Tables]. Washington, D.C.: U.S. Department of Commerce, Bureau of the Census. <http://factfinder.census.gov/servlet/ DTTable?ds_name=D&geo_id=D&mt_name=ACS_C2SS_EST_G2000_P034&_lang=e n>, (29-06-2002).

Cohen, S. W. (1980). *Spanish verb tenses in the speech repertoire of Spanish-speaking children.* Oakland, CA: National Hispanic University.

College Entrance Examination Board (1999). *5-Year set of free-response questions 1995-1999: Spanish language, literature*. USA: The Educational Testing Service.

Crawford, J. (1996). Seven hypotheses on language loss: Causes and cures. En G. Cantoni (ed.), *Stabilizing indigenous languages*. Flagstaff: Center for Excellence in Education, Northern Arizona University. <http://www.ncbe.gwu.edu/miscpubs/stabilize/ii-policy/ hypotheses.html>, (1-09-01).

Fishman, J. (1966). *Language loyalty in the United States*. The Hague: Mouton.

Fishman, J. (1991). *Reversing language shift*. Clevedon, UK: Multilingual Matters.

Galindo, D. L. (1996). Language use and language attitudes: A study of border women. *Bilingual Review/Revista Bilingüe*, 21, 5-17.

González, G. (1975). The acquisition of grammatical structures by Mexican-American children. En E. Hernández-Chávez, A. D. Cohen y A. F. Beltramo (eds.), *El lenguaje de los Chicanos: Regional and social characteristics used by Mexican Americans* (pp. 220-237). Arlington, VA: Center for Applied Linguistics.

Hakuta, K. y Pease-Alvarez, L. (1994). Proficiency, choice and attitudes in bilingual Mexican-American children. En G. Extra y L. Verhoeven (eds.), *The cross-linguistic study of bilingual development* (pp. 145-164). Amsterdam: Royal Netherlands Academy of Arts and Sciences.

MacGregor-Mendoza, P. (1999). *Spanish and academic achievement among Midwest Mexican youth: The myth of the barrier*. New York: Garland.

Pease-Álvarez, L. (1993). *Moving in and out of bilingualism: Investigating native language maintenance and shift in Mexican-descent children*. National Center for Research on Cultural Diversity and Second Language Learning, Research Report, 6. Washington, DC: Center for Applied Linguistics. <http://www.ncbe.gwu.edu/miscpubs/ncrcdsll/rr6/>.

Pease-Álvarez, L. y Winsler, A. (1994). Cuando el maestro no habla español: Children's bilingual language practices in the classroom. *TESOL Quarterly*, 28, 507-535.

Portes, A. y Hao, L. (1998). E pluribus unum: Bilingualism and loss of language in the second generation. *Sociology of Education*, 71, 269-294.

Tse, L. (2001). Resisting and reversing language shift: Heritage-language resilience among U.S. native biliterates. *Harvard Educational Review*, 71 (4), 676-708.

Valdés, G. y Figueroa, R. A. (1994). *Bilingualism and testing: A special case of bias*. Norwood, NJ: Ablex.

Wong-Fillmore, L. (1991). When learning a second language means losing the first. *Early Childhood Research Quarterly*, 6 (3), 323-347.

Aportaciones de la lingüística aplicada crítica al estudio del español de los EEUU

Daniel J. Villa
New Mexico State University, Las Cruces

Abstract

Critical applied linguistics offers a relatively recent theoretical approach to language studies whose principal goal is the re-examination of the relationship between traditional studies of applied linguistics, theoretical linguistics, and other fields dedicated to better understanding the dynamics of human social interaction. This chapter aims to relate theoretical findings on US Spanish, concrete data on the socioeconomic status of its speakers, its relationship with other varieties of the language and the issue of social class in other Spanish speaking nations in order to better understand and define the social reality in which US Spanish exists. I review a number of Pennycook's (2001) ideas on critical applied linguistics, and discuss how they relate to breaking down the dichotomous relationship between applied and theoretical linguistics, especially with regards to studies of US Spanish. Next, I present an analysis of the economic presence and status of US Spanish speakers, and how the social realities they inhabit fundamentally differ from those found in other Spanish speaking countries. As a result, the social structures that "stigmatize" certain words and grammatical structures do apply here, and as a result the profession must re-examine its attitudes toward Spanish as spoken in this nation, for it is perhaps the profession that does the stigmatizing. Finally, I offer certain suggestions for a "preferred future" regarding the directions that studies of US Spanish follow, in order to better understand the dynamics of the second most widely spoken language in this country as they unfold in the 21st century.

Introducción

El español hablado en los EE.UU. difiere de otras variedades de este idioma global en que no es la lengua principal de esta nación, como lo es en la mayoría de los otros países hispanohablantes. A pesar de que los EE.UU. es la quinta nación hispanófona más grande en el mundo (Villa 2000), el español no goza del mismo prestigio que el inglés, existiendo aquí por lo general como una lengua subordinada o L_2. Entre las muchas implicaciones para el español estadounidense se encuentran dos importantes en cuanto a estudios en la lingüística aplicada sobre ese idioma. Primero, no existe una infraestructura nacional para apoyar la instrucción académica del español, y segundo, tampoco se encuentra una sola variedad del idioma que podría servir como un "estándar" para fines de la planificación del idioma, como por ejemplo en la instrucción formal.

Frente a esta problemática, varios lingüistas, estudiosos del idioma y educadores han propuesto el uso de variedades exocéntricas, es decir, hablas "cultas" o prestigiadas de grupos élites de otros países hispanohablantes (García 1993). En cambio, las

variedades del español habladas en los EE.UU. provienen, en la gran mayoría de los
casos, de comunidades campesinas o clases trabajadoras, es decir, de grupos no élites en
su país de origen. La tendencia a preferir ciertas variedades exocéntricas aquí, una
política cuya antigüedad puede trazarse por lo menos hasta los principios del siglo XX, ha
resultado en el menosprecio de variedades autóctonas del español en muchos dominios,
específicamente los de la educación formal (véase p. ej., Torreblanca 1997; Valdés y
Geoffrion-Vinci 1998; Varela 2000). Sin embargo, la presencia demográfica de los
hispanohablantes en los EE.UU., así como su creciente estatus económico, firmemente
establecen el español estadounidense como presencia importante en el español global.
Los estudios dentro del marco de la lingüística aplicada crítica ofrecen herramientas
importantes para comenzar a enfrentar las polémicas sobre el español de los EE.UU.
creadas por las tensiones sociales, las económicas y las de clase, entre otras.

Aquí cabe mencionar que, al referirme al "español de los EE.UU.", no ignoro las
notables diferencias entre las muchas variedades del idioma en este país que se
encuentran hasta en regiones relativamente reducidas, como es el caso en el estado de
Nuevo México (Bills 1997). Más bien me refiero a una colección de variedades que
enfrentan básicamente las mismas condiciones políticas, sociales, étnicas y económicas,
entre otras, en esta nación. Además, al referirme a "los hispanohablantes", señalo los que
poseen un alto control de la lengua hablada. Es notoria la pérdida del español en todos los
grupos de ascendencia hispanohablante (Bills 1989; Bills *et al.* 1995; López 1978; Pease-
Álvarez 1993; Rivera-Mills 2001; Solé 1990; Veltman 1988, para mencionar sólo
algunas investigaciones sobre el fenómeno). Para las metas de este estudio, un
hispanohablante de los EE.UU. es aquella persona que tiene la capacidad de comunicarse
con individuos monolingües de otras regiones del mundo hispanohablante.

La lingüística aplicada crítica: integración de teoría y praxis

En su libro *Critical Applied Linguistics: A Critical Introduction*, Pennycook
(2001) ofrece una serie de propuestas que pertenecen a este emergente campo de estudio.
De ellas recojo las que considero se dirigen directamente al tema de este trabajo:

(1) The notion of praxis as a way of going beyond a dichotomous relation between
    theory and practice.
(2) The need for a critical form of social inquiry.
(3) Critical applied linguistics as a constant questioning of assumptions.
(4) The importance of relating micro relations of applied linguistics to macro
    relations of society.
(5) The importance of an element of self-reflexivity in critical work.
(6) The role of ethically argued preferred futures

(Pennycook 2001: 2; los números son míos).

A continuación relaciono de modo concreto estas propuestas con la situación del
estudio del español en los EE.UU., y en particular con la cuestión, indicada arriba, de la

educación formal. Muchas de las teorías lingüísticas elaboradas durante el siglo XX y hasta el presente emplean, implícita o explícitamente, la dicotomía binaria aristotélica; fue tal vez Saussure uno de los primeros estudiosos modernos que implementó ese concepto al establecer la distinción entre los estudios sincrónicos y los diacrónicos. Si bien esta dicotomía ha servido para avanzar lo riguroso de los estudios lingüísticos, es preciso reconocer que las lenguas humanas no necesariamente se conforman a divisiones binarias absolutas.

Uno de los propósitos de la lingüística aplicada crítica es re-examinar esas divisiones binarias, como por ejemplo entre la lingüística aplicada y la teórica. Tradicionalmente, la primera se restringe a tareas como la enseñanza del idioma en el salón de clase, mientras que la segunda se dedica plenamente a una investigación de la estructura de la lengua. En realidad, se puede afirmar que las dos son complementarias, y que una informa a la otra. Por ejemplo, se ha constatado que el español hablado de los EE.UU. es perfectamente adecuado para la instrucción académica en ese idioma (Villa 1996, 1997a, 1998, 2002), una aserción que pertenece a la lingüística aplicada. A la vez, esta afirmación se basa en los estudios empíricos llevados a cabo dentro de los marcos teóricos de la gramática cognitiva y de la gramática funcional.

Como primer ejemplo de este tipo de investigación, García (1998) estudia la concordancia entre artículo y sustantivo en el español de San Antonio, Texas, y encuentra que ese sistema gramatical no se simplifica como resultado del contacto con el inglés, sino que se mantiene. Escribe García: "[…] the results of this pilot study suggest that the Spanish of Mexican-American bilinguals in South Texas is not simplifying with respect to basic rules such as gender agreement and moreover these speakers follow the same norms for gender marking as those of monolingual dialects" (1998: 57). En un estudio sobre varias estructuras gramaticales en el español de California, Zabaleta concluye a partir de la muestra que investiga:

> En definitiva, tanto mediante los cuestionarios como las narrativas, se ha observado que este dialecto del español contiene elementos gramaticales que lo identifican fundamentalmente como español mexicano […]. A grandes rasgos, puede decirse que internamente el español de California es más conservador, más tradicional, y por lo tanto menos propenso a la innovación que su pariente mexicano (2000: 374).

Fairclough investiga la expresión de modalidad deóntica, específicamente la de obligación, en el español de Houston, Texas. Encuentra un desarrollo interno en cuanto a las perífrasis empleadas para esa función modal, y llega a la siguiente conclusión: "En cuanto a la actualización, los factores que motivan el cambio [de distribución] son, sin duda alguna, de naturaleza intralingüística. No pueden ser atribuidos al inglés por ser formas existentes en el habla monolingüe, si bien con menor frecuencia" (2000: 29). En cuanto al tema de modalidad, se ha establecido que en el español de Nuevo México no se ha perdido la capacidad sintáctica y semántica para la expresión de la modalidad epistémica y la deóntica, entre otras funciones de futuridad, sino que ciertas estructuras sintéticas y analíticas siguen establecidas vías de gramaticalización que se remontan a los primeros momentos históricos documentados del español, es decir, al latín vulgar (Villa

1997b). Asimismo, Torres Cacoullos (2000) ha encontrado que el uso del gerundio *ndo* sigue vías de desarrollo que pertenecen a las establecidas por procesos de gramaticalización internos al español, y que su distribución en el habla actual se remonta a fuentes históricas, otra vez señalando el hecho de que el contacto con el inglés impacta en un grado mínimo en la estructura del español estadounidense.

Sería fácil aumentar esta breve lista de investigaciones, pero espero ya haber establecido que estos trabajos empíricos, incrustados en varios marcos teóricos lingüísticos, son los que informan sobre el español de los EE.UU. que, reitero, resulta sumamente adecuado para la instrucción académica en cualquier nivel, desde la primaria hasta la universitaria. Sin embargo, son varios los educadores, lingüistas y estudiosos que rechazan tal noción (Villa 2002). Para mejor entender ese tipo de actitud, invoco los ángulos analíticos (2) a (6) referidos antes.

El papel de "crítica" en la lingüística

Empleo el término "crítica" en un sentido freireano, que asume que para entender cierto problema o polémica (en este caso a nivel comunicativo), habrá que indagar las dinámicas sociales que impactan dada situación (para discusiones detalladas de este concepto, véase Freire 1997, 1999). Asumo que a esto se refiere Pennycook con la propuesta (2), acerca de la necesidad de un tipo de investigación social para mejor informar el desarrollo de argumentos bien racionalizados. Esta propuesta da pie a la número (3), que propone cuestionar constantemente la validez de los conceptos que subyacen los argumentos en la investigación lingüística. La propuesta (4) –relacionar las micro-relaciones de la lingüística aplicada con las macro-relaciones de la sociedad en general–, presenta un ángulo sumamente importante para entender nuestra realidad lingüística actual. Veamos cómo estos preceptos se relacionan con el estudio del español de los EE.UU.

Primero, es preciso reiterar el hecho que el español sigue en estatus social inferior al inglés en este país. Tal es el rechazo de la lengua en ciertos sectores del pueblo estadounidense que organizaciones tales como U. S. English (www.us-english.org) activamente buscan el establecimiento del inglés como la única lengua oficial del gobierno de esta nación, con el pretexto de "unificar" al pueblo de la Unión Americana. Frente a esta aserción, Gynan (1993), King (1997), Thomas (1996) y Zentella (1994), entre otros, han establecido que son otros los motivos para tratar de darle al inglés tal estatus legal. En este caso, una sugerencia común entre estos estudiosos es que el temor de la migración, y el crecimiento demográfico de ciudadanos de ascendencia hispanohablante, motivan las acciones de tales grupos. Es decir, no es un "problema" del idioma, sino del pueblo que lo habla.

A la vez, como he notado antes, algunos investigadores buscarían establecer una variedad u otra, de otro país hispanohablante, como la norma para la instrucción académica en español en este país. García (1993) traza la historia de esta tendencia que surge en los primeros momentos del nacimiento de los Estados Unidos y que continúa hasta el presente. Una motivación para el rechazo del español estadounidense se encuentra en su proveniencia. Con la excepción de los inmigrantes de Cuba a finales de los años cincuenta y principios de los sesenta, la gran mayoría de los hispanohablantes proviene de las clases trabajadoras o campesinas, o sea las clases sociales "bajas".

Ciertos rasgos lingüísticos tienden a marcar estas variedades del español. Variaciones como *muncho, mesma, asina, vide, truje, estábanos, pallá, pacá, patrás, pos* y *jallar* sirven como demarcadores de clase social. Asimismo, un posible elevado uso de ciertos préstamos del inglés, como *guachar, liquear, troca, nicle, daime, cuara, monquear, mapear, sinque* y *bil*, entre muchísimos otros, señala la clase social del hablante. (Ello frente a otros préstamos del inglés no menospreciados, empleados por todo el mundo hispanohablante: *bar, teléfono, televisión, gol, golf, béisbol, Coca Cola, megabyte, smoking* y *club*, para mencionar sólo algunos.) Estos demarcadores, sin duda alguna, sirven hasta la fecha para distinguir entre clases sociales *en Latinoamérica y en Europa*, contornos sociales sumamente diferentes a los de los EE.UU. en cuanto al uso del español.

Tocante a una visión crítica de tales contornos sociales, hay que tomar en cuenta ciertas realidades socioeconómicas. Entre ellas se encuentra el hecho de que los hispano-parlantes de los EE.UU. representan una fuerza económica tremenda en el mundo de habla hispana. El principal mercado hispanohablante para los bienes y productos estadounidenses se encuentra dentro de los límites de esta nación. Como se reporta en Villa (2000), la cifra para ese año en cuanto al poder adquisitivo (de nuevo, para los bienes y servicios producidos en este país) fue de 383.200 millones de dólares; eso frente a una cifra de 93.700 millones en el resto del mundo hispanohablante. Según Humphreys, sólo tres años después, esta cifra se ha incrementado a 653.000 millones, una expansión abrumante de casi el 60% (2003).

El poder económico de los hispanohablantes de los EE.UU. no se restringe sólo a los mercados en esta nación. También es fuente importante de ingresos económicos para otras naciones hispanohablantes. Las remesas (fondos o bienes mandados por los hispanohablantes en los EE.UU.) destinadas a México, Centroamérica, Sudamérica y el Caribe constituyen ingresos principales de moneda extranjera, el dólar, para esas regiones, extendiendo un apoyo importante y central a las economías de esas zonas. Según Lozano Ascencio, " […] the total amount of remittances flowing to Mexico during 1990 [was] at \$3.2 billion.... These remittances exceed the value of Mexico's agricultural exports (\$2.2 billion) and foreign direct investment in the country (\$2.6 billion), and approach the level of income garnered through foreign tourism (\$3.4 billion)' (1993: xi). Más recientemente, Fidler afirma que

> The level of remittances exceeds aid flows to the region [Latin America] and is equal to almost a third of the region's foreign direct investment (FDI). In six countries, remittances exceed 10 per cent of gross domestic product: Haiti (17 per cent), Nicaragua (14.4), El Salvador (12.6), Jamaica (11.7), the Dominican Republic (10) and Ecuador (10). Mexico's remittances exceed 160 per cent of farm exports, are equal to tourism revenues and are equivalent to two-thirds of oil revenues. Salvadorean [sic] workers send home nearly seven times the country's FDI. Remittances to the Dominican Republic are three times agricultural exports, while those to Colombia are the equivalent of half its coffee exports (2001: párrafos 3-4).

La tendencia a menospreciar el español de los EE.UU. por causas pertenecientes a los sistemas sociales de otros países hispanohablantes es notoria en la literatura académica. Para ofrecer sólo unos cuantos ejemplos, Hidalgo escribe: "[…] I also proposed that we search for appropriate strategies and tactics in order to identify the more *stigmatized* morphosyntactic characteristics in the Spanish-speaking world […]" (1993: 88, énfasis mío). Por su parte, Varela opina que "La mayoría [de préstamos] pertenece a un bajo nivel de hablantes con poca cultura que no hablan bien ni el inglés ni el español" (2000: 173). La yuxtaposición de la frase "un bajo nivel" con "hablantes con poca cultura" claramente demuestra una actitud negativa tanto hacia los hablantes como a la variedad del español que hablan.

En otro caso, Valdés *et al.* (2003) sugieren que el español tiene mínima importancia como lengua académica *hasta en departamentos universitarios de lenguas extranjeras.* En un estudio de actitudes hacia el español académico en este contexto, los autores descubrieron ciertas actitudes ambivalentes entre los mismos profesores que imparten los cursos de español. En cuanto a la importancia del español académico para la carrera profesional, los autores observan lo siguiente, apoyando su análisis en la respuesta de un miembro del profesorado:

> […] a few members of the department revealed a submerged, attenuated counterdiscourse that viewed reality from a very different perspective and appeared to problematize not only the notion of academic Spanish, but also its role in the department and in the profession. Some responses, for example, argued that academic Spanish should not be privileged or prioritized by the department and stated the obvious about the language of publication for members of American departments of language: The way things are now, that to publish or perish, it has to be to publish in English or perish. Because if you publish in Spanish, you are perishing anyway in this country
>
> (Valdés *et al.* 2003: 21).

Además de sugerir que, en general, el español no se percibe como una lengua adecuada para fines académicos en este país, estos autores asimismo afirman explícitamente que entre los participantes en su estudio, el español estadounidense tiene un estatus inferior a otras variedades de Latinoamérica y Europa.

Como he notado anteriormente, tales tensiones se arraigan en la tendencia a comparar el estatus del español en los EE.UU. con el de otros países, cuando de hecho no resulta posible ni siquiera equiparar la situación social en general en uno y otro contexto. El prejuicio lingüístico que enfrentan los hispanohablantes en EE.UU. no surge de la *variedad* del español que hablan, sino porque hablan *otra lengua más* aparte del inglés. Los que intentarían cambiar la forma de hablar de estos individuos tienen que establecer, de manera indudable, cuáles serán los beneficios sociales, culturales y económicos de tal esfuerzo, si es que los hay. Los hispanohablantes de este país se encuentran en una batalla constante para mantener su lengua materna, y esa lucha exige todo el apoyo social, moral y lingüístico que se les pueda brindar. Para hacer esto, la propuesta (5) juega un papel importante, ya que la auto-reflexión de cualquier estudioso o lingüista que critica la forma del español hablado en los EE.UU. ha de delinear los motivos por los cuales se justifica esa crítica. Esto incluye identificar las actitudes que aporta el individuo a su programa de investigación.

Para ejemplificar la importancia de esta reflexión, señalo de nuevo el artículo de Valdés y Geoffrion-Vinci (1998), en el cual las autoras sugieren que el español hablado por los "chicanos" es "subdesarrollado". Como queda anotado en Villa (2002), estas investigadoras intentan definir un español académico, sin ofrecer una explicación lingüística cuidadosamente elaborada. En cambio, sugieren la tautología que el español académico es el español hablado por académicos, una definición no fructífera para la persona interesada en qué o cuál será un español académico. Entonces, basándose en un estudio de 16 individuos, sugieren que la metodología empleada para enseñar el español a los hispanohablantes en los EE.UU. se debe re-examinar en la medida en que se basa en las variedades populares del español estadounidense.

Por supuesto, la estadística no permite tal generalización, así que hay que examinar otros motivos por los cuales estas investigadoras sugerirían tal acción. En su libro *Con respeto: Bridging the distances between culturally diverse families and schools: an ethnographic portrait*, Valdés (1996) anota que fue criada entre las "clases acomodadas" del norte del estado de Chihuahua, México. Escribe:

> My family was and is part of what in the Mexican world is known as *las clases acomodadas* (people of means) and not of *las clases humildes* (people of humble origins)....
> As might be expected by those who know Mexico and its class structure... I had little contact with persons like the families and children in my study [*de clase humilde*]. Except for those times that I accompanied my mother to engage a new servant or to carry out some mission of mercy, I had not ever spent time among poor "working-class" families. As an adult, I also had few opportunities to really come to know the Mexican "working-class" world (1996: 11-12).

Es importante reconocer el impacto que la socialización podría tener en nuestro trabajo personal. La autorreflexión ofrece la posibilidad de por lo menos intentar distinguir entre las políticas basadas en la socialización del individuo y las fundamentadas en la investigación lingüística. Tal proceso resulta imprescindible al estudiar cualquier aspecto del español de los EE.UU., por las diferencias sociales fundamentalmente distintas entre este país y las otras naciones de habla hispana. De nuevo, bien que la mayoría de los hispanohablantes sea de las 'clases humildes' de su respectivo país de origen, ya forma un grupo potente que no es 'humilde'. A continuación presento las implicaciones de este hecho para el futuro del español estadounidense.

El desarrollo de las políticas para el español de los EE.UU.

La propuesta (6) arriba sugiere que la planificación de políticas lingüísticas debería fundamentarse en argumentos éticos para los "futuros preferidos". En cuanto a la validez de políticas lingüísticas, hay que reconocer ciertos hechos. Entre ellos es la falta ya mencionada de una infraestructura para implementar una política uniforme sobre el español en este país. Aunque existe la Academia Norteamericana en los EE.UU., ni esa organización ni ninguna otra tiene los medios legislativos, legales o morales como para poner en práctica cualquier política lingüística, como las existentes en otros países hispanohablantes. Es importante señalar esta realidad, porque como subraya Phillipson:

> [...] pluricentricity is a term mostly used in linguistics to refer to the fact that one language has several centers from which norms of correctness emanate and radiate, for instance, in the form of dictionaries and grammars. Thus German is a pluricentric language, with centers in Germany, Austria, and Switzerland. The citizens of each of these countries look to their own centers for guidance (endocentric norms). By contrast, people in neighboring countries who speak German as a mother tongue... look to Germany for guidance (exocentric norms) (1999: 102).

El español *hablado* en los EE.UU. es sumamente pluricéntrico; las normas para su uso en cualquier región emanan de los usos de los hablantes. En ciertas áreas de este país, el español predata la existencia del inglés y la entidad política que hoy se denomina los EE.UU., así que se puede identificar variedades autóctonas del español estadounidense. La falta de los medios necesarios para la institución de una sola variedad como la norma, o el "estándar", garantiza el continuo estatus del español estadounidense como un idioma de normas endocéntricas. Asimismo, se garantiza el fracaso de cualquier esfuerzo que se dedique a introducir normas exocéntricas para el español hablado en este país.

En cuanto a la lengua *escrita*, y materiales como gramáticas y diccionarios, el poder adquisitivo de los hispano-parlantes en esta nación garantiza la creación de una amplia colección de tales recursos. Bien que se importen diccionarios de otros países hispanohablantes, las principales editoriales que se dedican a la publicación de diccionarios se encuentran dentro de los límites de esta nación, así como las que elaboran gramáticas. Hasta se publican diccionarios especializados, como *A dictionary of New Mexico and southern Colorado Spanish* de Cobos (1983), que documentan variaciones léxicas de específicas regiones geográficas. Una descripción detallada de los recursos endocéntricos para fines normativos cae fuera de los límites del presente trabajo; simplemente quisiera señalar su amplia presencia actual para la normalización del español escrito estadounidense.

Conclusión

Como indico arriba, los hispanohablantes de los EE.UU. constantemente enfrentan presiones para abandonar su lengua materna. Un futuro preferido sería que esos hablantes no tuvieran que enfrentar también presiones creadas por los investigadores, estudiosos y lingüistas que quieran instituir normas exocéntricas para la educación formal en español en este país. La continua resistencia al uso del español como lengua autóctona en los EE.UU. sin duda continuará durante este siglo; prueba de eso son las organizaciones como U. S. English y reciente legislación como la Proposición 227 en California, que suprime la educación bilingüe.

Los que nos interesamos en los temas del español en los EE.UU., desde cualquier punto de vista lingüístico teórico o aplicado, no tenemos los recursos como para cambiar las fuerzas macro-sociales en este país que impactan el idioma. Lo que sí podemos controlar es el impacto que tienen nuestros programas de educación en los alumnos que entran en nuestros salones de clase, así como el diálogo profesional que elaboramos en nuestras publicaciones y en nuestras ponencias. De esta manera los que estamos involucrados en la enseñanza del español a nativo-hablantes, en la creación de materiales o en otras tareas en este campo, podemos ofrecer un apoyo positivo y fructífero al desarrollo del idioma, y no aumentar la tasa de su pérdida.

En fin, con el presente trabajo quisiera sugerir que tomar en cuenta propuestas de la lingüística aplicada crítica en esas tareas nos ayudará a mejor diseñar currícula, materiales para instrucción e implementar la tecnología en la enseñanza, entre otras faenas que nos tocan. Queda claro que este breve ensayo sólo presenta la superficie de las aportaciones de la lingüística aplicada crítica al estudio del español en EE.UU., pero espero haber sugerido que supone una vía fructífera para futuras investigaciones, para futuros diálogos, sobre nuestro idioma en este país.

Bibliografía

Bills, G. (1989). The US Census of 1980 and Spanish in the Southwest. *International Journal of the Sociology of Language*, 79, 11-28.

Bills, G. (1997). Language shift, linguistic variation, and teaching Spanish to native speakers in the United States. En M. C. Colombi y F. Alarcón (eds.), *La enseñanza del español a hispanohablantes: Praxis y teoría* (pp. 263-282). Lexington, MA: D.C. Heath.

Bills, G., Hernández Chávez, E. y Hudson, A. (1995). The geography of language shift: Distance from the Mexican border and Spanish language claiming in the Southwestern U.S. *International Journal of the Sociology of Language*, 114, 9-27.

Cobos, R. (1983). *A dictionary of New Mexico and southern Colorado Spanish*. Santa Fe: Museum of New Mexico Press.

Fairclough, M. (2000). Expresiones de modalidad en una situación de contacto: *Deber (De)* vs. *Tener Que* en el español hablado en Houston. *Southwest Journal of Linguistics*, 19, 19-30.

Fidler, S. (2001). Middle East, Latin American and Caribbean: New migrants spur growth in remittances. *Financial Times*. <http://www.jubilee2000uk.org/finance/Latin_america_migrants_growth_ remittances.htm>, (15–5-2002).

Freire, P. (1997) [1970]. *Pedagogía del oprimido*. México, DF: Siglo Veintiuno Editores.

Freire, P. (1999). *Pedagogía de la esperanza: Un reencuentro con la pedagogía del oprimido*. México, DF: Siglo Veintiuno Editores.

García, M. E. (1998). Gender marking in a dialect of Southwest Spanish. *Southwest Journal of Linguistics*, 17, 49-58.

García, O. (1993). From Goya portraits to Goya beans: Elite traditions and popular streams in U.S Spanish language policy. *Southwest Journal of Linguistics*, 12, 69-86.

Gynan, S. (1993). An analysis of attitudes toward Spanish as expressed in US English Update *Southwest Journal of Linguistics*, 12, 1-37.

Hidalgo, M. (1993). The teaching of Spanish to bilingual Spanish-speakers: A "problem" of inequality. En B. Merino, H. Trueba y F. Samaniego (eds.), *Language and Culture in*

Learning: Teaching Spanish to Native Speakers of Spanish (pp. 82-93). Washington, DC: The Falmer Press.

Humphreys, J. M. (2003). The multicultural economy 2003: America's minority buying power. *Georgia Business and Economic Conditions*, 63: 1-27. <http://www.selig.uga.edu/>, (28-2-2004).

King, R. (1997). Should English be the law? *The Atlantic Monthly*, 279, 55-64. <http://www. theatlantic. com/issues/97apr/english.htm>, (3–6-2000).

López, D. E. (1978). Chicano language loyalty in an urban setting. *Sociology and Social Research*, 62, 267-278.

Lozano Ascencio, F. (1993). *Bringing it back home: Remittances to Mexico from migrant workers in the United States*. University of California, San Diego: Center for U.S.-Mexican Studies.

Pease-Álvarez, L. (1993). Moving in and out of bilingualism: Investigating native language maintenance and shift in Mexican-descent children. *National Center for Research on Cultural Diversity and Second Language Learning, Research Report, 6*. Washington, D. C.: Center for Applied Linguistics.

Pennycook, A. (2001). *Critical applied linguistics: A critical introduction*. Mahwah, NJ: Lawrence Erlbaum Associates.

Phillipson, R. (1999). Political science. En J. Fishman (ed.), *Handbook of language and ethnic identity* (pp. 94-108). Oxford: Oxford University Press.

Rivera-Mills, S. (2001). Language shift in a northern California community. *Southwest Journal of Linguistics*, 21, 211-223.

Solé, Y. R. (1990). Bilingualism: stable or transitional? The case of Spanish in the United States. *International Journal of the Sociology of Language*, 84, 35-80.

Thomas, L. (1996). Language as Power: A Linguistic Critique of U.S. ENGLISH. *The Modern Language Journal*, 80, 129-140.

Torreblanca, M. (1997). El español hablado en el Suroeste de los Estados Unidos y las normas lingüísticas españolas. En M. C. Colombi y F. Alarcón (eds.), *La enseñanza del español a hispanohablantes: Praxis y teoría*, (pp. 133-139). Lexington, MA: D.C. Heath.

Torres Cacoullos, R. (2000). *Grammaticization, synchronic variation, and language contact: A study of Spanish progressive -ndo constructions*. Amsterdam: John Benjamins.

Valdés, G. (1996). *Con respeto: Bridging the distances between culturally diverse families and schools: An ethnographic portrait*. New York: Teachers College Press.

Valdés, G., y Geoffrion-Vinci, M. (1998). Chicano Spanish: The problem of the "underdeveloped" code in bilingual repertories. *The Modern Language Journal*, 82, 473-501.

Valdés, G., González, S. V., López García, D. y Márquez, P. (2003). Language ideology: The case of Spanish in departments of foreign languages. *Anthropology y Education Quarterly*, 34, 3-26.

Varela, B. (2000). El español cubanoamericano. En A. Roca (ed.), *Research on Spanish in the United States: Linguistic Issues and Challenges* (pp. 173-176). Somerville, MA: Cascadilla Press.

Veltman, C. (1988). *The future of the Spanish language in the United States*. New York: Hispanic Policy Development Project.

Villa, D. (1996). Choosing a "Standard" Variety of Spanish for the Instruction of Native Spanish Speakers in the U.S. *Foreign Language Annals*, 29, 191-200.

Villa, D. (1997a). Course Design and Content for a "Grammar" Class in an SNS Program. En M. C. Colombi y F. X. Alarcón (eds.), *La enseñanza del español a hispanohablantes: Praxis y teoría*, (pp. 93-101). Lexington, MA: D.C. Heath.

Villa, D. (1997b). *El desarrollo de futuridad en el español*. México, DF: Grupo Eón.

Villa, D. (1998). Bilingual pedagogy and border environmental issues. En G. A. Rosile (ed.), *Business Review Yarbook* (pp. 223-228). Slippery Rock, PA: International Academy of Business Disciplines.

Villa, D. (2000). Languages have armies, and economies, too: The impact of U.S. Spanish in the Spanish-speaking world. *Southwest Journal of Linguistics*, 19, 143-154.

Villa, D. (2002). The sanitizing of U.S. Spanish in academia. *Foreign Language Annals*, 35, 222-230.

Zabaleta, F. (2000). Aspectos morfosintácticos del español como lengua materna entre universitarios californianos. En A. Roca (ed.), *Research on Spanish in the United Status· Linguistic issues and challenges*, (pp. 360-376). Somerville, MA: Cascadilla Press.

Zentella, A. C. (1994). Ethnolinguistic pluralism as scapegoat: The lessons of the Canadian experience for US Latinos. *International Journal of the Sociology of Language*, 11C, 155-167.

Perspectivas pedagógicas

A present subjunctive focus-on-form study of heritage speakers of Spanish

Kristi Hislope
North Georgia College & State University

Abstract

Ocampo (1990) and Silva-Corvalán (1994), among others, agree that U.S. Spanish is following a general tendency of a language to simplify morphologically, especially with respect to the subjunctive mood. The research presented here focuses on present subjunctive written production by heritage speakers of Spanish through input flooding, an implicit focus-on-form (FonF) technique. FonF is defined as "instruction that draws the learner's attention to form in the context of meaningful communication" (Williams & Evans 1998: 139). The participants in the present study are 10 heritage speakers of Spanish between the ages of 19 and 21 who were enrolled in second through fourth year Spanish at a large university in the Midwest. Through input flooding (providing excessive occurrences of the grammar form under investigation), the researcher subjected her participants to 47 tokens of the Spanish present subjunctive in a four-page reading passage (treatment). To investigate any changes in subjunctive usage after exposure to the input flood treatment, a pretest, an immediate posttest, and a delayed posttest were administered three weeks apart. Written production of the form was tested through cloze passages. It was hypothesized that written production scores would be highest immediately after receiving the treatment with no long term retention in the delayed posttest. Results indicate dispersed scores on the production task. Six participants received their lowest scores on the immediate posttest, which is counterintuitive to the expected results. Results suggest that for these 10 participants, Spanish present subjunctive usage is sporadic.

Introduction

In varieties of U.S. Spanish it is generally recognized that there is an increased use of the indicative mood in contexts where the subjunctive would normally occur in "standard" Spanish. Both Ocampo (1990) and Silva-Corvalán (1994) conducted generational studies of Chicano Spanish speakers in East Los Angeles to determine mood selection. In contexts where the subjunctive is obligatory, they both found less subjunctive usage in younger generations. Silva-Corvalán (1994) found 93.8% use for the first generation in this context (1994: 267) which demonstrates that it is not only the second and third generations that are experiencing reduced usage of the subjunctive. She stated that this "indicates that the seeds of change are to be found in... basically monolingual communities" (*Ibíd.*: 267-268) and that in U.S. Spanish "the selection of subjunctive may become solely dependent on morpho-syntactic and lexical features of the context" (*Ibíd.*:

269). Thus, the subjunctive may become a grammaticalization where the use of the indicative in the same phrase would be meaningless to the speaker.

One method of instruction used for grammatical acquisition is focus-on-form (FonF) which is defined as "instruction that draws learners' attention to form in the context of meaningful communication" (Williams and Evans 1998: 139). Implicit FonF "*attract[s]* learner attention" while explicit FonF "*direct[s]* learner attention" (Doughty and Williams 1998: 232).

One implicit FonF technique, written input flooding, involves exposure to an excessive number of tokens of the form being investigated. Williams and Evans (1998) and Schmidt (1990) believe that students may need to be instructed to notice grammatical items whereas Tomlin and Villa (1994) believe that input flooding alone might be sufficient. DeKeyser (1995) found that implicit learning was not superior to explicit learning of complex rules. Most agree that the focus should be on forms that are difficult to acquire, and Sanz (2000) lists the Spanish subjunctive as an ideal candidate.

The purpose of the present study was to investigate what effects (measured through a pretest and two posttests) would occur in the Spanish written subjunctive of heritage speakers after being exposed to an input flood in a reading treatment. The research questions were: Does implicit focus on the present subjunctive through an input flood in a reading passage elicit *written production of the form* in the immediate posttest? Is there a long-term recall effect as determined through the delayed posttest?

It was hypothesized that immediately after receiving the treatment, the participants' written production of the present subjunctive would be higher than before receiving the input flood but there would be no long-term recall of the form. In other words, participants would "forget" anything gained by the time of the delayed posttest.

This hypothesis is based on Anderson's (1995) notions of declarative versus procedural knowledge. Heritage speakers have declarative, or factual, knowledge of the present subjunctive (thus their ability to recognize and understand the form) but have not proceduralized that knowledge (thus their hypothesized inability to produce the form in writing in the long-term).

Methodology

On the first day of the experiment, participants filled out a questionnaire about family and language background and took a grammar-oriented pretest. Three weeks later they read the treatment which was a four-page magazine article taken from a Spanish language textbook. It was chosen for both its familiar topic (an adolescent's relationship with his/her father) and fairly easy reading level, as well as an unnaturally high occurrence (47 tokens) of the present subjunctive. The present subjunctive forms were not highlighted in any way in the article because this does not occur in any natural reading the participants may do on their own. After reading the article, participants completed the immediate posttest, which served as an instrument to gauge any possible effects due to the treatment. Three weeks later, they took the delayed posttest, which served as a means to see if a long-term recall effect occurred after receiving the treatment. Each test consisted of the same cloze exercises in which participants had to fill in the correct form of the supplied infinitive. Throughout, the imperfect versus preterit aspect served as a distractor.

Participants

The participants were five male and five female heritage speakers enrolled in Spanish courses at a large Midwestern university. All participants were from the northern Indiana/Chicago area except for F5 who was from West Los Angeles. M1, F3, and F4 are of Puerto Rican heritage. The others were of Mexican heritage. Table 1 lists the participants' age, Spanish class enrolled in, whether they consider themselves native Spanish speakers or not, self-ratings on their reading ability in Spanish on a scale of one (low reading ability) to four (high ability), and whether they claim to have received instruction in the Spanish present subjunctive. To determine familiarity with the present subjunctive, the participants were asked on the questionnaire if they had received instruction on the difference between *hablo* ("I talk," present indicative) and *que yo hable* ("that I may talk," present subjunctive).

Part.	Age	Span. class enrolled in[a]	Native Span. speaker?	Reading self-rating[b]	Subjunctive instruction?
M1	21	241, 302	No	2	Yes
M2	20	301	Yes	3	No
M3	19	301	No	3	Yes
M4	30	201	Yes	2	Yes
M5	20	241, 301	Yes	3	Don't know
F1	19	301	No	4	Yes
F2	20	302	Yes	4	Don't know
F3	19	202	No	3	No
F4	20	401	Yes	4	No
F5	19	302	Yes	3	No

Table 1. Participants' information.

[a]201-202 are Spanish Level III and IV (second year Spanish), 241 is Introduction to the Study of Hispanic Literature, 301-302 are Spanish Level V and VI (third year Spanish), 401 is Spanish Level VII (fourth year Spanish). [b]Low Spanish reading ability = 1; high ability = 4.

Analysis

Table 2 lists the numbers of subjunctive forms (n=13 for each test) and percentages that each participant produced correctly from the pretest (PreT), immediate posttest (ImPT), and delayed posttest (DelPT). They reflect the total number of correct subjunctives overall, not considering the participants' performance on one item over the

three tests. Thus, F1's totals of six correct on both the ImPT and the DelPT does not
mean these were the same items on both tests.

Part	PreT	ImPT	DelPT	PreT%	ImPT%	DelPT%
M1	1	4	1	7.7	30.8	7.7
M2	6	5	8	46.2	38.5	61.5
M3	4	10	10	30.8	76.9	76.9
M4	0	4	2	0	30.8	15.4
M5	12	9	10	92.3	69.2	76.9
F1	3	6	6	23.1	46.2	46.2
F2	11	12	12	84.6	92.3	92.3
F3	0	0	0	0	0	0
F4	9	6	9	69.2	46.2	69.2
F5	10	9	11	76.9	69.2	84.6

Table 2. Number of Correct Subjunctive Forms Produced and Percentages.

Patterns such as these are reported in Table 3:

Part	All items correct in all 3 tests	All items incorrect in all 3 tests	Pattern 1 Inc, Cor, Inc	Pattern 2 Inc, Cor, Cor	Pattern 3 Cor, at least one inc on PTs
M1	1	9	3	0	0
M2	3	3	1	1	2
M3	4	3	0	6	0
M4	0	9	2	2	0
M5	8	0	0	1	4
F1	2	5	2	2	1
F2	11	1	0	1	0
F3	0	13	0	0	0
F4	6	4	0	0	3
F5	8	1	1	0	2

Table 3. Number of Correct Subjunctive Forms by Item Following Set Patterns.

It is noted again that each test had identical cloze activities. No participant scored
perfectly on any test. F2 had the highest total scores followed by M5 and then F5. These
participants all scored in the 30s out of a total of 39 possible total points on all three tests.
They all considered themselves native Spanish speakers, and F2 and M5 reported not
knowing if they had been instructed in the present subjunctive (Table 1). F5 reported
instruction in the form. The two participants who scored the highest did not report being

instructed in the subjunctive. It is typical of native speakers not to be able to label the names of certain verbal paradigms. M4 was the lowest scoring participant to consider himself a native Spanish speaker. Of the participants considering themselves native, he also rated himself the lowest on reading ability in Spanish (Table 1). His low score may be attributed to his level of Spanish class. He was in second year Spanish, which was the lowest level of all the participants. However, he did report having received instruction in the present subjunctive. The participant enrolled in the highest level course was F4. Her total number correct was 11 lower than the highest scorer, F2 (24 correct compared to 35). Thus, class level may not play a role in this situation.

Other patterns also emerged from the data. Two participants used the present subjunctive for a required indicative. M1 did this on two items only in the ImPT, which leads the researcher to believe that M1 hypercorrected after the input flood. M3 used the subjunctive for the indicative in the PreT and DelPT. M1 and F3 both used *era,* the imperfect, for *sea,* the present subjunctive, on both posttests whereas they used *es,* the indicative, on the PreT. Perhaps the treatment triggered a change in production, but it just triggered the wrong change.

As for individual analysis, M1 and M4 followed the hypothesized pattern of showing improvement in the ImPT with a lower score on the DelPT. M3, F1, and F2 showed sustained improvement in both posttests. F3 showed no improvement, scoring a zero on all tests. The other participants showed sporadic results. However, these other participants all did worse on the ImPT, which was contrary to the hypothesis. M2 and F5 received their highest score on the DelPT, which could reflect classroom instruction. M5 received his highest score on the PreT, which is unexplainable. Perhaps he was studying the subjunctive during the PreT and not during the posttests. F4 received a higher but equal score (nine) on the PreT and DelPT.

In the preceding analysis, the participants' overall performance was compared on each test. In the remainder, individual test items will be compared across all three tests. The researcher analyzed each participant's responses to each test item in order to calculate how many items were produced correctly across all three tests or incorrectly across all three tests. During an in-depth item analysis, seven patterns emerged from the data and were grouped into five sets (as shown by the five columns in Table 3). The first 2 columns in Table 3 are items in which all forms were produced identically across all three tests (produced either all correctly or all incorrectly). The last three columns of Table 3 represent five different patterns that have been grouped into three. In pattern one, the hypothesized pattern, the participant produced an item incorrectly on the PreT, correctly on the ImPT, and incorrectly on the DelPT. Pattern one may indicate an effect on that item due to the input flood treatment but having no long-term effect. In pattern two, a particular item was produced incorrectly on the PreT but correctly on both of the posttests. Pattern two may indicate an effect after receiving the treatment and long-term retention. Pattern three reflects behaviors that are counterintuitive to that which the researcher anticipated. This pattern represents any item in which the present subjunctive was produced correctly in the PreT but incorrectly on one or both of the posttests. These three patterns were grouped into one since they all reflect patterns that were not hypothesized. Correct responses were expected on both posttests if the item was answered correctly in the PreT. However, this did not occur for those items grouped into the third pattern. Thus, Table 3 shows that M1 had one test item in which he produced the correct present subjunctive form on all three of the tests. There were nine test items in which he did not produce any form correctly on any of the three tests. And finally, he had three items that followed the pattern of being produced incorrectly on the PreT, correctly on the ImPT, and incorrectly on the DelPT. There were 13 test items requiring the present subjunctive. The items in Table 3 do not add up to 13 for some participants. This is because they produced a different pattern for some test items, such as "inc., inc., cor.", that cannot be explained fully. One possible explanation is that participants were receiving classroom instruction in the form during the time the DelPT was administered and, thus, their awareness of the form may have been heightened.

A closer look at column two in Table 3 (all items incorrect) reveals that only one participant, M5, had at least one of the three occurrences (PreT, ImPT, and DelPT) of each test item correct. The numbers of all items incorrect on all three tests were quite high for some participants. For example, F3 produced no correct forms on any test. (She had a score of 13 for "all items incorrect" in Table 3). Her high score of incorrect items was followed by M1 and M4 who both had nine items in which the present subjunctive was never produced correctly. Again, M4 was in the lowest level Spanish course of the participants, but considered himself a native Spanish speaker. M1 considered himself to be a non-native speaker.

M4 and F3 both scored zeros in column one. They did not have any test items in which the present subjunctive was produced correctly in all three tests because they both scored a zero on the PreT. For F3 the treatment seemed to have no effect on her production since she scored zeros on both of the posttests. However, for M4 there was a slight improvement in score, perhaps from exposure to the input flood treatment. He had two items with a short-term effect (correct only on the ImPT) and two items with a long-term effect (correct on both posttests).

Pattern one, incorrect present subjunctive formation on the PreT followed by correct and then incorrect present subjunctive on the posttests, was hypothesized to be the most frequently occurring. Five participants showed this pattern but with a very low occurrence. Of these five participants, only M1 and M4 did not have test items that followed pattern three. Although they both had a large number of items incorrect on all three tests (they both scored nine in column two of Table 3), they both showed promise in improvement after the treatment and M4 showed long-term improvement (pattern two).

Pattern two was the most encouraging, showing improvement over a longer period of time. M3 excelled in this pattern with a total of six items. Five other participants followed this pattern, although with a much smaller frequency. Of the six participants performing with pattern two behavior, three of them also had items exhibiting the problematic pattern three.

Pattern three, in which the present subjunctive was produced correctly on the PreT and then incorrectly on one or both of the posttests, presents a problematic profile in claiming any effects on an input flood treatment. M5, who had a fairly high score on all items correct in all three tests (eight items), had four items that were correct in the PreT and not in the posttests. F4 and F5 both had fairly high numbers of all-correct items (six and eight items respectively) with some items in pattern three (three and two items respectively). One possible explanation for pattern three is that participants' attention was not focused on the verbal paradigm under investigation but was focused on passage content and, therefore, participants did not attend to grammatical information. Another possible explanation is that participants were studying the present subjunctive in their classrooms during the PreT and, thus, were more aware of the form at that time. These explanations seem typical of what may happen with non-native learners of Spanish. On the other hand, participants may have overanalyzed or overmonitored the subjunctive forms and hypercorrected thus producing the incorrect form. The patterns observed in this experiment lead the researcher to inconclusive results for the written production of the Spanish present subjunctive of these ten heritage speakers. Their usage is sporadic which may be the case when a form is in the process of simplification.

Conclusions

Implicit FonF did not positively effect the written production of the Spanish present subjunctive for these participants. Thus, simply using a reading with an input flood of the form may not be a productive use of class time for these heritage speakers. More explicit grammar instruction with the FonF activity as well as multiple exposures to readings with input flooding and perhaps input enhancement (i.e. bolding, underlining, etc.) are warranted. Because none of the participants scored 100% on an additional recognition task of the subjunctive, which was not discussed in this paper, semantic differences between the indicative and subjunctive may be experiencing a loss within this group in favor of lexicalization. In other words, with these participants there seems to be a leveling of a functional difference between the subjunctive and indicative moods.

References

Anderson, J. (1995). *Learning and memory: An integrated approach.* New York: Wiley.

DeKeyser, R. (1995). Learning second language grammar rules: An experiment with a miniature linguistic system. *Studies in Second Language Acquisition,* 17 (3), 379-410.

Doughty, C. & Williams, J. (1998). Pedagogical choices in focus on form. In C. Doughty & J. Williams, (eds.), *Focus on form in classroom second language acquisition* (pp. 197-261). New York: Cambridge University Press.

Ocampo, F. (1990). El subjuntivo en tres generaciones de hablantes bilingües. In J. J. Bergen, (ed.), *Spanish in the United States: Sociolinguistic issues* (pp. 39-48). Washington, DC: Georgetown University Press.

Sanz, C. (2000). What form to focus on? Linguistics, language awareness, and the education of L2 teachers. In J. F. Lee & A. Valdman, (eds.), *Form and meaning: Multiple perspectives* (pp. 3-23). Boston: Heinle and Heinle.

Schmidt, R. (1990). The role of consciousness in second language learning. *Applied Linguistics,* 11, 127-158.

Silva-Corvalán, C. (1994). The gradual loss of mood distinctions in Los Angeles Spanish. *Language Variation and Change,* 6 (3), 255-272.

Tomlin, R. S. & Villa, V. (1994). Attention in cognitive science and second language acquisition. *Studies in Second Language Acquisition*, 16, 183-203.

Williams, J. & Evans, J. (1998). What kind of focus and on which forms? In C. Doughty, & J. Williams, (eds.), *Focus on form in classroom second language acquisition* (pp. 139-155). New York: Cambridge University Press.

Exploring differences and similarities in the writing strategies used by students in SNS courses

Ana María Schwartz
University of Maryland, Baltimore County

Abstract

Research on heritage Spanish (HS) speakers' literacy skills is essential to Spanish for Native Speakers (SNS) course development. Writing skills are often the focal point of SNS curricula, yet, little is known of the processes HS speakers follow as they write in Spanish. This study describes the writing strategies of five English-dominant HS speakers. The students' strategies and essays were analyzed individually and as two groups (Sample 1 and 2). The samples were defined by prior academic preparation in Spanish, language use, and instructor's perception of the students' proficiency and comfort using Spanish. Think-alouds, retrospective interviews, and writing strategies and self-perception of writing ability questionnaires, were used to collect the data and form profiles of the individual students and of each sample. The essays were evaluated for fluency, grammatical complexity, and accuracy. Although similarities and differences were found between the two samples, much variation was found within the samples, confirming the idiosyncrasy of the writing process. Additionally, in this study, neither prior academic preparation nor instructor's perception of oral proficiency adequately predicted writing competence in Spanish.

Introduction

There is general agreement among those who work with heritage language learners that while these students are often orally proficient, they lack competency in literacy skills (Valdés 1995). To address this imbalance, heritage language courses frequently focus their curricula on reading and writing. Thus, in courses such as Spanish for native speakers (SNS), assigned readings are not only used as a source of content, but also as writing models; and writing is used for language development – orthography, grammar, and vocabulary – as well as for writing skill development.

SNS programs have proliferated in recent years, but the research on 'what works best with whom' has not kept pace. Heritage Spanish speakers (HSS) come into our classes with a variety of experiences and backgrounds, for example: informal exposure to the language (Is Spanish spoken in the home? If so, do the students respond to their parents in Spanish? What language do they use to communicate with their siblings? Is Spanish used within the extended family – grandparents, aunts, uncles, cousins? Is Spanish a major language of communication in the community in which they live?); academic preparation in the language (Did the students attend school in their countries of origin; through which grade? Did they attend bilingual schools in the U.S.? Were they home-schooled in Spanish? Did they take Spanish as a foreign language in U.S. schools?); and, amount of experience they have reading and writing in Spanish (What Spanish media – newspapers, magazines, television, radio, Internet – are they regularly exposed to? How often do they write in Spanish and what do they write? Do they write papers, personal letters and notes, or once-a-year Christmas cards to "abuela"?).

The lack of research in heritage speakers' literacy development directly affects our efforts to develop instructional strategies and curricula that are best suited to HS learners' special needs. In writing instruction, specifically, we lack an understanding of the strategies that heritage Spanish speakers use as they write in Spanish, and of the individual factors that may affect the rate and level to which they develop their writing skills. The focus of this investigation is HS students' writing strategies; it is an attempt to add, in a small way, to our understanding of heritage Spanish speakers as writers.

The study

This paper reports on the similarities and differences found in the writing strategies used by two types of English-dominant heritage Spanish speakers when writing in Spanish. For this study, writing strategies are defined as what writers do as they write or compose discourse-level texts in Spanish. The strategies have been classified in three general categories: pre-writing, composing, and surface and deep editing. These are the strategies that the research suggests writers apply recursively as they form and re-form ideas to express their meanings (Raimes 1985; Zamel 1982).

The participants

The participants in the study were five HS speakers enrolled in my university level SNS course: three in one semester, and two in another. The three participants in Sample 1 conform to Valdés' description of Bilingual, Type B, SNS students: "fluent but limited speaker[s] of contact variety of Spanish". The other two participants, (Sample 2) were deemed to be Bilingual, Type A, "fluent functional speakers" (1997: 14).

Sample 1. All three students were female, 19 years old, and in their 2nd year at the university. They were all born in the United States. One spoke English as her first language, but the other two didn't start learning English until they entered pre-school. They noted that Spanish was spoken in the home 50%, 25% and 20% of the time respectively, but that they responded to their parents mostly or all in English. They all 'sometimes' spoke Spanish outside the home, wrote in Spanish very infrequently, and two did not watch TV, listen to the radio, or read newspapers or magazines in Spanish. One had no formal instruction in Spanish, another took an SNS course in high school, and the third took Spanish as a foreign language courses in high school (for an in-depth discussion of the Sample 1 data, see Schwartz 2003).

Sample 2. Both students were 21 years of age and in their 4th year at the university. One was male, the other female; one was born in Guatemala and came to the U.S. as an infant and the other was born in the U.S. They indicated that they spoke Spanish at home 80% and 50% of the time respectively, but they used both Spanish and English to respond to their parents. They spoke Spanish outside the home with family, other students, and co-workers, watched television and read in Spanish and wrote in Spanish (letters and/or papers) at least once a month. One student attended bilingual schools in California through the 5th grade, and the other attended "Saturday School" in Spanish for twelve years.

The data

Multiple sources of data were collected to triangulate the findings: think-aloud data of the students writing an essay in Spanish (coded and analyzed for frequency of pre-writing, composing, and editing strategies), a writing strategies questionnaire, and a self-perception of writing ability questionnaire. The essays were analyzed for fluency, grammatical complexity, and accuracy and the data were then compiled to form profiles of the individual students and examined within each sample and between samples.

Think-alouds. The essay data were gathered with think-aloud protocols, a qualitative research technique in which participants verbalize the thoughts entering their attention as they perform a task (Cohen 1998). The students were asked to think aloud as they wrote a descriptive essay. They were told not to explain what they were doing or why they were doing it, but to just give voice to their thoughts. The writing prompt was: "Tu prima está pensando venir a UMBC el año que viene. Descríbele la universidad". The monologues were tape recorded, transcribed, and coded according to the already mentioned strategy categories: pre-writing, composing, and editing. Once the transcriptions were coded, frequencies and percentages were computed per strategy category and for individual strategies within the categories.

Coding categories and Writing Strategies Questionnaire. The coding scheme used reflects the process approach to writing. Each category (pre-writing, composing, surface and deep level editing) is composed of a series of strategies (see Table 1). These strategies also served as the basis for the questions in the *Writing Strategies Questionnaire*, developed for this study. The students completed the questionnaire before writing the think-aloud essay.

Pre-Writing	Composing	Editing	
		Surface Level (does not alter meaning)	Deep Level (alters meaning of text as a whole)
-General planning -Interpreting or rephrasing the topic -Questioning -Talking leading to writing -Reading directed to the topic	-Planning: Global / Local -Commenting, any comments -Assessing, positive or negative judgements about own writing -Questionning oneself -Repeating word, phrase or sentence -Rescanning, going back and re-reading -Rehearsing, trying out ideas -Going back to the topic and commenting on it -Reading the draft after the 4th sentence -Writing silently	-Addition -Deletion -Grammar -Punctuation -Sentence structure -Verb-form or tense -Spelling (includes accents) -Look up in dictionary (for spelling/accents)	-Addition -Deletion -Substitution -Look up in dictionary (from English) -Reorganization within or across paragraphs -Combination of sentences or paragraphs

Table 1. Writing strategies and coding categories.

Self-perception of writing ability. The *Self-Efficacy Questionnaire*, developed by the National Capital Language Resource Center (1996) and used in their strategy studies with FL and immersion students, assesses how confident the students feel with their abilities in the four language skills. It was used to measure the students' self-perceptions of their writing ability and was also administered before writing the think-aloud essays. Frequencies and percentages were computed for the strategy and the self-efficacy questionnaires.

Findings

The analyses of the essays will be presented first, followed by the participants' strategy use during the think-alouds.

The essays

While this study focused on the process the participants followed when writing their essays, it was felt that the product, that is, the essays themselves, should not be ignored. The essays were evaluated for fluency, grammatical complexity, and accuracy according to measures described by Wolfe-Quintero, Inagaki, and Kim (1998). The base production unit used for each of the three ratios was the T-unit. Following Hunt (1965), T or idea units were defined as main clauses plus subordinate clauses containing a subject and finite verb, e.g., "La locación de la Universidad es muy conveniente porque no esta [sic] en el centro de la ciudad or cerca del periférico". In Hunt's formula, coordinate clauses (joined, for example, with 'y', or 'pero', or 'o') are counted as separate T-units. For fluency or "the rapid production of language" (p. 117) the number of words written per T-unit (W/T ratio) was computed. For grammatical complexity – the variety and sophistication of grammatical production – the total number of clauses in the essay was divided by the total number of T-units (C/T ratio). The accuracy ratio was computed as the total number of errors divided by total number of T-units (E/T ratio). The percentage of error-free T-units as well as error frequencies for agreement, verb tense, spelling, and word/phrase choice were computed.

As mentioned earlier, the students were classified as Type A or Type B bilinguals. This was based partly on their past academic preparation and language use (see above) and partly on my judgment of their oral proficiency and comfort using Spanish. While the fluency, accuracy, and complexity measures chosen to analyze the essays are not proficiency measures, scores have been found to correlate highly with holistic writing measures or proficiency ratings. Thus, it is assumed that learners write more fluently and accurately, and write more grammatically and lexically complex sentences, as they become more proficient (Wolfe-Quintero, Inagaki, & Kim, 1998). One must keep in mind that conclusions drawn from these analyses must also account for individual variability and trade-offs – for example, a focus on accuracy may slow down the writer and affect fluency or a desire for accuracy may affect risk-taking and complexity. These interactions are apparent in the strategy data.

As can be seen in Table 2, the differences in the fluency, complexity, and accuracy ratios between Sample 1 (the Type B, "fluent but limited speakers") and Sample 2 (the Type A "fluent functional speakers") are very small. My purpose in analyzing these characteristics had been to see if there would be a clear distinction between the students who had had more extensive formal instruction in Spanish and who, to me, were appreciably more orally proficient and confident in their language abilities (Sample 2); and the students who had received less training in the language, were less orally proficient, and felt much more hesitant about their Spanish skills (Sample 1), but these scores don't seem to reflect perceived proficiency or prior academic(?) preparation.

	Sample 1			Sample 2	
	Johana	Micaela	Rosaura	Dinorah	Javier
# of words	318	332	291	331	349
# of T-units[a]	23	30	25	25	30
W/T[b]	13.8	11	11.6	13.2	11.6
C/T ratio[c]	1.8	1.6	1.7	1.4	1.8
E/T ratio[d]	.6	1.1	.56	.68	.63
Error-free T-units	13/23 (56%)	10/30 (33%)	14/25 (56%)	11/25 (44%)	17/30 (56%)

Table 2. Fluency, complexity, and accuracy of participants' essays.
[a] *T-units = main clauses plus any subordinate clauses (Hunt 1965 in Wolfe-Quintero, Inagaki, and Kim 1998, 70).*
[b] *Fluency = number of words per T-unit.*
[c] *Complexity = total number of clauses divided by total number of T-units (Wolfe-Quintero, Inagaki, and Kim 1998, 84).*
[d] *Accuracy = total number of errors divided by total number of T-units (Wolfe-Quintero, Inagaki, and Kim 1998, 49).*

The analysis of type of errors did yield differences. Although the difference in the adjusted number of total errors between Samples 1 and 2 was small (Sample 1, 41; Sample 2, 36), there were substantive differences in the types of errors made. For example, while Sample 2 made no verb tense errors, 23% of Sample 1's errors were verb tense (e.g., "...si compres el plan de comida"). On the other hand, the percentage of word/phrase choice errors (e.g., "La Universidad ofrece un monton [sic]", or "En la orilla del circulo [sic.] se encuentra la calle que rodea la universidad") made by Sample 2 was much greater than that made by Sample 1 (56% to 18%). Both samples made errors in the other two categories: agreement (includes noun/adjective/article and verb/subject), Sample 1 23% and Sample 2 14%); spelling (does not include accents), Sample 1 37% and Sample 2 30%).

Strategy use: think-alouds and strategy questionnaire

The students' responses to the *Writing Strategies Questionnaire* closely cross-checked in both samples with the processes the individual students revealed in the think-alouds, indicating that they are well aware of the strategies they use. In Table 3 we once again see a great deal of variation within the samples, this time in the types of strategies the individual participants used.

Type of Strategy	Sample 1				Sample 2		
	Johana	Micaela	Rosaura	Totals	Dinorah	Javier	Totals
Pre-Writing	3 (3%)	6 (2%)	3 (2%)	12 (2%)	1 (.002%)	22 (14%)	23 (4%)
Composing	65 (64%)	202 (76%)	113 (64%)	380 (70%)	343 (85%)	110 (69%)	453 (80%)
Editing-Surface	22 (22%)	39 (15%)	31 (18%)	92 (17%)	42 (10%)	10 (6%)	52 (9%)
Editing-Deep	12 (12%)	18 (7%)	29 (16%)	59 (11%)	18 (4%)	17 (11%)	35 (6%)
Totals	102	265	176	543	404	159	563

Table 3. Frequency and percentage of types of strategies used.

Nevertheless, we can also see similarities within and between the groups, especially in the distribution by category of strategy:

- The following similarities between Samples 1 and 2 were noted: Not surprisingly, the most frequently used strategies by the individuals in both samples were composing strategies. Within this category, commenting on the draft (e.g., "cómo puede, cómo puedo decir... how I can say that, the different..."); repeating words; phrases, or parts of a sentence a number of times after writing them; going back in the text and re-reading words, sentences, paragraphs (rescanning); and rehearsing, trying out ideas in English or Spanish (e.g., comparta... comparte... comparte... comp... is comparta a word?... ellos comparten... compartan... whatever...) were most frequently used. These were followed in frequency by edits at the surface-level, then deep-level editing to make substantive changes in the text, and finally by pre-writing strategies.
- Most of the students planned and revised as they wrote rather than clearly employing pre-writing strategies before writing and doing a final revision when they finished their essays.
- When composing, all of the students used a rehearse-[write]-repeat-rescan process recursively to bounce words and phrases against the oral model they hold of the language: first they rehearsed to develop content or try out ideas, to access the 'right' words and phrases to express their ideas, and to monitor or check translations to and from Spanish. Once they wrote the word or phrase they would often repeat it several times, again, presumably, to see how it sounded. Rescanning would be used last, to hear how what they had written sounded in the context of one or more sentences. This rehearse-[write]-repeat-rescan process was repeated by all of the writers throughout the think-alouds.

On the other hand, the following differences emerged between the two samples and again, we must consider individual variation to accurately interpret these differences. When balanced to account for the difference in the number of participants in the two samples, we see that:

- Sample 2 used 36% more strategies than Sample 1. Even when holding for students' overuse of certain strategies, the participants in the second sample were more strategic writers;
- In pre-writing, Sample 2 used 65% more strategies than Sample 1, yet, all but one of the strategies were Javier's, which he used during his initial 20 minutes of pre-writing. Similarly, in Sample 1, Micaela accounted for half of the pre-writing strategies used;
- In composing, Sample 2 used 44% more strategies than Sample 1. Out of the 10 composing strategies, both groups most frequently used the rehearse strategy and, other than repeat and scan, commenting was another strategy frequently used by both groups. Again, these results were skewed for Sample 2 by one student, Dinorah, who constantly commented, questioned, and assessed her work;
- Sample 1 used 15% more surface editing strategies, with spelling edits the most frequently used. Of the remaining seven surface editing strategies, deletion, punctuation, and look-ups in the dictionary for spelling, accents or agreement were the most frequently used by both groups. These strategies were applied with varying frequencies by each student.

The learning strategy literature tells us that what separates successful and unsuccessful learners is not whether they use strategies, but if they use the correct strategy or combination of strategies for a given the task, and if they are able to apply strategies flexibly, changing course if they see that what they are doing is not working for them. An examination of the data reveals that, as a whole, all students tended to overuse some strategies and not use others at all and that sometimes they did not use strategies productively. For example, regardless of sample, the students who wrote least fluently – when calculated as total number of words written by total time spent on the task – also overused the dictionary look-up strategy at the surface and deep levels: Rosaura-WPM=3.8, look-ups=19; Dinorah-WPM=4.4, look-ups=21. The most fluent students, according to this formula, had the least look-ups: Johana-WPM=8.1, look-ups=0; Javier-WPM=6.2, look-ups=5. As mentioned before, a focus on accuracy slows down the writer and affects fluency. What is most interesting is that in many cases the students did not really benefit from going to the dictionary [they had a Spanish-English, a Spanish-Spanish, and a synonyms/antonyms dictionary available]. This example from Dinorah is typical of the difficulties some of the students had. The passage is the transcript of her verbalizations as she wrote "Pero con todo esto la opinion [sic.] estudiantil tiene una tendencia a variar"[underlines indicate when she wrote].

Pero con todo esto... Pero... con.. [...] pero con todo esto... las opiniones... estudiantil *Does that have something to do with revolutionaries? I don't know.*[ruido, diccionario] es... *a, b, c, d, e...* estudiantil, de los estudiantes, no, ok. Pero con todo... esto las... con todo... con todo esto las opiniones estudiant.1 es... estudiantil [...] pero con todo esto las opiniones estudiantil, ¿o estudiantiles? ... pero con todo esto las opiniones estudiantil es... son... *let's look it up* es... tu... diian... estudian... estudian...tiles. ok, *it's an adjective... it means* de los estudiantes... estudiantes *is plural* [... ...] hmmm. Pero con todo esto las opiniones... *Oh! no, no,* ok, Pero con todo esto la opinión estudiantil es... *alright...* Pero con todo esto la opinión estudiantil... *varies, how do you say varies?* ¿varia? [ruido, diccionario] [... ...] hmmm *s, t, u...* [...] ahhh... [...] *varies... how do you spell varies?*...la opinión estudiantil... Pero con todo esto la opinión estudiantil...no es... no... tratando de la opinión estudiantil... ¿cambia? ... ok, *let's see if it´s in... the Spanish dictionary...*[ruido, diccionario] *I can't decide how to say* [no se entiende] *in Spanish... varies, not varied...* entonces, variar... no... ok, variar es variado ok, Pero con todo esto la opinión estudiantil [...] *I want to look for varies... it's not* variado... Pero con todo esto la opinión estudiantil es var_ada... *that doesn't make sense to me* [...] oh! ok *I have* variante, es variante... no, es *variable...* [...] variado, modificado... [no se entiende] ser diferente... dar variedad... variar el programa [ruido, diccionario] [...] uhmmm... ok... Pero con todo esto la opinión estudiantil... tiene muchas varianzas...*does that make sense?* [...] *then I don't know how to spell that,* varianzas... *perhaps c... no, s...* varianzas...*or z...* ohh...ok Pero con todo esto la opinión estudiantil [...] tiene una tendencia de variar... *I'm just going to go with that.* Pero con todo esto la opinión estudiantil tiene... una... ten-den-cia... de variar. ¡barbaro! ok, ooppps, va-riar [ruido, borrar] *spelled it with a b* [no se entiende] ok, una tendencia de variar. Ahora... *we can put the... opinions down...* ok, *so we crossed out* a la misma vez... ok, *this whole line about* a la misma vez los estudiantes tienen otra opinion, *we crossed that out...* okey... ok, so then... Pero con todo esto la opinion estudiantil tiene una tendencia de variar, ¡Punto! (Dinorah, Sample 2)

One of the most distinct differences found between the two groups was Sample 1's constant dependence on translation strategies and the almost total absence of translation as a composing strategy for the Sample 2 students. In the post-essay interviews, the Sample 1 students told me that as they composed, they almost simultaneously thought in English and verbalized in Spanish (only the Spanish was on tape). The implication was that if they hadn't been doing the think-aloud, except for very familiar language, they would have thought through and rehearsed their ideas in English first, translated them to Spanish, rehearsed them in Spanish to see how they sounded, and only then would they write them down. This is what Cohen (1998) calls "reprocessing" and it is possible that it may have resulted in cognitive overload, affecting both the fluency and complexity of Sample 1's essays.

I don't believe that was the case for either Javier or Dinorah. Javier used almost no English as he thought-aloud his essay, and although Dinorah did verbalize a lot in English, one can see by the passage above that it is the self-talk that is in English, she is not translating what she wants to say from English to Spanish.

Another interesting difference between Sample 1 and Sample 2 was that while all of the Sample 1 students abandoned already composed phrases and chunks of text because it didn't sound right to them, neither of the Sample 2 students faced this difficulty. All of the Sample 1 writers abandoned text when they were not able to satisfy themselves that they had written what they wanted to say. This problem may be related to the reprocessing described above. If the students felt they did not have time to fully develop their thoughts in English before translating them to Spanish, this may have left them floundering even more when they tried to express themselves in Spanish. It is quite possible that this inability to phrase some of their ideas to their satisfaction compromised the ultimate level of complexity of the essays.

Summary and Conclusions

For these students, as for all of us, the most active phase of writing is the composing phase. They read their work critically for meaning while they write, constantly evaluating how their text sounds. Since many SNS students do not often read in Spanish, they have to resort to their own oral models to guide their writing. Some of these students extensively composed in Spanish through English or directly translated from English to Spanish. Three out of the five students started writing without planning what they were going to say or how they were going to say it, only to have to stop during the composing phase to review what they had written and reorganize, and somewhat plan how they were going to continue the essay. The plan-compose-revise process is the procedure favored in writing instruction and modeled in my classes, yet none of the students seemed to have followed it.

None of the students went back to their texts after they had finished for any major revision, either to correct surface errors or to make meaning changes, and their compositions were full of mechanical errors. Interestingly, when comparing the taped think-aloud monologues with the written essays, it was found that although they would say a word correctly, they would write it incorrectly (for example, saying "educación" but writing "educcion", or saying "qué no sea" but writing "que no se"). Some of the students indicated that they never re-read their work after they finished it. It may be that the process of writing in Spanish exhausts them and, as one student said, "when I'm done, I'm done".

Investigating students' writing using think-aloud procedures is labor intensive and time consuming yet, as can be seen by the small excerpt from Dinorah's transcript, the think-alouds yield information that we would not be able to get any other way. We do find commonalities in approach, but ultimately, writing is an idiosyncratic process. We must keep that in mind and make allowances for such individuality as we teach students the "mainstream" approaches to writing and composing. In a recent review of research on writing, Silva & Brice state that second language writing instruction is in transition, and that this change is "welcome and salutary for the field". They continue, "this transition resists one-size-fits-all, off-the-shelf approaches promulgated and promoted by self-proclaimed pundits who imply that a particular orientation to writing instruction will prove successful at all times, in all places, and for all students" (2004: 84).

We must learn from our students as well as teach them. However, we must also help them become aware of when and how their strategies are working for them or working against them. Through various activities, we must give them an opportunity to try out new ways of approaching their writing, which may help them become them more successful writers.

As we have seen from the results of this study, we cannot make assumptions about writing proficiency based on perceived oral proficiency or on prior preparation when defined as attendance or participation in a course or program. Many factors affect the skill level of heritage Spanish writers, not the least of which may be the student's English writing competence. Further research is needed fully understand what those factors may be, and to see if the results of this study hold over a larger number of students. What we have learned from these students' think-alouds underscores the need to focus on awareness of writing strategies and other factors as we develop our HSS writing curricula.

References

Cohen, A.D. (1998). *Strategies in Learning and Using a Second Language*. New York: Addison Wesley Longman.

Hunt, K.W. (1965). *Grammatical structures written at three grade levels*. Urbana, IL: The National Council of Teachers of English.

National Capital Language Resource Center (1996). *The Language Self-Efficacy Questionnaire* (Secondary and Higher Education). Washington, DC: Author.

Raimes, A. (1985). What Unskilled ESL Students Do as They Write: A Classroom Study of Composing. *TESOL Quarterly*, 19, 229-258.

Schwartz, A. M. (2003). ¡No me suena! Heritage Spanish speakers' writing strategies. In A. Roca & M.C. Colombi (eds.), *Mi lengua: Spanish as a Heritage Language in the United States* (pp. 235-256). Washington, DC: Georgetown University Press.

Silva, T. & Brice, C. (2004). Research in teaching writing. *Annual Review of Applied Linguistics*, 24, 70-106.

Valdés, G. (1995). The Teaching of Minority Languages as Academic Subjects: Pedagogical and Theoretical Challenges. *The Modern Language Journal*, 76, 301-328.

Valdés, G. (1997). The teaching of Spanish to bilingual Spanish-speaking students: Outstanding issues and unanswered questions. In M.C. Colombi & F.X. Alarcón (eds.), *La enseñanza del español a hispanohablantes: Praxis y teoría* (pp. 8-44). Boston: Houghton Mifflin.

Wolfe-Quintero, K., Inagaki, S. & Kim, H. (1998). *Second language development in writing. Measures of fluency, accuracy & complexity*. Honolulu, HI: University of Hawaii Press.

Zamel, V. (1982). Writing: The Process of Discovering Meaning. *TESOL Quarterly*, 16, 195-209.

La teoría sociocultural y la enseñanza de aspectos sociolingüísticos del español a hispanos bilingües

Edwin M. Lamboy
Montclair State University

Abstract

This study explores the application of the Vygotskian sociocultural theoretical framework on the development of sociolinguistic competence among heritage learners of Spanish. The conversational exchanges between a stranger identified as a university professor and twenty learners who participated in the type of "expert" and "novice" interactions postulated in this theory were compared with the conversational exchanges between the same individual and the twenty learners in the control group. Data analysis indicates that the application of this theory yields better results when it comes to structures of power and solidarity (the use of polite expressions), forms of address (the use of *tú* and *usted* and their respective verb forms), and speech accommodation (maintaining "distance" with the interlocutor). The exploratory group, nevertheless, did not outperform their control group counterpart in the relationship between courtesy and Grice's maxims, and in turn-taking patterns.

Introducción

El interés en la enseñanza de español a hispanohablantes o estudiantes bilingües ha aumentado significativamente en los últimos años. De acuerdo con Ingold, Rivers y Ashby (2002), el 17,8% de las universidades de este país tienen cursos específicos diseñados para hispanohablantes bilingües y, a pesar de que esta cifra ascendía a 22% en 1994 (Valdés 1997), éstos gozan de mayor visibilidad y vigencia. Ya no sólo se habla de este tema en centros urbanos como Nueva York, Miami y Los Ángeles; el interés en las necesidades educativas de los nativo-hablantes de español se ha desplazado geográficamente como consecuencia del desplazamiento geográfico de los miembros de esta comunidad. Este interés ha motivado el surgimiento de una serie de estudios sobre aspectos tan diversos como las ventajas de este tipo de enseñanza (Danesi 1991); el diseño curricular (D'Ambruoso 1993; Giacone 2000); las percepciones de los estudiantes sobre estos programas (Feuerverger 1991), y el desarrollo de técnicas de enseñanza, especialmente a nivel secundario (Romero 2000; Sylvan 2000).

Según señalan Colombi y Alarcón, "los hispanohablantes constituyen un grupo con características y necesidades bien específicas que los diferencia de los estudiantes de español como segunda lengua o lengua extranjera" (1997: viii). Por un lado, los hispanohablantes bilingües son miembros de comunidades en las cuales una sola lengua, sea español o inglés, no es suficiente para expresar sus necesidades comunicativas (Valdés 1997). El uso, muchas veces inconsciente, de una u otra lengua es determinado por factores como el ambiente, el tema de conversación y la familiaridad con los interlocutores. Además, en los intercambios lingüísticos que estos individuos tienen en diversos contextos, la naturaleza de la interacción y el "alcance" que éstos tienen para usar una u otra lengua dependen de cuán disponibles estén sus habilidades, lo cual parece variar de interacción a interacción (Bachman 1990). Por otro lado, la enseñanza de español a hispanohablantes debe enfocarse en el mantenimiento de sus habilidades funcionales en español, en la adquisición de variantes prestigiosas de la lengua y en la expansión del "alcance bilingüe" (o *bilingual range*) (Valdés 1997).

A pesar de todos los avances en el campo y del progresivo desarrollo de programas que toman en cuenta a este sector estudiantil, la falta de información en ciertas áreas claves presenta una serie de retos didácticos para profesores, coordinadores y autores de libros de textos para hispanohablantes. Como apunta Valdés, hace falta teorías que expliquen la adquisición de variantes dialectales estándares, cómo los estudiantes bilingües expanden su "alcance" en cada lengua, y cómo se transfieren destrezas de una lengua a otra (1997: 20). De igual forma, es imperativo determinar si el hacer que los estudiantes sean conscientes de la lengua y su identidad los hace usar la lengua con más frecuencia y eventualmente transmitirla a la siguiente generación (*Ibíd.*: 22).

El tema del estándar y las variantes menos prestigiosas del español ha sido y sigue siendo de interés particular. El mismo ha sido considerado por Merino, Trueba y Samaniego (1993) como un elemento agravante para la situación de bilingüismo y la compleja realidad sociolingüística de las comunidades hispanohablantes de los Estados Unidos. Para dar una muestra, podemos referirnos a la colección de ensayos editada por Colombi y Alarcón (1997), la cual contiene una sección (Sección II) dedicada a este tema. Algunos de estos ensayos promulgan la creación de diccionarios del español en los Estados Unidos para legitimar y desvernacular el léxico usado por los estudiantes hispanos (Hidalgo 1997); la existencia de una variación fonética dentro de una diversidad sin juicios de corrección (Lipski 1997), y la incorporación de una pedagogía interactiva que dé menos importancia a la lengua en sí y dé cabida a las formas que usan los hablantes en su cotidianidad (García y Otheguy 1997).

El estándar ha tenido y seguirá teniendo importancia porque una de las características más notables de las aulas donde se enseña español a hispanohablantes es el pluralismo: en ellas hallamos no sólo hispanos de diversos orígenes nacionales, sino también compatriotas que se diferencian por su origen urbano o rural, y por su nivel económico y educativo (García y Otheguy 1997). De alguna forma hay que conciliar lo que Roca resume de la siguiente forma: "los profesores [...] se encuentran ante clases de estudiantes bilingües de extracción cultural de amplia categorización, con muy diversos niveles de desarrollo lingüísticos —informal y formal, rural y urbano— del español hablado, de comprensión oral, de lectura y de escritura" (1997: 59). Este pluralismo ocasiona que muchos hablantes de español en los Estados Unidos pierdan confianza en su competencia lingüística y fluidez en su lengua materna (Hidalgo 1993).

Otro tema relacionado con la enseñanza de español a hispanohablantes que amerita ser estudiado más a fondo es el de los aspectos sociolingüísticos del español. Según señala Valdés (1995), se sabe muy poco sobre la enseñanza de las destrezas necesarias para interactuar efectivamente con individuos de comunidades multilingües. A pesar de que el desarrollo de destrezas en inglés proporciona más acceso a oportunidades educativas y laborales (Valdés 1999), mantener la lengua y cultura materna fortalece la diversidad y el entendimiento mutuo.

El estudio

El propósito de este estudio es precisamente considerar el efecto de la aplicación de la teoría sociocultural expuesta por Vygotsky (1978) a la enseñanza de aspectos sociolingüísticos del español. La teoría sociocultural ha sido muy influyente en el campo de la educación, en especial en la adquisición de lenguas. Según ésta, el desarrollo lingüístico, social, y cognoscitivo del individuo se construye socioculturalmente. Es decir, este desarrollo está muy ligado al contexto cultural, institucional, e histórico en el que se lleva a cabo, principalmente mediante las interacciones discursivas entre "expertos" y "aprendices" (Vygotsky 1978; Wertsch 1991; Wertsch y Bivens 1992). Vygotsky distingue entre el "nivel de desarrollo real" (lo que el aprendiz puede y sabe hacer) y el "nivel de desarrollo potencial" (lo que se espera que el aprendiz pueda y sepa hacer en el futuro). Entre los dos niveles se encuentra la "zona de desarrollo próximo", delimitada por dos extremos: la solución independiente de problemas por parte del individuo y la solución de problemas bajo la supervisión o tutela de un adulto o de colaboradores más diestros. Esta teoría ha tenido repercusiones muy significativas en la enseñanza de segundas lenguas, pero no se ha aplicado de forma directa y específica en hablantes nativos de una lengua en un contexto multicultural como el de los EE.UU. Las preguntas que intentamos contestar son las siguientes:

(a)   ¿Cuán efectivo es el uso del marco teórico sociocultural en la construcción de patrones sociolingüísticos apropiados?

(b)   ¿Qué efectos tiene la enseñaza de aspectos sociolingüísticos del español en el desarrollo de la modalidad interpersonal de la comunicación?

El estudio consistió en dos fases. En la primera fase, los informantes (40 en total), luego de haber sido identificados y seleccionados al azar, tuvieron la oportunidad de explorar de forma diferente los siguientes cinco aspectos sociolingüísticos: las estructuras de poder y solidaridad en el discurso, la cortesía, las formas de tratamiento, la acomodación o adaptación del habla, y el turno de habla. Veinte de los informantes leyeron resúmenes de artículos y fragmentos de textos relacionados con estos aspectos, incluyendo los de Moreno Fernández (1989a, 1989b, 1998), Grice (1989) y Lipski (1994). También tuvieron que identificar patrones relacionados con estos cinco aspectos en cinco capítulos de una telenovela para escribir un informe.

Con los otros veinte informantes se utilizó un procedimiento muy diferente. Primero, se les pidió que tuvieran dos conversaciones: una con un adulto que no conocían y que fue identificado como profesor universitario, y otra con uno de sus compañeros de clase. El propósito era determinar qué día, a qué hora y a qué tipo de restaurante iban a ir. Estas conversaciones fueron grabadas en vídeo y sirvieron de base para la interacción entre "aprendiz" y "experto" que postula Vygotsky. Ambos discutieron las conversaciones grabadas, identificaron elementos relacionados con los cinco aspectos ya mencionados, y recrearon las conversaciones para incorporar patrones que habían sido identificados como "deficientes". Algunos de los aspectos discutidos fueron el uso de los pronombres *tú* y *usted*, las formas verbales del condicional simple y el imperfecto del subjuntivo para expresar cortesía, y el uso de otros marcadores como *por favor, perdón, con permiso*. El propósito de tener una conversación con un adulto desconocido y un compañero de clase al que ya conocían fue darles la oportunidad al "aprendiz" y al "experto" de establecer puntos de contraste. Es importante destacar que la meta con ambos grupos era resaltar las reglas de interacción con interlocutores adultos en situaciones de poder y falta de solidaridad, de acuerdo con lo expuesto por Moreno Fernández (1989a, 1989b).

En la segunda fase del estudio, los 40 informantes tuvieron una conversación con un adulto que también fue identificado como profesor universitario. El propósito de ésta era decidir cuáles son algunas de las medidas más efectivas que el gobierno puede implementar para combatir el terrorismo con el fin de presentar un informe. Estas conversaciones fueron evaluadas por tres personas mediante los criterios "aceptable" e "inaceptable" para cuatro de los criterios, y "convergente" o "divergente" para el criterio de acomodación o adaptación del habla. (En el Apéndice se presenta la hoja que utilizaron los evaluadores.)

Estructuras de poder y solidaridad

Moreno Fernández (1989a, 1989b) distingue cuatro tipos de interlocutores: A, con poder sobre el hablante y no solidario con él; B, con poder y solidario; C, sin poder y no solidario; y D, sin poder y solidario con el hablante. En este estudio sólo tomamos en cuenta el tipo A. Como apunta el investigador, las fórmulas que se consideran menos corteses nunca van dirigidas a este tipo de interlocutor. Los resultados se presentan en la Tabla 1.

EVALUADOR	GRUPO 1 (N = 20)		GRUPO 2 (n = 20)	
	ACEPTABLE	INACEPTABLE	ACEPTABLE	INACEPTABLE
1	7	13	15	5
2	9	11	18	2
3	7	13	17	3
PROMEDIO	7.7	12.3	16.7	3.3
PORCENTAJE	38,5%	61,5%	83,5%	16,5%

Tabla 1. Estructuras de poder y solidaridad.
GRUPO 1 - Grupo con el que no se aplicó la teoría sociocultural.
GRUPO 2 - Grupo con el que se aplicó la teoría sociocultural.

Como podemos apreciar, todos los evaluadores determinaron que la mayoría de los informantes del grupo con el cual no se aplicó la teoría sociocultural (aproximadamente el 61,5% de ellos) produjo fórmulas que no estaban a tono con el poder y la solidaridad del interlocutor. Por otro lado, determinaron que la gran mayoría de aquéllos con los cuales sí se aplicó esta teoría había tenido interacciones aceptables (el 83,5% de ellos). Estas cifras también revelan que el número de informantes del grupo 2 (que recibe la teoría) que tuvieron interacciones aceptables es más del doble del número de informantes del grupo 1 que fueron evaluados de la misma forma (compárese 38,5% con 83,5%).

Para los evaluadores, las fórmulas consideradas descorteses incluían el uso de *tú*, el uso ocasional de formas verbales de *tú* (*espera,... lo que dijiste...*, etc.) y el uso de expresiones como *eso no está bien, eso es loco y son un chorro de burros.*

Cortesía

Para evaluar este criterio, nos basamos en el principio de cooperación de Grice (1989). Como apunta Moreno Fernández, este *"principio requiere de los interlocutores que contribuyan a la conversación adecuándola a un propósito y en una dirección determinados"* (1998: 146). Sus componentes son cuatro máximas: de cantidad, de calidad, de relación y de modalidad. Por lo subjetivo de determinar si la contribución de los informantes era verdadera o no, decidimos no tomar en cuenta la máxima de calidad. Los resultados se incluyen en la Tabla 2.

MÁXIMA DE CANTIDAD				
	GRUPO 1 (N = 20)		GRUPO 2 (n = 20)	
EVALUADOR				
	ACEPTABLE	INACEPTABLE	ACEPTABLE	INACEPTABLE
1	14	6	20	0
2	19	1	14	6
3	15	5	18	2
PROMEDIO	16	4	17.3	2.7
PORCENTAJE	80%	20%	86,5%	13,5%
MÁXIMA DE RELACIÓN				
	GRUPO 1 (N = 20)		GRUPO 2 (N = 20)	
EVALUADOR				
	ACEPTABLE	INACEPTABLE	ACEPTABLE	INACEPTABLE
1	20	0	20	0
2	20	0	20	0
3	19	1	18	2
PROMEDIO	19,7	3	19,3	7
PORCENTAJE	98,5%	1,5%	96,5%	3,5%

MÁXIMA DE MODALIDAD				
	GRUPO 1 (N = 20)		GRUPO 2 (N = 20)	
EVALUADOR				
	ACEPTABLE	INACEPTABLE	ACEPTABLE	INACEPTABLE
1	12	8	14	6
2	15	5	15	5
3	9	11	10	10
PROMEDIO	12	8	13	7
PORCENTAJE	60%	40%	65%	35%

Tabla 2. Cortesía.
GRUPO 1 - Grupo con el que no se aplicó la teoría sociocultural.
GRUPO 2 - Grupo con el que se aplicó la teoría sociocultural.

Como se señala en esta tabla, la aplicación de la teoría sociocultural de Vygotsky no generó ninguna diferencia para el criterio de cortesía según lo hemos definido. Por ejemplo, en términos de la cantidad, definida como "que su contribución no sea ni más ni menos informativa de lo que se requiere" (Moreno Fernández 1998: 146), la mayoría de los informantes de ambos grupos contribuyó a la interacción con una cantidad adecuada de información. La diferencia es de sólo un 6,5% a favor del grupo 2. Asimismo, para el criterio de relación, que se refiere a decir cosas relevantes, apreciamos que prácticamente todos los informantes se ciñeron al tema de conversación e hicieron comentarios atinados. Finalmente, y en cuanto al criterio de modalidad o claridad, más de la mitad de los informantes de los dos grupos hablaron claramente. Sin embargo, si comparamos las cifras de este criterio con las de los dos criterios anteriores, notamos que el porcentaje de informantes cuyas conversaciones fueron consideradas "inaceptables" es mucho más alto. Al preguntarles a los evaluadores, comentaron que se notaba cierta falta de vocabulario apropiado y específico para tratar el tema del gobierno y la lucha contra el terrorismo. Esto ha sido expuesto por Valdés al señalar la necesidad que tienen los estudiantes hispanohablantes de expandir su "alcance" bilingüe (1997: 25-29).

Las formas de tratamiento

El uso de las formas de tratamiento *tú* y *usted* está íntimamente ligado al criterio de poder y solidaridad. A pesar de la gran variación que hay en el uso de estos pronombres personales entre los hablantes de español, se acepta casi de forma generalizada la distinción *tú*, informal, y *usted*, formal. De todas maneras, tratamos de controlar posibles desviaciones de este patrón, corroborando que en los dialectos hablados por los informantes se mantenía esta distinción. Los resultados se presentan en la Tabla 3.

EVALUADOR	GRUPO 1 (N = 20)		GRUPO 2 (n = 20)	
	ACEPTABLE	INACEPTABLE	ACEPTABLE	INACEPTABLE
1	8	12	15	5
2	9	11	18	2
3	9	11	16	4
PROMEDIO	8.7	11.3	16.3	3.7
PORCENTAJE	43,5%	56,5%	81,5%	18,5%

Tabla 3. Las formas de tratamiento.
GRUPO 1 - Grupo con el que no se aplicó la teoría sociocultural.
GRUPO 2 - Grupo con el que se aplicó la teoría sociocultural.

Al igual que para el criterio de estructuras de poder y solidaridad, el grupo con el cual se aplicó la teoría sociocultural sostuvo más conversaciones consideradas "aceptables" por los evaluadores (un 81,5% de los casos) que el grupo con el cual no se aplicó la teoría (un 43% de los casos). Dicho de otra forma, los informantes que interactuaron con el "experto" usaron fórmulas de tratamiento formales con una frecuencia mayor que los informantes que no se sometieron a este proceso. Es necesario enfatizar que nuestro propósito no es establecer juicios, sino simplemente señalar estas diferencias. Como indica Moreno Fernández (1998) en su discusión de este tema, ya se ha encontrado que en comunidades como la de los escolares de Madrid el uso de *tú* y *usted* forma parte de lo que él llama un *sistema asimétrico*, mientras que en la clase trabajadora de esta ciudad, el sistema es aún simétrico.

La acomodación o adaptación del habla

La teoría de la acomodación del habla, propuesta por Giles (1984) y discutida por Moreno Fernández (1998), consiste en los principios de convergencia y divergencia. La convergencia se asocia con la adaptación y la divergencia con la diferenciación. Nos dice Moreno Fernández que:

Los objetivos que determinan la conducta convergente de los hablantes son la aprobación social por parte del oyente, la mejora de la eficacia comunicativa y el mantenimiento de las identidades sociales positivas. [...] la divergencia es buscada por aquéllos que quieren mantener la distancia social y lingüística respecto de individuos que pertenecen a grupos sociales diferentes (1998: 155).

La Tabla 4 nos presenta los resultados para este criterio.

	GRUPO 1 (N = 20)		GRUPO 2 (n = 20)	
EVALUADOR				
	CONVERGENTE	DIVERGENTE	CONVERGENTE	DIVERGENTE
1	13	7	8	12
2	10	10	7	13
3	11	9	9	11
PROMEDIO	11.3	8.7	8	12
PORCENTAJE	56,5%	43,5%	40%	60%

Tabla 4. La acomodación o adaptación del habla.
GRUPO 1 - Grupo con el que no se aplicó la teoría sociocultural.
GRUPO 2 - Grupo con el que se aplicó la teoría sociocultural.

La mayoría de los informantes del grupo 1 mostró una tendencia convergente en sus conversaciones. Los del grupo 2, en cambio, mostraron tendencias divergentes. Aquí debemos establecer varios planteamientos. Primero, no sirve intentar determinar si un tipo de acomodo es más apropiado que el otro. A eso se debe el sistema de evaluación diferente. Se trata de mecanismos diferentes para lidiar con una situación similar. Segundo, la tendencia del grupo 1 a hacer desaparecer las líneas de distinción de grupo puede deberse precisamente a la falta de habilidad para desenvolverse en contextos más formales y nuevos. Finalmente, y si lo antedicho es cierto, la teoría sociocultural resulta ser un instrumento útil en la enseñanza de patrones formales de interacción.

El turno de habla

En las conversaciones se dan lo que Moreno Fernández denomina *turnos de habla*, unidades elementales por las cuales se produce un reparto alternativo de discurso (1998: 169). Cada turno tiene una *zona de transición* en la que el interlocutor puede iniciar su turno, aunque no sea obligatorio (*Ibíd.*: 170). La evaluación de este criterio se centra en el uso de interrupciones que violan la secuencia de *turnos de habla*, es decir, que no aparecen en *zonas de transición*. Esta evaluación aparece en la Tabla 5:

EVALUADOR	GRUPO 1 (N = 20)		GRUPO 2 (n = 20)	
	ACEPTABLE	INACEPTABLE	ACEPTABLE	INACEPTABLE
1	17	3	16	4
2	19	1	19	1
3	18	2	19	1
PROMEDIO	7.7	12.3	16.7	3.3
PORCENTAJE	90%	10%	90%	10%

Tabla 5. El turno de habla. *GRUPO 1 - Grupo con el que no se aplicó la teoría sociocultural. GRUPO 2 - Grupo con el que se aplicó la teoría sociocultural.*

Los resultados para este criterio son exactamente iguales para ambos grupos. De acuerdo con la opinión de los tres evaluadores, el 90% de los informantes de cada grupo respetó la secuencia de turnos de habla en su conversación. Sólo un 10% no lo hizo. Esto significa que el uso de la teoría sociocultural no tiene ningún efecto y, más aún, que no es necesaria. El hecho de que los porcentajes de conversaciones aceptables sea tan alto revela que los informantes ya han integrado patrones de toma de turnos que respetan los micro acontecimientos del discurso. Tal vez esto sea un indicio de que los hispanohablantes bilingües, en efecto, transfieren destrezas que ya han desarrollado en la lengua inglesa dominante, uno de los focos de interés que Valdés (1997) presenta en su discusión de las necesidades educativas de esta población de estudiantes.

Conclusiones y comentarios finales

En este estudio hemos explorado el efecto de la aplicación de la teoría sociocultural de Vygotsky en la enseñanza de aspectos sociolingüísticos del español a hispanohablantes bilingües. Según nuestros resultados, el uso de esta teoría surtió efecto en tres de los aspectos considerados: la estructura de poder y solidaridad (o el uso de formas corteses), las formas de tratamiento (o el uso "prescriptivo" de *tú* y *usted*) y la acomodación del habla (si consideramos necesario que el estudiante mantenga cierta distancia respecto del interlocutor). Los resultados también demuestran que no hay ningún efecto cuando se trata de la cortesía y su relación con las máximas de Grice, y la toma de turnos. Estos aspectos sociolingüísticos son fácilmente transferidos de los esquemas interactivos que los estudiantes ponen en práctica cuando interactúan con otros interlocutores en inglés. El uso de formas corteses, las formas de tratamiento y la acomodación, aspectos muy vinculados, requieren el uso de fórmulas pronominales y verbales específicas, fórmulas que no tienen paralelos en la lengua inglesa.

Las implicaciones didácticas de este estudio son evidentes. Los resultados indican que la enseñanza explícita de formas, fórmulas y funciones, junto con ciertos modelos y práctica enfocada de los mismos, fomenta la incorporación de patrones sociolingüísticos adecuados. Proporcionar la información y dar un ejercicio de aplicación como el que les dimos a los informantes del Grupo 1 no parece ser tan efectivo en la producción. Sin embargo, somos conscientes de las limitaciones que la aplicación de esta teoría enfrenta, sobre todo si consideramos el tiempo que conlleva y la falta de materiales apropiados.

Este estudio no intenta de ninguna manera resolver el problema metodológico de la enseñanza de aspectos sociolingüísticos a hispanohablantes bilingües; sólo se intenta aportar al diálogo. Es necesario aún considerar otros aspectos como el registro y la acomodación en contextos en los cuales los interlocutores hablan variantes que se asocian con patrones disímiles. De igual manera, las diferencias de sexo, edad y clase social son factores que ameritan ser investigados en el futuro.

Bibliografía

Bachman, L. F. (1990). *Fundamental considerations in language testing*. Oxford: Oxford University Press.

Bills, G. D. (1997). Language shift, linguistic variation, and teaching Spanish to Native speakers in the United States. En M. C. Colombi y F. X. Alarcón (eds.), *La enseñanza del español a hispanohablantes: Praxis y teoría* (pp. 263-282). Boston: Houghton Mifflin.

Colombi, M. C., y Alarcón, F. X. (eds.) (1997). *La enseñanza del español a hispanohablantes: Praxis y teoría*. Boston: Houghton Mifflin.

D'Ambruoso, L. (1993). Spanish for Spanish Speakers: A curriculum. En B. J. Merino, H. T. Trueba y F. A. Samaniego (eds.), *Language and culture in learning: Teaching Spanish to native speakers of Spanish* (pp. 203-207). Londres: Falmer.

Danesi, M. (1991). Revisiting the research findings on heritage language learning: Three interpretive frameworks. *The Canadian Modern Language Review*, 47, 650-659.

Fauerverger, G. (1991). University students' perceptions of heritage language learning and ethnic identity maintenance. *The Canadian Modern Language Review*, 47, 660-677.

García, O., y Otheguy, R. (1997). No sólo de estándar vive el aula: Lo que nos enseñó la educación bilingüe sobre el español de Nueva York. En M. C. Colombi y F. X. Alarcón (eds.), *La enseñanza del español a hispanohablantes: Praxis y teoría* (pp. 156-174). Boston: Houghton Mifflin.

Giacone, M. C. (2000). Standards and the teaching of heritage languages. En J. B. Webb y B. L. Miller (eds.), *Teaching heritage language learners: Voices from the classroom* (pp. 99-110). Nueva York: ACTFL Series 2000.

Giles, H. (ed.) (1984). The Dynamics of Speech Accomodation. *International Journal of the Sociology of Language*, 46.

Grice, H. P. (1989). *Studies in the ways of words*. Cambridge, MA: Harvard University Press.

Guitart, J. M. (1982). Conservative versus radical dialects in Spanish: Implications for language instruction. En J. A. Fishman y G. D. Keller (eds.), *Bilingual education for Hispanic students in the United States* (pp. 167-177). Nueva York: Teachers College Press.

Hidalgo, M. (1993). The teaching of Spanish to Bilingual Spanish-Speakers: A "problem" of inequality. En B. J. Merino, H. T. Trueba y F. A. Samaniego (eds.), *Language and culture in learning: Teaching Spanish to native speakers of Spanish* (pp. 82-93). Londres: Falmer.

Hidalgo, M. (1997). Criterios normativos e ideología lingüística: aceptación y rechazo del español de los Estados Unidos. En M. C. Colombi y F. X. Alarcón (eds.), *La enseñanza del español a hispanohablantes: Praxis y teoría* (pp. 109-120). Boston: Houghton Mifflin.

Ingold, C. W., Rivers, W. y Ashby, E. (2002). Report on the NFLC/AATSP survey of Spanish language programs for native speakers. *Hispania*, 85, 324-329.

Lipski, J. M. (1994). *Latin American Spanish*. Nueva York: Longman.

Lipski, J. M. (1997). En busca de las normas fonéticas del español. En M. C. Colombi y F. X. Alarcón (eds.), *La enseñanza del español a hispanohablantes: Praxis y teoría* (pp. 121-132). Boston: Houghton Mifflin.

Merino, B. J., Trueba H. T. y Samaniego, F. A. (eds.) (1993). *Language and Culture in Learning: Teaching Spanish to Native Speakers of Spanish*. Londres: Falmer.

Merino, B. J., Trueba H. T., y Samaniego, F. A. (1993). Towards a framework for the study of the maintenance of the home language in language minority students. En B. J. Merino, H. T.

Trueba y F. A. Samaniego (eds.), *Language and culture in learning: Teaching Spanish to native speakers of Spanish* (pp. 5-25). Londres: Falmer.

Moreno Fernández, M. (1989a). Análisis sociolingüístico de actos de habla coloquiales I. *Español Actual*, 51, 5-51.

Moreno Fernández, M. (1989b). Análisis sociolingüístico de actos de habla coloquiales II. *Español Actual*, 52, 54-56.

Moreno Fernández, M. (1998). *Principios de sociolingüística y sociología del lenguaje*. Barcelona: Ariel.

Roca, A. (1997). La realidad en el aula: Logros y expectativas en la enseñanza del español para estudiantes bilingües. En M. C. Colombi, y F. X. Alarcón (eds.), *La enseñanza del español a hispanohablantes: Praxis y teoría* (pp. 55-64). Boston: Houghton Mifflin.

Romero, M. (2000). Instructional practice in heritage language classrooms. En J. B. Webb y B. L. Miller (eds.), *Teaching Heritage Language Learners: Voices from the Classroom* (pp. 135-158). Nueva York: ACTFL Series 2000.

Sylvan, C. E. (2000). Teachers' belief systems in exemplary heritage language classes. En J. B. Webb y B. L. Miller (eds.), *Teaching Heritage Language Learners: Voices from the Classroom* (pp. 159-168). Nueva York: ACTFL Series 2000.

Valdés, G. (1995). The teaching of minority languages as academic subjects: Pedagogical and theoretical challenges. *The Modern Language Journal*, 79, 299-328.

Valdés, G. (1997). The teaching of Spanish to bilingual Spanish-speaking students: Outstanding issues and unanswered questions. En M. C. Colombi y F. X. Alarcón (eds.), *La enseñanza del español a hispanohablantes: praxis y teoría* (pp. 8-44). Boston: Houghton Mifflin.

Valdés, G. (1999). Introduction. En L. A. Sandstedt (Director del Proyecto), *The AATSP professional development handbook series for teachers: Spanish for native speakers, vol. 1*. Greeley, CO: AATSP.

Vygotsky, L. S. (1978). *Mind in society: The development of higher psychological processes*. Cambridge, MA: Harvard University Press.

Webb, J. B. y Miller, B. L. (eds.). (2000). *Teaching Heritage Language Learners: Voices from the Classroom*. Nueva York: ACTFL Series 2000.

Wertsch, J. V. (1991). *Voices of the mind, a sociocultural approach to mediated action*. Cambridge, MA: Harvard University Press.

Wertsch, J. V., y Bivens, J. (1992). The social origins of individual mental functioning: Alternatives and perspectives. *Quaterly Newsletter of the Laboratory of Comparative Human Cognition*, 14, 35-44.

Apéndice

Hoja de evaluación utilizada por los evaluadores

Estructuras de poder y solidaridad
En su tratamiento hacia el interlocutor, ¿tomó en cuenta el estudiante el hecho de que el interlocutor era un profesor universitario y que éste era un desconocido?

_____ aceptable   _____ inaceptable

Cortesía
Cantidad: ¿Contribuyó de forma apropiada (no dijo ni más ni menos de lo necesario) a la conversación?

_____aceptable   _____ inaceptable

Relación: ¿Dijo cosas relevantes al tema de conversación?

_____aceptable   _____inaceptable

Modalidad: ¿Habló con claridad y atino?

_____aceptable   _____inaceptable

Las formas de tratamiento
En su tratamiento hacia el interlocutor, ¿usó estructuras de la lengua (pronombres, verbos, etc.) que se asocian con la formalidad?

_____aceptable   _____inaceptable

La acomodación o adaptación del habla
¿Trataba el estudiante de mantener cierta distancia respecto del interlocutor (divergente) o intentaba minimizar esta distancia (convergente)?

_____convergente   _____divergente

El turno de habla
¿Respetaba el estudiante la secuencia de turnos de habla?

_____aceptable   _____inaceptable

Español como lengua extranjera y estudiantes de herencia: Cuestiones socioculturales, pedagógicas y afectivas

Evelyn Canabal y Manel Lacorte
University of Maryland, College Park

Abstract

Studies in general education and foreign language (FL) teaching and learning have addressed a number of questions concerning heritage learners, such as their range of proficiencies, and the instructional goals and models for that population. However, little research has been conducted on the social and pedagogical environment of classrooms where native as well as non-native instructors teach a language which is also the home language of the heritage learner. This paper reviews research on classroom interaction between instructors, whether native or non-native, and heritage students in FL university courses ranging from beginning to advanced levels, including classes in literature, culture, translation, and FL for specific purposes. The paper focuses on: (a) the sociocultural background of both heritage learners and native and non-native instructors; (b) the pedagogical conditions of FL classrooms with heritage learners; and (c) the affective dimensions of the relationship between instructors and heritage learners. The review is intended to serve as a preliminary pedagogical framework for native and non-native instructors teaching a FL which is also the home language of heritage learners.

Introducción

A causa del visible crecimiento en los últimos años de las diferentes minorías raciales o culturales, la gran mayoría de centros universitarios en los Estados Unidos (EE.UU.) muestra en la actualidad cambios notables en la composición de su alumnado. Una de las estrategias seguidas por estas instituciones para promover actitudes favorables hacia la multiculturalidad consiste en recomendar que estudiantes en áreas como educación, negocios internacionales o comunicaciones tomen clases de otras lenguas aparte del inglés. En general, la población estudiantil cada vez parece más consciente de la relevancia que el conocimiento de una lengua segunda (L2) puede adquirir en un mercado más y más exigente. Lógicamente, a medida que la diversidad de culturas y razas se convierte en otro de los elementos que definen este país, en nuestras clases de lengua vamos a encontrarnos con un mayor número de "estudiantes de herencia", es decir, alumnos procedentes de hogares donde se hablan otras lenguas aparte del inglés, o con un contacto significativo con otras lenguas (UCLA Steering Committee 2000). La Tabla 1 muestra en términos porcentuales la evolución racial del alumnado universitario estadounidense en un espacio de 20 años:

1979		1999	
White non-Hispanic	84%	White non-Hispanic	71%
Black	10%	Black	13%
Other races	2%	Asian/ Pacific Islander	7%
Hispanic	4%	Hispanic	9%

Tabla 1. Evolución racial del alumnado en EE.UU.

Hasta la fecha se han llevado a cabo estudios sobre (a) los antecedentes lingüísticos y sociales del estudiante hispanohablante; (b) las diversas funciones de la pedagogía de L2 en la enseñanza de alumnos bilingües y en la preservación de las lenguas minoritarias; (c) la enseñanza de la variedad estándar (considerada a menudo como un sinónimo de "variedad de prestigio") y de dialectos; (d) los métodos de evaluación y ubicación; (e) las consideraciones curriculares y otras cuestiones sobre la formación de profesores; (f) las perspectivas sobre bilingüismo y pérdida de la lengua, así como las creencias y actitudes del profesorado. Asimismo, en la última década han aparecido varios textos fundamentales sobre la enseñanza del español como lengua de herencia, tales como el de Merino, Trueba y Samaniego (1993), Colombi y Alarcón (1997), un manual como parte de la serie "Professional Development Series. Handbook for Teachers K-16" (AATSP 2000), Webb y Miller (2000) y el recién publicado de Roca y Colombi (2003).

Ciertamente, la investigación en el campo de las lenguas de herencia ha disfrutado de un significativo interés por parte de reconocidos especialistas, sobre todo en relación con las necesidades y prácticas pedagógicas que ofrezcan mejores resultados para el estudiante. Producto de este trabajo, una mayor cantidad de programas escolares y universitarios ha establecido diversas normas de evaluación de competencia lingüística, ubicación, desarrollo de materiales y definición de propuestas pedagógicas que, de manera progresiva, ofrecen sólidos puntos de referencia para profesores, alumnos, padres y administradores. Sin embargo, aquí ofrecemos nuestra perspectiva sobre un tema que, sin duda, no ha merecido el mismo interés: la interacción social y pedagógica entre los participantes de cursos universitarios de español como L2 a cualquier nivel, ya sea de lengua, literatura, cultura u otras áreas técnicas. En concreto, este trabajo se propone plantear las siguientes preguntas en el ámbito de un departamento de español en una universidad estadounidense con instructores graduados (*teaching assistants*):

- ¿Qué ocurre cuando una instructora no nativa[1], en su clase de español como lengua extranjera, tiene que dirigirse a grupos formados por una combinación de estudiantes monolingües e hispanohablantes?

---

[1] Se utilizan las palabras en forma femenina "instructora", "profesora", "alumna" y "estudiante" para designar un papel que puede ser ejercido tanto por mujeres como por hombres.

- ¿Qué ocurre cuando una instructora cuya lengua materna es el español tiene que enseñarlo como lengua extranjera y como lengua de herencia al mismo tiempo?
- ¿Qué dinámica se produce entre los estudiantes de español como lengua heredada y los de lengua extranjera cuando se enfrentan a una instructora no nativa, es decir, que aprendió el español como lengua extranjera?

A continuación, vamos a ofrecer algunos apuntes con respecto a estos diferentes escenarios de interacción social y pedagógica bajo tres perspectivas complementarias: (a) los antecedentes socioculturales del estudiante hispanohablante y de los instructores, ya sean nativos o no; (b) las condiciones pedagógicas que imperan en los cursos donde existe tal interacción, y (c) los factores afectivos entre instructores y alumnos.

Antecedentes socioculturales

Una vez aceptado el hecho de que en una clase de L2, "un estudiante de herencia presenta rasgos distintos de los de un alumno tradicional" (Draper y Hicks 2000: 20), resulta necesario ahondar en el análisis de los antecedentes sociales y culturales de los estudiantes de herencia, a partir de cuestiones tales como: ¿Cuán establecida está su comunidad? ¿Cuán cercano resulta el contacto entre la comunidad y sus países de origen? ¿Cómo se percibe en la comunidad mayoritaria el grupo o los grupos que hablan la lengua de herencia? Para responder a estas y otras interrogantes, es imprescindible considerar variables tales como la edad, los antecedentes familiares, el contexto socioeconómico, el nivel de educación, el grado de aculturación al grupo mayoritario, las actitudes de la cultura dominante hacia la comunidad de herencia, y el tipo de recursos comunicativos con que cuenta la comunidad de herencia (periódicos, emisoras de radio y TV, programas escolares, etc.). Junto con estos factores de carácter "externo" y ya en el ámbito del aula de español, a menudo la estudiante de herencia:

- ha internalizado su competencia lingüística como deficiente y necesitada de corrección;
- ha crecido bajo condiciones de constante intercambio de códigos lingüísticos;
- domina la variedad culta del dialecto hablado por su familia o comunidad;
- se expresa mejor en inglés que en español;
- presenta destrezas académicas más o menos sólidas;
- acaba de llegar a los Estados Unidos, o
- es una estudiante latina de segunda o tercera generación.

El uso de instructores en universidades de tamaño medio o grande en EE.UU. se generalizó a partir de los años sesenta, debido sobre todo al crecimiento de la población estudiantil por cuestiones demográficas, y a la entrada de veteranos de guerra al mundo académico. Mientras que en los primeros años, la mayoría de departamentos no contaba con programas de apoyo para sus instructores, en la actualidad resulta común enumerar una variedad de actividades que facilitan la adaptación de la estudiante graduada a un nuevo espacio profesional; cursos de metodología, períodos de orientación previos al año académico, centros de recursos, talleres de formación pedagógica, etc.

A pesar de esta clara mejoría en su preparación y supervisión, aún se precisa resolver diversas necesidades que los instructores de L2, tanto nativos como no nativos, presentan a nivel profesional, personal y académico. Por ejemplo, sigue sin quedar claro hasta qué punto la formación de los instructores graduados se rige por necesidades institucionales –"¿cómo podemos cubrir plazas docentes de manera más rentable?"–, en lugar de seguir otros criterios más profesionales ("¿cómo podemos ofrecer a nuestros instructores una educación que les permita alcanzar éxito en su carrera lectiva?"). Sin olvidar la gran calidad de recientes trabajos sobre la relación entre la adquisición de lenguas segundas (*second language acquisition*, SLA) y la enseñanza de literatura (Scott y Tucker 2001), cabe señalar también que en la cultura profesional de muchas unidades académicas, la instrucción lingüística y la formación de profesores mantienen todavía una función secundaria con respecto a los estudios literarios y culturales. Esta actitud, unida a otras cuestiones de carácter más inmediato y "terrenal", como las derivadas de salarios bastante humildes, implica que un gran número de instructores nativos continúan mostrándose más interesados por su preparación académica en literatura y cultura que en su formación pedagógica. En cuanto al contraste entre instructores nativos y no nativos, habría que considerar otros elementos como:

- estilos de enseñanza, relacionados por ejemplo con el nivel de participación en la clase, el tipo de preguntas y respuestas entre los miembros del grupo, o las condiciones de control pedagógico que se establecen (Nelson 1990);
- expectativas con respecto a cómo y qué deben aprender sus estudiantes, de herencia o no (Salomone 1998), y
- nivel de aculturación, no sólo a la comunidad en que se encuentra la instructora, sino también a la institución en que imparte y toma clases (Chalupa y Lair 2001).

Condiciones pedagógicas

En los últimos años, se han proporcionado valiosas respuestas a preguntas sobre al equilibrio entre comprensión y producción, la enseñanza de elementos gramaticales y el tratamiento de errores en la clase de L2 (Chaudron 2001). Asimismo, los nuevos estándares para el aprendizaje de L2 han consolidado una tendencia general a combinar destrezas lingüísticas y culturales dentro y fuera del aula (Phillips 1999). A partir de estos fundamentos empíricos y teóricos, a continuación subrayamos algunos aspectos concernientes a (a) la competencia lingüística tanto en inglés como en español de los participantes de la clase de L2 con estudiantes de herencia, (b) el uso de una u otra variedad del español en la instrucción, y (c) las técnicas y materiales comunes en la enseñanza del español como L2.

En primer lugar, el uso de uno u otro registro en la clase se vuelve más complejo si tenemos en cuenta la diversidad de antecedentes lingüísticos y culturales entre los instructores y los participantes. Éste sería el caso de, por ejemplo, una estudiante de herencia –o una instructora– recién llegada de un área hispanohablante que puede poseer un alto nivel de conocimiento del sistema formal de español, pero a la vez carecer de la familiaridad con la cultura anglo predominante que sí presentan estudiantes de herencia de segunda o tercera generación. Otro caso interesante podría ser el de estudiantes de herencia que trabajan como instructores de su propia lengua, con competencia demostrada tanto en inglés como en español, pero con posibles dificultades a la hora de enseñar la variedad oral y escrita considerada estándar en su institución.

La aparente necesidad de enseñar una variedad educada, apropiada o correcta del español, e incluso la misma noción de "variedad estándar" (Villa 2002), constituyen la base de un arduo y continuo debate que afecta especialmente a la interacción entre los participantes de clases a nivel avanzado. En estas clases avanzadas, instructores nativos y no nativos, generalmente acostumbrados a variedades académicas y profesionales de prestigio, deben equilibrar las necesidades de:

- estudiantes anglohablantes con interés en una variedad de prestigio determinada del español;
- estudiantes de herencia recién llegados, cuya educación universitaria transcurrió bajo otras percepciones del prestigio lingüístico, y
- estudiantes de herencia nacidos en los EE.UU. que, sin duda, acumulan, de sus materiales de aprendizaje y de la interacción en la clase, una amplia gama de actitudes hacia la variedad estándar.

Con respecto a los temas, tareas y materiales empleados en la enseñanza de español como lengua extranjera, cabe destacar que, en los últimos años, el campo ha prestado mayor atención a cuestiones relacionadas con el nivel de autenticidad, complejidad y adecuación cultural (Omaggio 2001; Shrum y Glisan 2000). No obstante, estos y otros conceptos tales como "nivel de competencia comunicativa", "aprendizaje colaborativo" o "enfoque por tareas", aún parecen estar dirigidos a un grupo más bien homogéneo (y quizá hasta cierto punto "ideal") de alumnos, instructores e incluso administradores, sin llegar a considerar las variedades lingüísticas del español, las diferentes identidades y prácticas culturales de los estudiantes, y el ambiente social y cultural en que se desarrolla la instrucción.

Factores afectivos

Las razones tradicionales para estudiar una lengua extranjera parten de (a) la actitud, la motivación y la confianza en uno mismo (Dörnyei 2001); (b) la necesidad de cumplir con un requisito académico (Teschner 1983), o (c) las ventajas que el conocimiento de una L2 puede conllevar para el futuro profesional de una estudiante (Brecht y Ingold 1998). La estudiante de herencia podría tomar además en consideración otras variables como la curiosidad por la cultura, la necesidad de conexión familiar y el desarrollo de su identidad cultural (Benjamin 1997; Mazzocco 1996). Por otra parte, para esta alumna existen otros factores que pueden afectar negativamente su nivel de interés por el español, como:

- las falsas o exageradas expectativas por parte de sus instructores o de sus propios compañeros de clase (Potowski 2001, 2002),
- las correcciones, si se equivocan en el uso "estándar" en un contexto académico, o
- las correcciones por el uso de formas que son habitualmente aceptadas en la variedad de su comunidad.

La dimensión afectiva que quisiéramos resaltar en este trabajo es la que se observa cuando alumnos angloparlantes y estudiantes de herencia comparten espacio en cursos de español a nivel avanzado. En general, y a falta de estudios con datos más específicos (Lacorte y Canabal 2002), podría señalarse que los estudiantes angloparlantes se sienten cohibidos por el aparente dominio o manejo nativo de los alumnos de herencia, y también si perciben que la instructora nativa siente inclinación o favorece a estos últimos. Por otro lado, los estudiantes de herencia sienten que los anglos dominan mejor las estructuras gramaticales, e incluso poseen un mayor conocimiento de la terminología especializada. En otras palabras, las aparentes lagunas en su conocimiento formal de la lengua afectan directamente su autoestima. Por lo que respecta a los instructores, se ha documentado la incomodidad que sienten los no nativos cuando el español de sus estudiantes de herencia resulta equivalente o incluso superior al suyo en determinados contextos comunicativos (Ariza 1998; Scalera 1997). Sin embargo, los instructores no nativos –los nacidos en Estados Unidos– pueden sentir mayor afinidad hacia los estudiantes de herencia de segunda o tercera generación en cuanto al conocimiento y experiencia con referentes culturales comunes. Por último, la interacción entre instructores nativos y estudiantes de herencia podría verse afectada por la falta de elementos culturales en común, o por el desconocimiento mutuo de sus particularidades lingüísticas.

Recomendaciones

A fin de desarrollar un programa de enseñanza del español como L2 con garantías de éxito bajo condiciones similares a las que hemos descrito en este texto, deberíamos primero plantearnos la interrelación esencial entre los antecedentes socioculturales, las condiciones pedagógicas y los factores afectivos en el aula. La consideración a nivel práctico y teórico de estas dimensiones nos permitirá comprender mucho mejor elementos como:

- Experiencia personal como alumnos de una L2.
- Práctica docente en diversos ambientes académicos.
- Desarrollo y aplicación de principios pedagógicos.
- Actitudes y asunciones sobre el aprendizaje o instrucción de L2.
- Creencias sobre programas curriculares.
- Actitudes hacia personas o comunidades que hablan o aprenden una L2.

Quisiéramos concluir con algunas recomendaciones a nivel pedagógico y administrativo para cualquier programa universitario que incluye cursos de español como L2, ya sea de lengua, literatura, cultura o técnico. Nuestra primera sugerencia apunta a las ventajas pedagógicas que ofrece el conocimiento y respeto hacia la comunidad de herencia y sus variedades lingüísticas compartidos por todos los participantes de la clase. Esto implica que los instructores deberían mostrar interés no sólo por la capacidad lingüística e intelectual de sus alumnos, sino también por sus características personales y académicas. A este respecto, cabría considerar como posible iniciativa pedagógica la continua incorporación de recursos multiculturales relevantes a todos los participantes. La siguiente recomendación tiene que ver con nuestro compromiso para usar la diversidad lingüística de los participantes como una herramienta esencial de enseñanza. En concreto, este compromiso puede permitir a los instructores superar definitivamente la tradicional imposición de una variedad oral estándar como objetivo de su instrucción (Villa 1996) y, en su lugar, replantearse los objetivos de la instructora o la institución académica para con la lengua escrita.

   Desde la perspectiva de la administración, el primer paso consistiría en reconsiderar los objetivos de un programa de español como L2 que cuenta con más y más estudiantes de herencia. Esta labor implica necesariamente la colaboración entre administradores, instructores e investigadores acerca de cuestiones tan esenciales como técnicas y prácticas de enseñanza, creencias y actitudes entre los participantes, y modelos de asesoramiento y evaluación de los cursos de español a diferentes niveles. En estos tiempos, resulta cada vez más difícil mantener la invisible "frontera" entre espacios académicos homogéneos y otros cada vez más diversos. Es decir, la nueva realidad para la clase de L2, como ocurre con el resto de las disciplinas académicas, se define en función de contextos mucho más complejos en cuanto a su esencia social, cultural y lingüística. Por esta razón, cualquier programa académico –o de investigación– de L2 que desee mantener unos parámetros educacionales mínimamente satisfactorios para *todos* los alumnos, deberá consolidarse a partir de un conocimiento más profundo de las múltiples pautas de interacción entre los participantes de una comunidad de aprendizaje con características únicas, y sin duda muy hermosas.

Bibliografía

American Association of Teachers of Spanish and Portuguese (2000). *Spanish for native speakers. Professional Development Series Handbook for Teachers K-16*. Fort Worth, TX: Harcourt College Publishers.

Ariza, E. (1998). Role reversal: The problems of a Spanish-speaking Anglo teaching Spanish to English dominant Puerto Rican children. *Foreign Language Annals*, 31, 431-436.

Benjamin, R. (1997). What do our students want? Some reflections on teaching Spanish as an academic subject to bilingual students. *ADFL Bulletin*, 29, 44-47.

Brecht, R. e Ingold, C. (1998). Tapping a national resource: Heritage languages in the United States. ERIC Doc. No. EDO-FL-98-12.

Chalupa, C. y Lair, A. (2001). Meeting the needs of international TAs in the foreign language classroom: A model for extended training. En B. Rifkin (Ed.), *Mentoring foreign language teaching assistants, lecturers, and adjunct faculty* (pp. 119-142). Boston, MA: Heinle and Heinle.

Chaudron, C. (2001). Progress in language classroom research: Evidence from The Modern Language Journal, 1916-2000. *The Modern Language Journal*, 85, 57-76.

Colombi, M., Alarcón, F. (eds.) (1997). *La enseñanza del español a hispanohablantes: Praxis y teoría*. Boston: Houghton Mifflin.

Dörnyei, Z. (2001). *Teaching and researching motivation*. Harlow, UK: Logman.

Draper, J. y Hicks, J. (2000). Where we've been; what we've learned. En J. Webb y B. Miller (eds.), *Teaching heritage language learners: Voices from the classroom* (pp. 15-35). Yonkers, NY: ACTFL.

Lacorte, M. y Canabal, E. (2002). Interaction with heritage students in the foreign language classroom. En C. Blyth (ed.), *The Sociolinguistics of Foreign-Language Classrooms* (pp. 107-129). Boston, MA: Heinle and Heinle.

Mazzocco, E. (1996). The heritage versus the non-heritage language learner: The five college Self-Instructional Language Program solutions to the problem of separation or unification. *ADFL Bulletin*, 28, 20-24.

Merino, B., Trueba, H. y Samaniego, F. (eds.). (1993). *Language and culture in learning: Teaching Spanish to native speakers of Spanish*. London: Falmer Press.

Nelson, G. (1990). International teaching assistants: A review of research. Ponencia presentada en el Annual Meeting of Teachers of English to Speakers of Other Languages, San Francisco. [EDRS: ED 321 535].

Omaggio, A. (2001). *Teaching language in context* (2nd ed.). Boston, MA: Heinle and Heinle.

Phillips, J. (1999). Standards for world languages. En J. Phillips y R. Terry (eds.). *Foreign language standards: Linking research, theory, and practice* (pp. 1-14). ACTFL Foreign Language Education Series. Lincolnwood, IL: The National Textbook Company.

Potowski, K. (2001). Educating university foreign language teachers to work with heritage spanish speakers. En B. Johnston y S. Irujo (eds.). *Research and practice in LTE: Voices from the field. Selected papers from the First International Conference on Language Teacher Education* (pp. 99-113). University of Minnesota: CARLA Working Paper Series 19.

Potowski, K. (2002). Experiences of Spanish heritage speakers in university foreign language courses and implications for teacher training. *ADFL Bulletin,* 33, 35-42.

Roca, A. y Colombi, C. (eds.) (2003). *Mi lengua. Spanish as a heritage language in the United States*. Washington, DC: Georgetown University Press.

Salomone, A. (1998). Communicative grammar teaching: A problem for and a message from international teaching assistants. *Foreign Language Annals*, 31, 552-566.

Scalera, D. (1997). Teacher beliefs and the heritage language learner: What will you teach your students? En A. Vogely (Ed.). *Proceedings of the 1996 Annual Meeting* (pp. 105-112). New York: New York State Association of Foreign Language Teachers Annual Meeting Series.

Scott, V. y Tucker, H. (eds.). (2001). *SLA and the literature classroom: Fostering dialogues*. Boston, MA: Heinle and Heinle.

Shrum, J. y Glisan, E. (2000). *Teacher's Handbook. Contextualized language instruction* (2nd ed.). Boston, MA: Heinle and Heinle.

Teschner, R. (1983). Spanish placement for native speakers, nonnative speakers, and others. *ADFL Bulletin*, 14, 37-42.

UCLA Steering Committee. (2000). Heritage language research priorities conference report. *Bilingual Research Journal*, 24, 333-346.

Villa, D. (1996). Choosing a "standard" variety of Spanish for the instruction of native Spanish speakers in the U.S. *Foreign Language Annals*, 29, 191-200.

Villa, D. (2002). The sanitizing of U.S. Spanish in academia. *Foreign Language Annals*, 35, 222-230.

Webb, J. y Miller, B. (eds.). (2000). *Teaching heritage language learners: Voices from the classroom*. Yonkers, NY: ACTFL.